清华新闻传播学

前沿讲座录

史安斌 张耀钟 编

（2021）

清华大学出版社

北京

图书在版编目（CIP）数据

清华新闻传播学前沿讲座录 .2021/ 史安斌，张耀钟编 . —北京：清华大学出版社，2021.9
（2021.10 重印）

　　ISBN 978-7-302-58900-6

　　Ⅰ . ①清…　　Ⅱ . ①史…②张…　　Ⅲ . ①新闻学－传播学　　Ⅳ . ① G210

　　中国版本图书馆 CIP 数据核字（2021）第 168532 号

责任编辑：纪海虹
封面设计：傅瑞学
责任校对：王荣静
责任印制：丛怀宇

出版发行：清华大学出版社
　　　　网　　　　址：http://www.tup.com.cn, http://www.wqbook.com
　　　　地　　　　址：北京清华大学学研大厦 A 座　　邮　　编：100084
　　　　社 总 机：010-62770175　　　　邮　　购：010-62786544
　　　　投稿与读者服务：010-62776969, c-service@tup.tsinghua.edu.cn
　　　　质量反馈：010-62772015, zhiliang@tup.tsinghua.edu.cn
印 装 者：三河市天利华印刷装订有限公司
经　　销：全国新华书店
开　　本：173mm×235mm　　印　张：18.75　　字　数：343 千字
版　　次：2021 年 9 月第 1 版　　印　次：2021 年 10 月第 2 次印刷
定　　价：78.00 元

产品编号：086317-02

代前言

发展中国特色社会主义新闻学

柳斌杰

党的"十八大"以来，习近平总书记高度重视意识形态工作和新闻舆论工作，作出了一系列深刻的论述和工作部署，特别是在 2016 年 2 月召开的党的新闻舆论工作座谈会上，明确提出了在新的时代条件下，党的新闻舆论工作的职责和使命："高举旗帜、引领导向、围绕中心、服务大局、团结人民、鼓舞士气、成风化人、凝心聚力、澄清谬误、明辨是非、联结中外、沟通世界。"这短短 48 个字，概括了新形势下中国新闻舆论工作的总要求，是重构中国特色社会主义新闻理论和新闻实践体系的纲领，是推进新闻传播事业深化改革、融合发展的总指导。

发展中国特色社会主义新闻学

以互联网、数字化和大数据为基础的传播技术革命，催生了社会信息化、新闻国际化和舆论大众化，以自由发表、民主讨论、平等对话、多向互动为特征的新媒体发展势不可当。这一变化，打破了我们原有的思维方式和新闻传播格局，也给中国现存的新闻传播理论、新闻传播实践和高等院校的新闻传播教育带来了严峻挑战。

要进一步提升主流思想、文化、舆论的引导能力，我认为必须以习近平总书记的一系列重要讲话为指导，从理论体系、实践模式、教育教材三大方面与时俱进，改革创新，发展中国特色社会主义新闻学。把马克思主义、中国特色社会主义基本理论和习近平总书记系列讲话贯穿始终，深化对新闻规律、传播规律、新媒体发展规律的认识，把握传播技术进步、大众传播无所不在、社会舆论风云突变这样一些新特点，提出具有时代性、科学性、实践性的新闻传播理论体系。

重构中国特色新闻理论体系

近百年来，中国新闻理论在引进、争论、比较、创新中发展，曾经经历过效法日本、照搬苏联、引进欧美、创新探索这样一些阶段，尚未形成主导中国新闻研究和教育的特色理论体系。改革开放以来，面对复杂的传播格局和舆论生态，中国加强了以马克思主义为指导，以中国特色社会主义理论为核心的新闻理论的研究，编写了基本教材，取得了显著成绩。但是，由于我们对新闻规律、全媒体时代全球化传播规律和新媒体发展规律认识得还不深刻，科学的、系统的中国新闻理论体系尚未形成，实际工作者和教育工作者认同度不高，不能适应新闻实践和新闻教育的现实要求。

习近平总书记关于"要把马克思主义贯穿到新闻院系的新闻理论研究、新闻教学中去，使新闻学真正成为一门以马克思主义为指导的学科"的要求，以及尊重规律、创新思维，用新概念、新范畴、新表述传播中国新形象的论述，为重构和发展中国特色新闻理论体系指明了方向。

重构中国特色新闻实践模式

在党的领导下，中国的新闻实践丰富多彩，创造和积累了不少经验。诸如政治家办报、坚持正确舆论导向、坚持正面宣传为主、坚持为人民服务、坚持深入基层、坚持新闻的真实性，等等。但是新媒体条件下的新闻传播，改变了固有的舆论生态和旧格局，8亿手机和"两微一端"成了新闻信息的重要阵地。面对这种情况，作为行业怎么办？习近平总书记的讲话指明了方向：一是，改革僵化的运行机制和单一媒体时代的体制，促进融合发展，打造多业态、多形态的新型主流媒体；二是，创新理念、内容、体裁、形式、方法、手段、业态，适应分众化、差异化传播的大势；三是，要以真实性求得公信力，真实性是新闻的生命力，也是公信力的基石，媒体要准确报道，真实描述事实，把握和反映事物的全貌；四是，提高舆论监督水平，要直面我们工作、生产、生活中存在的真问题，揭露社会丑恶现象和阴暗面，激浊扬清，针砭时弊；五是，要面向公众、面向国际，创新话语体系，用生动活泼的语言、文字、音像、形象讲党的主张、国家形象、中国的故事。这不只是技术问题，而且是思维方式、思想观念、专业技能、管理能力、引导水平的转变、创造和发展。

重构中国新闻教育体系

习近平总书记指出，媒体竞争关键是人才竞争，媒体优势核心是人才优势。高等新闻传播教育的根本任务就是培养政治坚定、业务精湛、作风优良、党和人民放心的新闻传播工作者。我们应当彻底摆脱"解经释典"的经院主义、教条主义的新闻教育体系，彻底摆脱"技术至上"的实用主义、自然主义的西方新闻传播教育体系，而要开拓以马克思主义为指导，以中国新闻理论和实践经验为基础的中国特色新闻学教育体系。我们培养的人才，应当是心中有马克思主义这个"定盘星"、手中有"十八般兵器"的党的政策主张的传播者、时代风云的记录者、社会舆论的引导者、社会文明进步的推动者和公平正义的守望者。

按照中央批准的清华大学深化改革的方案要求，清华大学新闻与传播学院已经启动了新的改革发展历程，从教育、教学、教材三大方向，全面推进新闻传播教育的改革，从课程到教材、从教法到评价，都更加突出人的全面成长和发展，把政治素质、道德修养和文化科学专业学习统一起来。巩固已经形成的马克思主义新闻观教育、面向主流、深入基层、新媒体传播和国际传播五大特色，依托清华大学多学科领先的优势，融合多学科形成新的交叉学科，开设面向未来的新的课程，以培养全媒体时代新闻、传播、文化、国际交流方面的高端人才。

目　录

代前言　发展中国特色社会主义新闻学 / 柳斌杰 ·· *001*

开篇

　　弹在时代绷得最紧的弦上 / 李彬 ··· 002

新闻与责任

　　第一讲　自觉担当起打造大国传播的历史使命 / 周树春 ························· 014

　　第二讲　党性·独立性·人民性：

　　　　　　一个新闻学重要命题的历史考察与理论探析 / 向芬 ················ 028

　　第三讲　假新闻、算法和民粹主义政治动员 / 科林·斯帕克斯 ··············· 036

　　第四讲　新闻传播的规律和新闻媒体的影响力与公信力 / 李喜根 ············ 049

　　第五讲　从新闻实践中看美国媒体的共性和特性 / 徐长银 ···················· 059

传播与社会

　　第六讲　全球化、新全球化和后全球化：

　　　　　　全球传播研究面临的挑战 / 特里·弗卢 ······························· 068

　　第七讲　从跨文化传播语境谈"文化中华" / 郭振羽 ·························· 076

　　第八讲　施拉姆之镜与中国传播学40年 / 刘海龙 ····························· 084

　　第九讲　科学传播、健康传播与风险传播 / 贾鹤鹏 ·························· 098

中国与世界

　　第十讲　改革开放与中国的变迁 / 章百家 ····································· 110

第十一讲　走进共同富裕的新时代 / 潘维 ······························ 122

第十二讲　路遥与陕北文化血脉 / 厚夫 ······························ 130

第十三讲　新时代的中国全球文化战略 / 刘康 ······················ 140

理论与范式

第十四讲　何为问题，如何研究 / 卜卫 ······························ 148

第十五讲　信息生产方式的改变与新闻传播学研究 / 隋岩 ············ 165

第十六讲　悬浮：流动、期望和社会成长 / 项飚 ···················· 175

第十七讲　构建国家品牌：关键概念和问题 / 基斯·丹尼 ············ 185

第十八讲　基层治理：经验问题与理论问题 / 张静 ·················· 194

第十九讲　协商式公共决策：一种跨学科的视角 / 张开平 ·········· 205

技术与实务

第二十讲　网络传播规律漫议 / 丁柏铨 ······························ 216

第二十一讲　我演故我在：数字时代的展演与叙事 / 杨国斌 ·········· 226

第二十二讲　微传播时代的挑战与机遇 / 陆小华 ···················· 235

第二十三讲　社交媒体时代的全球广告营销 / 林以萍 ················ 246

第二十四讲　时间的殖民者：《第三次浪潮》的媒介社会史考察 / 王洪喆 ···· 253

第二十五讲　追忆金庸先生：报人的"变"与"不变" / 张圭阳 ········ 262

终篇

从跨到转：新全球化时代传播研究的理论再造与路径重构 / 史安斌 ········ 276

后记

开 篇

弹在时代绷得最紧的弦上 [1]

清华大学新闻与传播学院学术委员会主任、长聘教授、博士生导师；兼任中信改革发展基金会咨询委员与资深研究员、澳门科技大学人文艺术学院博士生导师；曾任河南大学黄河学者，宁夏大学、辽宁大学、原西安政治学院（现国防大学政治学院西安校区）、西北政法大学、天津师范大学兼职或客座教授。主要著作有《传播学引论（第三版）》（教育部人文社会科学优秀成果）、《传播符号论》、《大众传播学》（教育部全国普通高校优秀教材）、《新中国新闻论》、《全球新闻传播史》（国家精品教材）、《中国新闻社会史》（国家精品课程教材）、《唐代文明与新闻传播》、《清谭杂俎：新闻与文化的交响》、《新时代新闻论》、《纵论中国新闻学》（即出）等。

今天是本学期最后一课。之前曾请助教征集大家的意见，看看有哪些共同关心的话题。下面我就结合大家的反馈意见谈点粗浅想法，一鳞半爪，仅供参考。

为谁著书，为谁立说

2016 年，习近平在哲学社会科学工作座谈会上的讲话中谈到，为什么人的问题是哲学社会科学研究的根本性、原则性问题，我国哲学社会科学为谁著书、为谁立说，是为少数人服务还是为绝大多数人服务，是必须搞清楚的问题。结合中华人民共和国 70 年的风雨历程，如今更能深切理解这个问题的首要意义。文武之道，一张一弛，而其致一也——为谁著书、为谁立说；为谁扛枪、为谁打仗。

也因此，习近平反复强调立足中国大地，办社会主义大学，培养社会主义的建设者和接班人，而非旁观者和掘墓人。他还说，我们建设世界一流大学，不是要做第二

---

1 演讲时间：2018 年 12 月 27 日，演讲稿由本人提供。

个哈佛、耶鲁，而是做世界第一的清华、北大。为此，他提出建立具有中国特色与普遍意义的学科体系、学术体系、话语体系，并将新闻学提到前所未有的高度，与文史哲等 10 大学科相提并论，统称为对哲学社会科学具有支撑作用的学科，同时希望加快培养"政治坚定、业务精湛、作风优良、党和人民放心的"新闻工作者。

对照这些标准与要求，新闻传播学科的现状显然差距不小，问题不少，特别是文化自觉与学术自觉还比较匮乏，更不用说政治自觉了。比如，从上到下的一系列机制、体制与评价体系，还在不断迫使青年学者与学子一路向西，从希腊到罗马，从纽约到伦敦，甚至晋升职称还得去欧美访学一年。如此"以洋为尊，以洋为美，唯洋是从"，一味向欧美的学科体系、学术体系和话语体系对标看齐，还美其名曰"国际接轨""国际化"，已经严重影响、干扰、制约了中国新闻教育和新闻学的健康发展。与其说这是国际化，不如称为自卑化，正如甘阳批评的："这种弥漫性的语言自卑症，这种深入骨髓的文化自卑主义，实际上恰恰已经成为阻碍中国思想学术文化创造性发展的致命痼疾，成为'实现中国梦'的最大障碍。"[1]

此类问题追根溯源也在于那套西方中心论及其理据，即西方特别是今日美国代表着文明、进步、先进，而中国早晚得向那里看齐。清华大学与哥伦比亚大学双聘教授刘禾在其主编的《世界秩序与文明等级》中，对此做出深刻的学理分析与历史辩驳，可惜时下学界通行的还是这套或隐或显的西方中心论。韩少功的《修改过程》有段描写，也很传神地揭示了类似的社会文化心态：

> 她们高洁的耳膜，决不能容忍有人用"三代"代替"三 G"，把"赖斯小姐"译成"大米妞"，或把"波特先生"译成"茶壶佬"……哪怕前后意思相同，哪怕后一种说法更好懂——好懂的一定是欺诈，没说的。如果让她们上飞机去游历美国的新乡（纽约）、宽街（百老汇）、宝鸡（凤凰城）、蚌埠（珍珠港）……她们更可能被那些土地名气得吐血，从飞机上一头栽下去。[2]

"西化"问题由来已久，于今为烈。尤其是，新闻院系的课堂上、教材中充斥着一整套欧美新闻专业主义的话语，就像王维佳指出的，浸透欧美意识形态的"新闻专业主义"替换了"党性原则"和"群众路线"，渗透进中国新闻教育和新闻实验中。[3] 如今，一些高校又热衷于所谓的"国际评估""国际认证"，结果把中国新闻学越搞越死，而把

1　甘阳：《北大五论》，42 页，北京，生活·读书·新知三联书店，2014。
2　韩少功：《修改过程》，134 页，广州，花城出版社，2018。
3　王维佳：《"党管媒体"理念的历史生成与现实挑战》，载《经济导刊》，2016（4）。

"西方普世价值""新闻专业主义"越搞越活。今天，遵循"中国化"路径做学问真如攀登在马克思说的崎岖小路上，而走"国际化"的套路则如履平川，也怨不得青年学者与学子放弃前者而选择后者。更不用说蝇营狗苟的"学界江湖"，使得追求真理、向往光明的道路愈发艰难。看看当代一些新儒林外史，如《活着之上》（阎真）、《应物兄》（李洱）就知一二了。应星10年前就将"大咖"称为"新父"，在一篇《且看今日学界"新父"之朽败》中痛陈其病，"许多圈子都具有或浓或淡的江湖气息"，"自觉不自觉地把世俗的那套手腕和心机带到圈子中，带进学术中"[1]，10年后进一步直言：

> 先天的营养不良决定了他们学问的底气虚弱，而进入学界成名太快又使他们的精力早早地陷入会议、派系和资源的泥潭。他们太晚地奠定为学的地基，又太早地陷入戴维·洛奇所谓的"小世界"。他们在同行评审的外衣下所真正熟稔的是黑箱操作，所认同的是"内举不避亲"、近亲繁殖的裙带作风，所沉醉的是利益均沾、互惠交换的权力游戏。由此就形成今天学界专业化与江湖化并存的景观。[2]

国际化与国际主义

西方中心论的当代流行语是高大上的所谓"国际化"。国际的本意，原谓国与国之间，引申来指世界上一切国家，包括亚非拉发展中国家。学界和教育界提倡国际化，就其本意而言本来在于以我为主，广泛吸取人类一切文明成果，洋为中用，辩证取舍，不断推进中国的科学研究与学术思想创新发展。然而，众所周知，如今所谓国际无非是欧美，甚至是美国，同样，国际化其实是欧美化，甚至就是美国化。如号称"国际期刊"的，十之八九不过是美国期刊。同样，时下一些高校推行所谓"国际评估"，不过是用美国新闻学院、传播学院的一套标准衡量乃至约束中国的教学科研。

对此国际评估国际化，有个故事今天看来更加耐人寻味。新中国成立后，为了领海主权与安全，我国第一次为1万多海里海岸线确定了领海界限。起初，法学家依据1930年的《海牙协议》，提出3海里领海的意见。毛泽东力排众议，说那个《海牙协议》又不是什么圣旨，我们凭什么按英美的意志办事。1958年《中华人民共和国政府关于

---

1 应星：《且看今日学界"新父"之朽败》，载《文化纵横》，2009（8）。
2 应星：《"科学作为天职"在中国》，见李猛编《科学作为天职：韦伯与我们时代的命运》，194页，北京，生活·读书·新知三联书店，2018。

领海的声明》发表，规定我国的领海宽度为 12 海里。当时，美国气得发疯，还派出军机挑衅，但始终不敢飞越中国的分界线。如今大多数国家采用的都是毛主席首倡的 12 海里领海制度。建设新中国，实现中国梦固然需要学习欧美发达国家的一些先进经验，但并非什么情况都要"国际接轨"，在关乎道路与方向的根本问题上，作为一个五千年文明古国和共产党领导的社会主义大国，中国更不能唯西人马首是瞻，而需要有陈寅恪的"我民族独立之精神，自由之思想"。否则，最终难免把中国的学科搞成美国的"学术殖民地"，把我们的大脑变成美国思想的"跑马场"。事实上，这种情况已经不是将来时，而是现在进行时，甚至已是完成时：

> 在"国际接轨"的口号下，中国的学人今天正在自觉地成为以美国为主导的学术市场的蹩脚的尾随者。学术"成果"大量涌现，学术真金却在不断萎缩；学术市场热闹非凡，学术空气却异常浮躁。盲目的接轨话语使今天的中国大学正在不断丧失自主独立的学术精神、宽松自由的学术氛围、立足本土的学术情怀。[1]

20 世纪 80 年代流行"走向世界"一说，钱钟书从不为人作序，却破例为钟叔河的《走向世界——近代中国知识分子考察西方的历史》写了一篇短序，其中写道："说什么走向世界，难道中国不在世界之中吗，我们还往哪儿走？"现在清楚了，所谓走向世界，无非走向欧美。同样，所谓国际接轨也无非与欧美接轨。比如，现在一说开放，就好像之前中国不想开放，而只想把自己封闭起来，犹如老话说的："雨天打孩子，闲着也闲着。"多少有点历史常识就知道，一方面改革开放前，中国曾经面向广大的亚非拉国家开放，更面向社会主义国家开放，开放的国家之多、人民之众、地域之广，远远超过欧美世界。如果说这还不叫开放，而只有对部分发达国家开放才叫开放，岂非典型的嫌贫爱富势利眼吗？一方面，之前也不能笼统说不对西方开放。事实上，以 20 世纪 70 年代初为界，之前美国为首的西方阵营对新中国实行"铁壁合围"，了解"巴黎统筹委员会"就知道当时的险恶态势了。1950 年 10 月 27 日，毛泽东在中南海同王季范与周世钊谈话，提到"美国三把刀"：一把从朝鲜插向中国的头部；一把从台湾插到中国的腰上；一把从越南插在中国的脚上。这种时候，不是我们想不想开放的问题，而是能不能开放、怎么开放的问题。为了打破这种"铁壁合围"，我国亿万各族人民在中国共产党和毛主席的领导下，自力更生，奋发图强，进行了艰苦卓绝的伟大

---

1 应星：《"科学作为天职"在中国》，见李猛编：《科学作为天职：韦伯与我们时代的命运》，197 页，北京，生活·读书·新知三联书店，2018。

斗争，如抗美援朝、两弹一星，顶住一个又一个巨大压力，取得一个又一个重大胜利。1971 年中国重返联合国和 1972 年尼克松总统访华，更是彻底打破了西方世界对新中国的围剿。随后，欧美国家纷纷与中国建交，从而也为改革开放打开了大门，奠定了基础。所以，北京大学李零教授说，改革开放的前提是中美接近，没有毛泽东这一招，哪有后来的改革开放，更何况"开放不等于开门揖盗"。[1] 总之，20 世纪 80 年代的"走向世界"，其实是"走向欧美"，由此演变为 90 年代的所谓"国际接轨"。国际接轨是跟亚非拉接轨吗？显然不是。可是，亚非拉不属于国际吗？如果与欧美接轨，那么，具体接什么轨？是政治上的三权分立，还是经济上的私有制，抑或资本控制下的新闻自由？这些问题在一片国际接轨的声浪中都被遮蔽了。

对比鲜明的是，随着"国际接轨""国际化"的浪潮前呼后应，马克思主义的"国际主义"，即《国际歌》里唱的"英特纳雄耐尔"（international），却已然"歌渐不闻声渐悄"。这种国际主义及其精神价值，生动体现在中国人民熟悉的白求恩大夫身上，如毛泽东《纪念白求恩》一文写道："一个外国人，毫无利己的动机，把中国人民的解放事业当作他自己的事业，这是什么精神？这是国际主义的精神，这是共产主义的精神……"早上看电视新闻，报道复旦大学院士闻玉梅，她说有两个人对自己影响最大，一是居里夫人，一是白求恩大夫，居里夫人的爱国情怀和白求恩大夫的国际主义影响了她一生。她谈到 20 世纪五六十年代，很多像她这样的知识分子，到农村去，到偏远地区去，受到深刻教育，她就是在贵州下乡时才了解到老百姓缺医少药的情况，于是立志做人民的科学家，一辈子为人民服务。

可见，国际化与国际主义不可同日而语，此国际非彼国际，相距不可以道里计。国际化无非是欧美化，与殖民主义、资本主义、帝国主义的历史传统一脉相通；而国际主义则与马克思主义水乳交融，"不忘初心"就是不忘共产主义、国际主义的人间正道。对于这两种世界观，费孝通在回忆楚图南的文章中作了对比：

> 有修养的人，不是在得失之间做选择，而是在对人对世界的贡献上考虑自己的行动。这一点，存在着我们同资本主义文化的一个根本区别。资本主义的价值观念，是以理性的个人的打算为出发点来考虑的，用理性来权衡得失。共产主义的基本思想是从社会的利益来决定个人的行为。从个人出发和从社会出发，是对于人生处事的两种基本不同的看法。我觉得，中国文化的底子是有社会主义的本质内容的。它不倡导从个人出发，而总是以集体为权衡的导向，至少也是从一个家庭为出发点，

---

[1] 李零：《我们的中国》，30 页，北京，生活·读书·新知三联书店，2016。

而要求推之于国家和天下。这种从群体出发的文化生生不息地传下来，它是超越于个人生死的。我们有这个底子，从一个孤立的社会里边向外延伸，到将来扩大到全世界、全人类，这不就是共产主义。[1]

必由之路

十八大以前，伴随国际化声浪，所谓普世价值也一度甚嚣尘上。其实，普世价值说到底不过是西方价值，即资本主义世界的一套主流意识形态，如自由主义以及当今的新自由主义，及其新闻界的具体体现——新闻专业主义。虽然西方价值有其可圈可点之处，新闻专业主义也有值得借鉴的经验，就像人类各种价值体系及其新闻观对世界文明都有所贡献，但普世价值以及新闻专业主义毕竟只是人类大家庭的"一家之言"而非"一言九鼎"。实际上，在当下中国宣扬普世价值更像是竖起一面欧美道路的旗帜，将西方道路视为人类的必由之路，进而怀疑或否定中国道路。殊不知，西方道路并非如此美妙，中国道路亦非如此不堪，大千世界更非如此单一。郑永年说得好："主导今日世界的是自由主义历史观。自由主义是一种进步的力量，近代以来的确改变了世界。可是事物并非如自由主义所设想的那样单线发展，文明更非像自由主义所想象的那样日渐进步。自由主义历史观因为理想而变得天真，因为天真而变得简单甚至愚昧，到今天不仅很难解释正在发生的历史，更是误导历史。"[2]

先不说所谓普世价值的内涵，仅看什么算普世的，什么不算，由谁确定这些问题就稀里糊涂。如果说流行的新自由主义说辞可以被奉为普世价值，那么天下为公、大道之行为什么不算人类社会的"普遍价值"呢？马克思的人类自由解放以及共产主义愿景，不更是人类命运共同体的"共享价值"吗？还有中华文明的君子之风、仁义礼智信等，不也同样具有普遍意义吗？一句话，没有剥削、没有压迫、没有歧视，废止战争、摆脱奴役、消除异化，追求每个人自由而全面的发展，才更是人类普遍向往、永恒追求、共同信奉的价值。中国革命胜利后为什么大力支援亚非拉人民的解放斗争和国家发展，就因为中国共产党和中国把国际主义作为人类命运共同体的最高理想与共同愿景。而乱花渐欲迷人眼的所谓"普世价值""国际化"，往往口惠而实不至，究

1　费孝通：《费孝通全集》第 14 卷，396~397 页，呼和浩特，内蒙古人民出版社，2009。
2　郑永年：《最近发生的这两件大事不应忽略》，载《环球时报》，2016-08-09。

弹在时代绷得最紧的弦上

竟给世界带来什么样的后果呢？民主、自由、人权吗？看看当今世界被所谓"民主化"搞得狼烟四起，战火纷飞，耶鲁大学法学院蔡美儿教授即有名的"虎妈"称之为"起火的世界"，真是一语中的。

好在十八大以来，全国人民看到一系列新气象，对社会主义、共产主义又有了信心，借用毛泽东《新民主主义论》的一段话："全国人民有一种欣欣向荣的气象，大家以为有了出路，愁眉锁眼的姿态为之一扫。"比如《焦点访谈》报道的塘约道路就是一例。什么是塘约道路？简言之，就是新时代的大寨道路，也就是共产党把群众组织起来，走共同富裕的社会主义道路。我们知道，新中国成立初期经过土地改革，实现了耕者有其田。然而，不久农村就开始出现两极分化，小农经济的弊端重新显露，如柳青《创业史》描绘的情形。于是，有觉悟的干部群众自发探寻合作化道路，先是互助组，再是初级社。这方面，山西尤其突出，得到毛泽东充分肯定，薄一波在《若干重大决策与事件的回顾》一书中有权威记述。[1] 1949 年，薄一波向后来担任山西省委书记的陶鲁笳等传达七届二中全会精神时，讲到毛泽东的一段话："我们给农民分配土地，只是无产阶级对农民群众实现了一半领导权，还没有实现全部领导权。只有组织合作社，把农民引导走向集体化，才是实现了全部领导权。"[2] 抗战时期，毛泽东在《组织起来》一文中也谈道："在农民群众方面，几千年来都是个体经济，一家一户就是一个生产单位，这种分散的个体生产，就是封建统治的经济基础，而使农民自己陷于永远的穷苦。克服这种状况的唯一办法，就是逐渐地集体化；而达到集体化的唯一道路，依据列宁所说，就是经过合作社。"所以说，"这是人民群众得到解放的必由之路，由穷苦变富裕的必由之路。"[3]

近 20 年来，"随着市场化、工业化、城镇化的发展，分散的小农经济的弱点日益突显"[4]，人们再次认识到集体经济合作化确是亿万农民"由穷苦变富裕的必由之路"，而塘约道路就是对这一"必由之路"的新探索。2018 年 9 月，习近平主持政治局第八次集体学习时，就乡村振兴战略发表讲话，指出："发展新型集体经济，走共同富裕道路。"

归结起来还是那句话：只有社会主义才能救中国，只有社会主义才能发展中国。伟大的中国革命、建设、改革所开辟的社会主义道路，才是中华民族伟大复兴的必由之路。习近平主持起草的十八大报告强调：既不走封闭僵化的老路，也不走改旗易帜

1　薄一波：《若干重大决策与事件的回顾》(上)，130~149 页，北京，中共党史出版社，2008。
2　陶鲁笳：《毛主席教我们当省委书记》，202 页，北京，中央文献出版社，2003。
3　毛泽东：《组织起来》，载《毛泽东选集》第三卷（2 版），931~932 页，北京，人民出版社，1991。
4　《经济导刊》编辑部：《发展新型集体经济，走共同富裕道路》，载《经济导刊》，2019（1）。

的邪路，而坚定不移地走中国特色社会主义道路。

路在脚下

搞清楚中国道路的大是大非大问题，才能明确中国新闻学的发展方向与发力目标。陈祥健在《光明日报》发表文章，谈到习近平关于构建中国特色哲学社会科学的论述及其学习体会，[1] 对中国新闻学建设也提供了启发。

文章第一点谈到"坚持以中国特色社会主义事业为主体内容"，让人想起梁思成、林徽因夫妇创办营造学社的故事。当年营造学社在短短几年间里，行走中国大地，考察大量古建筑、庙宇、名胜，研究其建筑结构，绘制其建筑图纸，常在一个地方待上十天半月，甚至更长时间，每天早起晚归，进行测量绘制，留下大批资料和图纸，而这些工作也就奠定了一套中国建筑学的话语体系。我们建立中国新闻学及其学科体系、学术体系和话语体系，同样需要立足中国大地，特别是共产党、共和国的新闻实践，按照甘惜分先生的说法，"立足中国土，请教马克思"，这个工作做深做细了，整个学科体系也就自然形成了。习近平在哲学社会科学工作座谈会上说道："只有以我国实际为研究起点，提出具有主体性、原创性的理论观点，构建具有自身特质的学科体系、学术体系、话语体系，我国哲学社会科学才能形成自己的特色和优势。"

第二点谈到"坚持以推动中国伟大实践为重大使命"。具体说来，中国新闻学既要对中国实践做出科学解释，确立自己的话语体系，又要为实际工作提供方略，使之沿着健康的道路发展。复旦新闻学院党委书记在一次清华新闻论坛上讲到，不少青年教师都是从校门到校门，许多还是从纽约到伦敦，知识体系来自西方老师，故而只能讲这些熟悉的东西，别的则讲不来，也讲不好，对国情民情非常隔膜。其实，国内学者与学子何尝不是如此，对现代中国从哪里来、往哪里去往往一知半解，遇到真问题、大问题，不免懵懵懂懂，似懂非懂，于是，要么抓住一点不及其余，要么王顾左右而言他。

第三点是"坚持以关注世界发展大势、关怀人类前途命运为伟大抱负"。共产党、共和国的奋斗不仅是为了强国富民，同时还怀有中华文明的天下情怀和共产主义、国际主义的世界胸怀。所以，从和平共处五项原则到一带一路倡议，共产党、共和国一

1　陈祥健：《立时代潮头 发思想先声——深入学习贯彻习近平总书记关于构建中国特色哲学社会科学的重要论述》，载《光明日报》，2017-05-22。

向关心世界人民的命运，希望各国都能免除战乱，消灭贫穷，共享和平幸福，这也是一个文明古国的伟大抱负。正如天安门城楼左右两边那两句耳熟能详的口号所宣示的：中华人民共和国万岁；世界人民大团结万岁！具体到中国的新闻实践和理论，如果做得好、行得正，对世界新闻业与新闻学也是一大贡献。毛泽东说："中国应当对人类有较大的贡献"，邓小平说："如果我们达到人均国民生产总值四千美元，而且是共同富裕的，到那时就能够更好地显示社会主义制度优于资本主义制度，就为世界四分之三的人口指出了奋斗方向，更加证明了马克思主义的正确性。"[1]

第四点是"坚持以建构中国话语体系为重要目标"。如果我们认可中国的实践和历史，就需要立足这一实践和历史，围绕学科体系、学术体系、话语体系用力。具体说来，从中国实践提炼中国问题，用中国话语表述中国理论。在一次会议上，李希光教授谈到一点看法颇有启发：美国的新闻学是掏粪的，中国的新闻学是淘金的。中国自古及今的文化传统用李泽厚的概括叫做"乐感文化"，也就是说，喜欢讲好人好事好故事，听好人好事好消息，不喜欢阴森森、惨兮兮的东西，文艺作品也往往以大团圆为结局。所以，新闻报道同样倾向于激浊扬清、正大光明的"正面报道"，而不是一天到晚鸡飞狗跳，一年到头鸡鸣狗盗。

从科学体系与学术内涵的层面上讲，中国新闻学的核心还在于一个词——"灵魂"。何谓"灵魂"，马克思主义之谓也。马克思主义既是中国哲学社会科学的灵魂，也是中国新闻学的灵魂，丢了马克思主义就丢了灵魂。而现在的普遍问题正如习近平指出的："在有的领域中马克思主义被边缘化、空泛化、标签化，在一些学科中'失语'、教材中'失踪'。"如今新闻院系开始注重马克思主义，固然值得肯定并令人欣慰，不过，我们是把马克思仅仅当成一个符号和标签，只要贴上这个符号和标签就万事大吉，还是真懂真信并身体力行呢？以盐和菜为例，对甘惜分、范敬宜一代新闻人来说，马克思主义及其立场、观点、方法就像菜里的盐，每道菜都不可或缺，虽然看不见，摸不着，但时时处处都能品尝到。而今"马克思归来"看起来热热闹闹，但弄不好有可能变成一道菜，如马克思主义新闻观课程，即便色香味俱全，也只是一道菜，至于其他菜里就可能尝不到马克思主义的滋味了，甚至有可能是"非马""反马"的味道。真举马克思主义的旗、塑马克思主义的魂，就应该把马克思主义贯彻到新闻教育和新闻学的所有方面，就像每道菜里都有盐味儿而又看不见盐一样。用习近平的话说："坚持以马克思主义为指导，是当代中国哲学社会科学区别于其他哲学社会科学的根本标志。"

---

1 《邓小平文选》第 3 卷，195~196 页，北京，人民出版社，1993。

复兴新闻学

截至 2019 年，全国开设新闻传播专业的高校有 681 所，本科教学点 1244 个，新闻传播学一级学科学术硕士授权点 126 个，专业硕士授权点 119 个，一级学科博士学位授权点 26 个，在校学生 23 万人。另据吴锋、王学敏《2018 年中国大陆新闻传播论文发表产出的最新进展与趋势前瞻》一文，全国高校新闻传播专业师资约 1.5 万人，年均发表论文 5 万余篇。怎么确立新闻学的主导地位是个大问题。习近平把新闻学提到前所未有的高度，与哲学、历史学、经济学等 10 门大学科并称为"具有支撑作用的学科"。这个支撑意义一方面是针对整个哲学社会科学而言，因为现代社会显然属于媒介社会、信息社会、传播社会等，而新闻传播在治国理政、定国安邦上的意义越来越突出，作用越来越显赫；另一方面也是针对整个新闻传播学科而言，在这个学科领域，新闻学居于牵一发动全身的核心地位。

新闻学的第一层意义在于人文，或者说新闻学是人文导向的学科。范敬宜反复强调新闻要有文化，新闻人要有文化，新闻教育应该培养有深厚文化底蕴的人，而文化的核心在人文。新闻学与传播学等社会科学导向的学科最大不同也在于此。中国道路、民族复兴以及人类命运共同体等，同样无所不在地凸显着新闻学的人文价值。所以，过去新闻学的教育体系是大一、大二以文史哲为核心，以人文历史、语言文学以及自然科学为基础。复旦大学新闻学院的优良传统是"两典一笔"，一笔指文笔，两典包括马克思主义经典和文史经典。如今一些新闻院系大一上来就学研究方法、网络技术等，未免舍本逐末，或者本末倒置。本科阶段还是打好人文基础，多读文史哲，多参加社会实践，了解国情民情。总之，新闻教育也是一种博雅教育。

第二层意义在于新闻学的内涵与核心问题，如实事求是、调查研究、群众路线、为人民服务、以人民为中心等。这同中国的历史文化、共产党、共和国的治国理政传统一脉相承。新闻学教育首先应该着眼于这些方面，而不是一开始就灌输专业知识，即使专业知识也应当放在这种大的框架下展开。好比训练新兵，先得解决"为谁扛枪，为谁打仗"的问题，否则，一身绝技而杀人越货，岂不更加危险，更加恐怖。现在一些新闻人确实本事不小，能力很强，但与中国道路却不免离心离德，杀伤力自然也非同小可。

新闻学与其他学科相比，具有突出的实践性，这一点也许只有法学可以相提并论。国家目前着力推进两个学科的"卓越人才"培养计划，一是法学，一是新闻学。新闻的实践性就像兵家强调"止戈为武",既需要不战而屈人之兵的战略,也需要一整套实战性的战术。华中科技大学赵振宇教授曾经提出,新闻学博士要会写新闻,一度引起热议。确实,新闻博士不会写新闻就像军校毕业生不会射击拼刺刀,还谈什么用兵作战。我们不要求新闻学博士对新闻的十八般武艺样样精通,但至少应该不陌生、不外行。事实上,写好新闻也不是一个简单的技术活儿,对人的综合素质要求很高,甚至更高,如政治意识与敏感、对社会历史的深切把握以及简洁生动的文字与文风等。

新华社记者出身的国家网信办副主任任贤良,有一句生动的记者经验谈:"只有弹到社会绷得最紧的那根弦上,你才能弹出最动听的声音。"[1]借用此语,新闻传播的学术研究,也应弹在时代绷得最紧的弦上。只有如此,才可能小叩小响,大叩大响,形成与时代共鸣的思想交响,也才有习近平说的"真学问""大学问"。

1　任贤良:《新形势下如何做一个出色的新闻记者》,载史安斌等编:《清华新闻传播学前沿讲座录·续编》,54 页,北京,清华大学出版社,2012。任贤良同志已于 2017 年 12 月离任,2018 年 3 月转任中国网络社会组织联合会会长,第 13 届全国人大社会建设委员会副主任委员。

新闻与责任

第一讲
自觉担当起打造大国传播的历史使命[1]

◎ 周树春

　　法学博士、高级记者，现任《中国日报》总编辑。1986 年 6 月毕业于上海外国语大学，后到新华社工作，先后任《瞭望》周刊社编辑、中国特稿社记者。此后曾短暂前往美国夏威夷大学留学，回国后历任新华社对外部中央外事新闻采编室记者、副主任、主任和对外部副主任。1998 年 5 月任新华社伦敦分社社长，一年半后又转任新华社参编部主任兼参考消息报社总编辑，2003 年 12 月任新华社总编室副总编辑，2007 年 9 月起任新华社党组成员、副社长兼常务副总编辑。2017 年 2 月起任《中国日报》总编辑。2007 年 6 月获第八届韬奋新闻奖，2016 年 11 月当选中国记协副主席。

　　同学们晚上好！很高兴能够有机会和大家交流。今天的主题主要是讨论如何推进传播大国的建设。大家对这个话题应该不陌生，我讲完之后也非常愿意听听大家的意见。

　　我们都知道，现在中国崛起，正在成长为世界政治经济力量的重要一极，而新闻史上也有这样的基本规律，就是政治经济强国必然走向传播大国的历史规律。现在，我们国家总的国情没有改变，也就是所谓的"三个没有变"：一是初级阶段的基本国情没有变；二是社会主要矛盾——人民日益增长的物质文化需求与落后的生产方式之间的矛盾没有变；三是作为最大发展中国家的国际地位没有变。但同时也有变化，概括起来就是"两个走近"：一是我们不断走近中华民族伟大复兴的宏伟目标；二是前所未有地走近世界舞台的中央。那么，在新的历史和时代条件下，我们要大力加强国际传播能力建设，其实就是适应实现中华民族伟大复兴的历史要求。

　　所以，我们在民族复兴的历史进程当中，就应该自觉地去担当起打造大国传播的历史使命，这就是今天和大家交流的核心所在。而打造大国传播，一是要充分认识当代中国历史发展的方位，二是要牢牢抓住全球传媒变革的历史机遇。

1　演讲日期：2016 年 12 月 17 日。

我们先讨论第一个议题，正确认识当代中国的历史方位，自觉担当大国传播的历史责任。

首先回溯一下中国发展的历史。刚才讲"三个没有变"和"两个走近"。这些对我们意味着什么？对国际传播意味着什么？我提几个看问题的角度。

第一个角度是国际传播与国家实力。无论从历史上看和从当下看，有些国家应该说是"传播大国"，比如美国和英国，在传媒业的各个领域都能看出他们的垄断地位。在世界历史上，英国应该是第一个真正意义上的全球传播大国：1910 年它就控制了全球一半的海底电缆，伦敦成为世界信息中心；从地域上讲，虽然本土只有 24 万多平方公里，人口 2000 多万，但却是"日不落帝国"，实际人口是本土的 8.6 倍，国土面积是本土的 111 倍；实力上，是大家都熟悉的最先进、最发达的"世界工厂"，称雄全球 100 多年。在 18 世纪、19 世纪无论是资产阶级革命、科技革命、产业革命，这些人类历史上的重要变革中，英国都走在世界的前列，引领时代进步。

美国是现在唯一的超级大国，也是第一传播大国。在 19 世纪下半叶第二次工业革命中崛起，第二次世界大战之后，从二流国家一跃成为超级大国：地域领土持续扩张，在 18 世纪、19 世纪扩张了 3 倍多，达到 960 多万人口；实力上，是世界上最重要的经济中心、科技创新中心；影响上，第二次世界大战后的世界体系，包括 UN、IMF、WTO、北约等都是美国主导的。同时，美国价值也不断向全世界输出、传播：第一次世界大战后，它就着手建立了新的国际传播体系，"三社四边体系"形成后，美联社为世界第一通讯社。第二次世界大战后，正式确立传播大国的地位，广播、电视、报刊、通讯社、电影等全方位地形成一个大国传播体系。"冷战"后，苏联解体，则进一步加强、巩固了美国在全球传播的垄断地位。

第二个角度是大国标志与大国标配。刚刚谈到怎么成为全球大国。简单概括的话，一是地域大，二是国力强，三是影响广。那么大国传播的特征应该怎么看呢？与之相对应的一是覆盖广泛，比如说采访和传播；二是力量强大先进，包括技术力量等；三是影响持久而深入。前两个涉及信息的投送和到达，第三个涉足传播效果和价值认同。基于基本的历史规律，一个国家崛起为世界上最主要的力量中心，随之而来的应该是确立一个传播大国的地位，并为其奠定坚实的物质条件。我想，现在中国发展应该处于这样一个新的历史阶段。

第三个角度是崛起大国和世界强国。从地域、实力、影响上看，我们一直都是大国：国土 960 万平方公里，人口 13 亿，GDP 超 10 万亿美元。在综合国力上升的同时，我们的影响力也开始提升，这其实就是从政治和文明大国走向"负责任大国"这样一个历史发展进程，即建立一个在人民生活、经济模式、政治制度、社会价值、民族文化、国家安全等各方面都具有全球影响力的大国。

第四个角度是大国外交与大国传播。2014年中央外事工作会议上专门提出这样一个理念，即要开创中国特色的大国外交，这就是中国特色、中国风格、中国气派的新型大国。与之相应，既然有大国外交，大国传播也自然是这样大题目中的应有之义。

以上就是我想讲的第一点，就是怎么去看中国发展的历史阶段以及提出建设大国传播命题的意义。

下面讨论第二个议题，就是要牢牢抓住全球传媒变革的历史机遇。

第一点，实力对比的新变化。从国际关系的角度看，"冷战"后特别是2008年国际金融危机以来，世界力量结构出现了几方面重要变化：一是经济力量新对比，二是政治格局新动向，三是文化思潮新苗头，最后就是传媒领域的调整和转型。

从政治经济的角度讲，当下新兴经济体在全球GDP占比已上升到50%，新兴发展中国家群体性地崛起，以中国为代表的国家成为新的全球力量中心。与之相应，在政治、经济力量对比发生变化的时候，传媒也发生了此长彼消的趋势，发展中国家媒体不断发展，过去几年美联社和新华社间的力量对比就是例证。大家熟悉的纽约时代广场有新华社的大屏幕，我们不断占据着重要的位置，而美联社和它的总部则是不断从纽约市中心向外面迁移，这本身就是一个象征性变化。互联网的发展给全球媒体生态带来了巨大变化，互联网也成为国际传播竞争的又一领域。习主席在2015年乌镇的世界互联网大会上，进一步提出中国互联网的发展思维，一是全球思维，构建网络空间命运共同体；二是中国的互联网战略，前几天在中央政治局会议上就专门讲建设网络强国，要进一步发挥好我们的优势。对媒体来讲，我们一直同中国经济发展一样，始终处于追赶的状态；互联网的出现第一次给我们提供了可能同西方媒体在同一个起跑线上去竞争的条件。李克强总理说过这样一句话，在互联网领域，发展中国家、发达国家站在同一起跑线上，而且在某些方面甚至比发达国家有着更大优势。新华社广泛借力海外社交媒体平台Twitter、YouTube、Facebook发声，这在全世界主流媒体当中处于第一梯队。事实上，在广播、电视、报纸、杂志等传统媒体的竞争中，我们很难实现对欧美媒体的根本性突破，但互联网的出现带来了新的机遇，我们有可能和它们在同一起跑线上重新竞争并实现跨越式发展，这也是近几年全球媒体发展总体局面的重大变化。

第二点，从学习竞争到创新超越。从新中国成立之后，我们在对外传播的机构、理念、教材、手段、应用等各个方面都是学习苏联，包括"对外宣传"的这个提法，使用的都是苏联人的概念；外宣机构的名称，最初用的Radio Beijing就是仿照了Radio

Moscow。改革开放之后，我们在传播理论和实践上又开始大量学习西方，特别是学习美国。而现在，我们处于从学习竞争到创新超越的新阶段，目前我国国际传播的现实状况概括起来就是：同欧美发达国家相比，我们具备物质基础和实力，包括资金和技术，但在概念体系、话语体系，特别是叙事能力方面还尚显薄弱，而根本性障碍就在于制度和思想文化差异，这也很难克服。我们未来需要不断发扬长板，补齐短板，突破根本性障碍，这样才可以在"西强我弱"的局面下实现有效突破。

第三点，从实现中国传媒崛起到重塑国际舆论秩序。这也是根据我们所处历史方位和现实发展状况而提出的。权力的转移总是伴随着话语权的转移，英国和美国先后成为全球传播大国的路径，都是首先成为一个政治、经济发展力量中心，之后便出现了话语权的转移。就一个国家来讲，有这样一个规律，经济崛起一段时间后形成货币崛起，然后是文化崛起。中国现在的发展就是到了这样一个阶段。经济方面经过改革开放几十年发展成为世界第二大经济体，前一段时间正式加入 SDR（特别提款权）篮子，这是人民币国际化的里程碑，超越了英镑、日元成为世界第三大货币，仅次于美元、欧元，这是中国货币崛起的重要标志。在未来的发展中，必然是中国文化的崛起，也就是我们从经济大国走向货币大国，最后走向文化大国、传媒大国的必然历史发展方向。因此，我们面临"构建适应时代发展要求的传播大国"或者"大国传播体系"这样一个新的问题，而信息、传媒、传播秩序等议题在新的时代条件下也再一次走上台前。

伴随着 20 世纪国际政治的发展，建立更加公正合理的"世界信息传播新秩序"（New World Information and Communication Order，简称 NWICO）这样的命题被各发展中国家不断提出。进入 21 世纪之后，特别是近几年，这一命题又以不同的形式再一次被提出来。具体包括"今日俄罗斯"（RT）、半岛电视台等所谓非西方传媒的崛起，正悄然改变西方媒体主导的国际信息传播格局，这就是我们一直讲的"非西方的崛起"（The Rise of the Rest）。另一方面，非西方国家在促进全球互联网在内的国际舆论信息秩序民主化方面所发挥的作用也再次得到世界关注。新华社在 2009 年举办了第一届"世界媒体峰会"，到 2016 年为止举办了两届"金砖国家媒体峰会"，其实就是在这方面做出自己的努力。

尽管世界形势、传媒格局在发生变化，我们要真正实现构建传媒大国的目标仍需要非常强烈的历史自觉和国家意志。所以，近几年党中央都把加强国际传播能力建设作为宣传思想、新闻舆论工作的重要方面。要适应世界发展趋势，把握历史机遇，在中国逐渐成为世界新的力量中心的同时，真正建立起大国传播的格局。

作为新闻工作者，应当如何自觉担当起打造大国传播的历史使命？对此，我提出以下几个方面的建议，供大家思考。

第一点，在讲好中国故事的过程当中深挖中国崛起的历史意义和世界意义。比如，新华社作为国家通讯社和世界性通讯社，首先要做的工作就是讲好中国故事。怎么去认识讲好中国故事这样的要求？我是这样理解的。衡量大国的标志首先是看这个国家能不能有效地对外说明自己，也就是能不能在世界上讲好自己的故事。

首先，一个没有故事的或者讲不好自己故事的国家，肯定不是传播大国。你的故事别人不感兴趣，这样一个国家不可能成为一个传媒大国。在过去几十年当中，我们创造了世界现代化发展的奇迹，"中国奇迹"就是中国故事的一个客观基础。习总书记讲过这样一句话，意为：我们做好了中国事情，就完全有理由去讲好中国故事。实际上这也是对我们外宣战线提出的要求，言外之意就是我们做好了中国事情，但是还没有讲好中国故事。落实好中央这样的要求，要在更深的层次、更高的高度去理解，以更深刻的内涵去讲好中国故事，并在这个过程当中形成我们的"中国叙事"，这是构建大国传播的一个基本前提和重要依托。

在我看来，中国故事正在成为世界新闻，中国故事就是世界故事。习总书记也讲过，中国作为13亿人口的大国，又是世界第二大经济体，是人群中的"大块头"。我想，我们这样的"大块头"是当今世界不能遮蔽的景观。以前经常讲"韬光养晦"，但你事实上成了个"大块头"，躲都躲不起来，根本没法去隐藏自己。别人要看这个"大块头"怎么走、怎么动，会不会撞到自己，会不会堵了自己的路，会不会占了自己的地盘，所以当今中国的一举一动、一言一行都带有大国新闻的特征。我们的每一句话、每一项决定都可能成为世界媒体的焦点新闻。最近一段时间讨论中国楼市，中国老百姓买房子实际上是世界的重大经济问题，中国楼市可能是存在泡沫的，但是怎么去处理这个泡沫？如果是简单地突破，实现中国经济硬着陆的话是一个什么情况？如果纵容这样一个泡沫继续吹下去而没有找到一个有效的应对方式，那么未来会是什么情况？就像外媒讲的会不会成为中国版的美国次贷危机。如果是那样的话，对世界经济意味着什么？特别是现在中国贡献了世界经济25%以上的增长。所以中国怎么去面对经济新常态，怎么才能可持续发展，这本身就是一个世界性的问题，所以说中国故事正在成为世界新闻。

"中国工人"曾经获得过《时代》周刊的"年度人物"提名，而从中国制造到中国创造，从中国工人到中国游客，从中国外交到中国国防，从中国经验到中国挫折，甚至从中国机遇到中国威胁，关于中国千姿百态、千变万化、丰富多彩、纷繁复杂的种种舆论都是故事的主题和载体。但这个故事的核心，我的定义是，怎么去说明一个迅速发展、不断进步、日益强大，创造了人类发展奇迹，又可能在一定程度、一定范围、一定时间表现出失衡、失协甚至是失序的状况，而走在一条与众不同的发展道路上的国家的成长历程，我觉得这就是中国故事的核心。

中国故事不同于其他国家的故事，核心就在于它的矛盾和冲突，这构成了戏剧情境下的故事基础。从传播的角度来讲，中国故事的戏剧性在人类历史上是绝无仅有的，这为我们讲好故事提供了得天独厚的素材。中国新闻之所以可以吸引世界目光，正是在于中国发展处于转型期，存在着许多困难和挑战。中国几十年走过发达国家几百年的历程，发达国家在几百年中经历的所有矛盾、摩擦冲突在这几十年当中爆发，所以讲好中国故事，一方面要面对这样的挑战，同时也要把这个资源挖掘出来，使其成为讲好故事的一个重要资源。

在中国故事成为世界新闻的同时，中国历史在创造世界历史，在更深层次上，也就是中国故事具有世界意义的叙事。要生动地讲好世界故事，同时又应把中国故事投射在一个更加宏大的历史背景上，因为中国的崛起是史无前例的现象。中国现代化对世界意味着能够享受现代化生活的人口要翻番，这在世界历史上是从来没有过的。一方面，到目前为止，无论是已经实现现代化的国家，还是正在努力实现现代化的国家，绝大多数走的都是资本主义道路，走社会主义道路实现现代化的国家为数很少。所以在这样一条道路上实现现代化，在这样大体量的国家里实现现代化，世界还从来没有这样的经验，所以西方不可避免地认为中国的发展带有不确定性。国际传播的工作重心之一就是不断地去批驳中国威胁论。但从世界发展的角度去看，"威胁论"也是在情理之中，这是不可避免的一种疑虑。这就给讲好中国故事带来了挑战。另一方面，中国在这条道路上每前进一步，对于人类文明都具有深刻而广泛的意义，并且，解决中国问题实际上就是解决世界问题的重要组成部分，如果中国找到了可持续发展的一个路径、一个模式，这本身就是对世界经济的一个重要贡献，因为中国已经贡献了世界经济 25% 以上的增长，假设中国经济发展停滞，本身就是对世界经济的重大威胁。

第二点，在融通中外的过程中构建大国传播的话语体系。讲好中国故事，还在于能不能构建起一套让世界倾听、认可的传播话语。我们有鲜活的故事素材，精彩的故事脚本，但是要搬到世界舆论的舞台上，还必须通过有效的话语体系去传递给受众。

习总书记在关于新闻舆论工作的系列重要讲话中反复强调，传播好中国声音，阐释好中国特色，要构建对外话语体系，增强对外话语的创造力、感召力和公信力，这就是重在构造体系、重在创新发展。我的理解就是以"中国实践"去重塑话语体系。国际传播的话语体系是什么？我认为是关于当代世界发展状态的解释和说明的概念性叙述，所以，话语体系是关于世界发展状况的解释和说明的概念体系。在过去几百年中，随着资本主义的全球扩张，实际上形成了客观存在的西方中心主义。国际传播的话语体系一直是由西方主导的。西方发达国家既是世界话语的生产者，又是传播渠道的控制者。这样一种双重操控塑造了国际传播中西方的主导地位，这是当下的实际情况。

近些年来，中国崛起成为一种普遍认可的世界现象，我们也自然面临着构建话语体系，进而突破西方话语霸权的历史机遇。为什么要这么做？首先，在过去几百年中建立起的资本主义文明经验体系，是不能有效解释中国的独特现象的。我们走的是中国特色社会主义道路，在历史上从来没出现过这样一个超大规模的发展中国家的崛起。且不说英国，就说美国，虽然面积跟我国差不多大，但人口比我国少得多，具有更加优越的地理条件。中国的发展，是世界现代化过程中从来没有过的现象。因此，在过去几百年中形成的资本主义的经验体系、文明体系、知识体系中，并不能解释特殊的中国现象，也就是说，中国经验超越了西方知识体系的认知和它的解释反应能力。只要中国崛起持续下去，中国故事就会不断改写世界历史。只要我们在各种唱衰和捧杀中不断发展下去，世界也就需要一种新的理论框架、概念体系来回应这种新的体验。

中国的实践已经走在了前面，习总书记讲到构建话语体系的时候，谈到一个"言必称希腊"的问题。这是因为话语体系是基于知识体系而产生的。刚才也讲到，从资产阶级革命、机器革命到产业革命，资本主义文明始终引领着世界的发展。从欧美已经崛起的国家来讲，像英国 1640 年的资产阶级革命，美国 1776 年的独立战争，法国 1780 年的大革命，哪怕是晚一点的日本 1868 年的明治维新，都远远走在我们前面。在这个过程中，随着资本主义的全球扩张，发达国家在世界范围现代化浪潮中形成了从自然到社会科学完备的现代科学体系，因而有了西方中心主义盛行的几百年。

西方中心主义，既是结果，也是原因。但现在出现了许多变化，世界发展"言必称中国"，如果讨论世界的发展，怎么可能不讨论中国？所以我们越是走近世界舞台的中央，就越深切地感受到西方话语霸权的困扰，进而发现对外话语的创新大大落后于我国现代化的实践创新。2015 年习近平总书记在哲学社会科学工作座谈会上谈到这个问题的根本要害：哲学社会科学的知识体系是支撑起世界的基础，没有自己的哲学社会科学体系，就没有话语权。新加坡学者郑永年教授也讲过，中国没有话语权，是因为中国没有自己的话语体系，没有自己的知识体系。想一想自然科学的知识体系，包括传播学在内，如果不使用这些概念的话，我们怎么去讨论问题？其他的科学，包括社会科学，也都是一样的。我们必须以总结和提炼中国经验为基础，以赋予科学精神的时代话语去讲述好当代中国的发展实践，进而在认识当代中国和世界的过程中形成我们的概念，以中国视角去展开世界的叙事。

这一点大家可能也有体会，近几年习总书记每次在重要的讲话，特别是国际场合的讲话中，都提出了很多新的概念。这些概念包括人类命运共同体、新型大国关系，这些就是讲好中国故事的一个源头和标识。为什么习总书记要主持召开哲学社会科学工作座谈会？就是强调需要创新哲学社会科学，提出我们自己的解释世界、说明世界的概念、范畴和叙述方式，只有到这个时候我们才能真的有自己的话语体系。

另外一点，是让中国话语体系引领国际舆论的议程。中国崛起是一种新的文明模式的崛起，也将带来独立的政治话语的崛起。建立自己的话语体系，就要增强"话语自觉"，特别是终结发展中国家无法表达自己而必须被人表述的历史，正如爱德华·萨伊德在《东方学》中所说："东方无法表述自己，必须被别人表述。"中国崛起意味着，我们现在不仅有能力表述自己，而且必将以新的话语体系引领世界的未来。所以，从中国道路到中国模式，从"一带一路"到"人类命运共同体"，一系列带有鲜明中国印记的概念已经成为世界流行的新语汇。

就在 10 年前，国际媒体还很少刊登中国的新闻。现在的国际媒体上不可能没有关于中国的新闻，还经常刊登在头版头条。在关于中国的报道中，大量出现具有鲜明中国标记的概念。这就是中国引领国际舆论的一个重要标识。在话语体系建构中，一个重要的条件就是要基于文化交流和文明互鉴来丰富我们自己的话语体系。中国不同于其他的国家，有着 5000 年从未中断的历史，具有海纳百川、厚德载物的生命性和耐力，特别是过去 100 多年中，实际上是中西文明不断交融、交汇、交流的过程，如果说现在世界上有哪个文明能够为世界文明的融合作出贡献，应该就是中华文明。正因为这样一个重要原因，我们有能力建立一个既属于自己，同时也被世界认同的话语体系。这个话语体系既用全球话语表述中国，体现中国视角，也能对接世界认知，去分析和讲述世界。现在，中国的实践已经走在了世界的前沿，我们在发展过程中出现的一系列问题和议题，势必不断地走上世界发展的议程，而我们的国际传播所要做的事情就是让话语创新跟上人类历史发展的脚步，成为世界舆论的主导性叙述。

第三点，就是在创新实践中创新理论。"西强我弱"是国际传播的基本格局，中国国际传播能力不强，跟我们的国情和国际地位不相称。走向大国就要扭转这种有理说不出、说不清的被动局面，在大力增强国际传播能力的基础之上，构建中国特色的国际传播理论体系。要增加实践的创新和自觉，在中国和世界的关系发生变化的过程中，把握国际传播的时代方位和目标定位，把国际传播战略作为实现大国崛起的重要组成部分，在过去几年中，中央制定和发布了加强国际传播能力建设的一系列政策文件，标志着已经把打造"传播大国"提到了国家战略层面。相对于国际传播能力建设，传播理论建设显得滞后一些。面对西方的指责和诋毁，理论层面的回应也显得非常薄弱。国家崛起，民族复兴不仅呼唤建立起与之相应的大国传播，同时要求加快构建适应时代发展要求的中国特色的传播理论体系。

首先要建立理论自觉。就是以马克思主义科学理论为根本武器，以中华传统文化为精神滋养，从当代中国、当今世界的发展实际出发，吸纳人类文明特别是传播文明的成果，提出具有中国特色和时代特点的新概念、新表述。

其次要坚持问题导向。梳理出构建自己的理论体系所需要思考的重大问题，比如说应该构建怎样的传播理论，建立怎样的传播秩序，需要怎样的国际传播，从这些问题出发，围绕着国际传播中涉及的国家利益，包括共同意识、民族精神、共同价值，建立起我们的理论体系，特别是针对西方传播理论中的"新闻自由"等核心概念进行系统科学的论述和回应。

三是构建科学范式。增强国际传播能力，核心在于形成具有影响力的话语体系。这既是一个实践问题，又是一个理论问题。中国现代化的独特实践，为提升中国话语提供了现实可能，我们要增强这种理论自觉，在大力讲好中国故事的过程中，不断去构建起科学阐释当代中国、当代世界的社会科学范式，从学理和学术上赋予中国故事更多的普适性意义。现在的问题是，我们自己的话语有中国特色，但是传不开，因为缺乏普适性意义，没法获得世界范围的认同和共鸣，这是我们要突破的一个重要方向。在学术上要克服与外界交流的障碍，特别是在创新理论当中去增强理论知识生长能力。

四是形成理论体系。近年来马克思主义新闻学的中国化有了相当的基础，时代化、中国化也取得了明显的成绩，形成了比较完备的科学体系。但是，这还不能说我们有自己的传播理论。现在学传播学用的是什么教材？我印象中还是依据施拉姆建立的那套体系，因为传播学本身就是年轻的科学，也是在西方特定的历史语境中诞生的特定学科，因此传播学怎么去更好地服务中国特色大国传播的实践，在实践中形成中国特色的传播理论，这是个重大而艰巨的理论创新课题。

五是在增强硬实力的过程中提高软实力。传播能力是硬实力和软实力的综合体现，一方面要做到声音的到达，确保传播的信息都能抵达目标地点和预期方向，在不失真的情况下传递给世界。现在，新华社在境外有 180 个分支机构，采集网络在世界范围同其他机构相比一点都不弱，但是我们在声音的传达方面还是有差距，就是说采集到的新闻，再重新传播出去的时候，是不是能够都抵达目标地点和预期方向，这就是硬实力需要进一步加强的方面。另一方面就是要获得价值认同，这点难度更大，实现信息传播到价值传播的飞跃，就是获得更高层次的权威性和影响力，这两方面任务都很繁重。

打造大国传播，要是抓住机遇，进一步加强基础设施建设。抓住和用好中国崛起的历史机遇，这是确定我们能在硬实力上跟西方传媒强国相抗衡的关键。过去几年世界格局变化迅速，特别是 G20 杭州峰会的召开，标志着中国在全球治理平台中扮演了更为重要的角色。新兴经济体的崛起推动了国际关系民主化程度的不断增强。"国际关系民主化"讲了很多年，联合国的诞生本身就是促进国际关系民主化的一个机制，但是到目前为止，大国博弈、大国主导世界政治经济的格局还没有变化，特别是从"冷战"的"两强争霸"到"冷战"后的"一超多强"，离国际关系民主化差得很远。我们要抓住现在发生的这些有益的变化，推动世界秩序的良性重构。从英国到美国，这些传播强国首先是世界强国，世界政治经济中心的转移，就必然导致世界话语中心的转移，长期以来改变世界舆论秩序不合理的呼声始终存在。从半岛电视台到今日俄罗斯，这种非西方传媒的崛起，正在悄然改变主导国际舆论信息秩序的历史格局。

应该发挥好不断强大的资金和技术实力，夯实国际传播的基础设施。首先就是构建遍布全球的信息采集网络，在传播中提高我们的能见度。最近的一项研究显示，新华社在各大国际通讯社中的被引用率居于首位，这就是"媒体能见度"的一个重要体现。现在路透社、美联社引用新华社发的稿子，基本上都会加上这么一个出处，这就体现了一个国家的影响力和信息开放度的提升，体现了中国声音已经传播到世界。

要抓住互联网崛起的比较优势，从赶跑、跟跑再到领跑，就是前面我说李克强总理讲过的一句话，互联网时代我们有新的比较优势，十大网络企业，我们有三家 BAT 是居于前列的。这么多年我们也在努力，希望突破西方在报刊、广播、电视等传统媒体领域的垄断性优势，但这不是短期可以实现的，也是比较难的。但是，在互联网领域，我们和西方至少是在同一个起跑线上，现在我们甚至跑得更快一些。我们完全有可能以网络新媒体领域作为突破口，动摇西方传媒的垄断地位，进而打破西强我弱的格局。网络新媒体带来了可能在较短时间内打破西强我弱格局的重要契机。抓住用好，就有可能更早实现突破。

我们要大力提升共振、共鸣、共识。民族复兴是文明的复兴，国际传播必然也是文化的传播。话语体系承载着特定文化观念。习总书记讲过，话语背后是"道"。最强力的话语背后是思想和价值，所以真正强大的传播具有道义的感召力、思想的说服力、文化的融通力。从这个角度去看,打造大国传播应该是从建设文化强国和思想大国开始。我们资金不差，技术不差，传播手段也不差，但即使充分抓住了网络新媒体发展的历史性机遇，实现了传播渠道的突破，如果背后没有强大的思想价值力量，我们肯定还成不了传播大国。

大家应该比较熟悉撒切尔讲的那段话：中国不可能成为一个真正的大国，因为中国就会生产电视机，没有思想，没有能让世界认同的价值。那么可以把儒家文化搬出来吗？这还不够，这不是仅靠办孔子学院就可以实现的，因为没有时代精神，没有符合时代需要的价值，没有时代精神和民主精神相结合的当代思想价值，无论用多么强大的手段都是没用的。所以，打造大国传播与建设文化强国、思想大国是同一个命题。汤因比说过，中国人在几千年来比世界任何民族都显示出在政治、文化上统一的能力，具有无与伦比的经验，具有世界主义思想。由此看来，中华民族的复兴从根本上来讲，应该是中华文明的复兴。

在国际传播、构建传播大国的命题之下，我们讨论了所有"术"的层面的问题，最后到习总书记讲的话语背后的"道"，就是文化的问题，文明的复兴，这些都是最终我们实现建设传播大国目标的必然议题。中国崛起将是一场文明的崛起。我们从经济大国走向经济强国，在这个过程中实现经济崛起、文化崛起，在这个过程中实现传播崛起，建立起能够融通中外、在世界上产生共振、共鸣、共识的话语体系，最根本的是要实现文明崛起。正如英国、美国的崛起都带来了各自文化的崛起。无论是新闻工作者，还是学者、学生，我们都应该有文化的自觉、实践的自觉，从各自的实践出发，为实现这一目标而努力。

总结一下，中华民族伟大复兴的历史进程发生在世界性变革的时代背景之下。当代世界发展的最突出特征是什么？其一是人类文明发展面临转折；其二是中华民族历史性崛起。人类文明之所以面临转折，就是从前面讲的荷兰、西班牙、英国、美国等所有大国崛起过程中所秉承的资本主义文明，在21世纪特别是经历国际金融危机之后，证明了其本身不能解决目前世界发展面临的困境，这也为中华文明提供了广阔的舞台和空间。

对于最近的美国大选，美国人自己的总结就是，特朗普这样的人作为美国总统的候选人是不奇怪的，但是他能走到共和党总统候选人这一步，是美国社会所始料未及的，同时也说明了美国政治制度可能出现的问题。欧洲也是一样，都不能有效地解决目前面临的问题。2008年就有西方学者提出，资本主义本身面临着再一次的自我革新。几百年来的西方中心主义出现了变化，西方已经不再是中心了，也正是在这样一个背景下，中国崛起了。我们实际上已经走在了世界发展的前沿，这是我们面临的一个大背景。这就为我们崛起成为传播大国提供了重要历史机遇。所以，推动中华文化创造性转化、创新性发展、时代化演绎、国际化表达，使它成为当代社会的主流价值认同，应该成为实现复兴的要义之一。所以，加强国际传播能力建设的过程中，推动中华文化走向世界，应该是我们打造大国传播的使命和担当。

以上是我今天的分享，谢谢各位。

问答环节：

问：我想请问您两个问题。第一个就是您说我们要讲好中国故事，今天是习近平主席访问柬埔寨的第一天，您觉得对于这件事情，除了常规报道外，怎样才是讲好中国故事呢？这是一个具体的例子。第二个问题，习总书记在2月份时曾说过要打造外宣旗舰媒体，我一直在想，外宣旗舰媒体的标准是什么？针对您刚才讲的我们在网络新媒体方面和国外处在同一个起跑线上，这一点我不太认同。别人有网络原生媒体《赫芬顿邮报》，我们没有；别人有的数据新闻做得很好，我们也没有；别人把传统媒体内容直接嫁接到网络就可以取得很好的传播效果，我们也没有，我认为我们已经输在了起跑线上。所以，我非常想知道，对于外宣旗舰媒体的标准，要如何定义呢？想请您解答一下，谢谢。

答：问题很尖锐。第一个问题，我认为首先还是要讲故事。一个是讲好历史的故事，再一个就是讲好现实的故事。讲柬埔寨的故事很重要的一点是讲中国和柬埔寨之间特殊的关系。这两天中央媒体也做了大量这方面的报道。同时，要在其中讲好中国在和世界相处中，我们的基本价值观和方式。为什么从毛泽东主席、周恩来总理开始的老一辈领导人到现在的习主席，给予柬埔寨那么高的尊重，这本身就是在说明我们的外交理念。也是因为这样一种历史原因，直到现在中柬两国人民之间还是有一种特殊的友谊。现实方面，总体上中柬关系处在一个最好的时期，同时，我们又面临一些新的问题，在不同方向都存在着战略挤压。同时，"一带一路"倡议的实施也为中柬关系提供了新的内涵。在讲故事的时候具体手法有很多，应该把这种宏大的理念通过具体生动、有血有肉的鲜活故事表现出来。

对于第二个问题，我们是否输在了起跑线上，也是见仁见智。同一个起跑线，并不意味着田径场上同一声枪响。对于一个新的传播环境来讲，我觉得客观上存在一个起跑线。至于你说的知名网络媒体的影响力，我觉得这也是各种因素形成的。首先，我们的资金技术都不薄弱，短板在于话语方式、叙述能力，特别是有意识形态、社会制度、价值观念上的沟通障碍。你设想一下，同样强大的技术和网络媒体，在中国和在欧美，你认为在全球化过程中，哪个影响大？毫无疑问，还是在西方。这就是刚才我所讲的，我们要建立强大的传播大国，如果没有建立起真正有感召力的、在世界范围内能够产生共鸣的价值体系的话，传播不可能强大。现在的一个事实是，从世界范围来讲，绝大多数国家实现的和正在实现的，是资本主义制度。不管成功与否，它的制度是资本主义的，它更容易接受所谓的民主自由这样的价值体系。所以，在这样一个阶段，即使是在网络传播领域我们已经有了比较强大的资金支持和技术手段，我们也难以真正形成全球范围的影响。这个和我前面讲的同一个起跑线，是不矛盾的。我们可能不只是在一个起跑线上起跑，我们还可以跑得更快一点。

好莱坞电影市场巨大，我们的票房现在发展也很快，但相对于好莱坞近百年来形成的主导地位，我们仍然有距离。对于它所代表的西方中心主义，特别是在金融危机之后，人们开始有了质疑和批判。我认为，习总书记在"七一"讲话中所讲的最有底气的话就是，我们有信心为人类对美好社会制度的探索提供中国方案。这样的话过去从来没有讲过。我们讲中国特色社会主义，主要是讲这是符合中国国情的，即我们有特殊的国情，不能跟着西方国家走。现在，"七一"讲话中明确提出，中国要为人类共同面对的问题和挑战提供解决方案。

许多发展中国家实行了西方的民主制度后并没有带来经济的繁荣。就像邓小平同志所讲的，社会主义制度有集中力量办大事的制度优势。而西方民主对发展中国家而言就没有了效率，也没有彻底解决公平的问题。这是我们一直坚持走自己道路的重要原因。中国取得了今天的成就一定是因为做对了什么，这需要我们去总结。总结出来的结果就是我们的话语体系。

对于外宣旗舰媒体，我认为，所谓旗舰就是一种体量和规模，具体如何就达到作为旗舰的规模和水平了，最后检验的不是媒体集团外在的体量，而是在话语上让世界倾听中国的声音。现在我们发展到了这一步，就有条件去总结了，有底气讲这些话了。虽然实现这个目标的任务还非常艰巨，不是短期内就可以完成的，但是现在有了条件，我想我们会向这个新的目标靠近。

问：新华社推出的《十三五之歌》成了网上的"爆款"，内容和形式都比较活泼，突破了以往新闻宣传的传统素材和风格。既然我们要讲好中国故事，是要用这种西方逻辑讲中国故事，还是要用我们自己的叙事方式，试图让国外受众理解我们的方式呢？

答：处理这个问题不能简单化。既不能完全自说自话，也不能一味地用西方的概念去讲，所以现在标准的说法是融通中外。融通中外是一个过程，最后也应该是一个结果。比如，西方已经强大到不管怎么说话，世界就会这样听。我想，随着中国的逐渐强大，我们的话语也会成为世界的话语。但是在目前，我们更需要的是让人想听、能听懂。

像你说的《十三五之歌》，实际上不是一种内外之别，而是新老之别。就我自己的认识来讲，我比较抵触用特别简单的形式表达比较复杂的概念或者事物。比如，十三五和"四个全面"都太复杂了，唱两句就能宣传吗？就本质上来讲这是种快餐化的方式，我很担心会带来认识的弱化。但事实就是，对于一些大众来说，如果不用这样的快餐化方式，可能压根就不会知道"十三五"和"四个全面"。如果彻底放弃这样浅层次的传播的话，也就彻底放弃了一部分受众，这些人不会看报，上网也不会看严肃的新闻，简简单单浅尝辄止也就足够了。所以我想，这并不是最好的方式，但是与其让其压根不知道，不如通过这样的方式让他们至少知道。这和对外传播在一定程度上有相似之处。《十三五之歌》将动漫形式用到对外传播当中，也是有道理的。

整理：黄圣淳、陈一霖、张佳莹

校对：盛阳

第二讲
党性・独立性・人民性：
一个新闻学重要命题的历史考察与理论探析[1]

◎ 向 芬

中国社会科学院新闻与传播研究所副研究员，新闻学研究室副主任。中国新闻史学会常务理事。研究领域为新闻传播史论、新闻传播制度与社会变迁。2009 年毕业于中国社会科学院研究生院新闻与传播系，获博士学位。

谈到党性、人民性这样一个话题，其实在我做学生的时候，新闻理论课的老师便觉得这个话题有些"敏感"，也没有进行更加深入的讨论。当时，我一方面对这个话题充满了神秘感，但也因并无太多的意识，就把这个问题很轻易地放过去了。现在重拾这样一个话题，也跟当今大的时代背景有关——在 2013 年 8 月 19 日和 2016 年 2 月 19 日，习近平总书记先后两次提到了"党性、人民性相统一"这样一个论述。一般来讲，学界把这个论述称为习近平重申了党性、人民性的"统一性"。

作为马克思主义新闻观研究的资深专家，郑保卫老师阐释了习近平总书记重申党性、人民性相统一的理论价值和时代意义。他认为，首先，在这个问题沉寂多年后，这一重申对这个有些"敏感"的问题做出了直接的回应和阐释。其次，习总书记把握了党性、人民性关系的实质和关键，强调人民性是党性的内涵和基础。这里他特别把人民性提到了党性前面。再者，习总书记从根本上阐明了正确认识两者关系的理论前提，澄清了以往对于党性人民性问题认识的"误区"。在我看来，郑老师点出了两个关键问题，党性和人民性的关系"为什么会变得敏感？""为什么成了一个误区？"这其实和近年来思想界和理论界出现的一些变化是有很大关系的。

在知网上，我做了一个从 20 世纪 50 年代一直到 2018 年有关党性、人民性问题的

1　演讲日期：2018 年 11 月 29 日。

研究统计。数据显示,相关研究在20世纪90年代有一个小高峰,到了2013年以后,也就是习总书记重申党性、人民性相统一后,相关研究又出现了非常迅速而大量的提升。从研究的学科分布看,在所有学科中间,新闻学对党性、人民性的问题是尤其重视的,而且是新闻理论界讨论的一个重点话题。

过去,陈力丹、尹韵公和郑保卫等前辈学者都对党性和人民性相统一发表过大量论述。但如果说党性和人民性本身就是统一关系,而非矛盾关系,那么这几位学者为什么要反复地论证它呢?

尹韵公老师指出,应当首先探讨党性和人民性能否构成矛盾关系。我发现对这个问题学界讨论不多。相关论述并没有说清楚党性的对立面到底是什么?这就是我所要重点论述的问题:如果说党性和人民性是统一的,那么延安整风和《解放日报》改版所倡导的党性是针对什么?党性和人民性的矛盾对立面是什么?为什么后来党性和人民性一度被对立起来并被视为一对矛盾关系呢?这一系列问题也是对尹老师点出的那个问题的细化和延伸。下面我和大家分享对以下三个问题的研究心得:党性和独立性的关系;党性与人民性的关系;党性和人民性之争。

一、党性和独立性的关系

要讨论党性和人民性的关系,需要回到历史的语境中来看。从延安时期那段历史来看,与党性对立的概念是"独立性",党性和独立性其实才是一对矛盾关系。我们一起来看看延安时期是怎么对待这个问题的。1936年到1945年,一般把这十年称为"延安十年",这十年是毛泽东带领中国共产党人,以马克思主义中国化为总方针,组织起党的文化系统,以文化改造来带动党建的过程。在这个过程中,中国共产党在新闻宣传方面提出了很多新思想。在《解放日报》改版中,就提出了一系列的马克思主义的新闻观念:党报的党性、群众性、战斗性、组织性的"四性一统";"全党办报、群众办报"的方针等。在党报的"四性"中间,党性被放在了最前面,群众性放在第二。在延安时期,党报的"四性"已经逐渐内化为当时新闻人的思想观念和行为准则,经过整风和《解放日报》改版,建立起了一套行之有效的制度。

1941年7月1日,建党20周年之际,中共中央通过了关于增强党性的决定,规定各级组织和党员都要在统一的意志、统一的行动和统一的纪律下团结起来,成为一个组织整体。关于党性的专题教育直到今天还在开展,这是党建的重要内容。

1942年1月，毛泽东同志在中宣部的宣传要点中，又明确地提出来和党性相对的"独立性"的问题。他所反对的独立性是什么呢？他把"独立性"分成了两个部分：一部分是指独立工作的能力以及发扬马克思主义的创造性等积极方面，但另一部分则重点指的是不服从上级、不服从多数、不服从中央，将个人和党对立起来，个人超过了党、个人英雄主义等消极状况。他把后者视为与党性相对立的问题，这也是我们需要精确区分的。

1942年4月1日《解放日报》头版发表的《致读者》中也讲到党报工作的思想原则，其中把党性原则放在了第一位。《解放日报》的改版是延安的新闻事业走向成熟的标志，它所要改的就是把过去具有一定自由主义社报色彩的"不完全党报"改成一种"完全的党报"。那么像《申报》《大公报》这样的社报，更强调办报的独立性。但是作为一份"完全的党报"，更加强调的是内含人民性的党性。这是党报与社报的根本区别。

为什么要这么提呢？区分党性和人民性，实际上是从无产阶级和资产阶级的划分来确定报刊的新闻原则。党性是属于无产阶级报刊的最高原则，而独立性则被视为资产阶级新闻业的突出表现。按照党性原则，我们提倡全党办报、群众办报。独立性原则体现在"同人办报"和记者办报，强调报纸的专业性。

1942年9月22日的《解放日报》社论中非常清晰地讲到，党报和自由主义社报之间存在着相当差别。社报的同人可以依照自己的好恶和兴趣来选择稿件，依照自己的意见来写社论，按照个人来办事，不必顾及党的意志，一切按照自己高兴不高兴办事，不必顾及党的影响。这样便会形成党性不强的局面，到后来新闻工作就会出乱子，这对于党的事业来讲是没有好处的。所谓党报的"党性"原则强调，新闻事业不能脱离党的领导。《解放日报》按照这一原则改版之后，受到了党中央和毛主席的认同，当时毛主席也讲，报纸是代表党中央来向人民说话的，那么即使是个人在党报发表的文章，也会产生很大的影响。作为新闻工作者，在发表有关重大政策问题的稿件时，不管是消息还是社论都要跟党中央保持一致，这就是后来"一字一句也不能闹独立性"的前后语境。

由此可见，《解放日报》改版的原则，就是要将党性放在第一位。1943年，也就是改版两年后，中国共产党的新闻理论体系已经走向成熟。陆定一在《我们对于新闻学的基本观点》中，明确指出了资产阶级报纸的特点，即时宜性、普遍性、公告性、唯一性、趣味性等，他对这些特点一一作了批判，大家可以去看看原文。

陆定一的文章发表在1943年9月1日的《解放日报》上，一整版讲的都是与新闻理论相关的内容，因为当天是第十个"九一"记者节（2000年后才把记者节改为11月

8日）。在另一个版面上，他写的是国民党反动派摧残新闻事业的罪行，所以这篇文章是作为国民党政治文化宣传的"对立面"而出现的。

对党性和独立性进行区分，也有现实层面的考量。从1936年开始，从国统区即"白区"，陆陆续续大概有4万多知识青年进入了延安。这些人有着不同的社会阶层、教育水平和家庭背景，对延安的生活、文化也有一个适应的过程，比如像丁玲、艾青等，他们在改造自己、适应延安政策氛围方面也有困惑。而在延安整风过程中，也有对于知识分子群体的整体性改造，实质上是党和知识分子关系的重新构建。在这批知识分子中，王实味是一个典型案例。他在《解放日报》的文艺副刊上发表过杂文《野百合花》，对延安当时干部中有阶层高低之分提出了批评，希望达到绝对的平均和平等。

像王实味这样的知识分子为什么会有这些想法？我们从陆定一的论述中能看到，抗战以来，党的新闻事业发展很快，有很多知识青年都参与到宣传工作中。这些人在各自领域都有一定建树，对于党来说都是新鲜的血液。但他们囿于自己的背景，存在着一些旧社会的观念和思想，特别是本身就有新闻从业经验的人，会带着已有的观点来延安，那就必然有一个调整、融合的过程。而对于中国共产党来说，也必然会对他们进行一定程度的改造和教育，希望他们能成为真正对党和人民有益的知识分子。

二、党性与人民性的关系

以上我们讲到延安时期对党性和独立性关系的讨论，是把它们作为对立的矛盾关系来处理的。那么对于党性和人民性的关系是怎么处理的呢？

在1945年重庆《新华日报》的内刊上，曾任毛泽东主席的秘书、有"中共中央第一支笔"称号的胡乔木在《人民的报纸》一文中提到，"报纸的党性太重，证明我们和人民还有距离，就是人民性不够，就是党性不够。"从此看出，他其实并没有把党性和人民性分裂开，而是把它们合在一起进行思考的。后来，新闻界对党性和人民性也有很多讨论，基本都是遵循"从群众中来、到群众中去"的统一论调。例如，时任总编辑熊复讲到"《新华日报》的党性就是人民性"。他说，有的读者说《新华日报》党性色彩太浓了，但这其实是党性发挥得不够，人民性发挥得不够的表现。每次他在论述党性、人民性的时候，并没有分开来讨论，而是融为一体的。这是因为党是人民利益的代表，党性和人民性是统一的。到了新中国成立后，党性和人民性相统一的观点在中共的理论和实践中一直都是根深蒂固、一以贯之、从无异议的。所以，在讲到党性和独立性的时候，二者是一种对立的关系。但在论述党性和人民性时，二者是统一的关系。

三、党性和人民性之争

为什么后来党性和人民性被认为是矛盾的关系呢？为什么这个话题比较"敏感"？这就需要回到 20 世纪 80 年代的政治和社会背景中去看。1979 年 3 月 8 日，时任《人民日报》总编辑的胡绩伟在全国新闻工作座谈会上发表了一段讲话，指出党报是党的报纸、党的喉舌，后面又讲到党报是人民的喉舌，党报是在广大人民群众的帮助和监督下工作的，是全党办的，是全民办的。这些论述与以往并无不同。但他后面又讲到党领导的报纸要反映人民的声音，反映人民的意愿，成为人民的喉舌，这是党性的表现。离开了人民性，根本就谈不到党性。与以往的论述相比，他把人民性提到了比较高的位置上，含蓄地表达了"人民性应该高于党性"的观点。

胡绩伟的讲话实际上是将党性和人民性作为并列的"一对概念"，而非"一体概念"，为后续发生的新闻学界、业界有关党性、人民性之争埋下了伏笔。就在他发表上述讲话两天后，时任中宣部部长胡耀邦也有一个关于党性和人民性的关系论述。他指出，党性和人民性是融合在一起的，党性就是人民性，把党性和人民性分开，说什么官方、民方，要么是思想有问题，要么是别有用心。他们挑拨党跟人民的关系，我们要警惕。他当时已经注意到，把党性和人民性并列、对立地提出，隐含着有意挑拨党和人民关系的目的。如果说胡绩伟关于党性、人民性的论述是一种"隐晦的颠覆"，那么胡耀邦的提法和延安时期确立的党性人民性的一体性、一致性的论述是一脉相承的。

1979 年 9 月，胡绩伟在中央党校发表讲话，指出党性主要是人民性，没有人民性就没有党性，更加明确提出了"人民性重于党性"的观点。陈力丹教授是这样评价这段讲话的："他的讲述本身没有问题，但前面一句我们党的党性主要是人民性，在理论上出现了偏差。"当时的现实情况是，胡绩伟的讲话一石激起千层浪。有人认为他的讲话出了大毛病，人民性是资产阶级的语言，不应该进入党的新闻工作。有的人认为，提出人民性就是和党性对立，在党报工作中引进人民性的概念是把人民性作为无产阶级党性的对立面，旨在限制党性，纠党性之偏。也有人认为，提出人民性就是搞资产阶级自由化。

现在看这些论述会觉得是在"扣大帽子"，此中有些表述可能有些激进，但胡绩伟

"拔高"人民性的论述确实引发了巨大的争议。因此，当时在讲党性和人民性的问题，已经没有再提到"独立性"了。与延安时期相比，话题出现了某种程度的"转换"，只讲党性和人民性的问题了。这看起来是偶然的，但其实并非如此。20 世纪 80 年代在"改革开放"和"思想解放"的背景下，客观地说，当时提出这个问题有一定的合理性。在当时反思"文革"和"极左"路线错误的背景下，要解决历史遗留的问题和困惑，要给新闻实践的改革找一个支点，这就是重新反思党性和人民性关系的合理性。但在反思的过程中，"独立性"的概念销声匿迹了，党性和人民性之争成为了焦点，而延安时期被批判的"独立性"消失了，"人民性"却被建构成了党性的对立面。

胡绩伟关于党性和人民性之争的讨论，很多人会以他 1979 年 3 月的讲话为起点。而他自己则认为，起点应该挪到党的十一届三中全会以前，也就是 1978 年 12 月之前。当时他在《人民日报》工作，有高层领导批评《人民日报》没有党性，按照个性办报，党报不听党的话，目无中央，也希望胡绩伟对于这个批评能够有回应。这里提到的"按个性办报"，也就是延安时期提到的"独立性"。但胡绩伟却用党性和人民性的关系来回应领导的批评。显然，他的回答引发了更大的争议。应当注意，争论双方使用的理论资源是没有差异的，但他们的论证思路却南辕北辙，产生了不同的结果。在 20 世纪80 年代初反思"文革"错误的过程中，在处理党性、独立性、人民性三者关系的时候把"独立性"给去掉了。因为党性是作为中国共产党新闻宣传理论中不能触碰的最高原则。"独立性"原则在当时的语境下也不可能被接受。因此，主张进行新闻改革的人就突出了"人民性"的概念，听起来人民性不管是中国还是西方，都会作为一个政治正确的话语来进行论述。在这个"话语转换"的过程中，"人民性"被当作不直接对冲"党性"的巧妙策略，同时也达到了一定的目的。

回到胡绩伟和胡乔木的党性与人民性之争，胡乔木当时的身份是中国社会科学院院长，但他在新闻宣传领域是个很有影响力的人物。1981 年 1 月 23 日，胡乔木在社科院党委会上就讲到了人民性的问题，胡绩伟之后也写了《我与胡乔木的十年论辩》一书，也谈到了这场争论。

胡乔木认为，把民主和统一领导对立起来，制造出党性发源于人民性，说党性是人民性的集中表现，没有人民性哪里来的党性，这种奇谈怪论居然能够流行，这是社会科学界的耻辱。对于民主和自由，如果不做正确的解释，那确实就要离开社会主义，离开马克思主义了。他虽然讲的是党性与人民性的问题，但他将其与民主、自由等概念挂钩，并上升到社会主义、马克思主义的高度。这就意味着，新闻界讲的党性和人民性的问题被上升到了是否违反四项基本原则的高度，这也就不再仅仅是新闻界或者是学术界的一般性争论了。

1982 年，胡乔木回应胡绩伟，讲到党报必须加强和群众的联系，既代表党也代表人民的利益，遇到复杂的情况，需要适当采取措施，而不要笼统地运用"人民性"这个含糊不清的概念来作为包治百病的药方，因此建议不要再用这种提法。在他的这段话中，大家要注意这个打引号的"人民性"，这也就是说胡乔木所讲的"人民性"和延安时期所说的"人民性"是不一样的概念。一般来说，这种特殊处理都是经过深思熟虑的。胡乔木讲的是不要笼统引用人民性，但当时许多人会认为，胡乔木是在否定"人民性"这个概念。

我们可以从以下几个方面去理解胡乔木的论述。第一，胡乔木并未否定延安时期建立的党性和人民性概念相统一的原则，他是在维护其一致性。第二，他所质疑的是那种含混不清的"人民性"概念，而不是否定以人民为中心的做法。因此，他在讲到这个概念的时候打上了引号。第三，胡乔木警惕的是改革开放之初所出现的资产阶级自由化的政治思潮，他认识到党内外存在资产阶级自由化的暗流和风潮。在 1983 年胡乔木讲话之后，全国宣传思想工作会议通过了有关决议，对新闻工作党性和人民性关系作了界定，此处"人民性"也被打上了引号。如果在中央的文件中被打上了引号，就是一个更加特殊的处理，这肯定和延安时期的以及新中国成立以来所讲到的"人民性"是不一样的，这说明要否定的不是过去对"人民性"概念的界定，而是改革开放后出现的被重新定义的"人民性"概念。

1983 年 10 月，邓小平在党的十二届二中全会上批评了思想界最突出的两大问题，第一个就是人道主义和社会主义的异化，讲完这个话题之后马上转到了党性和人民性的问题上来。在这个过程中，大家所谈的"人民性"已经和过去讲的人民性不一样了。但是，我们一般在讲党性和人民性之争的时候，都是一种笼统的说法，没有任何区分。因此，我们不能把党性和人民性之争看成是一个孤立的理论问题，而是一个现实的政治问题。到了 20 世纪 80 年代中期，相关研究和学术争论的确消失了，这也是我们之后把党性与人民性的关系问题视为"敏感"话题或"误区"的由来。1989 年，江泽民在全国宣传思想工作会议上也谈到了党性与人民性的关系问题。他指出，有人提出"人民性高于党性"，实质就是要否定和摆脱党对于新闻工作的领导。请大家注意，当时所有中央领导人的讲话中把"人民性"都打了引号。在江泽民讲话之后，理论界再度关注党性和人民性的关系问题，并对这个打引号的"人民性"的概念进行了批评，这也是当时整个政治形势的需要。

在经过 20 世纪 80 年代、90 年代的争论后，新闻界已经形成了一个观点，就是人民性是一个"敏感的"甚至是被否定的负面提法，但是没有人注意到，这其实是被打了引号的提法，上述胡乔木的三点分析最有代表性，这个打引号的"人民性"作为一个被批判和否定的概念定格在历史中。进入21世纪，学术界开始出现了有关"人民性"相对正面的说法。尹韵公老师提出，应该充分注意到人民性所蕴含的积极意义，但可惜的是，在过去20年里，人民性都遭到了否定性的解读。他认为，应该肯定"人民性"概念的正面意义，这样在理论上才比较完整。陈力丹老师在讲到党性和人民性议题的时候强调二者的统一，对各自的内涵做了定义，在我国新闻宣传领域上打破了30多年来人为制造的理论禁区。

　　直到2013年8月19日习近平总书记在全国宣传思想工作会议上发表重要讲话之后，学界有关党性、人民性关系的相关研究出现了迅猛增长。习总书记所提出的党性人民性的一致论和统一论，其实在精神实质和内在逻辑上都同新民主主义革命、社会主义建设和改革开放各个历史时期党的新闻工作的总方针是如出一辙的，在中国共产党历届领导人有关新闻宣传工作的思想和讲话中间也是一以贯之的，并没有出现过"断层"。这也就是说，从毛泽东、邓小平再到习近平，有关于党性和人民性相统一的论述是一脉相承的。当然，这中间学界和业界对这个问题确实出现过一些异议和偏离，但最终都被纠正过来。

整理：沈世钰、宣同善、谈拉成

第三讲
假新闻、算法和民粹主义政治动员 [1]

◎ 科林·斯帕克斯

传播政治经济学领域的国际知名学者，长期担任英国威斯敏斯特大学传播与媒介研究中心主任，香港浸会大学传理学院首席教授。主要研究领域是媒体与民主化、全球传播、互联网对大众媒介的影响等。著有《全球化、社会发展与大众媒体》《21 世纪的记者》等。

非常感谢清华大学的热情邀请。我今天讲座的主题是"假新闻、算法和民粹主义政治动员"。关于这个话题，有四个不同的问题需要考虑。第一个问题是假新闻，它本质上是一个关于新闻出处的问题。什么样的信息和素材是"真新闻"？什么样的是"假新闻"？关于假新闻，我们究竟了解多少？

第二个问题是新闻算法，它是人工智能与人类智能之间关系的问题。具体而言，就是由人类所做的决策和由机器所做的决策之间有何关系。它们是引导受众获取新闻的不同方法，也是不同的研究领域，因此二者应被区分开来。

第三个问题是"新闻气泡"（News bubbles）。"新闻气泡"是指人们倾向于阅读符合他们观念的新闻，而拒绝可能改变他们观念的新闻。如能选择，他们将挑选符合他们现有观点的新闻。

第四个问题是民粹主义政治动员。这在中国及亚洲其他地区也许并不是问题，但在美国和欧洲是当下最主要的政治问题。虽然与在座各位的关系不那么直接，但它仍然值得我们思考和关注。

这四个问题彼此不同：一个关于新闻来源，一个关于人工智能，一个关于受众偏好，一个关于国家政治，所以我认为将它们搅在一起是不正确的。但它们之间确实是互相关联的。此外，我的观点是前三个问题不足以解释第四个。换句话说，预测政治民粹

1　演讲日期：2017 年 11 月 10 日。

主义不是社交媒体或假新闻的功能。同理，我需要对此进行论证。作为一个信奉英国经验主义的英国人，我将理所应当地选择从事实出发。

我使用的数据大多来自美国。理由是美国的数据更容易获得。你可以查到关于美国的事情，但你很难查到英国、德国或其他国家的信息。相比之下，数据在美国得到了很好地记录和保存。使用美国数据的另一个优点是，在中国，美国具有西方社会模范的形象和地位，仿佛一个结论如果在美国是成立的，那么它在任何地方都行之有效。但实际上，这样的推论对于媒体行业并不成立。美国有一套与所有欧盟国家都不相同的独特的媒体系统。因此我们必须谨慎，并不是在美国成立的结论就一定适用于其他国家。

在数据分析的基础上我将做一个初步的结论，但它并非就是事实本身，而是我的猜想。我真心地希望大家可以积极地作出评论，提出批评及表达不同的看法。作为一个"老头儿"，接纳批评对我早已非难事。所以，请你们暂时忘记我的教授身份，只需将我视作一个普通人。你的观点可能比我的更为出色，请无须胆怯并将它们表达出来。

假新闻没有明确的定义

第一个问题，什么是假新闻？我认为它有多重定义。首先，它可以是散布的虚假信息。

第二种定义是引导性的碎片信息。以《每日邮报》为例，它是英国发行量最大的报纸之一，超过 200 万。它一直是脱欧的坚定拥护者。2016 年 5 月英国举行了脱欧公投，超过半数的投票人支持脱欧。《每日邮报》则已连续 20 年宣传欧盟给英国人民生活带来了"愚蠢的限制"，比如它报道"欧盟要求其成员国进口的香蕉必须是直的"。事实上，欧盟只是要求外观上没有明显缺陷，并没有严格规定它们必须是直的。《每日邮报》通过选取碎片化的信息，辅以引导性的解读，做出了不利于欧盟的报道。

第三种定义在传播学研究中被称为"框架"（framing），即不同立场的媒体选择同一事件的不同方面进行报道。以两国的领土争端为例，两国媒体报道的是同一件事情，但各执一词，只援引表达本国立场的信源。这里，它们采用了不同的"框架"。如果你是 A 国人，你会说 B 国媒体的报道是假新闻，而如果你是 B 国人，你则会说 A 国媒体的报道是假新闻。由此可见，"框架"是影响新闻活动的重要因素。记者不得不在某种"框架"内进行报道。因为你无法报道一切，你必须作出选择，强调某些事实，同时删掉另一些。在这种情况下，同一个事件必定产生不同的"解释"。既然如此，谁报道的是真新闻？谁的又是假新闻？

第四种定义是"筛选"（selection），媒体要挑出能够吸引其受众的头条新闻。以《金融时报》为例，它有英国版、美国版和国际版三个版本。不同版本的记者编辑会选择不同的故事进行报道，他们会选择不同的头条新闻。谁的选择是对的？谁的又是错的？国际版的编辑们给出的难道是关于世界的虚假图景吗？而英国版的编辑们又是否真实地描绘了世界，或者他们描绘的只是世界的不同侧面？因此，我们看到，存在一个从"完全不真实"到"正常"新闻的光谱。而且从某种角度来看，所有这些都可以被视为假新闻。如果你是英国脱欧的反对者，你会认为"直香蕉"的报道是假新闻；但如果你是支持者，你则会认为这个报道是完全合情合理的。

到底什么是假新闻？我认为没有统一的答案。有些人认为，用他们不认可的"框架"来报道的就是假新闻。有些人觉得只要是媒体关注的报道就是假新闻，比如特朗普就认为，主流媒体关注的"通俄门"是假新闻。因此，假新闻就像是一个篮子，对不同的人来说，装着不同的东西。它是一个非常模糊的概念，任何人都可以拿它来指任何他们想指的事情。有没有哪家媒体能够担保"我们报道的就是事实"？绝大多数从事媒体研究的教授都认为这是不可能的，媒体人必须对事实进行筛选，用特定的框架来解释。那么，对"假新闻"的定义到底能否达成共识？对此，我很怀疑。因为你眼中的假新闻，却可能是其他人眼中的真相。但大多数新闻记者和编辑都希望能够就此达成共识，我把它看作值得商榷的问题。

那么受众是如何理解假新闻的？来自美国皮尤研究中心的数据表明，对于"完全捏造的假新闻"，32%的美国网民表示他们常常看到；39%的人表示有时看到；26%的人表示很少看到。对于"似是而非的假新闻"，78%的人表示常常在网上看到。显然，人们认为假新闻是普遍存在的。那么受众看到假新闻时能够辨别出来吗？45%的人确信他们可以；39%的人有一定把握；只有15%的人认为他们不能。基于以上这些数据，我们发现，尽管假新闻普遍存在，但多数人认为自己是能够识别的。值得注意的是，虽然只有少数人认为自己不能识别假消息，但有88%的人都认为假消息会引发困扰。总结一下，上述数据表明，很多人都遇到过假新闻。大多数人认为自己能够识别它们，但承认假新闻确实会混淆视听。

这是一个有趣的发现，既然大多数人认为自己能够识别假新闻，为什么它们还会造成混乱？这就是传播学者所谓的"第三人效应"。"我"不受假信息的影响，但那些受教育程度较低、知识储备相对贫乏的人会受影响。人们不认为假消息影响了自己，但影响了他人，不是因为"我相信故事"，而是"有人相信故事"。遗憾的是，皮尤研究中心并没有调查受众对传统媒体上是否存在假新闻的看法。这可能是因为数据采自美国，所以研究者默认了像《纽约时报》这样的主流媒体上不存在假消息。毕竟这不是由特朗普，而是由学者来收集的数据。学者们认为《纽约时报》报道的都是真相，如果有假消息，那一定是在别的什么地方。

算法改变了新闻决策的过程

第二个问题，来谈谈算法。算法本质上是为个人定制内容的程序，它基于我们有意识或无意识提供的信息。有意识的信息，如我们在 Facebook 上填写的年龄、教育背景、爱好等信息。无意识的信息，如我们提供给谷歌公司的搜索项。我曾经搜索过飞往海南的廉价航班，然后谷歌便记住了某人喜欢在温暖的地方度假，之后他们便会给你邮寄相关的旅游宣传资料。又比如我喜欢拍照，会网购一些相机设备，所以每当我登录亚马逊网站，就会有很多相关的推荐和广告。网站收集你在正常使用过程中提供的数据，并为你提供他们认为适合你兴趣和生活阶段的广告。而这些就是依靠一个完整的算法程序来完成的。这个程序不仅仅为你，也为了每一个人服务。所以你所得到的新闻不再是由《纽约时报》的编辑决定的，而是由算法决定的。过去由专业新闻编辑所作的决策，现在是由一个算法程序来完成。

据统计，Facebook 已经成为美国人最主要的新闻来源。45 % 的成年人收到的消息不是由《纽约时报》《华斯顿邮报》或 CNN 编辑的，而是由 Facebook 通过算法来推送的。乔治·华盛顿大学的迈克尔·德维托（Michael DeVito）做了一项关于 Facebook 消息推送的研究。他发现 Facebook 的消息推送很大程度上取决于你的社交网络。这不仅基于你朋友的数量，更重要的是基于你们之间交流的频率和类型。Facebook 通过关注你的朋友圈和兴趣爱好，带给你一种社区成员的归属感。德维托表示，Facebook 的新闻决策与《纽约时报》并不相同，传统的主流媒体不仅思考"受众对什么感兴趣"，还会考虑"受众应该要知道什么"以及"什么样的新闻符合公共利益"。而 Facebook 的决策则不是基于公共利益，它考虑的是"对受众来说什么是有趣的"。所以，算法的出现不仅仅是决策者的转变，更是决策标准的转变。算法同时产生了"过滤气泡"（filter bubbles）这一概念。"过滤气泡"会过滤你所得到的信息，以确保它属于你感兴趣的领域。

德维托认为，"过滤气泡"非常重视基于个人价值的算法。社交平台将"过滤气泡"

应用在新闻推送中，使得社交平台具备个性化的潜力。尤其是在 Facebook 上，算法因为我们为朋友所设定的角色而变得更加个性化。社交媒体上的朋友倾向于在思想上聚集，这使"新闻推送"算法能够更加严密地将信息过滤至你的兴趣范围内。

相较于为你描述世界本来的面貌，算法挑选出你感兴趣的新闻，呈现的是你对世界的看法。这样的算法机制确保你已有的观念被不断强化，而不是被挑战。《纽约时报》的编辑思考"公众需要知道什么"，也许受众并不感兴趣，但他们需要知道；而 Facebook 则考虑"公众想要知道什么"，受众需要知道什么并不重要，重要的是他们对什么感兴趣。这便是算法对新闻传播所带来的根本性转变。

"新闻气泡"

第三个问题是"新闻气泡"。在深入讨论它之前，先来看看 Facebook 究竟有多重要？只有 4% 的 Facebook 用户认为它是获取新闻最重要的途径，39% 的用户认为它是重要但非最重要的途径，57% 的用户认为它并不是一个很重要的途径。所以，在美国，虽然 Facebook 确实倾向于推送迎合用户世界观的新闻，但实际上对大多数人来说，这不是他们获得新闻的最重要的方式。绝大多数人都有自己更为多元的信息获取途径，而不是仅仅依赖 Facebook。

在美国，人们如何获得新闻？ 30% 的成年人和 47% 的 Facebook 用户，从 Facebook 获得消息；46% 的成年人和 42% 的 Facebook 用户，收看当地电视新闻；24% 的成年人和 23% 的 Facebook 用户收看有线电视新闻；27% 的成年人和 21% 的 Facebook 用户阅读报纸。显然，Facebook 用户使用诸如电视和报纸等传统媒体的可能性略低于整体人口，但差距并不显著。美国 Facebook 用户的平均年龄是 47 岁，这让我有些吃惊，尽管我知道很多年轻人现在都在使用 Snapchat 和 Instagram。Facebook 新闻消费者的平均年龄是 39 岁，显然比较年轻。相较而言，年轻人使用传统媒体的频率更低，这个问题可以拿来单独讨论。

但总的来说，数据表明很少有人完全依靠 Facebook 来获得新闻。所以，尽管不少人认为通过社交媒体传播的假新闻对人们的认知产生了巨大影响，但我认为这个结论是有问题的。因为《纽约时报》、CNN、福克斯等传统媒体明显都对人们的思维方式产生了影响。现在的局势比过去那个只看电视和阅读报纸的时代要复杂得多。93% 的 Facebook 用户有时会在网上获得新闻，但是在他们之中，有 45% 的人常常从《纽约时报》、

CNN 等主流新闻媒体获得新闻，而不是大家以为的假新闻网站。在此，我试图说明的是：对于假新闻的恐慌有些被夸大了。研究数据似乎并不支持关于假新闻的一些说法。受众并不是从假新闻网站，而是从各种各样的传统媒体获取他们的大部分信息。

有多少人认为存在"新闻气泡"？ 27% 的公众和 28% 的 Facebook 用户承认他们更喜欢符合他们观点的新闻。比如，假如我是阿肯色州的建筑工人，我可能会去看福克斯新闻，它会告诉我"中国人正在抢走我们的工作"，等等。这种新闻偏好在共和党（33%）和民主党（30%）中并没有太多的差别。且在 Facebook 用户中，共和党（36%）和民主党（34%）的占比也没有明显差距。

总的来看，新闻的算法选择处于增长态势，它不断修改着新闻的价值。迄今为止，Facebook 是美国最重要的在线新闻来源。43% 的 Facebook 用户表示它是重要但非最重要的新闻获取渠道。大多数人仍然从传统媒体获得他们的大部分新闻，这一比例在年轻人中有所降低。几乎所有的互联网用户都会从网上获取新闻。在使用和不使用 Facebook 的美国人中，都有接近三分之一的人表示更喜欢符合自身观念的新闻。

公众对不同类型媒体的信任度

公众对媒体是否信任？ 70% 左右的美国成年人表示他们信任全国性的新闻媒体；85% 的人信任当地的新闻媒体；75% 的人信任来自朋友和家人的新闻；在使用社交媒体的人中，信任社交媒体的人低于 40%。因此，实际上传统主流媒体比社交媒体更为美国成年人所信任。即使是在使用社交媒体的人群中，传统媒体也比社交媒体的信任度高得多。

当媒体的假新闻被曝光时，会发生什么？根据相关研究，对电视新闻、纸媒和大多数主流媒体来说，只有一小部分人会对其信任度降低。但对于网络媒体、社交媒体和 APP 来说，有较大比例的人选择降低对其的信任度。被曝出假新闻似乎对主流媒体并没有太大的影响，但对网络媒体则有较大的负面影响。这个研究采用的是国际数据，不仅限于美国。

信任度在不同主流媒体之间也不尽相同。美国大多数报纸具有地域垄断性，而在英国，报纸之间的竞争更为激烈。对于《金融时报》《卫报》《泰晤士报》《独立报》《每日电讯报》这五种瞄准高端市场的优质报纸，有近 60% 的受众表示颇感信任。而此前提到的《每日邮报》和《每日快报》瞄准的是受教育程度和工资水平更低的群体，相应地，其受信任程度也要低一些。而《镜报》《太阳报》《每日星报》的大多数读者是教育水平和工资水平更低的群体，其受信任程度也更低。人们对不同媒体的信任度并不相同。他们对《金融时报》的信任度大约是对《每日星报》的两倍。与 Facebook 相比，BBC 当属最值得信赖的媒体，而 Facebook 的信任度只有它的一半。这些数据似乎告诉我们，大众没有我们想象中那么盲目。也就是说，如果是《金融时报》的消息，人们可能会相信，但如果是来自 Facebook 的，人们不太可能相信。所以，我认为，人们对在线新闻的消费是非常具有"歧视性"的。

总的来说，在美国，人们对传统媒体的信任度还是很高的。在社交媒体用户中，对传统媒体的信任远高于对社交媒体的信任。世界范围内，假新闻的曝光降低了人们对互联网、社交媒体、APP 的信任度，而略微提升了人们对大多数主流媒体的信任。以英国为例，不同主流媒体之间的受信任程度可能会有很大差异，例如 BBC 非常受大众认可，其他一些媒体则不那么为大众所信任。而 Facebook 则与最不受信任的报纸处于同一水平。

把这些信息都串联到一起，可以看出，"假新闻"实际上是一个模糊的概念。但大多数人都表示已经在网上接触到了它，且大多数人有信心识别它，并认为这会让他人感到困惑。算法对新闻的判断与人工编辑不同。在美国，Facebook 是最重要的在线新闻来源。Facebook 的算法基于个人兴趣。Facebook 仍然不是大多数美国公民获得消息的主要途径。在美国，只有约三分之一的人倾向于接收更符合他们自身观念的新闻。美国传统媒体比线上媒体受信任程度更高。从世界范围来看，假新闻的曝光提升了人们对主流媒体的信任度，并降低了对社交媒体的信任度。受信任程度在不同主流媒体之间存在很大的差异，事实上，Facebook 或其他社交媒体并没有它们所宣称的那种巨大影响力，现实情况更为复杂。Facebook 不是人们主要的信息来源，人们可以识别假新闻，并非只接纳符合自己观念的新闻。上述这些发现都与当下主流社会有关假新闻的看法相悖。

社交媒体与民粹主义的政治动员

第四个问题则与民粹主义政治动员有关。什么是民粹主义？正如假新闻一样，它也是一个模糊的概念。那些被称为民粹主义的团体，例如反移民的右翼政党"非洲民主联盟"（AfD）、右翼政党"国民阵线"（Front National）、极右的"英国脱欧运动"（Brexit）

以及特朗普，他们都是右派的民粹主义者或民粹主义组织。此外，德国左派党（Die Linke）、法国左派民粹主义者梅朗雄（Jean-Luc Mélenchon）、英国工党领袖科尔宾（Jeremy Corbyn）、美国民主党人桑德斯（Bernie Sanders）都被称为民粹主义者。显然，在左翼或右翼党派中都存在民粹主义，且无论在左、右翼之间还是内部都有着很大的差异，比如特朗普就和其他的民粹主义组织很不一样。所以民粹主义这个概念隐含的意义比它表面揭示的更丰富。

民粹主义出现的时间要比社交媒体早得多。19世纪的美国政客布莱恩（William Jennings Bryan）、20世纪20年代路易斯安那州的休伊·朗（Huey Long）、20世纪40年代阿根廷的庇隆（Perón）、20世纪50年代法国的布热德（Pierre Poujade），他们都被认为是民粹主义者。民粹主义是一个远早于互联网和社交媒体的政治传统。所以，我认为民粹主义并不是社交媒体的产物，社交媒体充其量只是这个过程的推动者。民粹主义运动的共同点是它往往由政治精英以外的人发起。"非洲民主联盟""国民阵线"和"英国脱欧运动"都是如此。这些组织的领导人都并非政治精英。所以"民粹主义者"这个词更多意味着人民，而不是精英。民粹主义运动倾向于拥有这种反精英主义的味道。

关于当代民粹主义的发展之路，首先，其经济背景是西方社会存在的一系列经济问题。长期的去工业化进程使得英美国家出现了大量失业致贫的产业工人。许多曾经存在于英美的工作转移到了中国广州，又从广州转移到了孟加拉国。一些四五十年前欣欣向荣的英美工业城镇，现在已经停工，人们面临着失业困扰。说到离我们再近一些的2008年的经济危机，你在中国也许几乎不会注意到它，因为中国经济正处于持续增长阶段，但大多数欧洲国家的经济活动都受到了冲击。而随着经济缓慢复苏，就业模式发生了转变，从工业经济转向第三产业，从终身就业转向短期就业。

民粹主义发展的政治背景是大众对主流政党的支持率下降。如果你观察大多数西方国家的选举活动，会发现选民的参与度正在下降，并已在很长一段时间内处于低位。美国人永远都在讨论政治，但其中近一半的人懒得去投票。欧洲的政治参与度相对较高，但也处于下滑之中。人们对主流政党的支持在下降，因为它对人们的吸引力日趋减小。此外，主流政党之间的差异也在缩小。50年前，欧洲党派可以依照资本主义和社会主义来划分，而如今只是在资本主义内部划分，虽有差异，但核心思想不尽相同。除了经济背景和政治背景，还有社会凝聚力的下降。人们不再那么积极地加入社会组织，而是更加趋于自我。当然，在美国和大多数发生战乱的欧洲国家，还要考虑卷土重来的对移民、肤色、宗教的种族歧视。这一系列的因素都是民粹主义运动发展的原因。

接下来我们看看民粹主义的发展给当代社会带来的一系列问题。民粹主义的发展，突出了现有政治交流模型的一些重要问题，即这些模型提供的证据相互矛盾，令人难以解释。美国主流媒体大体上对特朗普是敌视的，但媒体并没有占上风，特朗普依然赢得了大选。这是主流媒体反对民粹主义，但无法对其制止的例子。而英国发行量最大的报纸公开支持"脱欧"，且"脱欧"成为现实。这便产生了一个悖论：在美国，报纸和电视是反对民粹主义的，而民粹主义取得胜利；在英国，媒体支持民粹主义，且民粹主义取得胜利，所以很难说主流媒体所想的和实际政治结果之间是否有决定性关系。要回答这些问题有待开展大量实证层面的研究，目前我可以谈谈相关的理论问题。

社交媒体究竟改变了什么？许多传播学者都强调了它的民主潜力，而我是其中之一。它确实减少了社会交往的障碍。在互联网之前，你可以跟朋友和家人聊天，或向一小群人传达你的观点。但你不能有效地与一大群人进行沟通，为此你可能要花费数百万来购买报纸经营权。互联网的出现则显著降低了个人和大众进行交流的门槛，比如你可以只花很少的钱就可以开通个人博客。从这个角度来说，大规模社会交往被民主化了，它不再只面向大型媒体或政治家，而是面向更为广泛的人群。

社交媒体确确实实地减少了社会沟通的成本，但并不一定能够带来积极的影响。形形色色的人会将长久以来怯于表达的各种各样的观点都发到网上。其中一些可能是种族主义的、令人厌恶的，且这些人并非都是素质高的《卫报》读者。线上交流已经损害了精英对社会交往的把控。以前，公开发言必须首先获得报纸编辑或者电视台编辑的允许，否则，即使你公开发言，也没有人听，社交媒体的准入权是由精英们控制的。而现在的这种失控则促成了民粹主义的社会交往。其实民粹主义的社会交往一直都存在，但互联网使得它变得更容易。相应地，我认为政治传播的模式也应发生转变。

首先看看迄今为止政治传播研究中的主导模型——经典自由主义政治传播模型。其主要观点是：（1）"供给方"在内部有所区分：不同的报纸有不同的报道；媒体和政治精英是不同的群体；媒体有时候是政治家的反对者；政治家不是一个统一的组织，他们分化成不同派别；不同党派向媒体发送相互对抗和竞争的信息；媒体之间也存在相互竞争。（2）依据"公共领域"理论，这些相互矛盾的报道对舆论的形成至关重要。（3）受众通常是被动的或心不在焉的。他们只是被动接受，或完全不关注。他们也可能会给予某种程度的"反馈"，甚至主动作出解释。但他们的反馈可能会被刻意修饰。（4）"另类媒体"（Alternative media）也有提供报道的一席之地。有些甚至可能存在于多元精英的框架内。有人认为，从某种程度上来说，媒体和政治家两者之间的共同点比他们与读者之间多。

让我们试着描绘出这个经典自由主义模型。首先要有多元化的政党，美国是两党制，其他一些国家可能有四五个主流政党，如意大利。然后有各种各样的大众媒体，如电视、报纸，等等。在政党和大众媒体之间存在着信息交流。除了大众媒体，还有一些"另类媒体"，且只有一小部分的政治家与其互通。此外，还有许许多多的公民。公民并非直接从政党处获取信息，而大部分时间都是通过大众媒体来获得消息。我们可能会使用不同的媒体，从而获得的信息是多元化的，而我们中的一小部分人选择从"另类媒体"处获取新闻。这便是经典自由主义模型下政治传播的运作模式。

这个模型有其优点和缺点。优点包括以下几点：（1）它承认各类社会力量都存在一定程度的分化。它最适合美国国情，而不那么适合像英国和中国这样的国家。（2）它认为媒体需要与受众建立关系。媒体是在向受众"讲话"，而不只是和其他媒体或其他政治家"讲话"。缺点包括以下几点：（1）当这个模型被应用于解释"常态化"政治格局时，可以产生令人信服的实证研究结果。但对"非常态化"情况而言，这个模型的解释力度则不够，还需要依靠"另类媒体"和"另类政治运动"来加以解释。（2）它往往夸大了媒体的监控和对抗作用，夸大了媒体对政治力量的敌意，实际上它们之间的关系并没有那么紧张。

经典自由主义模型的对立面是经典激进主义模型。它是由爱德华·赫尔曼（Edward Herman）和诺姆·乔姆斯基（Noam Chomsky）提出的，许多马克思主义者也常常采用它的模型变体。在经典激进主义模型中，"供给方"在本质上是同质的。大众传媒传递和重现精英阶层的观点。即使出现意见分歧，分歧也将被限制在统治阶级所划定的界限之内。受众认可媒体的报道是对现实的真实反映。受众在本质上是服从统治阶级的宣传的。在文化研究的创始人斯图尔特·霍尔（Stuart Hall）看来，大众传媒的报道受到霸权"编码"的影响，但由于新闻受众不同，其所产生的"解码"并不相同。相比之下，"另类媒体"传输的是关于现实的非主流报道。

在经典激进主义模型中，首先是政治机构之间存在差异，但本质是统一的，大众传媒同样也存在差异，但本质统一。大众传媒构成精英阶层的一小部分，政治机构与大众传媒充分互通，然后人们从大众传媒那里接受信息，另有一小部分公民从"另类媒体"处获得信息。这便是经典激进主义模型。与经典自由主义模型相比，这个模型受到了更多的质疑。

经典激进主义模型也有其优点和缺点。其优点包括：（1）它主张媒体无论公有还是私有，都牢牢地置于权力的范围之内。因为在西方掌控大众传媒的人，都是和政治家同样强大的人物。该模型很好地契合了传统媒体的社会技术发展轨迹。（2）这一模型用于研究美国的外交政策与大众传媒的互动关系时，能够产生令人信服的实证研究成果。其缺点包括：（1）它严重夸大了精英阶级的统一性，比如欧洲国家就不太适合这个模型。因为欧洲社会历史上存在更深层次的分化，媒体相应地也更趋于异质化。（2）它低估了媒体与受众建立联系的需求以及受众的自主性。（3）它忽视了大众传媒机构内部的矛盾和冲突。（4）它对"另类媒体"的重视程度不够。

互联网和社交媒体的兴盛对政治传播产生了怎样的影响？首先，它大幅度地降低了"另类媒体"在生产和分销方面的准入成本。现在你只需要一台服务器、一些软件以及互联网接入，就可以运行自己的新闻网站，不再需要像传统媒体那样做巨额投资。其次，互联网和社交媒体也改变了人际传播。"在场"不再是人际传播的必要条件。你能够与不在场的人进行沟通，这意味着你可以拥有更多的受众。社会交往的前提条件变得更为"宽松"。本来，如果你想要和别人一起共事，需要先建立你们之间的关系，并在此基础上进行沟通，而不可一味地按照自己的模式，但通过互联网和社交媒体，你可以完全按照自己的方式与他们建立联系，并将你们之间的交流完全建立在共同的观念、想法、信仰或其他任何事情上。因此，互联网和社交媒体促进了人际传播的广泛性和多样性。

总的来说，基层草根网民之间的"非精英交流"变得更为便利，他们不再只是报纸和电视台的信息"囚徒"。但与此同时，正如以上引用的数据表明的那样，"精英交流"仍然占据极为重要的地位。

当下的政治传播已经突破了经典自由主义和激进主义的模式，涉及的角色包括政党、公民、大众传媒、另类媒体和网络社交媒体。政党会进行线上沟通，也会和另类媒体交流；公民有时候会直接和大众媒体沟通，比如登录《卫报》的网站。公民会在网上与政党进行沟通。人们也会在线上和线下与"另类媒体"对话。在这个新的模式中，社交媒体算法也是重要的角色。这是一个以前并不存在，但现在至关重要的中介。

需要认识到，政治传播有了不同的信源，且这些信源有着比之前更为广泛的受众。政治传播不再需要大型社会运动或精英阶层做支撑，它的资源变得更加丰富。我认为民众对精英阶层的愤怒和不满其实一直存在，这也解释了为什么政治参与不断下降，人们对职业政客愈加不信任。如果你去看有关信任度的调查，会发现人们最信任的是医生和老师，而最不信任的是房地产经纪人、新闻记者和政客。我相信在许多国家都是如此。这样的趋势已经存在了很长时间，而并非社交媒体所导致的结果。社交媒体所做的是使普通民众有了更多接触民粹主义意见的机会。民粹主义是一种意识形态，而不仅仅是那类"让美国更伟大""让英国重回19世纪巅峰"的民粹主义观点。在社交媒体上，诸如"英国脱欧"这样的民粹主义理念非常容易为人接受和传播，这使得民粹主义运动的发起变得更为容易。放在以前的传媒环境下，这并非不可能，但往往只能在战争、经济危机等特殊情况下才得以实现，而现在已经成为一种"新常态"。我想说的就是这些，接下来欢迎大家自由提问和发表意见。

问答环节：

问：您刚才提到，现在在美国，大多数的年轻人将 Facebook 作为重要的信息来源。请问您认为未来大众传媒将会发生怎样的改变？

答：先从大众传媒中的传统媒体（legacy media）说起。报纸可能会消亡。当然，这不是明天就会发生的，也不是所有报纸都消亡，但它确实是一个日趋衰落的行业。广播电视也会衰落。不是说新闻要消失，或者电视要消失。关键问题在于它们怎么保持盈利？过去，传统媒体主要靠广告盈利。而未来报纸可能只有线上版本，且也只有线上版本能够盈利。我很好奇像澎湃新闻网这样只开展线上业务的新闻网站是否实现了盈利？我相信会有人能够找到实现线上盈利的解决方法，但可能暂时还没有。

广播电视新闻有两种发展可行性：第一种是作为一个更大的电视台的分支，如CCTV1。随着许多受众开始从线上或其他渠道获取新闻，这些大的电视台可能会对人员和下属频道进行缩减。据我所知，在 24 小时都播放新闻的电视台中，能够自负盈亏且实现盈利的电视台只有 CNN，其他电视台或多或少都有赖于各种途径的补贴。我猜测也许未来 CNN 可以存活下来，但并不确定。另一种可能性是，一些超大体量的全球性的报纸和广播电视台可以"存活"下来。

而《人民日报》未来想要和《纽约时报》并驾齐驱，它要在新闻报道的覆盖面和报道方式上做出巨大的改变。理论上，按逻辑推理，最后应该剩下一到两家全球性的报纸和电视台，以及海量的各类线上媒体。这些线上媒体会更具有国别和领域的针对性，毕竟它们的运营成本更低。当然，这些只是我的猜想。

问：关于算法，对于并不了解其运算机理的人文社会科学研究者来说，我们应该如何开展相关研究？它就像是一个黑匣子，我们只知道一些信息被输入，然后一些信息被输出。在不了解其背后运算法则的情况下，如何对它进行分析？

答：我刚才介绍的美国学者德维托的方法之一是收集 Facebook 上的新闻和用户信息的数据来寻找关于算法运作基本原则的线索；第二个方法是查找与算法相关的专利信息。在科研领域，为了防止抄袭，研究者常常会为自己的发明申请专利。这个公开注册的专利必须详细地描述发明和设计的内容。你可以去查找关于算法的专利信息，并从中获得有关它运作机理的资讯。第三，德维托还关注了 Facebook 的首次公开募股信息(IPO)。IPO 是公司在美国上市的必经程序，与之相关的是证券交易委员会(SEC)，如果一家公司想在美国上市，则需要向证券交易委员会报备该公司大大小小的所有经营业务。该公司做出任何重要决策都需要撰写报告进行公示。所以，如果你研究的是一家已在美国上市的公司，比如阿里巴巴，你可以在美国证券交易委员会的数据库里找到关于这家公司所有经营业务的非常详尽的描述。第四，你可以用类似演绎推理的方法。研究怎样的用户得到了怎样的信息，然后从中找寻共通的模式和特点。很明显，像阿里巴巴和淘宝这样的公司都不太愿意告诉你它们是如何做的，但即使你得不到准确的运算法则，你也可以对它进行一个大致的估计。

问： 您在讲座中介绍了几个政治传播的模型。根据您对中国媒体的观察，如果将这些模型应用于中国情境，政治传播将如何通过"框架"(Frame)影响公众舆论？

答： 我猜测微信在中国比 WhatsAPP 在西方更重要，同样微博也比推特更重要。在中国，"另类新闻资源"的重要性比它在西方要更高一些。所以，我们之前提到的那些数据在中国情境下会有所不同。可能会有更多人从互联网上获取新闻。当前中国的媒体环境与西方有一些相同之处，尤其是在报纸的衰落方面，这几乎发生在所有的大国。在中国，报纸市场衰落速度最快的是商业报纸。我相信你们都知道，上海报业集团已经停止了旗下纸质报纸的发行，取而代之的是只在线上运营的澎湃新闻网。各地的商业报纸几乎都在经受着考验。

但中国政治性报纸的情况并非如此。政治性报纸正在增加发行量，广告收入逐步增加，且《人民日报》的线上运营也非常成功。所以我认为中国报刊业存在着这样的变迁，即商业报纸一部分转向线上新闻网，另一部分转向那些类似于"中转站"的平台，即本身不生产新闻，但从其他新闻来源"搬运"新闻的机构。而政党性报社线上线下都能运营良好，甚至在年轻受众中也表现出色。所以，中国的报刊业和西方既有相同之处也有不同之处。

至于电视，我了解的比较少，但我感觉越来越多的人正在从线下电视节目转向线上节目。不过一些大型电视台仍然拥有庞大的受众。所以我不认为中国传统媒体的处境像西方那么糟糕，它有自己的"中国特色"。

整理：宁爱萍

第四讲
新闻传播的规律和新闻媒体的影响力与公信力 [1]

◎ 李喜根

香港城市大学媒体与传播系主任、教授。1980 年毕业于复旦大学新闻系，1981 年起任职上海电视台、《新民晚报》和《科技日报》等媒体机构。1989 年毕业于中国社会科学院研究生院新闻系。1999 年从美国密西根州立大学获得传播学博士学位。研究领域为媒体信息传播及其社会影响、网络传播行为与传播效果、新媒体技术对大众传播的影响。

今天很高兴可以来到清华大学的课堂上，与大家交流一些彼此都很感兴趣的问题。我主要想从社会科学研究的方式方法出发，讨论新闻传播的规律。为什么要提出这个问题？主要是因为习近平总书记对党和国家的新闻宣传工作非常重视。2014 年 2 月 27 日，他在主持中央网络安全和信息化领导小组第一次会议时就提出："要创新改进网上宣传，运用网络传播规律。"这是他第一次谈到新闻传播规律。同年 8 月 18 日，他在"中央深改组"会议上提出"构建现代传播体系"的奋斗目标，要求"遵循新闻传播规律和新兴媒体发展规律。"2016 年 2 月 19 日，习总书记在主持党的新闻舆论工作座谈会上做出了进一步的阐述："尊重新闻传播规律，创新方法手段，切实提高党的新闻舆论传播力、引导力、影响力、公信力。"这说明，新闻传播规律成为中央领导人关心的重要问题，值得学术界做出深入研究，也需要新闻传播专业的同学认真领会。

如何发现与把握新闻传播规律？有人试图通过经验梳理和工作总结发现；有人试图通过推测与思辨发现；有人试图通过对新闻传播现象与内容的分析来发现。我今天以一个社会科学研究者的身份来跟大家探讨这个问题。

按照社会科学的方法论，规律的发现，源于对事物及其关系的第一手考察，而不是推测或者思辨。推测或思辨不能直接发现规律，但我们研究任何问题总是要建立在

1　演讲时间：2016 年 10 月 20 日。

一定的思辨基础之上。我们靠推测或思辨提出问题，但规律的发现则依赖于在理论指导下，运用系统科学方法对现实事物进行直接观察，并在此基础上进行分析与总结。这种观察、分析与总结不是一次性的，而是连续的、系统的，从而不断更新，扩展认识，纠正错误。

关于新闻传播规律，过去几十年大众传播研究提供了许多相关的成果。但对于这些规律，国内研究的并不多，主要是从西方引入的。这些研究成果至今仍然被用于解释各类新闻传播现象，并且在新媒体环境下继续得到验证。我们过去研究的传播现象在新媒体的语境下面临着很多挑战。如今的传播手段、平台、内容、信息的发布者等都发生了变化，因此，新媒体传播的规律是新闻传播规律的一部分，也就是新闻传播规律在新媒体环境下的体现。当然，"新媒体"这个概念也需要重新定义，究竟什么是"新"。在我最近出的书里，我用的是"emerging"，新兴媒体。新媒体，因为其媒体特性与传播特性，其传播规律是已经发现的新闻传播规律在一定程度上的延伸。

什么是新闻传播规律和新兴媒体的发展规律？我们还是要从新闻传播过程包含的要素来看。很简单，就是信息来源，信息内容，传播渠道，传播对象，传播效果。新闻传播规律是有关新闻传播现象与过程包含的要素及其相互关系的系统知识。这是我做的相对简化的一个定义。发现新闻传播规律要从考察新闻传播现象与过程包含的要素及其相互关系开始，而不是从推测或思辨开始。

拉斯韦尔的5W模式是1948年提出的，就那么简单，信息传播就是谁通过什么渠道对谁说了什么，取得什么效果。从5W的简单模式出发，可以引申出许多关于新闻传播现象的问题，这些问题构成了整个新闻传播研究的基础。谁参与了信息传播？可以引出关于媒体控制的研究。发送了什么信息？可以引出媒体内容分析。通过什么渠道？这是媒介技术研究所关注的。受众是谁？引出受众研究。效果如何？可以做传播效果研究。还可以把上述这些要素进行结合，这就是系统分析和互动性研究。

研究新闻传播规律，首先要确认新闻传播所包含的要素。因为研究的问题一定不可能把所有要素包含进去，一定是一个相对小的要素和过程，并通过研究这个过程中包含的各要素之间的关系来发现新闻传播规律。例如，信息传播者的特征对信息传播效果的影响。我们在微博上看到各种各样的大V，他们的特征是不一样的，再说到主流媒体，《人民日报》、新华社、央视等，它们也有各自的特征。信息传播者具有什么样的特征才能取得显著的效果？这是传播学需要关注的问题。尽管现在已经有了很多相关研究，但是在新媒体环境下这样的研究还远远不够。传播者的公信力是特征之一，如今的主流媒体公信力如何？网络媒体和社交媒体公信力又是怎么样的？公信力是如何影响信息传播效果的？这些问题都值得深入研究。

新闻传播规律是对新闻传播现象与过程系统观察的结果。系统观察指的是：观察的对象是整体，而不是个别现象。网络上某博主或大 V 作为个体当然可以研究，因为他们有着大量粉丝，即传播学说的受众，但他们只能是整体现象的一部分。我们要在现有知识体系基础上，提出新问题，通过对现有知识的不断补充、修正来积累新知识。对新闻传播各要素之间关系的系统分析是了解新闻传播规律的根本途径。

系统分析要依据对已有观察对象的知识提出新问题。要搜集文献，看看前人已经掌握了哪些知识。要选择适用的研究方法。提出问题一定同时准备一个恰当的研究方法。需要掌握执行研究方法的知识与技能。同学们在研究生阶段的学习，要注重研究方法的理解和把握，要严格细致地研究执行过程，否则得到的不是有效的结果。要有分析解读观察结果的能力，也需要有分析结果的能力。最后，要在已有知识和最新发现的基础上总结规律，上述要求是研究新闻传播规律的基本要求。这和同学们有着很大的关系，你们做研究的过程，本身也是逐渐发现新闻传播规律的过程。

同学们已经学习了很多传播理论。这些理论都是一种规律性的认识。有关大众传播的研究起始于 20 世纪 20 年代，最早有关媒体影响力的研究是电影对儿童影响的定量研究 (Payne Fund Studies)。那时电影刚出现不久，很多小朋友去看，电影是否会对小朋友们身心健康产生影响，孩子们会不会模仿一些危险动作，等等。研究发现，电影对儿童的态度和行为有显著影响，而且这些影响会在一定时间内持续。有些发现与人们之前的推测是吻合的，但是大多数都不吻合，因为他们试图采用社会科学的方法来研究，而社会科学研究一般是超过普通人想象的，这是最早有关大众传播效果的研究。

关于媒体信息对人的影响，早期的传播学者运用系统分析的思路，解析媒体信息通过何种途径以及在多大程度上影响人的观念、态度和行为。在其后的研究中，新的发现不断充实、修正已有的关于信息传播规律的认识。大家可以发现，这样的研究不是一次完成的，而是代代相传的，后续研究中会不断揭示新的现象，为我们带来新的知识。

解析新闻传播规律是对传播过程中各要素之间关系进行系统性分析，它是由对传播过程不同要素的认识构成的。传播过程包括"5W"，我们无法在一次研究中涵盖所有元素，就具体的研究设计而言，可以有很多组合，既可以是传播者和传播对象，也可以是传播内容和受众，我们只能选择其中最重要、最能揭示信息传播特征的内容。对信息传播过程中各个要素之间的关系进行解析，可以帮助我们逐步认识并掌握新闻传播的规律。学界对于新闻传播规律的认识经历了逐步深入、不断扩展的过程。下面举具体的例子来说明这一点。

在 Payne Fund Studies 之后,传播学界进行了进一步研究,提出了一些新的理论。"魔弹论"是关于大众媒体影响力的早期理论之一。其主要观点是,媒体将信息像枪弹一样射向受众,使受众受到影响。媒体信息因而被称为"魔弹",这一理论还有其他形象的说法,例如媒体用"针筒"将信息"注射"给受众,让后者立即"中招"。魔弹论断言,媒体信息能从不同层面对受众的态度和行为产生强烈的、普遍的、即时的影响。显然,早期传播学者的认识还比较肤浅,夸大了媒体的影响力。

按照魔弹论的观点,媒体拥有强大的影响力,能够直接渗透到人的思想体系中。但是,即便是早期对媒体影响力的实证研究也未能证实魔弹论,例如,1938 年关于广播剧《火星人入侵》的听众反应的研究发现,个体会对媒体信息做出不同的反应。这个结论在如今看来显而易见,但在当时还是需要学者建构研究模型并进行实地访谈。显然,魔弹论对受众的理解过于简单,因而失去了解释力。

"选择性影响论"认为,媒体信息被人们有选择地接受和解读。传播学界对"火星人入侵事件"以及后续的一些案例的研究形成了更为成熟的看法。由于每个人都有独一无二的个性、信仰、对事物的态度、价值观,这就导致了人们对媒体信息有所选择,反应各异。这种选择性的存在会使媒体的影响力产生差异,因此,研究者得出结论,媒体的影响力并不是强大的、直接的、普遍的,而是因人而异,信息接受者的个体特质有显著的决定作用。

与之类似的"媒体强化论"认为,如果媒体具有影响力的话,那就是它对受众原有观念有强化作用。也就是说,媒体的影响力的高低取决于它与受众已有的观点是否一致。换言之,在信息多元化的条件下,受众倾向于选择与自己观点一致的信息,结果是强化了他已有的观点。美国传播学界对于选择性影响的实证研究主要是针对选民的政治倾向。1940 年拉扎斯菲尔德主持的一项关于在大众传媒以及人际关系影响下选民投票倾向性的研究发现,媒体强化了人们的已有观念,而不能改变已有观念。显然,"选择性影响论"和"媒体强化论"纠正了"魔弹论"的偏差,强调个体差异对大众传播的影响,媒体信息并没有普遍而强大的影响力。

由此可见,有关新闻传播规律的理论解释在对传播现象的研究过程中逐步变化与发展。魔弹论、选择性接触、媒体强化等理论试图解释信息来源与信息受众态度与行为的关系。基于信息传播过程的五个要素,我们来回顾以下现有的传播学理论如何从不同角度解读新闻传播规律,同时也来看看今天面对的是怎样的问题。

第一个是两级传播(two-step flow)理论,用来阐释人们获取信息与做出有关决定之间的影响因素。该理论认为，大众传媒的影响不是直接的，而是经由意见领袖通过人际传播实现的。人际传播因此在大众传播过程中发挥重要作用，当意见领袖转达媒体内容时，他们会加入自己对于事物的解释。这种解释通过人际传播最后对受众产生影响。因此，意见领袖可能会调节大众传播对受众的影响。

两级传播理论在下述情形下可能成立：多数受众除了接受媒体信息之外，很少有机会接触其他多方面信息。两级传播理论流行于 20 世纪五六十年代，当时多数人并没有机会可以接触到更多的信息，受众对复杂事物缺少知识以及批判性思考能力。当受众教育程度提高、有机会接触各类信息时，意见领袖的作用会降低。但在网络时代，人们接触的信息空前反复，而社会意见领袖作用有可能在一定程度上增强。那么，哪些因素可能导致意见领袖的作用增强？因此就要考虑网络环境中接触信息的特征，在网络环境中是什么人在接触信息，接触的又是什么信息，他们处理信息的过程又是怎样的，意见领袖的作用是被削弱了还是增强了，这是我们需要在新媒体环境下继续研究的内容。

第二个是把关人（gatekeeping）理论，把关人，就是新闻信息与信息接收者之间关系的控制人，也就是说所有的内容经过把关环节才能公布。把关人理论活跃在传统媒体时代，那么同样这一理论在新媒体环境下是否还适用？随着新媒体的涌现，把关人的作用显著削弱，它没有办法控制网络环境中信息的传播。近年来，由于网络失序的趋势越来越明显，对加强主流舆论引导的呼声越来越强，把关人的作用在新媒体时代重新获得重视，也具有了新的内涵。

第三个是涵化（cultivation）理论，解释媒体内容与人对世界的看法间的关系。涵化理论认为，大众媒体"培植"了受众对现实生活的歪曲认知。例如，大量接触电视中的暴力内容会让人们觉得这个世界比实际要危险。如电影《寒战》，你看了后就会感觉香港社会真的很黑暗，少数人掌握着权力，为所欲为。如果我们看到的电影都是这个调子，那很有可能对受众培养起这样的认知。过度收看电视会造就一批持有相同观念的、对社会充满恐惧的人群，当然现实社会未必如此。近年来，中国的媒体提倡正能量传播，突出向上而积极的导向，这是有一定道理的。因此，我也提出，涵化理论说的是媒体塑造人对现实世界的看法，未必局限于歪曲认知，会不会产生美化认知呢？大家可以思考两个问题，沉溺于网络媒体会带来对现实社会的何种认知？能否通过媒体内容控制改变受众对现实社会的认知？

第四个是议程设置（agenda setting）理论，解释媒体信息与公众关注度之间的关系。媒体在新闻报道中通过对新闻的位置、篇幅、重复次数等方面的处理来突出新闻的显著性，形成"媒体议程"。公众因为媒体对新闻的突出和连续报道产生对这些新闻的关注度并且感知相关新闻的重要性，形成"公众议程"。媒体议程影响公众议程，媒体对某些新闻的突出、连续的报道使受众思考这些新闻以及相关问题。如果新媒体使传统媒体的议程设置功能弱化的话，新媒体时代的多元媒体是否依然能设置公众议程？这是一个很重要的问题。传统主流媒体依然在宣传党的方针政策、报道社会重要事件中起到重要作用，但其议程设置能力是否受到了微博微信等新兴媒体的冲击呢？这就需要我们对议程设置理论做出修正和完善。

第五个是框架（framing）理论，它是以新闻报道具体内容作为研究对象的一种理论视角。新闻框架是媒体通过日常的新闻报道来认知和解释世界的一种工作方式。构建新闻框架是指记者在采编新闻时，选取记者认为重要的事件或问题的某些方面，并在新闻内容中突出和强调这些方面，而忽略或削弱事件或事物的其他方面。为什么？不同媒体立场不同，对不同事件的重视程度不同。同样的新闻事件报道出来的形态可能完全不同。比如，报道北京的雾霾，有的媒体可能围绕雾霾天不适宜外出，不适宜体育锻炼的主题，有的媒体可能围绕某地在治理雾霾方面取得的进步，甚至像"局座"张召忠这样的"网红"提出了雾霾在御敌方面的作用，他们显然运用了不同的"框架"。同样的新闻事件，因为记者选取的视角不同，受众看到的新闻"镜像"也可能不同，所以新闻舆论引导取决于记者究竟是用怎样的框架来进行报道。框架理论虽然解释的是新闻报道的内容，实际说的是新闻事件本身与报道内容之间以及读者所感知的新闻事件之间的关系。每天接触各种新闻，我们对事物的认知在多大程度上被媒体框架影响了？媒体如果采取多样化报道视角，新闻报道框架还能影响受众吗？现在看新闻实在太容易了，看完一条，还有多条相关的新闻链接，那么网民还能被媒体的不同框架所影响吗？这也是框架理论在数字媒体时代应当解决的新问题。

最后一个是媒体依赖（media dependency）理论，它是研究媒体使用者的特性和媒体使用的这种关系，媒体依赖指的是什么呢？人使用媒体获得的满足感，取决于媒体能在多大程度上为实现个人的目标所服务。简言之，就是它能够满足我们，所以我们去使用它。如果媒体能够满足个人使用媒体要达到的目标，他就形成定期使用某种媒体的习惯了。媒体依赖的程度，因为个人目标不同，对媒体的感知不同，还有显著的差异。以上是该理论的一般性论述。后来的实证研究发现，人对某种媒体依赖的程度越高，他会觉得媒体内容就越重要。这个是研究发现，不是一般的论述，那么我们能不能进一步推断，如果一个人觉得媒体内容越重要，他就越有可能受到媒体内容的影响呢？大家可以对抖音、快手等短视频用户的"成瘾"现象进行研究，看看这个理论是否适用。

当下我们生活在新媒体时代，它提供了不同的场景、不同的人、不同的内容，使我们需要重新思考上述这些理论及其所描述的新闻传播规律，到底还能在多大程度上解释新媒体时代的各种现象？如果不能的话，我们怎样去认识新的传播规律？怎样去发现和把握新媒体传播规律呢？上面介绍的这些传播理论是几十年的积累，同学们先有一个基本了解，然后对这个知识体系形成一个基本的把握，再在这个基础上去做进一步的研究，去发现新媒体条件下的传播规律。这些规律性的认识，帮助我们说明新闻传播现象，并且在一定程度上预测新闻传播事件，它们依然是有用的。因此，传播学理论及相关的规律性认识，不是空洞的说教，它们实际上并不抽象，每一个理论说明的现象都是和具体的新闻传播实践密切相关的，它们是与新闻传播现象密切相关的规律性认识。过去的研究成果，使我们对这个传播过程，设计的要素，有一定的基本的了解，同学们学了传播理论，也应该达到这么一个程度。

新媒体时代的媒体自身、社会背景、受众特征等都有显著的变化，可能对已有的理论解释提出新的挑战。这个新的挑战是一般的说法，作为研究新闻传播的年轻学者，恰恰需要主动地去提出挑战。规律性的认识不是一成不变的。新媒体时代的新闻传播规律，需要在现有规律性认识的基础上做出扩展和延伸。那么到底应该怎么样通过对传播现象以及过程的考察，发现新媒体时代的传播规律呢？

回到我们最早的这个题目上，依然是看传播的五要素，但其中信息来源、信息内容、传播渠道、传播对象和传播效果都发生变化，这些变化使得我们理解这些现有的理论、新闻传播规律和它产生的条件完全不一样。新媒体时代的新闻传播规律，可以通过考察新媒体条件下新闻传播过程的要素及其相互关系来发现与把握。怎样把握呢？就要考察要素之间的相互关系。综合考虑这些要素所具有的新特征，传播过程的新条件、传播的新方式，以及由此产生的不同于现有理论阐释的新知识。下面，我提出一些可能成为同学们未来思考或研究的题目。

新媒体条件下，媒体的议程设置通过什么途径去实现？媒体不断突出地报道，使人们去思考有关的问题，媒体议程设置对社会来说是非常重要的，它使得人们去关注和重视一些重要的社会问题，那么新媒体到底怎样去实现？它变成一个新闻规律的问题。新媒体条件下人们对媒体的依赖，在多大程度上会影响自己的观念和行为呢？有的人一天到晚看新闻联播，有些人是一天到晚就看社交媒体，别的什么都不看，这些新闻对人的观念到底有多少影响？新媒体条件下意见领袖会多大程度上影响舆论？还有意见领袖吗？比如说微博大V，到底在多大程度上会影响我们对事物的看法？有关这些问题的研究结果，可以充实现有的理论以及有关新闻传播理论规律的认识。

当然，这些已有的理论依然在帮助说明现在的现象，来促使我们去思考。学者是不是已经做了一些工作，来进一步推动对这个新闻传播规律的认识呢？当然有！他们更新了一些有关新闻传播规律的认识，例如媒体的议程设置作用，不仅是受众形成对问题的关注，学者发现媒体的议程设置还可能改变受众对问题特性的认知。我在另外一个题目里面思考过这个事情。如果我问同学，你觉得现在中国面临的最大的问题是什么？最主要的任务是什么？我现在没有办法做这么一个调查，但可能会有什么呢？有人会说，是实现"中国梦"。你为何会这样回答？因为媒体每天都在说这个事情，那么媒体的议程设置作用，通过这个现象得到体现了。但是，有学者进一步提出了"第二重媒体议程设置"，会导致对议程特性认知的改变。例如，关于中国梦可能人人都知道，但它具体的特性并不是人人都知道。就是说媒体在改变受众对问题特性的认知方面做得非常欠缺。

对媒体依赖不仅取决于对媒体能满足需求的认知，还取决于媒体能否有效提供信息的实际体验，还要有一个过程，如果过程坑坑洼洼，要找信息找不到，那我一定不会产生依赖。为什么会提出这个问题？因为新媒体条件下，找信息的渠道、来源太多了，它必须提供一个非常方便有效的途径，让我们去获得信息，才有可能产生依赖。

新闻框架又是如何随新闻周期而变化，以之影响受众的呢？新闻框架，不是一个静止的东西，它是变动的。以前新闻框架的理论都没有解决这些问题。现在我们面临一个大变革的时代，他刚刚报道这个事情是这么说，接下来是那么说，这个框架的变动，到底体现出来什么样的规律？

选择性接触，未必只强化原有的观点。多元媒体环境可能从选择性接触开始，以多元接触结束，可能带来观点的变化。什么意思呢？选择性接触理论到现在还被奉为圭臬，就是说新闻媒体对人的作用不大，因为人只是选择接受跟自己相近、相同的信息。所以，媒体信息只会增强原有的关系，不会改变他们的观念。但其实不一定是这样的，网络媒体条件下，我接触的信息有可能是我需要的，有可能不是我需要的，可能和我原来的观点恰恰相反，各种各样的信息朝我袭来，也可能慢慢地吸引我的兴趣，使得我的注意力不仅仅停留在原有的这个想法，好奇心使我去看别的东西，慢慢地信息会对我有影响，而不仅仅是强化头脑里面有的观念，而且有可能改变原有的观念。

传播学者在研究过程中间不断提出新问题，给自己提出新的挑战。他们不仅在本学科取得新的领土，而且在跨学科研究方面也取得了显著进展。例如，一个新词叫计算传播，有些学者正在积极地进行研究，利用计算机技术研究传播现象，对大数据的研究是计算传播的分支之一。传播学研究与心理学研究结合，可以从微观上了解新闻信息对人的认知、情感观念的变化。为什么说这些，就是因为对于新闻传播规律，不是说仅仅看新闻传播过程就能了解。我们需要开阔眼界，要用其他领域的理论与方法去发现这个过程有可能带来的规律性变化和认识。

传播学研究与社会学研究结合，可以从宏观了解新闻传播对社会形态、社会群体、社会观念的改变；传播学研究与政治学研究结合，从中了解新闻信息对人的政治态度、政治关注、政治参与带来的变化。类似的传播学与其他学科结合开展的研究方向，只受人们想象力的限制。我希望同学们有不受限制的想象力。

社会科学研究的目的是扩展现有的知识，探索未知的领域。新媒体时代的新闻传播规律，不会与现有关于传播现象的过程知识脱节。这些理论成为我们进一步把握新媒体条件下形成传播规律的基础。了解了这些，才能够帮助我们进行深入探索。在新媒体时代，新闻传播规律的探索，应该与现有知识结合，同时突破现有知识束缚。探索新媒体传播规律，必须基于具体的传播现象。但对一般传播现象的考察并不等于了解与把握新闻传播规律。因为新闻传播规律是一个知识体系，如果说要调查某一类新闻媒体对人的头脑里议程设置的影响，结果有可能是关于媒体怎样来设置受众意识的一部分，它一定不是自己本身就构成了这个规律。

传播学研究的目的是通过对具体传播现象的考察，发现新媒体条件下新闻传播的一般规律。研究过程并不终结对于具体现象的了解，因为这个过程是要不断持续下去的。每一次的研究结果只是这个过程中间的知识积累。研究目的是不断充实、修正、扩展已有对有关传播过程的知识与认识。因此，新闻传播规律并不是关于某个具体媒介，某种具体新闻传播现象，某个具体信息传播过程，某人如何参与信息传播的知识的学问。新闻传播规律，是对于具体现象和问题的第一手考察发现、积累、总结，是关于新闻传播现象具有公理性知识的总和。我们从前面的简单定义到现在又回过去，成为综合归纳的定义。一般的经验总结没有办法发现新闻传播规律，对传播现象过程的系统、科学考察才是发现规律的唯一途径。

如果回头看，所有的这些理论，不仅仅是那些学者头脑里的思考，它们是学者用对第一手现象资料的采集，进行测试和分析以后得出的结论，哪怕他们得出了结论，这些结论依然需要经受新的测试、考察、挑战，尤其在新媒体条件下，这种挑战变得更加频繁，更加尖锐。因为很多的基础条件都变化了，所以同学们作为新一代研究传播的学子，你们有更多的机会去发现新的新闻传播规律，给整个知识体系贡献新的知识。

新闻传播规律到底如何构成的？探索新媒体传播规律到底有什么作用？认识新闻传播规律的途径和要求是什么？到底怎样才能认识和把握精准传播规律？猜测和思辨在发现新闻传播规律过程中间到底起了什么作用？我今天简单讲了这些理论以及其所面临的新理念和新挑战，和大家分享，不一定是完全正确的知识，供你们思考。

整理：陈昶文、戴若瑜

校对：盛阳

第五讲
从新闻实践中看美国媒体的共性和特性 [1]

◎ 徐长银

新华社高级编辑，现任新华社世界问题研究中心研究员。曾任华盛顿分社记者，常驻博茨瓦纳记者；历任参编部英文编辑室主任，参编部副主任，《参考消息》副总编辑、总经理，中国报业协会书记处书记。

我曾经在新华社参编部工作，主要负责《参考消息》和内参，做了有二三十年。1982 年我第一次去美国工作，1984 年调到非洲工作，1993 年又回到美国工作，1996 年离开。在美国工作的这两段时间，我担任华盛顿分社的记者。2007 年我又随政府代表团去了一次美国。

今天之所以讲这个题目，是因为我看到我们的网站、微信，对美国媒体的描述与我实际的体会有很大的出入，所以，当李彬教授邀请我来讲座，就想到了这个题目。

一、美国媒体的共性

（一）媒体的新闻报道都应该以事实为根据

之所以把这一点单独拿出来讲，是因为最近美国出现的假新闻太多了。前不久，美国广播公司（ABC）播了一条新闻说，前国家安全顾问弗林承认，他在特朗普竞选期间，受特朗普的要求与俄罗斯接触。这个消息在美国引起了很大轰动。但五六个小时以后，ABC 发表声明说，这条新闻报错了，特朗普不是在竞选期间，而是在当选以后，要求弗林与俄罗斯接触，发这条新闻的还是 ABC 的一个资深记者。通过这个例子，大家可以看到，美国主流媒体也报假新闻。相比之下，美国报纸的新闻报道更加严谨一些。

1　演讲时间：2017 年 12 月 24 日。

新闻报道一定要以事实为依据，不能凭自己的想象来发消息。我们常看到的是号称"全球四大通讯社"美联社、合众社、法新社、路透社报道的新闻。其中最严谨的是美联社，速度最快的是法新社。我在一线工作中看到法新社的消息，就回过头来找美联社进行核对，因为担心法新社的速度太快，不准确。以事实为依据是新闻报道的根本性原则。新华社从事国际报道的记者在这个层面是毫不含糊的。美国新闻界的同行也是这样。

那么，美国主流媒体上有没有假新闻呢？当然有。个别记者出于各种目的搞假新闻。美国政府有没有搞假新闻呢？也有。但它不认为这是新闻，它认为这是宣传。比如，在"冷战"期间，"美国之音"的报道基本上是由政府操纵的。此间的假新闻非常多，只要想办法能把对手搞垮，什么话都可以说。正因如此，美国法律规定"美国之音"的对外报道不能在国内播报。这条法律一直持续到 1990 年后美国国会修改相关法规，重新规定"美国之音"等对外媒体播发的内容 12 年后才能在国内传播。举这个例子是想说明，美国把新闻报道和宣传截然分开。宣传可以造假，可以为了达到目的不择手段，但新闻报道还是要以事实为依据。对此我深有体会，所以我把它作为最为重要的共性。当然，不是所有发生的事情都能构成新闻，在美国也是一样，前提是发生的事实有价值，即对社会、对人民、对国家有价值，才能构成新闻。

（二）美国的新闻媒体是为国内的政治和经济利益服务的

可以举出很多例子来证明这一点。前些年，我看到一些媒体报道说，美国新闻界的客观、公正、自由，不受外部力量的干预和限制，但其实根本不是那么回事，这与我在一线工作的感受差别很大。

首先，美国媒体的选择性非常强。1993 年，江泽民主席到美国访问，在西雅图会见了克林顿总统。第二天美国报纸刊登了一张两人的合照，照片中江主席显得很愉快，但克林顿则非常严肃，耷拉着脸。而我国报纸刊登的是两个人友好会晤的照片。更奇怪的是，全国性大报《华盛顿邮报》《纽约时报》《洛杉矶时报》，甚至包括《巴尔迪摩太阳报》等地方报纸登的都是同一张照片。对此，我感到很奇怪，一般来说美国报纸很少用别人拍的照片。另外，在江主席与克林顿会面的时候，上述那些报纸都派了自己的记者到场，怎么会登同一张照片呢？实际上是美国国务院要求这些报纸只能用这张照片。事后我也了解到，在刊登新闻之前美国内部已经就克林顿会见江泽民时，是笑脸相迎还是神情严肃进行了讨论。美国媒体刊登这张照片主要还是因为当时的他们对中国发生的政治风波还有看法。

在经济方面，美国国会经常举行听证会。就拿我曾经去过的美国进口中国产品的听证会来举例。其中一次由 5 个主张从中国进口产品的进口商和 5 个反对进口中国产品的生产商组成。他们会在听证会门口的桌子上放上各自的材料。但是每次听证会结束以后，美联社以及《华盛顿邮报》报道的基本上都是生产商的看法，而对于进口商的观点几乎不会涉及。我仔细看过进口商提供的材料，谈及从中国进口产品对美国是有好处的。但是美国媒体几乎全部都是进口中国产品对美国就业产生极大的冲击之类的报道，听不到进口商的声音。

再举一个例子，1993 年 10 月在莫斯科发生了"炮轰白宫"的事件。当时叶利钦上台以后，有一批反对叶利钦亲西方政策的反对派占领了被称为俄罗斯"白宫"的议会大厦。10 月 4 日，俄政府军奉命进入莫斯科，用坦克、大炮围攻"白宫"，导致七八百人受伤，一二百人死亡，其中也包括一些议员。当时美国的几大电视台对此作了报道。我印象很深、也很有意思的是，它们播送的都是反对叶利钦的民众围攻警察的镜头，配的解说词是"莫斯科的暴徒殴打警察"。可见这些媒体的立场很鲜明，而且克林顿还发表声明说："叶利钦没有办法，没有选择，只好采取这种手段来维持秩序。"所以美国媒体的政治性是非常强的，不是像一些人想象的那样客观、公正。

其次，美国媒体对一些重大新闻进行封锁。1993 年发生了"索马里事件"，当时美国两架直升机在索马里首都的上空被击落，当地市民就把这些士兵扒光了衣服，用绳子系着脖子，在大街上拖着走。美国四大电视台反复播放美国士兵被拖着走的镜头，这在美国引起了很大的争论。半个月之后，美国一家地方报纸发了一则消息说，美国在这次行动中打死了索马里当地平民 300 多人，且大部分是妇女和儿童。群众非常气愤，才做出上述的举动。一年以后，我回国休假，在英国媒体的一则报道上看到，"索马里事件"发生以后，美国军队对当地民众进行了疯狂报复，打死了 1000 多人。当时国际红十字会到索马里进行调查，采访了一些受伤者，并立即发表声明谴责美国对贫民的屠杀。但是美国封锁了有关的消息，一年以后，还是英国媒体把真相披露出来。

再如 1993 年的"银河号事件"。我国一艘货轮前往中东地区，刚驶出港口，美国飞机就开始跟踪。美国媒体报道说，这艘船上有核物质，要禁止它到目的地。我国有关部门一再声明，船上没有核物质，但美国媒体还是每天都播报此类消息，报了一个多月，直到最后我们同意他们上船检查，结果是没有核物质的存在。美国所有大报和电视台集体鸦雀无声，连起码的关于检查结果的报道都没有。有人说美国媒体客观、公正，可现实根本不是那么回事，完全是为它的政治和经济利益服务的。

另外，我还想谈谈美国媒体的傲慢与偏见。我在美国待这么多年，发现美国对中国的了解与我们对美国的了解相差太多。美国媒体对中国的报道很少，即使报道也基本上是负面消息，所以很多美国人对中国情况很不了解。有一年中国开"两会"，《华盛顿邮报》上刊登了一张照片，照片上是中国领导人背对着主席台，离开人民大会堂的场景。我很奇怪，这不是刚开会吗，这张照片怎么看着像散会呢？仔细一看，发现它还真是开幕式的照片，只不过是在退场时拍的。它还有一篇报道说人民大会堂正在召开人大会议，实施了"戒严"，配的照片是一排武警战士的背影，一个小孩从武警战士的腿缝间往里看。当时我看了之后，真是哭笑不得。

　　还有一个例子。1995 年在北京召开了世界妇女大会，这是我国首次承办联合国发起的大型国际会议。会议很成功，国际舆论的反响也很正面。但对此次会议，美国媒体报道整体上都是负面的。会议闭幕后一段时间，《华盛顿邮报》登了一封读者来信，是一位与会代表写来的。在信中，她说北京办会非常成功，批评了美国媒体戴着有色眼镜看中国。但对于这种傲慢与偏见，如果没有在美国的新闻实践经验恐怕很难认识到。

（三）美国政府对媒体的严格管控

　　美国政府对媒体的严格管理和控制并非天方夜谭，尤其是国际新闻和对外报道。前面讲到江泽民主席和克林顿总统会面时，媒体必须刊登指定的照片，这就是一个典型的例子。另外，美国媒体对攻打伊拉克的报道也能说明这一点。当时主流报纸，以及美联社、合众社等对于美国攻打伊拉克报道的用词是非常一致的。它们不说是"入侵伊拉克"，而是说"解放伊拉克人民"，绝对不说"推翻萨达姆政权"，而是要"推动伊拉克民主"，称伊拉克正规军为"暴徒"，等等。这是因为在报道之前，美国国务院对媒体规定了用词和报道的调子。也就是说，在美国攻打伊拉克的时候，媒体报道的用词都受到国务院的掌控。可能会有人问，美国没有专门管理媒体的部门，怎么控制呢？你们可以想想现在特朗普是怎么控制美国媒体的。前不久，特朗普举行记者会，没有通知 CNN，因为他太讨厌 CNN 了。白宫召开新闻发布会的时候，记者提问的顺序基本上是固定的。实际上，美国控制媒体的手段是很多的。政府部门经常组织记者去参观，去采访，如果不听话，它不会让你参加，更不可能私下给你透露消息。还有一个办法就是美国新闻发布会制度。美国媒体报道政府的新闻，消息来源基本上都是来自新闻发布会。所以政府利用新闻发布会对新闻媒体的引导和控制是非常明显的。总而言之，美国对新闻媒体是管控的，不是我们想象的那样绝对客观和自由。

　　以上是我所讲的美国媒体的共性，是以事实为依据的，说明它们是为美国的政治和经济利益服务的，不是绝对客观自由的。这些都是我在美国工作得出的结论。

下面我再讲一些亲身经历的事例。我第一次去美国的时候，华盛顿正好在开州长会议，发了很多的材料。其中说每个州都有很多无家可归者，生活非常困难，吃不上饭。我觉得这些材料非常有价值，也正是我们国内需要了解的，我就立即写了一篇报道送到了分社社长那里。他说，美国开州长会议的时候，这些州长都在哭穷，目的就是为了让联邦政府拨款，他们说的与实际情况不符，这篇报道这么写不合适。

再说一件事，有一次我参加美国国务院的新闻发布会。我发了条消息给国内。过了一天，国内还没有给我反馈。像往常发回的消息，一般一个小时左右就播发了。我打电话过去问情况，对方说："我们找了美联社的消息进行核对，美联社没有这篇报道。其他几大通讯社也都没报道，你这条消息哪里来的？可不可靠？"当时我的心里真不是滋味。我是根据美国政府新闻发布会上提供的文字材料写报道，这条消息讲的是我们周边国家的事情，对美国以及西方其他国家来说没有多大影响，而对我们国家来说很重要。这也说明连我们自己也只相信西方四大通讯社的报道，总认为西方媒体的报道才是真实的，甚至连自己的记者都不相信。这也体现了国内不少人对西方媒体的片面认识，没有一线的新闻实践就认识不到这一点。

二、美国媒体的特性

（一）美国政党对媒体的严格管控

美国的主要媒体，像《华盛顿邮报》《纽约时报》，基本上是民主党和共和党这两大党派所掌控。党派对媒体的影响是相当厉害的。特朗普从开始竞选，美国民主党的媒体对他进行了猛烈的攻击，共和党控制的媒体对他的攻击也很厉害。直到特朗普竞选成功，媒体依旧没有放松对他的攻击。最重要的原因是，美国两大党派的大佬没有看好特朗普，没有想到他会上台。再比如说，民主党在希拉里竞选的时候，它所控制的媒体全力以赴支持希拉里，打压其他竞选人，尤其是桑德斯。其实桑德斯的呼声是很高的。但媒体在民主党大佬的控制下搞了很多的小动作，抹黑桑德斯，最后把桑德斯搞掉了。这还能说美国媒体是客观公正的吗？

当然，之所以美国媒体能给我们造成自由的、客观公正的印象，一个很重要的原因是美国媒体对总统和政府的批评。这是我们所没有的。美国媒体对总统、政府的批评是公开的。美国宪法上规定有言论自由、新闻自由。但在南北战争期间，美国政府就发现媒体经常批评总统，对政府工作影响很大，于是就专门制定了一条法律来控制美国媒体对总统和政府的攻击。后来因为这条法律与美国宪法存在明显冲突，就废弃了。到第二次世界大战期间，美国打着战争需要的名义，制定了很多法律来对新闻宣传进行控制。虽然美国没有一部完整的新闻法，但是它可以通过很多不同的法律来控制新闻自由。前些天《华盛顿邮报》发表评论说，在中国媒体报道中共十九大，讨论中国今后五年、十年，甚至三十年宏伟规划的时候，美国媒体还仍然纠缠特朗普的"通俄门"，这种状况怎么能"让美国继续伟大"呢？对此我很有感触，美国媒体是有权力自由批评总统，但这究竟是好事还是坏事，值得深思。

美国法律规定，媒体可以批评总统和政府，但是不可以批评公务人员，也不能批评普通老百姓。美国老百姓也不可以直接批评总统，但可以通过社交软件、网络发表自己的看法。前不久我看到一篇报道，美国有个中年人，他妻子生病了，他要求医生为他妻子动手术，但是院方表示不能动手术。这个人非常气愤，就在社交媒体上发表言论说："我恨死美国政府了，我要找机会把总统干掉。"没过两天，他就被警方带走了，获刑 10 个月。还有一个能说明问题的小故事。英国一对情侣准备到美国旅游，出发前在社交媒体上说："我们要闹革命，推翻美国政府，先去美国考察一下情况。"结果在洛杉矶下飞机时就被警方扣押了，在拘留所里待了一天。这两个例子说明美国的自由也是有限制的，不是像我们想象的那样，可以随意批评政府。

（二）美国媒体是为财团服务的

美国所有的媒体背后都有财团的资金支持。所以它们为财团服务的目的很明显，并非国内不少人想象的那样独立自主。

我们国家的媒体肩负新闻报道和宣传功能。但不管是新闻报道，还是主题宣传，都不会造假，这是我的切身体会。我在新华社工作了一辈子，我所接到的指示只有一个，那就是每次报道都必须要有事实依据，绝对不能凭想象。即使后来我担任领导工作，也这么要求下属。我也在中宣部工作了一段时间，在新闻报道真实性上它的要求也是非常严格的。我退休后搞了一个华语媒体智库，担任执行理事长。华语智库每天都会推送一篇文章，这些文章都是新华社、社科院和部队专家写的，但是我和我们的总编辑也都会检查一遍。我们发的文章，你们都可以作为参考文献写进论文里去。每报道一件事情都要反复核对，这是我一辈子坚持的习惯。当然，我们的报道有选择性，即是为我们的政治服务，为国家利益服务，为党和人民服务，这跟西方报道的服务对象是绝对不同的。

现在互联网很普及，我们也面临着媒体管理中的一些新问题。现在每个人都可以当编辑，每个人都可以在手机上、网上发表新闻。在这种情况下，对媒体怎么进行管理，这不仅是新闻工作者所面临的问题，也是你们新闻学子要思考的问题。2013年希拉里在当国务卿时曾经多次讲话说，互联网一定要自由，绝对不能对其控制。这主要是针对我们国家的，批评我们对互联网的控制。结果真正对互联网进行督促、控制最厉害的却是美国。

谈到这一点，我讲一个故事。2007年我随政府代表团去美国进行访问。从纽约坐飞机到加拿大的时候，我把行李箱捆得很好。结果到了加拿大，我发现箱子被撬了。加拿大的朋友说，不管从美国去哪个国家，都不能把箱子锁上，他们的监视非常厉害。上面我提到英国的一对情侣，在英国发表的言论，美国都能知道。它当然也会知道我们是代表团成员，就把我们的行李箱全翻了一遍。这就说明一个问题，美国对新闻的控制、对情报的控制是相当严格。所以一定不要把美国想象成世外桃源。

怎么发挥网络的作用，怎么对新闻进行管理呢？我认为，总体来说，网络是好的，但一定要管理，一定要掌握好"度"，封锁、封杀是绝对不行的。我曾经为一个专题，在网上跟踪了很长时间。我发现，我们国家的网民就一个问题所发表的消息里，正面的经常是多于负面的，所以，一定要让老百姓正面的呼声反映出来。

我再举个例子。特朗普从竞选开始，我就一直在跟踪。在2016年11月投票前，我写了一篇文章说特朗普当选的可能性非常大。文章送到新华社一个领导手里，他很反对，说现在90%的媒体都认为肯定是希拉里当选，你却说特朗普当选，这不是在开玩笑吗？拖了3天，这篇文章在新华社内部刊物上登了出来。特朗普竞选成功后，新华社还给我发了奖金。后来，有人采访我，问是怎么判断的，其实我的很多依据都是从美国网络上得到的。特朗普投票前3天的晚上12点举行了一场民众会议，特朗普发表演讲，到凌晨1点钟的时候，整个会场没有一个人走。当时有一个参会民众说，这样的气氛，特朗普怎么可能不当选呢！我看了之后很受启发，根据社交媒体上的反应，我得出了判断。

可见，网络社交媒体的影响是非常大的，绝对不能封杀社交媒体，而是要好好地利用。但网上也存在一些糟粕，一些不符合实际的假消息，怎么对这些不好的东西进行管控，这是值得研究的课题。我就讲到这里，下面我来回答同学们的提问。

问答环节：

问：徐老师您好，您的讲座让我非常的受教。刚才您讲到关于美国媒体的一些特征，跟我一开始的预想还是挺像的。但是我比较好奇的是，为什么美国媒体在中国人民心中是一个比较自由、公正的印象的呢？

答：刚才我提到了一点，美国媒体可以批评政府，可以写阴暗面，而我们的媒体管理偏严格，所以国内就会觉得美国媒体好像更自由开放。但实际上，美国媒体批评政府在很大程度上是党派斗争的需要。民主党要想上台，就要把共和党搞垮，就要利用媒体对其抹黑。共和党也是一样。但我们国家是不存在这一情况的，我们是共产党掌握媒体。

有一次，我一个在"美国之音"工作的同学，他的父亲来美国访问，他陪着到分社来看我们。但是他站在分社门口不进来，因为他们在进"美国之音"的时候都要宣誓，要忠于美国，忠于"美国之音"，他要是进来的话，会受到怀疑。曾经我也跟一个在美国媒体工作的同学开玩笑问："你们是不是可以随便写"。他说不可能，都是让写什么就写什么的。而这些情况我们国内的普通民众很少知道。

实际上美国媒体背后的政治选择非常强，为政治的服务性非常强。我们报道美国的时候还比较客观，但是美国很多媒体对中国的报道还是以负面为主。

媒体监督政府也是有好处的，比如说水门事件、克林顿的性丑闻，都是媒体报道出来的。但是在很多问题上，媒体也起着反作用，比如说特朗普当选之后颁布的一些政策，无法落实。如今美国媒体也在反思这些问题。

整理：史恩赐

传播与社会

第六讲
全球化、新全球化和后全球化：
全球传播研究面临的挑战 [1]

◎ 特里·弗卢

澳大利亚昆士兰科技大学创意产业学院媒介与传播学教授，国际传播学会（ICA）会长，执行董事。曾任澳新传播学协会（ANZCA）会长，澳大利亚法律改革审查委员会下辖国家媒介分级项目主任，澳大利亚研究委员会（ARC）人文与创意艺术（HCA）专家委员会研究改革实践专家。出版著作 11 部，发表文章报告等百余篇，其中包括：《理解全球传播》（*Understanding Global Media*）、《媒介经济与全球创意产业》（*Media Economies and Global Creative Industries*）等。担任 13 种学术期刊编辑委员会委员，创办《传播研究与实践》（*Communication Research and Practice*）期刊并担任主编。

今晚有机会能在清华大学这所著名的大学里发表演讲，我感到非常荣幸。昨天，我们成立了"亚太新闻传播学会联盟"（Asia-Pacific Communications Association），秘书处设在清华大学，这充分表明了贵校在国际新闻传播学界的影响力。非常感谢史安斌教授提供这次机会，让我与清华大学的师生进行交流。刚才史教授向大家介绍了我的《理解全球传播》一书，我再做些补充。该书 2007 年由 Palgrave 出版社推出，2018 年推出第二版，对第一版内容进行了增补。我一直在观察这两个版本相距 10 年间世界所发生的重要变化。其中一个变化非常明显，那就是中国在全球媒体中占据更为重要的地位，尤其是数字媒体方面，我将在演讲中对此进行更多说明。另一个很大的变化出现在所谓的反全球化运动中。40 年间，反全球化运动在过去两年首次以重要的方式出现。我会在讲座中介绍一些概念帮助大家做进一步思考。

1　演讲时间：2018 年 10 月 25 日。

今天讨论的第一个问题是全球媒体（Global Media）。英文中 Media 一词是 Medium 这个词的延伸，是信息传递的载体。因此，当我们说到媒体时，可能会想起技术和与技术有关的东西，比如广播、电视、电脑等。但媒体显然不仅仅是技术，也可以指传媒机构。我们在建立大众传播系统的同时，也建立了从事信息的采集、加工制作和传播的大型媒体组织。在过去的 15 年至 20 年间，信息获取的平台发生了深刻的变化，传媒行业的本质也发生了很大的变化。如果你生活在 1998 年，那时候世界上最大的音乐公司是苹果。这听起来可能有点奇怪。苹果生产电脑，也生产 iPod，音乐在 iPod 上播放。但现在我们再来看苹果、谷歌、YouTube 和亚马逊，它们的变化都很大，所以说媒体行业处在一个戏剧性的变革时期。

关于全球传播或国际传播领域的一个有趣之处是，它实际上并不是起源于传播学，而是一个由美国赞助的帮助发展中国家实现现代化的项目。这个项目不是为了促进传媒业而建立，实际上是为了提升全球领导力，这就涉及提高沟通技巧、进行舆论研究、理解媒体系统。这样一来它的本质上是跨学科的，结合了经济学、国际关系、政治学、社会学、心理学、文学和历史学。因此，讲到全球传播时，我会非常谨慎，谈论的话题范围也会比媒体更广泛。当然我也会关注传播领域的话题，比如媒体与社会的关系。如果说媒体形塑社会，但社会也会形塑媒体。当我们开始解释这个问题时，有的解释是以媒体为中心，有的并不把媒体作为中心。除此以外，媒体和权力也是全球传播研究中涉及的重要问题。德国哲学家韦伯（Max Weber）提出，权力意味着"在一种社会关系里哪怕是遇到反对也能贯彻自己意志的任何机会，不管这种机会是建立在什么基础之上。"因此，权力是使某些事情发生的能力，手段可以是政治上的或经济上的。权力可以是强制性的或者文化象征性的。权力的文化和象征维度通常与媒体研究相关。

为了理解全球媒体，我在书中列出了四种框架：经济框架、政治框架、文化框架和数字框架。在经济框架里，你需要了解传媒市场的本质，认识到媒体的多个方面。例如电视广告，它面向两个市场，观众和广告商。数字时代的市场更加复杂，被称为"多边市场"（Multi-sided Markets）。其重点是，每个市场本身都很特殊和复杂。而从政治框架看媒体，会涉及所有权问题、内容问题、公共媒体和商业媒体的相对平衡问题、为了公共利益对内容进行监管的问题。文化框架也可以帮助我们理解媒体，稍后我会详细解释这个框架。文化框架的一些例子包括麦克卢汉关于地球村的理念，还有文化帝国主义理论。最后，从数字框架来看，全球媒体还涉及平台融合、新的行业参与者的出现、新的内容类型和新的政策问题。

对于全球传播的理论研究，我在书中用三个范式概括：现代化理论、批判性政治经济学和全球化理论。

首先是现代化理论。媒体在所有民族国家中都发挥了作用。我们在今天的研讨会上还讨论了施拉姆。作为 1982 年第一批来到中国的西方传播学者之一，他扮演着非常重要的角色。施拉姆与现代化理论和发展传播领域息息相关。除此之外，现代化理论范式里还有参与式沟通模式（participatory communication）。在本书中，我还重点讨论了 ICT4D 这个项目，即联合国教科文组织发起的"促进人类发展的信息和通信技术"（Information and Communication Technology for Development）项目。

现代化理论强调媒体在国家发展中起到的作用。集体归属感对一个国家至关重要，而塑造集体归属感的方式之一就是通过媒体。集体归属感可以通过高雅文化，如艺术、文学、演出来塑造，比如画廊和博物馆。集体归属感也可以通过流行文化来塑造，比如奥运会和电影等。因此媒体在民族国家的形成中发挥了重要的作用。1945 年第二次世界大战结束后，世界上的民族国家数量急剧增长，亚非拉和中东地区有很多新兴国家出现。现在世界上有大约 200 个民族国家。随着一些国家消失，更多的国家被创造出来。直到今天，媒体在建立民族国家的进程中仍然发挥非常重要的作用。

第二个范式是批判性的传播政治经济学。在不同的历史阶段有不同的理论流派。第一代理论家如赫伯特·席勒（Herbert Schiller）创造了"文化帝国主义"这个概念，还有鲍伊德 - 巴雷特（Oliver Boyd-Barrett）等人。第二代理论家有麦克切斯尼（Bob McChesney）、丹·席勒（Dan Schiller）、莫斯可（Vincent Mosco）等人。他们通过在全球媒体研究中引入政治经济学的视角，建立和发展了文化帝国主义的理论，并且还研究了好莱坞的崛起对全球媒体的影响，此外还有最近几年数字平台巨头所扮演的角色。依据这个范式，我在书中主要探讨了经济权力与文化权力之间的关系，为何一个国家或公司会拥有比其经济力量更强大的文化力量，或者反之，为何一个国家或公司的经济力量比其文化力量更强大。除此之外，垄断和竞争，民族主义和全球主义等也是全球媒体研究当中的重要议题。

在今天的演讲中，我要重点讨论的是全球化理论。1848 年，马克思和恩格斯观察到资本主义创造了世界市场，并赋予了生产和消费以世界性特征。他们认为，资本主义将不可避免地走向世界体系。麦克卢汉于 1967 年提出了"地球村"的概念，他说："电路已经推翻了'时间'和'空间'的统治，并即时不断地向我们输送大量的关于其他人的信息。"换言之，我们发现，自己的注意力很容易被世界上其他地方发生的事所吸引。

研究全球化的其他一些重要的理论家包括英国社会学家吉登斯（Anthony

Giddens）；美国传播学家卡斯特（Manuel Castells），文化研究的领军人物阿帕杜莱（Arjun Appadurai），社会学家海尔德（David Held）、罗伯特森（Roland Robertson）和萨森（Saskia Sassen）；德国社会学家贝克（Ulrich Beck）等。其中，罗伯特森对全球化做了如下的总结。

在他看来，全球化是世界体系中将个人和社会"相对化"（relativitization）的过程，即我们重新发现世界体系、国家社会、整个人类和个体之间的相互联系。

那么，全球化到底是从什么时候开始的呢？是从罗马帝国开始的，还是哥伦布航行到美洲？跨国、跨大洲、跨文明的贸易由来已久，但全球化在过去50年左右变得更加频繁。关于全球化的形式，一些学者提出了"强大全球化"理论（Strong Globalization Theories）。英国社会学家马丁·肖（Martin Shaw）认为，全球化使得国际关系日渐强大到成为人类社会的"最重要的语境"。换言之，"强大全球化"导致了"全球社会"的出现。贝克认为，处于"世界社会"中的我们需要摆脱"方法论的民族主义"（methodological nationalism）。卡斯特认为，国家正在变成特定网络中的一个节点，人们越来越多地在一系列全球网络中进行互动。

当然，也可以更详细地探讨全球化理论中的一些重要观点：市场日益在全球范围内运作，由越来越少的跨国公司主导；这些跨国公司在全球范围内组织活动，并越来越少地受到民族国家限制；民族国家的力量在减弱，超越国家政府机构的法律变得非常重要；政治活动不局限在民族国家，真正的决策权越来越存在于所在国家以外的领土；全球化产生了一种全球文化体验，在这种体验中，我们感觉与民族国家的联系减少了，更多地参与到全球网络中去；21世纪的全球一体化是前所未有的，因为尽管资本主义自诞生以来一直是一个国际体系，但直到现在，全球技术和通信网络才使其能够作为一个完全整合的全球体系发挥作用；学术研究需要新的方法论，摒弃社会理论中的"方法论民族主义"，从全球视角来运作，等等。上述这些观点是不同的学者对"强大全球化"理论的不同看法。

我对全球化范式进行了批判性的观察，挑战了"文化帝国主义"等概念。实际上，跨国公司在全球化程度上一直在夸大其词。麦当劳在哪个国家都叫麦当劳，但在北京的菜单与在纽约的菜单不同。麦当劳要想经营好，在世界上任何地方开店，就要让产品适合当地的民众。在澳大利亚，快餐连锁店"汉堡王"被改名为"饥饿的杰克"（Hungry Jack's）。这个名字听起来更像澳大利亚人。因此，"球土化"（Glocalization）更准确地体现了全球化的现实。

跨国公司一直在努力适应当地背景，并取得了不同程度的成功。在涉及人的行业中，"球土化"尤为突出。采矿业和石油行业拥有数量最多的跨国公司，他们遵循全球一体化原则。而知识产业、服务业、媒体和创意产业需要和人打交道，需要处理文化问题，也需要更多的文化适应。CNN 和 BBC 在酒店房间电视中经常可以看到，现在也可以看到 CGTN 等来自中国的频道。虽然跨国媒体是为全球观众而运作，但国家媒体和文化机构仍然具有重要意义，特别是因为它们往往对国家政策的制定者有更大的影响力。政府对媒体的监管仍具有重要意义，政府也在努力将国家知名媒体品牌推向全球。在这方面，中国政府推动中国媒体和文化走向全球，引起了广泛关注。史安斌教授正在研究的关于国际新兴媒体和国家软实力的问题很有趣，可以看到 CGTN、Russia Today、BBC、France24、NHK 等由不同国家政府资助的媒体制作的内容正在走向全球。但它们并不是真正意义上的全球媒体平台。在美国媒体上看到的国际社会和在中东媒体上看到的很不一样，BBC 与 CGTN 的新闻观念截然不同。因此在全球化时代，民族文化并未消亡。

根据联合国的统计，在 2018 年，大约有 2.3 亿移民，移民占全球人口的 3%。这个数字在过去的 30 年或 40 年间没有变化。虽然人们出国留学、旅游等的频率变高了，但是从一个国家到另一个国家的移民比例不一定高于三四十年前。实际上，1850 年到 1940 年期间的移民数量要大于 1945 年到现在。直到今天，世界上绝大多数人口仍然属于他们自己的国家，民族文化仍然是很重要的。同时还存在"文化超市"（cultural supermarket）视角的身份认同。这意味着我们可以选择自己期望的身份 / 认同，不会过于在意文化是由哪个国家的机构生产的。大多数文化机构仍然与民族文化相联系。这方面的典型例子是 YouTube 点击率最高的"江南 style"，全世界都在跳"骑马舞"，但很多人并不知道这是来自韩国。

来看一些有关全球化的论断及其反论断。"全球化削弱了国家的力量"，反论断是"这在不同国家之间变化很大"，比如，外国资本进入中国通常是由中国来管理的。同样，外国公司有时也难以进入美国。"跨国公司通过新自由主义宣传削弱民族国家的力量"，反论断是"并没有显著或一致的趋势证明国家力量变小或监管变少"。"全球网络削弱了民族国家的媒体监管"，反论断是"有诸如欧盟的通用数据保护条例（GDPR）作为新的管理数字平台的举措出台"。"全球媒体的兴盛使得媒体消费更具有世界性"，反命题是"网络上偏爱本地内容的趋势开始显现，而这种趋势早就在电视领域出现了，并且更加明显"。"我们开始转向全球性的传播和媒体政策、全球公民社会"，反命题是"多边机构的有效性取决于主权政府对其合法性的承认"，这是一种"软规则"。如果政府签署国际条约协议，然后违反该协议，国际机构通常也无能为力。

下面讲讲"新全球化",有时它也被称为"渐进式全球化"（progressive globalization）。大多数多边机构成立时的世界秩序和现在有很大不同，比如世界银行、国际货币基金组织。美国在这些机构里有否决权。"新全球化"要求多边组织有更大的代表性，"全球南方"在国际事务上有更大的参与度。中国和印度的 GDP 加起来约占全球 GDP 的 25%，大约等于美国的 GDP，但显然它们在这些国际组织中没有 25% 分量的投票权。"新全球化"还讨论了世界传播资源是否应该重新分配的问题。在"新全球化"中，多方利益相关者（mutistakeholder）之间的边界变得模糊，鼓励公民社会、非政府组织、跨国公司等一起推动议程，促进问题的解决。

和全球化相对的是"反全球化"，民粹主义和民族主义的回归，标志性事件是 2016 年美国大选和英国"脱欧事件"。这是民族主义与全球主义的对立，是我们所说的"达沃斯人"（Davos Man）的危机，也是草根和精英阶层的对立。达沃斯是每年 1 月召开的世界经济论坛，汇集了世界领导人和商业领袖。这群人现在被看作不负责任的精英。有学者提出过"局外人"（Outsiders）和"掉队者"（Left behinds）等概念，他们都认为自己被过去 30 年的全球化潮流所遗弃了。这些人不仅存在于发展中国家，也大量存在于西方发达国家。特朗普就是他们的代言人。我认为这是真实存在的现象。开个玩笑，如果明天特朗普突发心脏病走了，这种现象也依然存在，它不是因为某个人而存在的。

人们对于全球化的态度也在改变。世界贸易组织首任总干事鲁杰罗（Renato Ruggiero）认为，全球化是技术进步的自然产物。英国前首相布莱尔（Tony Blair）在 2005 年讲到，"有人说我们必须停止全球化，需要对其进行辩论。这些人是不是还要争论夏天过后应不应该是秋天。中国人和印度人并没有争论全球化，他们正努力抓住机会。"相比之下，10 年后英国首相特蕾莎·梅（Teresa May）说："如果你认为自己是世界公民，你其实哪里的公民都不是。你还不明白'公民身份'（citizenship）这个词的真正意义。"这一观点表明人们越来越多地回归到传统的"领土身份"。

近期的《经济学人》（Economist）和《哈佛商业评论》（Harvard Business Review）等刊物都推出了全球化危机的专刊。《经济学人》称，世界正进入 1945 年战后经济的第三个阶段。第一个阶段是布雷顿森林体系（1945—20 世纪 70 年代早期），第二个阶段是全球化（1982—2007），第三个阶段则是 1945 年后全球化的首次退步。前两个阶段的结束都伴随着危机。《哈佛商业评论》也指出人们对全球化的态度已经发生了急剧变化，特朗普的当选和英国脱欧，以及欧洲极右翼政党的崛起都表明人们对于贸易、资本、人员和信息的自由流动产生不满。由于 2008 年金融危机，一些商业领袖甚至也开始质疑全球化。

第六讲　全球化、新全球化和后全球化：全球传播研究面临的挑战让我们用世界贸易占全球 GDP 百分比这一指标观察一下当下正发生的事情。从 1960 年开始，世界贸易量约占全球 GDP 的 25%。到 2007 年，它占全球 GDP 的 60%，这有点像飞机起飞。这期间，20 世纪 70 年代世界贸易量由于石油输出国组织的油价上涨而激增，财富在发达国家和石油资源丰富的发展中国家中进行重新分配，产生了新的国际贸易模式。到了 90 年代，世界贸易适度增长，我们看到了很多本土品牌的出现。在这个时期特别重要的是中国领导人邓小平的南方讲话和柏林墙的倒塌。进入 21 世纪，初期世界贸易稍有回落后，一直保持飞速增长，直到 2008 年金融危机。2008 年后，全球 GDP 增速和贸易占比都在下降。

全球化也招致了一些批评，比如经济不平等加剧，全球化既得利益者没有关注承受全球化和经济转型代价的群体，存在腐败和不负责任的精英（2008 年金融危机）等。这些批评也可能有错误。我们看美国从 1970 年到现在的贸易总额和美国最富有的 1% 的人拥有的财富的关系，会发现两者是正相关的。但是相关不是因果，我不能因此说贸易增长使得社会财富不平等加剧。按照这个逻辑，我也可以说，这个图表显示尼古拉斯·凯奇（Nicolas Cage）在一年内拍摄电影的数量和城市拥挤程度之间存在正相关。这个逻辑显然站不住脚。

接下来讨论"后全球化"。有很多关于我们是不是在转向美国经济学家吉尔平（Robert Gilpin）所说的"新中世纪主义"（New Medievalism）的说法。"新中世纪主义"是指国家主权的概念被削弱，公司、次国家和跨国家的区域性团体、私人和公共网络、国际组织等非传统权威的影响力在加强，民族国家在其中不再占据当然的支配地位，而只是多重权威体系中的一种。"后全球化"也在讨论多极政治的回归。这些可能会给贸易、人员流动、文化交流、国内政策、国际法、国际协议和国际组织带来深远影响。

最近，我做了一个关于全球数字平台的案例研究。它表明，对全球数字平台如谷歌、脸书、苹果、亚马逊等公司进行监管的呼声越来越高，监管范围包括数据使用、用户隐私、假新闻、网络骚扰、垄断等。因此，我们已经面临全球数字平台带来的新挑战。谁应该负责监管全球数字平台呢？如果是民族国家，怎样才能确保监管得当，并且避免互联网（internet）演变为"分裂网"（splinternet）？这些问题在当下全球范围内都是非常大的挑战。

我们看到媒体处于全球化的前沿。广播、卫星和有线电视曾被视为国家领土体系的挑战者。互联网从诞生起就是全球化的，刚开始受国家政府扶持发展，20 世纪 90 年代后，受到企业利益的驱动开始在全球范围内扩张。但显而易见的是，各国政府从未真正离开过这个舞台，全球媒体的开放性可由具有资源和政治意愿的国家，在国家层面进行管理。全球的信息通信技术公司仍高度依赖国家政府进行运营，政府也越来越多地寻求这些公司的协助来进行反恐、监控侵权行为等。只有当受众真正想看到全球化的媒体时，媒体才能真正实现全球化。当想象全球传播时代的文化和身份认同，我们可以看到，民族国家的身份认同继续与去国家化的"世界性主体形式"是共生共存的。我就讲到这里，谢谢大家。

整理：王晓霞、傅博凡、张天墨、王前、王修楠、段明珠、赵红云、韩晓然、李明旺

校对：叶倩

第七讲
从跨文化传播语境谈"文化中华"[1]

◎ 郭振羽

新加坡互联网研究中心执行主任、南洋理工大学传播与信息学院荣休教授及创始院长。1972年获美国明尼苏达大学博士学位。曾任南洋理工大学社会学系主任、高级研究中心主任及新加坡国立大学大众传播部主任，南洋理工大学校董会成员、人文社科学院院长。现为新加坡管理大学学术顾问、英国牛津大学互联网研究所顾问委员会委员。

我的经历比较特别，早些年在南洋理工大学创办了两个学院，传播学院和人文社会科学学院，后来又创办了《亚洲传播学刊》(Asian Journal of Communication)。退休之后，我被推荐到新加坡的第一所私立大学，也是即将转为公立大学的新跃大学（SIM University）筹划建立"中华学术中心"，自担任主任以来已经有5年了。以此为由，今天，我的主题不是传播理论、传统文化，而是转到一个新的课题——"文化中华"。一般我们很少谈"文化中华"，而是"文化中国"。这几年，我有一些新的思考，在清华大学和大家分享一下。

"文化中国"的缘起和范畴

1991年，曾任哈佛大学哲学系教授、现在在北京大学高等人文研究院担任院长的杜维明教授发表了一篇影响力很大、引起众多讨论的论文，题目叫《文化中国：边缘中心论》。相对于当时一般意义上的"政治中国"和"经济中国"，他强调从"文化"的角度来了解中国，从不同的层面来理解中国。他提出的认识中国以及中国本土以外

1　演讲时间：2016年11月7日。

的整体的多彩多姿的"中国文化",在当时是一个创见。

时值中国改革开放后不久,从 20 世纪 60 年代一直到 80 年代初,中国长期处于相对封闭的状况,导致中华传统文化在本土被边缘化,甚至在很长时间里成为一个被攻击和批判的对象。与此同时,中华文化在母体以外,难得有机会开始自我发展,包括在港台地区以及美国华人社群等各方面的发展。人们感觉到中心无处可寻,边缘四处可见,即中国作为中心开始情况不明,但是作为边缘的世界各地都可以看得到中华文化。杜维明教授当年的论文描述的就是这样的现象。

多年来,杜维明教授从"文化中国"的概念出发,以儒家思想为中心,强调世界文明,从基督教文明、伊斯兰教文明,到儒教文明、道教文明等等,必须要有对话。在这一方面,可以说世界上最受尊重、影响力最大的华裔学者就是他。如今 76 岁的杜教授依然为此费心费力、栖栖遑遑,只要时间精力允许,大大小小的邀请他都愿意接受,足迹遍及海内外。

杜教授的中心议题是"文化中国",其中包括了三个范畴,他称之为三个"意义世界"(symbolic universe),各自鲜明独立,而又有机相连。第一个意义世界,也是最核心的世界,指的是中国大陆和港澳台地区、新加坡等以华人为主体运作的社会,香港、澳门暨台湾地区共同构成文化中国的一部分。在政治或官方的立场上面,称新加坡为中国的一部分并不正确,但是从文化角度上,事实上很多年来新加坡都被认为是中国大陆和台湾地区以外的"中国"。这便是他提出的第一个世界。

第二个意义世界是散布在世界各地的华人社区,我们称为 diaspora,离散族裔,即分居全世界各地的华人、华侨、社团和社区。在中国的香港、台湾地区以及新加坡以外的其他地方,华人一般占少数。这被称为第二个世界。

第三个世界比较特别,指的是跟华人没有血缘和婚姻关系,但是对中国文化情有独钟的外籍人士,这个被讨论的很多。杜教授说,我们不能忽略这一群人,不能忽略他们对于文化中国的参与,这个提法他一直沿用至今。

从"文化中国"到"文化中华"

2013 年,杜维明教授发表了一篇文章《文化中国的再审视:认同问题》,其中提到,从 20 世纪 90 年代一直到新世纪,"文化中国"这三个意义世界都发生了重大的转变。显然,1990 年以来,中国大陆在经济、政治、文化方面都有了非常大的变迁,而香港地区、台湾地区、新加坡也同样有很大的改变。大批中国移民往外跑自不必提，一方面留学美国、加拿大，以及欧洲各国等的学生不断增多，另一方面在国外生活的华人都已经有了第二代。"文化中国"的三种思维都已经发生改变，需要重新审视过去的观点。

杜教授自己做了一个检讨，从当初的"中心无处可寻，边缘四处可见"改为"中心无处不在，边缘也已成为中心"。换句话说，这20多年来，文化中国从一个区分"中心"和"边缘"的概念，转化成了一个多中心、中心模糊、边缘也成为中心的概念。但是，他还是使用了"文化中国"的说法。

我对"文化中国"有一些自己的看法。"中国"一词有两个重要的内涵：其一是地理性的，即中国是一个地理的疆界；其二是政治性的，指的是主权国家的政治内涵。在传统的"文化中国"概念里面，长期以来，中国文化是历史、政治等各方面的中心。凡是和中华文化有关系的文化，都以中国为本土和本位。

但是，边缘和中心不是固定的、不可变迁的。从历史的角度看。从汉代、唐代到宋代，无论哪个朝代的地图都是不一样的。那么，哪个朝代的地图才代表中国？历史的中国中心点也是在变动的。

对"边缘"和"中心"关系的再探讨，意在消除"中国文化霸权"的偏见。今日的华夏文明是去中心的和广泛的。因为文化是流动的，它没有边界，没有边界就处处可以成为中心。立足本地，当前就是中心。如果把 Cultural China 翻译为"文化中国"，就无法超越地理和政治含义，也就无法脱离中国本位的霸权内涵。在这样的语境下，边缘是无法成为中心的。在我看来，这就是"文化中国"概念的局限性。

基于此，我建议用"文化中华"来代替"文化中国"的概念。如果说"中国"是一个中心"参照点"，是地理和政治的概念，那么"中华"则是扩散的纵横轴，是文化和历史的概念。"文化中华"超越地理、超越时空，融入了一个开放和多元的世界，这是我要强调的一个重点。

以"中国菜"为例，它不是一个中心的概念，而是一个非常开放的概念。我们常说的几大菜系，有湘菜、粤菜，还分为北方菜、南方菜。在美国，很多中餐馆的菜单上都写着"杂碎"（Chop Suey），对于很多早期的洋人来说，中国菜就是"杂碎"。这个词源自中国，但是已经不是原来的概念，这就是一种开放性。再比如，中国北方和南方眼中的中华文化也是不一样的，在东北是一种看法，到了河北、河南、陕西看法又不一样。重点在于，每一个观点都可以立足本土。我常常讲，源于中华文化的华族社群，比较习惯于在中国以外看中华文化。这些看法有各自的内容，各自的形态，各自的特色。同中存异，异中求同，形成多元的文化中华的性格。

从大一统到多元开放

哈佛大学东亚文明系王德威教授在欢送杜维明教授退休时讲到，Cultural China 指文化中国或文化中华，但是我们更要理解的是多元文化主义（multiculturalism），当我们形容中国的文化，或者中华的文化时，要理解它虽然是一种文化，但是实际上也是多文化的。它是跨文化的融合，是从大一统转变到多元和开放的一种概念。

以戏剧为例，一般说京剧能代表中国的古典戏剧，因为它在清代得到官方和皇家的扶持，对过去 100 年中国戏剧的发展影响深远。但是京剧同时也是地方戏，从京剧到越剧、吕剧、昆曲、黄梅调、歌仔戏等等，各有其传统的特色，源于地方又传播到各个地方。戏剧不必求大一统，也不应要求大一统，而是彼此交流、相互影响。

一两千年以来，每个时代的中华文学经典是否都是正统的？我认为，经典虽然包含正统，但是绝对不是单元的，而是多元的存在。中华古典文学公认的主流，是汉赋、唐诗、宋词、元曲、明清小说，脉络分明。但在主流之外，有多少分流以不同的方式在成长或被消灭，在矛盾之中求生存。如同戏剧、文学总是在地方上得到它的营养，得到它成长的源泉。

在中国现当代文学中，也有很多方言文学。例如，古语、粤语和闽南语等，都有自己的文学传统。在清代小说中，《金瓶梅》和《水浒传》就代表着地方性文学，各有千秋。在"白话文运动"之后，中国文学强调"我手写我口"，就更不可能是单一化的。当代作家金宇澄在写作《繁花》时使用了很多上海话。他讲到，在用上海话写小说的同时，他也会把过于上海化的文字以普通话的方式来表述。这个矛盾和平衡在于，一方面要表达某个地方和某一类人，另一方面要超越这个局限来面对读者。我看香港的报纸，关键的词语常常不晓得是什么意思，因为它是以粤语的书写方式写作的。莫言的小说里山东土话很多，陈忠实的文学作品中陕西土语特别多，但是读者也都能大致理解。

不同的文字里有不同的地方性的特色，这些越来越得到大家的尊重。可以说，没有一种纯正的语言，也没有一种纯正的文学。在统一之外，也有地方性分歧，这些都是中华文学的一部分。

站在世界范围看，近 10 年来出现了一个新的文学理论：华语语系文学（Sinophone literature），它和英语语系（Anglophone）、法语语系（Francophone）类似。英语语系，包括英式英语、美式英语、澳大利亚英语、印度英语，以及加勒比海附近的非洲英语等等，都有不同的表达方式和文学传统。如今，一些学者也提出了华语语系的现象，尤其是在新加坡和马来西亚。这两国有多年的华文教育传统和生活背景，同时也受到周边其他语言的影响。于是，两国就出现了一种新的华文文学，称为新马文学，已经有不少学者开始从事这方面的研究。

目前，不同的学者对于华语语系文学的提法有争议。从中国学者的角度看，并没有一种华语语系，华语本身就是中华语言和文学。当一种语言的文学表达方式经过几个时代的变迁，它往往开始在一个新的传统中独立生产和不断发扬，于是就产生了新的华语语系，它是一种属于世界的华语和华文的传统。

总而言之，这个观点的提出不禁让我们想到，在未来的 50 至 100 年，当大批的中国或华裔移民分布在世界各地，当移民在不同的生活背景下进行独特的创作的时候，当有一天华语文学在世界各地的族群中百花齐放的时候，我们是不是应该欢呼，正如英语征服了全世界一样，华语文学有一天也能做到那一步？以上种种事例都让我们看到，"文化中华"应该是一个多元的观念。

中心和边缘的辩证关系

这一部分我特别要从海外瞭望神州。20 世纪前的世界相对封闭，中华文化主要限制于神州大地。20 世纪以降，大批华族移居世界各地，包括长期的移民和短期的访问等，不仅数量更大，而且流动性更大。从早期海外华人的经验来讲，当搬到一个新居留地时，他必然以原乡文化为资源来应对新的环境。

气候变了，地理环境从山变成海。要求生存，求发展，文化就必须要做调试。以原乡文化为资源，再吸取当地新资源，逐渐呈现出新本土的、自主的特色。在新的环境里面，祖宗原来的做法有些不再适用，有些做法则被特别地保留下来。比如在亲疏关系方面，海外的华人社团里，刘、关、张三姓就组成了一个团体，因为是 1000 年以前的结拜兄弟。

在移居地的生活，原本是相对于神州或中原的边缘，经历了二代、三代、四代，侨居地变成了本土。当中华文化和当地的其他族群、政治、环境相结合的时候，边缘已经不再是边缘了，而是具有中华文化本色，又兼具本土个性的新的中心。在某种程度上，既然立足在这里，经过这么多代努力的建构，一个新的文化形态、新的踪迹已经出现了。

于是，中心和边缘变成一个辩证的关系，可以重新界定。我们甚至可以游走在中心与边缘之间，今天是中心，明天是边缘。不同的时空，不同的对象，可以有不同的界定方法。

外来文化和本土文化的混融

在这里，我必须要谈到文化传播中很重要的一个概念：文化混融论（cultural hybridity）。hybridity 不易翻译，因为在中文里面，"杂种的"和"不纯的"通常含贬义，"混融的"勉强是一个比较正面的说法。但是总体上，混、杂二字在中国文字里面是贬义的。

实际上，现代世界没有纯文化。旗袍是中国的传统文化吗？字面就可以看出这是旗人穿的传统服饰。此外，中国的传统乐器中也有很多外来影响，比如胡琴。"纯"是一个文化和社会界定的概念，而不是原有的。这一点恐怕有人会骂，虽然中国历史上有政治上的统一，但是从来没有文化上的大一统。因为中国之大，各个地方可以有自己的文化传统和文化特色，甚至可以以本土文化为中心影响外界。例如，20 世纪 90 年代粤语歌曲在全国流行。

文化和艺术的发展是一条长河，中间会混杂融合，会出现新的内涵。新的内涵或保留，或淘汰，或被其他新的内涵吸收。开放包容，才能生生不息。异文化的传播（cross-cultural communication），文化的混融是常态，也是文化发展的源头。如果没有异文化的接触和交融，文化很可能变成一潭死水。而当异地文化和本土文化相接触时，必然混合交融出现异于原形的文化形态，这就是文化成长、转移和变异（transformation）的常态。

这里做一个小注，同文化一样，世界上也没有纯的民族。康有为在 100 多年前写道，种族的界限很难划分，世界上没有单独的种族，汉人也是混血的蒙古族。他说，就连黄帝也可能从中亚迁徙而来。康有为早年是保皇党，当时孙中山同盟会要"驱除鞑虏"，康有为说，哪有鞑虏，我们都是野蛮人，没有反清复明，没有纯正的状态。事实也是如此，就连南北方人也会在语言、体型、风俗等方面有一定程度的不同。

此外，宗教和信仰的融合也是一个很有意思的问题。有一个在福建出土的元代石碑，叫元朝基督教尖拱形四翼天使石碑。天使有四个翅膀，戴有十字架，属于天主教，但是仔细观察，天使的面相又有些像亚洲人。这就是天主教传到中国和地方文化的一种融合，它用当地人熟悉的方式呈现了天主教的形象。

观音则是外来文化在中国本土化的一个例子。观音是佛教的概念，在梵文称为Avalokiteshvara Bodhisattva。观音菩萨看得远、听得远，如果有人呼唤他的道号，他就会来救人。观音菩萨是大乘佛教中西方极乐世界教主阿弥陀佛座下的四大菩萨之一，佛教中的原形是男性，但是他可以化身无数。在尼泊尔和越南出土的观音菩萨像都是男身，但其实佛教的神是没有形象的，膜拜的人把神的模样制造出来，变成了文化的一部分。

有一种说法认为，观音的女性形象在武则天时代开始出现，有些地方的观音像甚至是以武则天为原型创作的。到宋代，民间更加普遍地出现了女身的观音形象。从唐代至元代，可以看到，观音原本是印度佛教中的男性形象，到了中国后女性的容貌特征越来越明显。在早期，观音是不抱孩子的，直到很久以后才有送子观音。有人说，送子观音是在圣母玛丽亚的形象普及后才出现的，也有人说圣母玛丽亚就是观音菩萨的化身。实际上，在菲律宾，一个以天主教为主的国家，当地的一些华人信徒在天主教堂里面拜圣母其实是为了求子。

此外，中国人的宗教传统是非常开放的，它不是排外的，也不是独一无二的。例如，新加坡有些庙里面排了很多神像，包括哪吒、关公、孙悟空等等。有人做田野调查时发现，神像的位置常常搬来搬去，究其原因，是当月灵验的佛像在下个月就会有很多人来供奉，于是这个神像的排位就越来越高，这是一种实用主义的表现。

以妈祖文化为例，它发祥于中国传统民间社会，随着华人在世界各地闯荡而开枝散叶。因为神明不仅是信徒精神的寄托，也是承继先辈教诲和传统文化的载体，更是连接发源地和不同地方信徒共同祈求的中心。

中国的神庙里有三个最著名的神，第一个是观音，第二个是关公，第三个是妈祖。妈祖主要在东南沿海地区广泛流行。在福建湄洲，妈祖是海上的女神。如今，妈祖也是两岸共同信仰的神明，因而也是重要的"统战工具"。在湄洲海上有一座妈祖雕像，被称为和平女神像，寓意两岸的和平。妈祖是青岛人的天后，是海南人的天妃，作皇家打扮。在台湾，妈祖却是村姑打扮，因为她原来是一个渔家女，因为救人无数而成为海上的传奇。而台湾人有时不称她为妈祖，而是林默娘。在世界范围内，有几十个国家有妈祖庙，包括越南、菲律宾，在中国偏远的湘西凤凰也有一个妈祖庙。

妈祖不仅在海上，只要是水上，甚至游船上，但凡水上的活动，她都可以保佑。福建闽南人向南亚、东南亚移民的时候，通常要经历三五天风吹雨打的海上行程，平安到达之后，第一个拜的就是保佑平安的妈祖。新加坡最早的妈祖庙叫做天福宫。19世纪最早来到新加坡的福建移民不断增多，人数达到成百上千的时候，他们第一个要求的就是有崇拜的对象，妈祖。在天福宫里，人们不仅拜妈祖，还拜观音、关公和孔子。妈祖是主神，其他是陪侍。孔子象征着佛、道、儒三教合一，象征着中国的宗教传统。

再以娘惹文化为例。明代时，很多福建的移民来到马来西亚，他们在这里定居，迎娶当地的女子。如此生活了几百年，出现一个新的文化形态，即娘惹文化——马来文化和福建文化交融的产物。这种文化有特殊的服装，马来语和福建话融合的语言，还有独特的文字。有导演拍摄了名为《小娘惹》的电视剧，也曾经在中央电视台上播放。和娘惹文化类似，新加坡的城市地标鱼尾狮，又非兽又非鱼，也是人为创造的一种文化的结合。

2013 年是台湾地区主办的金马奖的 50 周年，新加坡电影《爸妈不在家》爆冷门夺冠。我认为，这届金马奖是近期最开放、最多元的一个文化案例。最佳新导演是新加坡人，最佳导演是马来西亚人，最佳男主角是台湾地区的李康生，最佳女主角是大陆的章子怡。常常有人问我，华语电影节的不同电影有什么共同点？共同点就是华语，都是以中华文化为基础的，但是它的多元性在于不同的故事、不同的导演，等等。我在当时分析说，这届金马奖是一个跨语境最多的中华文化的代表。来自各地的华人社群风格不同，课题不同，内容也不同，甚至语言形态都有不同，共同组成了同中存异，异中求同的文化中华的世界。

整理：赵云、邱伟怡、秦彦洋

校对：盛阳

第八讲
施拉姆之镜与中国传播学 40 年[1]

◎ 刘海龙

中国人民大学新闻学院教授，博士生导师，《国际新闻界》主编，中国人民大学新闻与社会发展研究中心新闻传播研究所副主任。复旦大学信息与传播研究中心兼职研究员，武汉大学媒体发展研究中心研究员，河北大学新闻传播学院兼职博导。中国新闻史学会新闻传播思想史研究会常务理事。曾任台湾政治大学、深圳大学、辽宁理工大学客座教授，美国宾夕法尼亚大学、香港城市大学访问学者。

按照官方的算法，1978 年正好是一个节点，传播学被引入中国。传播学引入 30 年的时候，我写了一些文章，出了一本小书叫《重访灰色地带》，在这本书里面有好多都已经讲过了。但也有个遗憾，因为要赶时间出版，里面还有一章我是计划要写的，但最后没写完，是关于施拉姆的。对于施拉姆，其实大家都不陌生，但施拉姆究竟跟中国传播学有什么渊源，包括施拉姆在中国的评价和命运，其实还是一个蛮有意思的话题，所以我就把这两个结合起来，即通过施拉姆来看中国传播学研究的 40 年。

施拉姆 1982 年来中国，从香港然后到广州、上海、北京，就这么一趟，应该说对中国的传播研究起到了非常大的影响。尽管在施拉姆来之前，中国的学者已经在介绍传播学了，但施拉姆的到来有一个很关键的作用是让大家第一次近距离接触到了传播学。施拉姆给中国人的印象是传播学的代言人，大家也自然认为他就是该学科的创始人之一。

施拉姆来中国是他的学生余也鲁介绍的。余也鲁是施拉姆的硕士生，在香港浸会大学创办了第一个传播学系，后来叫传理学院。当时中国要做"电大"，有点像现在网络慕课这种开放课程，准备要在广东省开始做"电大"的项目。广东省教育厅到香港地区去考察，在考察过程中，余也鲁跟代表团有接触，大家就觉得余也鲁在这方面比

1　演讲时间：2018 年 11 月 2 日。

较专业，因为他会讲传播学，所以他把发展传播学的那一套东西和我们的"电大"最新的科技结合起来，余也鲁就成了一个"电大"教育专家，其实他根本跟"电大"毫不相干的。广东省教育厅代表团回来之后，就邀请余也鲁去广东的学校讲课。余也鲁就开始讲他真正的本行——传播学，出了一本很薄的小册子叫《传媒教育》，跟施拉姆一块写的，在中国出版。书中他们一边讲电大在知识普及中对发展中国家的意义，另一方面就开始讲传播是什么，传播过程是什么，传播效果，等等。余也鲁就等于跟中国的新闻传播研究者接上头了，大家说这些东西好像挺有趣，不就是我们现在正在讲的传播学吗，所以后来就邀请他来内地访问讲学。讲着讲着，他就说我的老师可能名气、影响力、号召力更大，就是施拉姆。经过他的包装和宣扬，施拉姆俨然成为传播学的代言人。余也鲁就促成了这次访华活动。当时还是《中国日报》(*China Daily*)出面邀请他的，施拉姆借此机会正好来到中国讲学。我最近才发现，实际上施拉姆来过中国两次，但是影响最大的还是第一次。

《中国新闻年鉴》上有一张照片，是当时施拉姆在社科院会议室的一个演讲，陪同的有余也鲁和安岗，这几位都是对中国的传播学研究起到关键作用的人物。另外，甘惜分、陈崇山等人都去了。当时还有一个很有意思的争论，上午大家座谈了大概一个多小时，但差不多有半个小时在讨论另外一个问题。是什么呢？《报刊的四种理论》中最后一章是施拉姆执笔的，大家就对这一章提出了很尖锐的批评，就是为什么要把苏联的共产主义新闻制度写得那么糟糕。因为那个制度就是中国的制度，大家就说，施拉姆是戴着有色眼镜在看中国。后来余也鲁在回忆录里专门写道，那么宝贵的机会，大家居然花了一半多的时间来谈这样的问题。但是施拉姆很会打圆场，说下次再版的时候会吸收大家的意见，用这样一种方式化解了尴尬。但这个争论其实从另一个侧面反映出来一个很重要的问题，施拉姆究竟是一个什么样的身份？大家怎么看他？

施拉姆刚被引入中文学术圈的时候，余也鲁极力地把他包装成一个中立的学者，但根据现在很多研究发现，施拉姆的身份非常复杂，绝不仅仅是一个学者这么简单。施拉姆跟美国的情报机构有非常多的联系，他在伊利诺伊大学的时候接受了大量的军方和政府的课题，所以很多人认为他是美国情报部门的一个外围人员，甚至还有一些左派说，施拉姆还去监视斯麦兹、席勒这些左翼学者。当时中国学者的政治敏感度很高，大家很快就感觉出这个人其实不简单，所以花了长时间去盘问他这个事情，从今天来看，这些讨论其实并非如余也鲁说的那样毫无意义。

施拉姆来中国，还有对中国传播学影响更大的一个点。这一点大家过去也谈，但并没有从一定的高度来谈。这就是他来中国之后，其实不光是在讲学，他当时跟社科院接待的人员提了一个很不寻常的要求，说想见一下中国高层领导。一般学者来做学术交流很少主动要求去见国家领导人，后来当时一位分管科教的副总理接见了他。施拉姆之行还有一个插曲，这位领导在人民大会堂接见他，谈了很长时间。谈完之后，领导晚上就给时任《人民日报》副总编兼社科院新闻研究所所长的安岗同志打了一个电话，说今天我跟施拉姆先生谈，觉得讲得很有意思，传播学这个东西对我们社会主义建设很有用，你们所应该组织专门的人来研究，来讨论传播学怎么为我国的社会主义现代化建设服务。所以，这就等于拿到了一个高层的批示。最初中国人民大学张隆栋、郑北渭等教授要讲传播学，都是偷偷摸摸讲，属于"半地下"的状态，毕竟经过了"文革"，这又是一个纯粹的资本主义学说，传播学跟新闻学不一样，这里面没有党性、没有阶级性、没有党的领导这些因素，所以，传播学还是一个大家都拿不准的学说。但领导人这个指示一下子就把这些顾虑都打消了，于是，施拉姆6月初回国后，11月就召开了第一次传播学座谈会，引发了一定反响，后来又编了《传播学简介》的小册子，做了很多翻译，大家就开始如火如荼地介绍传播学，而且有了第一批最核心的研究人员。

因此，施拉姆这样一个不知无意还是有意的举动，对中国传播学产生了巨大的推动力量。所以学界经常说，如果没有施拉姆来访，中国学者还是会去研究传播学的，但至少不会是这样的一个路径。讲施拉姆在中国受到的礼遇之前，要简单回顾一下传播学的历史。大家主要还是看罗杰斯那本《传播学史》。罗杰斯是施拉姆的学生，他在那本书里面把施拉姆的生平讲得很详细，但其实也有很多有意"为尊者讳"的地方。比如说，施拉姆有跟政府和情报部门的一些关系，他就语焉不详地一笔带过了。施拉姆有一个很有意思的地方，他的学术训练出身其实是人文学科，他一直是学英文的，后来还负责一个写作工作坊。但他后期非常推崇量化研究，自己也身体力行，是把传播学引向量化研究的一个很重要的人物。这一点让大家觉得很矛盾。他的本科是在老家俄亥俄州读了一个文理学院（Marietta College），硕士是在哈佛英语系读的，博士是因为当时遇到经济危机没钱了，所以就转到了爱荷华（Iowa）大学这样一所生活费低的地方读的。所以，他一直到博士阶段，整个教育基本上都是在英语系完成。但他在爱荷华大学时接触到了当时几个研究心理学的，包括卢因等人，对他影响很大，所以他开始转向心理，到后来就完全就抛弃掉他早年的路数。

一个很重要的转折点是1941年珍珠港事件爆发后，施拉姆写信给当时负责宣传的人说，第二次世界大战不仅仅是一场阵地战，更重要的是一场宣传战，主动请缨要求为国家服务，他还提了很多的设想，包括在各个高校建立与战时宣传有关的研究机构。他做了一个很宏大的计划，因此被吸收到国防部下属的"事实与数字办公室"。这个办公室后来又改称"战争情报办公室"，一直由他来负责。从那时开始，他就介入到了国家的宣传体系中，参加了拉斯韦尔主持的传播学研讨班，并意识到传播学对美国来讲是一个很重要的学科，他后来回到爱荷华大学后，很快在新闻系下创建了大众传播系，创办了大众传播研究的博士项目。所以，这是一个很重要的转折。

1947年，施拉姆希望进一步扩大博士项目，建立传播研究所，需要很多钱。但学校没办法满足他十几万资金的要求，他就到了伊利诺伊大学。因为他当时的一个好朋友斯塔德正好做校长，所以他就做了校长助理。当时他如鱼得水，利用学校给的资源成立了大众传播研究所，这是一个很庞大的机构，后来研究所将大学电台、教育系、图书馆等机构并入，也开始接收大量来自政府的课题。当时施拉姆还编写了传播学最早的一本教材《大众传播》，1949年出版，1954年出版了《大众传播的过程和效果》。因此，施拉姆在伊利诺伊大学的这段时间成为传播学发展的重要节点。

这些书其实最早都不是给学生看的，而是"中情局"（CIA）等情报机构进行培训用的论文集和教材。由此可见，他跟情报部门渊源非常深。

1955年，施拉姆还参与了一个项目，出版了一本油印的论文集，也就是后来我们熟知的《报刊的四种理论》。施拉姆负责最后一章，就是我们讲的苏联的宣传理论，实际上那是他对苏联研究的一个前期成果。这本书里面对于苏联，包括对于共产主义世界其实是非常不友好的，可以看到施拉姆背后有非常强的"冷战"知识分子色彩，他实际上是站在美国一边，对共产主义世界做研究并进行防御的。所以除了他的传播研究以外，他一生中很重要的工作是"冷战"专家。而这个角色在罗杰斯的书里基本上避而不谈，所以大家看不出施拉姆有那样复杂的经历。

1963年，施拉姆写了另外一本书叫《传播科学》(The Science of Human Communication)，这也是很重要的转折，在书中第一次很明确地提出了"传播的科学"的概念。科学是什么意思？就是用信息论和控制论这样一套在当时非常流行的自然科学话语来重新理解传播学。之前都是从人文角度来理解的，施拉姆把传播学整个转向了量化研究，转向了应用系统论和信息论来解释的轨道上，一直影响到今天。在很多对施拉姆的批评中，这也是他的一个"罪状"。

施拉姆的主要工作实际上就是把传播学这样一个很模糊的"十字路口"进行"学科化"。他个人做的事情是把传播学看成是一个学科，看成是一个需要有建制的、有专门的学科边界的大类。因此他创建了三个研究所：伊利诺伊大学大众传播研究所、斯坦福大学大众传播研究所、夏威夷大学的东西方中心大众传播研究所，他都担任主任。今天很多解密后的档案表明，夏威夷大学的东西方文化研究中心是一个美国的情报部门，有政府资金的支持，是对世界，尤其是对亚洲地区进行和平演变的"前沿阵地"。因为当时他们其实很难进入到像中国这样一些国家，那么夏威夷大学正成为一个接纳亚洲乃至世界各地青年人的"自由营"（freedom camp），其实就是培养这些人对美国制度的好感，然后回国去推动所谓的"全球自由主义事业"。这个机构由他来做主任，也可以看出他跟情报部门的关系是非常深的。

1976 年，施拉姆出版了另外一本很有影响的书，就是《传播与变革：十年》（*Communication and Change*），是他和丹尼尔·勒纳（Daniel Lerner）两个人一起编写。勒纳是《传统社会的消逝》（*The Passing of Traditional Society*）的作者，他当时在中东做研究，也是接受了"美国之音"的资助，现在来看，也是接受了美国对外宣传和情报部门的资金，做的不纯粹是学术。所以他们做的事情，其实是通过传播去改变这些国家，这就是所谓的"发展理论"。而现在大家谈"发展理论"，会谈到发展理论本身有很强的西方中心论色彩，也就是说，他认为，国家的发展应该是按照美国的这种模式，一步一步地往前走才能实现的一个路径。

施拉姆在 1977 年从东西方文化研究中心退休。退休后，余也鲁邀请他去香港中文大学，担任了两年教师，包括朱立、李金铨等很多学者，写的回忆录里都会有这一段，应该说对香港地区的传播教育起到了很大的作用。当然，这也开启了他通过香港进入中国的路径。大家知道，香港在冷战时期是西方对大陆的一个前沿阵地，很多情报的搜集和研究都是在香港完成。香港中文大学有一个中国研究中心，那里面搜集了很多资料，这些资料可能大陆人都不愿意搜集。当时就是美国 CIA 的资金在支持这个研究中心，让它们大量搜集大陆情报，所以中心资料收集的特别全，包括各种大家都看不上的小纸条、小报，他们都收，现在成了做中国研究资料非常全的地方，当时背后其实是这样的背景。1978 年，施拉姆写了《传播学概论》（*Men, Message and Media*），但后来有人就提出质疑，光有男人没有女人，所以新版又加上了女人。罗杰斯也写到，其实施拉姆有很传统的父权色彩，对女性一直不是特别友好，他并不认为两性是平等的，然后就是 1982 年施拉姆访华，这就是施拉姆大概的经历。

从以上经历上可以看出，实际上施拉姆有很多的谜。比如说，一个人文学者为什么会转向量化研究？为什么他会同时兼具这两种身份，既要做学术研究，还要做情报的冷战专家？这两种身份如何在他身上协调一致，会不会矛盾？他还有一个很有意思的地方，就是特别能写。他的写作数量非常惊人，不止一位学者回忆道，他打坏了好几台打字机，他在任何条件下都带着一个打字机，一边念念有词，一边打字，只要坐下来就可以开始写作。他文学功底深厚，可以做到出口成章。他从小就有口吃问题，但文字表达非常顺畅，所以他特别讨厌讲课，但很愿意写。他写了很多东西，大家看到那些东西，发现这个人根本没什么时间干别的事情，这是个很有趣的现象。所以大家对他的评价也很矛盾。我们现在国内看到的对施拉姆的评价，实际上是很不完整的，尤其是研究者、学生受罗杰斯的书影响太深了，那本书如果从学科史、学术史的角度来看，是有很大的问题。我碰到的学者好像没有人说罗杰斯好话。第一个是他的历史观有问题，英雄史观。第二是传统，就是四大奠基人，书中的阐述基本上很狭隘。另一个很重要的是对于传播学的建制化、学科化里面的一些问题，基本上都避而不谈，包括我刚才说到的传播研究和情报部门、施拉姆和政府之间的关系，都回避掉了。

对施拉姆的评价，学界到现在都是众说纷纭。一个是把他评价为传播学奠基人，这是大家最熟悉的。另一个评价是有企业家精神的开拓者，白手起家，把一个学科从无到有建起来，确实很厉害。还有一个评价是启蒙者，不仅是对中国进行启蒙。中国的很多学者回学校专门讲施拉姆对中国的影响，陈崇山在 2012 年写回忆录，专门有一章就是写施拉姆如何指导他做传播研究。他对大陆传播研究是很重要的启蒙者，对台湾地区也是。朱立在他的一次演讲中讲到，说他们在政治大学上学的时候，施拉姆的学生朱谦在台湾做了第一个用传播学的量化方法开展的电视观众调查，他们都参与了，第一次见证了学问可以这样做，不只是讲书背书。所以朱立也是很有感情讲，对施拉姆不能简单地否定，他对整个大中华地区的传播研究具有非常重要的启蒙作用。

现在还有一种评价，尤其是一些新的传播研究，像辛普森（Christopher Simpson）的《胁迫之术》（*Science of Coercion*），还有尼罗（John Nerone）等人写的《最后的权利》（*Last Rights*），开始越来越多地评价施拉姆是冷战专家。尼罗是伊利诺伊大学的教授，他和同事一起写了一本批判施拉姆理论的书，可见施拉姆有多么不得人心，这在中国是很少见的。还有一个学者格兰德（Timothy Glander）研究施拉姆和美国传播教育的起源，专门对施拉姆，尤其他的伊利诺伊时期跟情报部门的关系做了非常详尽的调查，用了很多档案数据。因为他在大学里只能看到 CIA 给施拉姆拨了多少钱，但到底钱拿来干什么、目的、课题名称等都没有。他按照"阳光法案"申请到美国国家档案馆去查，当时应该已经到了解密期，但后来回复是要查的档案都没有，所以就给这件事添了很多神秘色彩。施拉姆离开伊利诺伊大学以后，奥斯古德接替他做中心负责人，1977 年时被揭发出来，接受了大量 CIA 的资金，搞成一个丑闻。另外，中国和西方的一些学者对施拉姆的评价是学科化的始作俑者。换言之，把传播学做成一个学科会有什么样的弊端？现在学界批评传播学的学科化、内卷化，导致研究故步自封，自我设置了壁垒。尤其在今天，各个学科都在关注传播的时候，把它关起门来搞，有可能会出现问题。最后，还有一个取向也很有意思，完全不提施拉姆，就他当没存在过，这也代表了一种态度。传播学如果从一个学科的发展来讲，施拉姆功不可没。但如果从传播学的理论来看，施拉姆贡献几乎为零。施拉姆贡献了什么理论？大家发现并没有。

余也鲁对施拉姆神话的制造，应该说是起了很大的作用。余也鲁在一篇文章中用了一个比喻，说施拉姆"开启了传播学进入中国的破冰之旅"。他说，如果没有施拉姆，传播学在中国开展得很艰难。这话有道理，就是我刚才讲的，如果没有施拉姆带来的那个领导指示，可能传播学还要再晚几年进入中国。余也鲁也谈到，不管怎么样，中国的传播研究很深地打上了施拉姆的烙印。你会看到很长一段时间我们对传播学的理解，就是量化研究、效果研究，就是施拉姆那套东西，忽略掉了很多其他的传统。包括今天所说的传播学的40年，这40年要怎么算呢？实际上就是从1978年开始，就是施拉姆所创建的所谓主流传播学进入中国。

如果真的以传播研究来算的话，时间要远比40年要长。所以今天的40年在某种意义上来讲，是施拉姆所创建的那个传播学进入中国的40年。另外一个对他的认识就是说他是冷战专家，辛普森讲到，他针对苏联策划了"反宣传"项目；尼罗讲到他学术上的不严谨，为了政治宣传的需要，歪曲了很多学术的概念，比如说，用斯大林主义代替马克思主义；格兰德也讲到了施拉姆接受情报部门和军方的各种项目，等等。

学科化的始作俑者，这是大家的批评，有一个很有名的争论，在争论里面施拉姆怎样用一个学科化的思路去反驳贝雷尔森（Bernard Berelson）提出来的一个学术方面的问题。贝雷尔森说，传播理论没有发展，但施拉姆说，现在学科兴旺发达：上午参加博士论文答辩，中午有学生来谈研究项目，下午要去开展其他什么活动，这其实很像中国今天的状况。最近这段时间都是各种各样的会，很少见哪个学科像新闻传播学界这么喜欢开会，感觉就是过度的学科化，大家都很忙碌，但仔细看一下，泡沫后面的成果却非常有限。大家到底通过这些会议提出了哪些有意义的理论，或者是学术上的推进呢？真的很有限。

有些中国年轻学者的批评就比较火爆了，可以说近乎谩骂和指责。有的人讲到施拉姆很平庸，就是一个二传手；有的人讲他是一个混迹学术江湖中的政客。他们的批评都很不客气，火气很旺。另外一个就是我讲到的"忽略"。"忽略"就是说，如果真的要去讲施拉姆，其实大家都更愿意谈拉扎斯菲尔德，而不是谈施拉姆。实际上施拉姆只是对拉扎斯菲尔德理论的一个继承。所以他所谓的很多的量化，传播科学的这些研究，其实都不是他的原创，而是拉扎斯菲尔德的原创。

施拉姆对拉扎斯菲尔德其实非常推崇，也有人研究到施拉姆见过拉扎斯菲尔德，他就在文章里记录了这次会面。但拉扎斯菲尔德自己写的回忆录里面，提都没提施拉姆，他们两个人的关系也蛮有意思的。现在大家批判美国的传播学，更多的是在批判拉扎斯菲尔德所代表的哥伦比亚学派，但我觉得好像很少有人批判施拉姆，包括在伊利诺伊大学。前不久，有的老师听我讲这个题目，跟我说，他们那儿都已经没有人提"这个人"。这就是我刚才讲得很有意思的地方，"这个人"在这里当了这么久的所长，走了之后一帮人居然专门用一本书去骂他，这很少见。对比之下，在中国施拉姆依然还是很受欢迎的。包括前几年某个出版社说，要翻译施拉姆的《传播学概论》。我给他们泼冷水，那书还有人看吗？第一，已经都过时了，20世纪70年代末80年代初写的，新版是1982年、1983年的。我说，书已经那么老了，很多东西今天看上去有很多错误，还需要再版吗？事实证明我错了，这本书卖得还不错。从这个角度来讲，施拉姆在中国的影响完全没有消失。大家还是把他当作一个大师，或者当作传播学史上很重要的一个人物来看。但在国外他的待遇是完全不一样的。这种差异就是我们对他的感情，除了学术以外，还有很特殊的一种感情，这是很有意思的。像吉特林讲的传播学主导范式里面，基本上不谈施拉姆。席勒的传播学史里，也没有提及施拉姆的传播学研究。法国学者写的《传播理论史》中也压根不提施拉姆，但会用很大的篇幅去介绍拉扎斯菲尔德。

虽然对施拉姆的评价在不断变化，但他在中国依然很受欢迎。我们依然觉得施拉姆走的道路就是我们要继续行走的道路。我们今天学科的发展都是沿着施拉姆所规划的那个方向在发展，所以中国今天去讨论施拉姆，就面临着一个行动和思想完全矛盾的困境。当然，当时我们讲施拉姆是为了引进传播学，是为了要用传播学这一套中性的科学话语，去解决新闻理论里过于政治化的那套东西。因为过去的新闻理论就是讲政治，说的是阶级性、党性。大家不敢讲，也不敢研究。但传播学不讲那些，等于完全越过了那套话语体系，所以它受到了很多当时的年轻学者的喜欢。20世纪80年代，中国四个现代化中有科学技术现代化，科学变成了大家特别追求的东西，这是一个去政治化的科学语境，传播学恰好是在这样的一个语境里面进入。所以我们对施拉姆的看法非常正面，因为施拉姆正是把传播学引向"科学化"的一个始作俑者。

胡翼青、武进在2008年发表的一篇论文中谈到了施拉姆对于中国学术发展的影响。他们指出，施拉姆的研究基本上跟今天的传播没太大关系，他没有做出很重要的贡献，我们不能沿着他的路，因为这条路走下去，好像他自己都没做出什么，我们沿着他的路走下去，我们能做出什么？

这是一个学术自觉。中国经过了学习、赶超阶段，刚开始要进行自己创造的时候，开始寻找一个正确的模仿对象的时候，就发现施拉姆是个"学术骗子"，不能跟着他走。这就是为什么他们用了这么不客气、这么刻薄的一些评价，这是跟我们自己的语境有关系的。最近几年，整个传播研究开始"再政治化"，大家又开始意识到人文社会科学并不是一个中立客观的东西，民族主义和政治意识形态又重新开始兴起。

当然这跟中国整个国际地位的变化有关系。我们现在开始要去争夺第一的位置，政治意识形态的观念开始起来，那么对施拉姆的看法就会有截然不同的判断。所以辛普森那本书其实写得很早，20世纪80年代就写了，但为什么前几年才翻译过来？其实可以看到，这个背后也不是偶然，需要这么一个视角来帮助我们去把传播研究重新政治化。

我今天的题目叫"施拉姆之镜"，也就是说施拉姆就是施拉姆，一个去世了的、客观存在的历史人物。我们对施拉姆的评价，经历了这样一个非常曲折的过程，从去政治化到重新政治化，从正面的到完全负面，当然这不是一个简单的循环，是伴随着中国对于传播研究这40年走过的路的反思。所以我想说这种评价，以施拉姆为镜，其实映射的是我们，而不是施拉姆。因为他是一个历史人物，实际上是映射我们这40年观念的变迁。这40年里能从施拉姆看出什么问题呢？一个是语境的变化，评价施拉姆的时间、空间。第二个就是视点，我们从学术的角度或者从政治的角度出发来谈施拉姆是完全不一样的，从政治角度看他是位冷战专家，从学术的角度看他是个学术二传手。第三个就是元话语，我们在书写这段历史的时候是以什么方式来书写的？我们的历史观是什么？当然在学科发展史上施拉姆被放在一个很重要的位置，他是传播学发展的必要的一环。还有就是罗杰斯讲的"英雄话语"。英雄话语就是关键的英雄人物怎么样推动历史的发展，所以对罗杰斯这本书，批评的意见集中在他带有非常强的英雄史观。他忽略了传播学科不是几个人努力就能成为今天这样，还有很多社会的、政治的、文化的因素在背后起作用，但他把这些东西都忽略掉了。另一个是冲突的话语。这意味着学科的发展就像一场"战争"，不同的价值观你争我夺，不同的学派争夺话语权，所以不同的历史观，比如作为冷战专家和作为批判学者，两个角色间是怎样你进我退的。对施拉姆的评价，其实有很多背后的因素。

我还想强调一下空间和时间的问题，就是放到中国这40年的语境下，应该怎么来理解中国传播学的发展？现在大家讲40年，每一个学科都要给它一个认证，就像过生日一样，需要一个纪念。当然，对纪念大家要清楚，它就是个纪念，要是太当真的话，这里面就有问题。我们现在说的传播学是1978年引进的。1978年所引进的传播学其实就是施拉姆所建立的一个主流的、以四大奠基人为基础的传播研究。但如果我们把视野放得开一点，超越施拉姆所"钦定"的那个"传播学"，而扩展到"传播研究"的话，那时间就不是 40 年了。最近我发现，早在 1925 年，孙本文就写了一篇论文。他是中国社会学的奠基人，他在美国纽约大学拿博士学位，论文题目是《美国媒体上的中国形象》，用的就是量化研究和文本分析的方法分析美国报刊上关于中国的报道。所以说在 1925 年，那时候施拉姆还没有提传播学，孙本文已经在做传播研究了，能说中国人没有做传播研究吗？所以如果从学科来看，传播研究很早就有。只不过早期大家没有把它叫传播。Communication 在民国的时候大家把它翻译成叫作交通，这个概念其实在今天还依然是在用，比如交通银行用的就是 Bank of Communication。

还有交通大学，我小时候一直都认为交通大学是研究火车、汽车的，后来我才发现不是，它的交通是 Communication。民国时期的 Communication 意味着是人和人之间的交往，所谓中西交通史其实不是讲中国与西方之间的修路史，实际上是讲中西文化的交流史，但是大家都沿袭"交通"的说法。因此，早在民国时期，"交通"就是"传播"的意思。

当然现在就不好意思用了，现在的交通大学就没有用 Communication，而是汉语拼音——交通。可以看到这个词在中国的变化，Communication University of China 现在是传媒大学在用。如果传媒大学翻译为交通大学，就乱套了。这就从侧面反映出来，我们关于传播的概念有很大的变化。所以那个时候叫作交通学的，不一定是后来讲的传播学。很多人说，"交通"要比"传播"更贴切。因为查阅民国的文献发现也有"传播"这个词。那么民国文献里的"传播"翻译对应的是哪个词呢？对应的就是 diffusion、dissemination，这个意思很清楚地表现传播是一个中心向四周的扩散，是一个单向的过程，有点像我们现在的大众传播。而交通是一个互相的，就是你来我往的过程。

大家仔细体会一下，"交通"可能要比"传播"更好。因为"传播"是单向的感觉，而"交通"有交互相通，所以现在还有很多人在提"传播"翻译错了。每年我们做社科院传播学名词的审定工作时就发现，做人际传播和跨文化传播的人不愿意用"传播"这个词。他们讲人际之间叫传播吗？怎么能这样说，一个人说，一个人听？不对，人际应该叫交流，或者人际沟通。那么跨文化的传播也一样不能叫传播，因为"传播"的感觉好像就是一个人在说，另外一个在听，所以跨文化应该叫交流。很多学科比较强调互动性，到现在为止还是比较排斥用"传播"。当然我的看法是也不能拧着大家干，大家已经都讲错，那就将错就错，约定俗成，我们要来改造这个词的意思。中文的意思本身是单向的，但是要慢慢地把双向的意思加进去，进行改造，就可以解决问题。

20 世纪初，芝加哥传播学派的很多研究都离不开中国，杜威访问研究在北大待了两年，帕克去了燕京大学讲舆论讲谣言，博士论文研究的就是传播问题。民国时期，民意调查、公共关系研究也是很常见的。像当时燕京大学提公共关系，还有宣传的心理学。那时成果很多，那时候美国也没有建立传播学，都是在各自领域做相关研究。看施拉姆之前的美国传播研究，四大奠基人都不认为自己在做传播学研究，有的做心理学研究，有的做政治学研究，有的是社会学研究。当时中国的状态和美国很像，传播研究已经有。我们说的 40 年完全是学科化的探讨，我们只承认学科化后的传播学，但脑子把学科化的概念扔掉，只考虑传播研究的话早就有。40 年并不确切，其实是对历史的遗忘。

传播学在中国的 40 年是从"去政治化"开始的。1978 年后，我把这个时期分为三段，用了"启蒙"的概念，意思是自己能成熟地运用自己的理性，不要跟着别人走，人云亦云，是一种自我的觉悟。对中国传播学来讲，40 年是一个不断自觉的过程，从对施拉姆的评价就能看出。第一次启蒙在 20 世纪 80 年代，用传播学对新闻学进行启蒙，修正其过度政治化的倾向。第二次在 90 年代延续到 21 世纪初，主题不仅是简单模仿，而且是全面学习，把传播学放到更大的西方学术思想源流背景下理解，同时对传播方法开始重视。过去讲理论还是马列主义理论，理论是圣人讲的，只能引用、诠释。传播学是社会科学，理论都是假说，有待去验证的不成熟看法，直到 90 年代才开始慢慢觉悟。90 年代初的中国传播学者其实都是把西方理论介绍过来，然后举几个中国例子，稍微应用一下。全国很多地方开传播学方法的培训班。过去讲传播学就是翻译几本教材，介绍一些主流理论，把相关研究引入进来，文化研究、批判研究、传播思想史等，让大家看到传播学是很宽泛的，不是只有施拉姆那一种模式。第三次从 2008 年传播学 30 年开始。大家开始越来越多地反思中国传播研究有什么能拿得出手，发现很可怜，引发了焦虑，正好加上奥运会等，民族主义情绪比较高涨，反思中国传播学为什么要跟着西方的路走，能不能有自己的东西。对传播学研究的语境进一步反思。第二阶段是放在很宽语境中的学习，第三阶段就是很自觉地批判，有了更本土化的自觉。以上是简单梳理了这 40 年的历程。

我们对施拉姆的评价折射出今天中国传播学研究的困境。一个是如何定位，我们讲的是传播理论，还是传播学科，这是完全不同的两个问题，讲传播学科绕不开施拉姆。今天中国传播学科怎样去告别施拉姆？"我们给施拉姆一个体面的葬礼。"告别是要有清算的，需要比较全面的思考，能不能告别？个人觉得还是很难，因为我们还在施拉姆设定的轨道中前进，主流传播学大部分特征在施拉姆那都能看到。施拉姆被大家批判有几个重要方面。第一是学科化，为什么做成封闭的东西，在实证研究之外的研究不被算在内，这样妨碍我们保持开放性。其实现在各学科都在谈传播、媒体、新技术。文学界说"文学研究正在发生传媒转向"。我们要告别媒体，他们却开始"传媒转向"，很耐人寻味。不能再搞山头，每个人跑马圈地，搞什么研究就圈块地，互相之间老死不相往来。现在，学科化的倾向不但没有减弱，在中国反而在加强。第二是为权力/政策服务。这是批判施拉姆最大的罪状。不是为学术而学术的独立学者，而是挣政府、军方、情报部门的钱，很多研究不能拿到台面上讲，很多成果大家都不知道。从价值观念上讲，施拉姆是从精英主导、重建社会秩序这种方向来培养有"媒介/传播素养"的社会和大众。单一强调实证主义。实证主义没什么错误，错误在于作为唯一的，把方法当作方法论。符合标准的才是研究，不符合的就不是好的研究，这就是有问题的。

　　我个人更愿意提传播研究，或叫媒介研究。当年争论里就埋藏了这样的问题，到底传播学是领域还是学科。施拉姆的回答是很矛盾的，一方面说是领域"十字路口"，另一方面又说是学科"兴旺发达"，博士生招那么多，会议开那么多，施拉姆看重的是学科，而学科背后有很多政治的因素。学科化之后好处是可以带来更多资源，学科的评估、硕士点、博士点、重大课题等。在中国，不管搞什么研究，大家都要去拿课题，都要拿各种资源，毕竟教育部的学科评估在这摆着。还有一个是生源，可以招到好的学生，把学科做起来，包括认同感等。哲学、历史这些学科，评奖的时候就会发现人家拿出来的东西确实是学问，有真东西，而传播学大家就懒得看。带来的一个弊端就是内卷化，很多研究也发现，传播学越来越愿意援引自己，国外也是这样，跨学科意识越来越弱，都在近亲繁殖。比如议程设置，这么小的问题越做越细，老师做、徒弟做、徒孙做一直这么下来。当然，这是对知识的扩展，做得越来越精细，但另一方面来讲，在这样一个时代里是不是还有比这些更重要的问题？我们开始有一种路径依赖，这形成了研究的一个弊端。第二个就是信息论的思维方式是施拉姆引进来的，因为对学科来讲什么东西只要有助于学科评估，就是好的。前一段时间南大梁莹的事件就特别典型，大家都觉得她做得不好，瞧不上，但为什么她可以一路畅通无阻呢？这就是学科化。因为要评估，她发那么多的论文，导致她到任何一个学校去，学校都会觉得这有利于学校加分的，这就导致今天很多的评估、评奖其实就是看你发表了什么，发在什么级别的刊物上。有一篇算一篇，没人看你写了什么东西，所有东西都退化成了一个数字，最后就是学术研究屈从于商业和政治，因为谁能给钱，学科就有多少课题费，课题费高表明学科发展得好，拉企业的、政府部门的课题都会有很多附加的条件，而反过来我们的学科内容其实是非常虚弱的，学科里面有什么东西吗？大家对此争论不休，但是也确实没有一个明确的研究对象、方法和范式，所以学科内部还有很多的问题。20世纪80年代有篇文章《理论的贫困》讲到，很多东西都是非常琐碎的，纯应用性的，没有理论，都是一些对策。第二个就是去政治和再政治化问题，我也写过一篇文章，在中国我们对传播学的理解也经历了一个过程，一开始我是希望从一个科学的角度去理解它，所以把科学的东西引进来了但批判的东西不好，我们过去引进的批判学派就是批判美国，或者批判媒介帝国主义，那种批判是非常表面化的问题，因为批判学派批判的是他自己国家的事，但中国的批判学派都是批判别人国家的事。批判学派最核心的问题就是自我批判，要敢于挑战最大的权力，但是中国的批判学派就很有意思，不挑战最大的权威，挑战那些比较好欺负的，谁好欺负批判谁，这就导致了当年我们在理解西方批判学派的时候出现了一些问题，当然最近几年随着改革开放和媒介经济的发展，新一轮的西方左翼也进来了。

还有一个值得讨论的问题，就是传播学通过什么样的途径再政治化，其中很核心的问题就是国家，国家到底是什么？这里有一个语境错置的问题，在美国或者说在西方，国家是很弱小的，国家是一个公共机构，经过了很长时间的新自由主义，国家变得很弱，所有的事情都交给市场解决，国家尽量少管，所以经过了20世纪80年代的新自由主义之后，国家在整个过程中越来越少承担责任，所有东西你们自己解决，国家恨不得把所有的包袱全都甩掉。所以在它的政治版图里，那些大公司，那些资本主义的力量越来越强大，而且可以为所欲为，因此在美国学界批判的对象不是国家而是大公司，国家是军事工业联合体，对外扩张，所以对他们来说急需复兴国家的力量，让国家更多地负起责任来。作为公众，要拉着国家去制约这些大企业，国家是要团结的力量，可以利用的力量。所以在西方，他们强调如何让国家再一次强大起来，让它负起责任来。在中国的话语境就完全不一样了，大企业还没有大到那种程度，当然有的大企业只讲效益，不讲责任，但在中国什么力量更大，答案是不言而喻的。所以在中国，我们是应该去联合国家，但是怎么样去联合，国家在什么意义上能够代表公众的利益，是不是跟西方一样？西方的国家很弱小，在中国你想联合，但国家愿不愿意联合你，这是个问题。最近可以看到，主流的意识形态是以工农为主体，写在宪法里，但最后会发现如果提倡工农运动其实是不行的，这里国家扮演的是一个很复杂的角色，而且国家有的时候会站在资本的一面。为什么会这么做？因为劳动力成本上升太多，资本家就跑了，没有资本家经济就发展不起来了。国家也不是一直站在资本家一方，有的时候也打压一下，那么它的角色要更加复杂，所以西方那套话语能不能放到中国来，要经过很深入的讨论。

最后一个问题是本土化，各个国家对本土化采取了不同的立场和态度，有的说本土化要提出普适的理论，我们说的本土化就是要解决中国问题，并不需要提普适问题。还有就是讲本土化是根本不需要考虑西方的感受，自己干就行，干完之后去沟通，跟他们在一个平台上交流，这就可以了，并不需要得到他们的认可，并不需要得到他们的加冕，是作为一个平等的对象跟他们进行交流。或者更强调地方化的理论，其实就没有普适性的理论，普适性本身就是一个虚幻的东西，是西方的一种话语霸权。

回到今天的主题，我们在谈论施拉姆的时候，究竟在谈论什么？所有对施拉姆的批判都是美国人做的，他们在自己的立场上反思美国传播研究的问题。中国的批判实际上是站在美国人的立场上去批判施拉姆，我们并没有站在自己的角度去批判。这就回到了我认为很有趣的现象，我们所有的批判都是批判别人，从来不批判自己。但反过来看，批判施拉姆或者是讨论施拉姆身上的问题，是不是我们的问题。如果是我们的问题，我们怎么解决，而不是轻飘飘地这么讲。施拉姆所有的问题正是我们今天大家都去拥抱的东西，比如说学科化，比如说服务国家的问题。还有学科化，大家都是说学科排名上升了多少名，但为什么不讲讲为什么做学科，学科作出了什么样的贡献？包括施拉姆后来的量化研究也是看发表。量化研究最容易发表，导致整个导向变成以西方为导向，发国际期刊才是真正学术水平的体现。原来说发个刊物不行，要发 C 刊，国内发 C 刊有时要靠关系；那就发国际期刊，老外最公平，后来发现其实老外也不公平，要看你的研究能不能跟上他们的路子，是不是他们关心的问题，是不是符合他们的学术规范，这就导致很多作品不是研究者自己关心的问题，而是这个东西能发表。在国内，大部分海外的发表其实大家都不知道，发表了有多少人能看到，对中国有什么影响，没有人谈这个问题，只是说发表了就可以了，这本身是很荒谬的。这就是大家经常说的，过桥是为了到对岸的，但是最后发现桥才是最重要的。借着讨论施拉姆，我们其实是在讨论改革开放的 40 年，讨论的是中国的传播学研究到底应该怎么走，怎么告别施拉姆，能不能真正地告别施拉姆所设定的一个很错误的路线，这比单纯地批判施拉姆更有价值。

整理：王前、王晓霞、傅博凡、段明珠、韩晓然、李明旺

第九讲
科学传播、健康传播与风险传播 [1]

◎ 贾鹤鹏

中山大学传播与设计学院研究员，荣获"全国科普工作先进工作者"等荣誉称号，兼任世界科学记者联盟执行理事。曾任中国科学院《科学新闻》杂志社总编辑，《中国日报》资深科技记者，美国《科学》杂志、英国《化学世界》杂志和英国《自然·生物技术》杂志特约记者，科学与发展网络中国区域负责人，世界科学记者联盟执行理事。

我和大家是很有缘分的，因为我差点成为清华大学新闻与传播学院第一个研究生。学院是从 1996 年开始筹建，那个时候我在历史系读硕士研究生。当时负责筹办新闻与传播学院的有刘建明老师，他是我本科的老师，他推荐我来咱们学院念书。如果当时我来的话，就是在座诸位的大师兄了。因为我当时的兴趣主要还是在历史领域，所以就没有来。

今天为什么要来和大家分享这么一个题目？有几个方面的原因。第一方面，大家如果有学术研究兴趣的话，我可以很坦率地告诉大家，这几个领域都可以被称为大科技传播。这几个领域正在成为整个传播领域的主流。打一个比方，如果美国的传播学院每年招 10 个助理教授的话，平均有两到三个人是在健康传播领域的。当然，健康传播是这三个领域里最大的一个。大家知道国际传播学会（ICA）年会的论文投稿，传统上最大的分支是大众传播，但是 2016 年在日本东京的 ICA 年会，关于大众传播的论文大概是 70 多篇，关于健康传播的论文高达 300 多篇，学科的布局已经发生了变化。

即使不去做健康传播或科技传播的学术研究，希望做传播实务的人，这里的就业机会也是非常多的。几乎所有的公司都在标榜自己玩科技，自己会对人类的健康负责。所以说，在这个领域从事传播实务，也是有很多工作机会的。

还有一点，发表国际论文的概率也是比较高的，因为我们不仅可以在传播学领域

---

1 演讲时间：2016 年 11 月 17 日。

的期刊上发表论文，还可以在许多自然科学的刊物上发表论文，学术产出比非常高。我还需要跟大家提示一下，研究传播的时候，会更多地谈论到关于科技的权力建构方面的问题。那为什么我们在做风险传播、健康传播、科技传播的时候，能发表更多的论文？实际上这体现了社会的权力结构。因为科技和健康相关的政府部门和产业所拥有的资源，远远超过纯文科和传统的传播学科所拥有的。当然我不是让大家投机取巧，我只是强调从事这方面研究的机会相对而言会比较多一些。

一、科学传播、健康传播与风险传播的异同点

传播学可以说是最为庞杂的社会科学领域之一。按照罗伯特·克里格（Robert Craig）的归纳，传播学有七大理论传统。他曾经当过 ICA 两届主席，他非常担心这几个传统彼此之间互不交融的一个状态。正是因为传播学这样一个很强大的包容体系，所以和我们这个话题非常相关。因为今天所说的这三个领域都带有传播的字样，其实并不在主流传播学所考虑的范式之内。我们先比较一下，这三个都称为"大科学传播"的领域，它们彼此之间都会有一些细微的差别。

首先从共同点上来说，它们都是在 20 世纪六七十年代的西方环保运动和民权运动抵制当时的主流文化这样一个背景下产生的。在抵制的过程中，科学界，医学界，技术界，大家都会想到面对这种公众的抵制，我们需要去做些什么工作？加强与公众的沟通和传播，就是一项很重要的工作。史安斌老师回国以后，在我国开创了一个很重要的研究方向——危机传播。史安斌老师当时开创这个研究方向的时候，正好是爆发"非典"（SARS）的时候，这的确是有很强的社会需求。但是，虽然它们有这样一个共同的起源，但在各自的发展过程中，由于遵循不同的理论传统，也有很大的区别。

科学传播建立在科普传统之上，更进一步说，其实是对科学普及的批判。科学传播建立在科普的基础上，我们需要做的是"公众理解科学"。但是科学传播的开创者之一，也是我在康奈尔大学的导师莱门斯坦教授说，我们要让公众理解科学，但要让公众理解科学中的哪些方面？是要让公众理解科学中好的地方，并不是让公众理解科学中不好的地方。这种理解显然是不全面的，这就是批判学者的角度。

风险传播的起源及其所关注的问题是，公众在面临核电站等高风险的情况下，如何能够正确认知这些情况。但是它很快就发生了理论转型，与风险沟通不大一样的地方就在于，它很快地把研究重点转到测评和关注公众的风险感知上。至于环境传播，

非常侧重的一点就在于公共的参与。最后是健康传播，从理论和研究上说已经是自成体系。但是我认为，中国的健康传播研究可能很难按照美国这种套路来走。

二、科学传播的理论渊源及其发展

1. 对传统科普实践的批评

　　科学传播基本上是 20 世纪 90 年代初形成规模。科学传播与科学社会学研究密切相关。清华也有一个科技与社会研究所，他们做的也是这方面的内容。科学传播是在这个领域的基础上，关注科学技术在社会中怎样被呈现和被理解。当然也有很多技术性的考虑，就是怎样提高公众的科学素养。我刚才说了，科学传播是对传统科普实践的批评，那批评的理论资源来自于哪里？探讨科学作为一种知识，它存在于这个社会之中，会有多种权力的建构。我曾经做过一项研究，关于公众对 PM2.5 的认知。PM2.5 在科学研究中到底是怎样构成的？在不同的研究中，PM2.5 的来源解析存在着很大的争议。根据比利时政府公布的数据，机动车排放带来了 PM2.5 排放来源的 25%。但是这个 25% 并不是一个完全基于科学的数据，在很大程度上代表着一种制度或者说是秩序。这是因为在科学家无法取得共识的过程当中，公众的认知代表的是体制的需求。换言之，体制在科学的社会意义建构当中发挥了主要作用。

　　科学传播的学者对传统的科普实践进行了批评。我的观点是，科学知识实际上代表了一种霸权。在科学社会学对科普实践进行批评的基础之上，科学传播聚焦于科学技术从学界走向公众的这个过程当中所涉及的权力建构。

　　康奈尔大学的一位学者通过研究发现，科普被塑造成了跟科学研究形成二元对立的一种话语体系。科普代表了简化了的科学，是不完善、不完美的科学。科学研究则代表了精确的呈现和对真理的认知。但这究竟是由谁来决定的，哪些知识是科普，哪些知识是科学研究？研究发现，决定权其实是掌握在科学家的手里。所以我们说，这就是科学传播的主流，其所继承的是批判社会学的传统，特别关注在科学传播的过程中，科学与权力是如何结合起来的。

　　另一方面，科学家做科普是来给我们普及知识的。但是这些批判传播学者做了很多反思的工作，最终对科学进行了"祛魅"。在他们看来，这体现了科学与社会真正的结合点。因此，科学社会学这几十年来所做的批判性的工作，都为后来公众参与科学奠定了一个合理合法的基础。

2. 公众如何参与科学

公众到底如何参与科学？这并不是想象中那么简单，并不只是将权力的地位颠倒过来就可以实现。丹麦科学技术委员会在科学传播界是非常有名的，他们开创了一种新的公众参与科学的方式，就是"科学共识会议"，意思是正方和反方来讨论一些争议性的新科技项目。这个会的参加者规定必须是随机抽取的老百姓，通常没有科学背景。让专家来给大家宣讲相关议题，要持续好几个月。讲完之后，让那些老百姓来投票，商议到底需要不需要应用新的科技，应当形成怎样的科学共识？这些共识会被送到科学技术委员会，类似于我们国家的自然科学基金委，来研究和决定是否资助相关的科技项目。

这种讨论和交流会持续很长时间，会充分地让公众去听到专家不同的意见和声音，在此基础上形成自己的理解和判断。这听上去是不是很理想？但是，丹麦政府最终停止了对"科学共识会议"的资助。原因是在实际执行的过程中，根本找不到这样的听众，或者很少有这样的听众。如果主角是你，你会不会愿意为了参加会议牺牲 8 个周末，每个周末都去听不同的专家来给你讲这个问题？从法理上来讲，这个听证会的设计非常好，但是在现实中，我们都是杂务缠身。也就是说，传统的基于批评的科学传播学者所奠定的公共参与科学的法理性基础，在实践中会让位于公众对现实的考量。"公众参与科学"的理念看上去很美，但实际上会面临一些无法解决的问题，比如怎么评估，怎么参与，什么是共识，等等。我发表在《自然辩证法研究》上的一篇文章，比较系统地讲述了这个问题，大家感兴趣的话，可以去看一下。

3. 科学与媒体的关系

科学传播研究的主流是探究科学家与媒体的关系。一开始我们会发现，双方都在互相抱怨。记者抱怨科学家实在是太不好打交道了，根本就不搭理我们。科学家在抱怨记者曲解科学。两位美国科学家在 1997 年发表的一个报告中说，科学家与新闻业的分离，会威胁到美国的未来。这个话说得很极端，但这实际上代表了一种把科学置于强势地位的看法，希望媒体也完全按照科学的逻辑来运行。然而媒体有自己的诉求，会有自己的议程设置。大家都知道，媒体要考虑轰动效应，考虑戏剧性效果。这些东西在一定程度上是科学本身所不能给予的，用通俗的话来说，媒体必然戴着自己的一副有色眼镜来看待各种问题，包括科学问题。

科学传播的研究者发现，虽然科学家每天都在抱怨媒体，但实际上他们在科学与媒体的交流当中还是获得了大量的收益。《新英格兰杂志》是一本在全世界享有很高影响因子的科技期刊之一。10年前,中国的学者开始在顶级科技期刊上发表论文的时候,曾经用影响因子来进行奖励。这本期刊的影响因子在10年前是39分,也就是说,当时的科学家在该刊发表论文,可以得到39万元的奖金。当然现在可能已经不是这样了,但是尽管如此,这本医学杂志上的一篇论文如果被《纽约时报》报道的话,在未来的一年中该文的引用率会提升70%。对于科学家来说,引用率代表了同行认可。通过这个过程大家可以看到,实际上科学家从媒体当中受益良多。

相关性和因果性是有差别的。很多同学会问,这本期刊上的论文被媒体报道,难道就意味着这项研究本身就具有更高的科学价值吗?这是一个相关性,而并不是因果性关系。论文更高的引用率究竟是媒体造成的,还是媒体报道它,是因为它的科学价值更高?有一项研究回答了这个问题。1979年,《纽约时报》的发行部门发生了为期3个月的罢工,但是新闻采编部门没有罢工。这项研究把所有《纽约时报》报道的《新英格兰杂志》上刊登的论文作了统计。当时还没有互联网,发行部门罢工,就意味着读者在这3个月之内看不到《纽约时报》。于是研究者统计了在罢工期间被《纽约时报》报道但没有被公众看到的这些科学论文,结果发现,它们的引用率并没有上升,而只有被读者看到了,引用率才会上升。这就说明了一点,这二者之间存在着因果性关系。

科学家总是在抱怨媒体的报道并不精准。一项研究发现,如果去问科学家"对媒体整体环境的印象",大部分回答是"不满意";但是问这些科学家,"如果你自己被媒体报道过的话,你是不是满意自己的媒体形象",有相当多的科学家对自己在媒体上的表现"非常满意"。为什么会出现这种情况?结合一下我刚才讲的情况,因为科学的知识强势地位,它体现了一种很强的对社会、对传播或者说对知识流动过程的控制力,实际上充分体现了科学家的控制欲。他对媒体报道不满意,在很大程度上说,是因为报道的内容他控制不了。但是他对关于自己的报道很满意,是因为大部分科学家还要通过媒体来向公众传播自己的科研成果。科学家在关于自己的报道中具备了很强的控制力,这是特定的职业需求。从社会学角度来看,这是一种权力结构的投射。

我自己的研究也有类似的发现,给大家分享一下。我为什么要去读博士?当时我已经四十多岁了,在业界已经取得一些成就,但我发现,做媒体的时候,有很多我觉得算是比较成功的经历,但我想不明白这到底是怎么回事。我之前应该算是做得比较成功的科学记者,也得到了科学界的普遍认可。我做的科学报道主要是英文的,直到最后的两三年才开始写中文报道,所以我不太像其他同行一样,可以用公众的认可来衡量。但我可以很明显地感觉到,科学家们非常信任我,非常愿意跟我交流。这是因为我在做采访的时候，总是要先看看这个科学家最近发表了什么论文，并且尽可能仔细阅读。大家可以看我的专栏文章，我会评论很多科学事实，但我不会评价技术细节。为什么我读完论文以后，再跟科学家交流，他们就会非常认可我？因为在他们看来，我在用他们所接受的方式去交流，他们接受这种方式实际上体现了科学家对传播环节或者说知识流动环节的控制，而我符合他们的控制欲。

我来举个亲身经历的实例。大家知道，H5N1禽流感是一种非常致命的病毒，但是发现患H5N1的病例都是从牲畜和家禽那里感染过来的，所以大家觉得这个病毒的传染率比较低。2008年有一批中国科学家在美国权威医学类杂志《柳叶刀》（Lancet）上发表了一篇论文，发现疑似首例人传人禽流感。这篇论文还没有刊出的时候，该刊已经把它写成了新闻稿，发表在各地媒体当中进行传播。大家当然非常感兴趣，因为禽流感的致死率是80%，它跟SARS不一样，跟H1N1（甲流）也不一样。以前都觉得它只有从禽类才能感染给人，觉得它不危险，现在忽然之间，中国科学家发了一篇论文说疑似人传人。所有记者看到这个题目当然非常兴奋，可是去采访这些科学家的时候，往往上谈不上几句话就吃了闭门羹。

而我却很成功地做了一次采访，采访的还是论文主要作者舒跃龙博士。我当时硬着头皮花了好几天时间把论文看完。这篇论文讲的是为什么H5N1疑似人传人，是因为南京的一对父子，儿子先去活禽市场买活禽，感染了H5N1，他感染以后就被隔离了。在隔离的过程当中，只有他的亲属照顾他，但是过了两个星期以后，他的父亲也传染了H5N1。而且在此期间他的父亲没有任何活禽接触的经历，也没有和其他病源接触的经历。所以研究者怀疑这位父亲是首例人人传染的病例。我就给舒博士打电话，我没有一开始就讲这篇文章怎么样，也没有说我想报道这个研究。我先说看了你们的研究，想问一个关于这个研究的问题：论文里说儿子到父亲之间是人传人，当时儿子在隔离状态下，接触儿子的还有他妈妈，还有医护人员。但其他人没有发现被感染，仅仅是父亲得了这个病，这个结果是不是值得商榷？当时舒博士非常激动，他说："你说得太对了，我们也发现这个疑点，不但如此，孩子父母还接吻了，但孩子妈妈也没被传染。"回过头来从科学与媒体之间的理论关系去思考问题，为什么说在这样的过程当中，舒博士愿意和我交流？因为我看了他的论文，我用他愿意接受的方式去和他交流，并且提出了我的疑问，提出了这篇论文在科学上可能不周全的地方，可能需要他进一步思考的地方。

相比之下，很多媒体同事在采访研究者时，切入点往往是："请您讲讲为什么禽流感会出现人传人？"大家去细细分析下这个问题，这两种提问的区别是什么？我的提问是用科学家所习惯的情境和交流方式，并且提出了智力上的挑战。我的同行为什么没有取得交流的成功？他们是用老百姓的方式来问，"为什么出现人传人？""为什么可怕？"一旦出现这样非专业提问的状态，科学家就会对他们产生警觉，因为科学家想把他们的研究限于在学术共同体的圈子之内。所以，科学传播看起来只是一般的工作方式，其实都会有理论的观察在里面。

4. 科学传播的科学：以认知机制为例

刚才我讲的科学传播是基于一种社会学视角的、结构化的对权力关系的解读。但主流的传播学研究，尤其是以美国为中心的传播学，最核心的在于传播效果。所以传播学者对于由社会学者所主导的这种批判性的科学传播研究感到很不满意，因为社会学没有考虑到效果问题，它考虑的是结构问题。有一批传播学者在科学家的支持下，开始提出了一些新的题目，要做"关于科学传播的科学研究"。PNAS 是美国科学院刊，它的影响因子非常高，排在全球综合类期刊第三位，仅次于《科学》(Science)，连续做了两期专刊，讨论"科学传播的科学性"这个问题。这实际上是目前科学传播领域最前沿的方向，即把一系列关于认知的问题引入到科学传播的研究当中。

这种认知机制包括哪些因素？第一个最基本的认知机制就是注意力。我们传播科学知识，就是要让大家获取知识。后来发现不是这么一回事，比如转基因话题，有很多人受过很高的教育，也有很高的科学知识储备量，但仍然反对转基因。我们发现可以从注意力方面做出解释。

一般公众并不对科学问题给予充分关注。只有当发生了一些特别有意思的、与日常生活高度相关的事件时，才会产生注意力，而且一旦对他们投放了注意力的资源，我们很有可能因为一个偶然的机遇，用这些东西来形成我们的判断标准。

下面我简要介绍认知机制在传播中的影响规律：

第一条规律是人类的注意力有限。这是一个公理，不能证伪。我们不可能对每件事都给予注意力。

第二条规律是人有负面倾向性。在注意力有限的情况下，我们总会对负面信息给予关注。从进化论来看，人类要生存，就必须要考虑那些跟自身最相关的信息。同样是因为要生存，我们必须要躲避危险，负面的东西是更容易带来危险的，所以我们在本能上更关注负面的信息。

第三条规律是由于人的注意力有限，所以在很大程度上，我们一旦被某个东西吸引之后，会把它形成一个标识，或者一个框架。我们会基于这个框架来进一步认识以后遇到的事物。

第四条规律是人有很多价值的倾向，还有很多情感的因素，这些因素首先调动的是我们注意力的资源，而其次我们才会对知识性的因素进行思考。由于这些价值性因素主导了认知过程，它会导致我们在后面去选择知识的过程中有所偏向。在日常生活中，我们通常都会在做出决定之后再去想各种理由去支持自己的决定，是不是？今天在座的一些同学经过一番激烈的思想斗争，才决定来听我的讲座。这很正常，这就说明了我跟你们没有关系，我没有给你们带来利益，就没有办法吸引你们的注意力资源。这就说明了上面说的基本的认知规律影响了我们对科学信息的获取。

例如，对碳纳米管研究的公众认知，有学者进行了研究。一般人对碳纳米管没有概念，对它没有感情的预设，谈到它既不会觉得的有什么好，也没有什么坏。这项研究采用了实验法，随机选择两批公众，一批公众主要接受碳纳米管的正面信息，另一批公众主要接受负面信息。再过一个星期，让两拨人同样去接触一些既有正面又有负面的信息。第一次实验中读了正面信息的那拨人，在第二次实验中就会把那些正面信息认为是正确的；而第一次读了负面信息的那波人，在第二次实验中就会更倾向于认为那些负面信息是正确的。为什么会出现这种情况？那是因为碳纳米管跟我们的日常生活八竿子打不着关系。这些受试者这辈子第一次接触到碳纳米管的信息。他就一次机会，就利用这次机会形成了对碳纳米管判断的一种标识。他在第一次实验中所接触的信息就会影响他第二次的判断。但如果把这个研究放在转基因上就是另外一种情况。因为转基因已经成为一个热点话题，我们对它的反应和判断就会完全不一样。

再给大家分享两个很有意思的实验。一个实验是两组人都接受到同一个信息，这个信息就是关于碳纳米管的收益和风险。看完以后，其中一组人接触的是正常的网络留言；另一组人读的都是带有脏话的评论。结果发现，读脏话的那组人认为，纳米管更有风险。这是因为人都是有本能的自我保护机制。在接受了很多负面信息之后，这个自我保护机制就会被激活。如果把碳纳米管、转基因换成核电的话。显然，结果一定是不一样的，这是因为认知机制在不同的环境中会起到不同的作用。

再看第三个实验，也是关于碳纳米管的。一种是普通的广告，一种是有很多专业的名词。只读专业名词的那组受试者认为，碳纳米管的风险更高。为什么会是这样？因为人都有一种让自己过得更加安逸的"舒适区"（comfort zone）倾向。所以读专业名词的受试者就会觉得，自己有很多问题搞不懂，因此就会感到焦虑，这样一来就更容易产生风险感。

讲一个中科院心理所的研究，关于人在雾霾这个环境中会采取什么行为，以及对未来的心理影响。研究发现，人不管处在多大的雾霾中，雾霾只是改变了人们对环境的态度。雾霾大的时候，人们会更加觉得治理环境很重要。但是不管雾霾有多大，完全没有改变人们对自己行为的认识。关于行为研究，我们会提问，你会不会因为雾霾选择不开车？你会不会因为雾霾选择不乘坐飞机？因为飞机是跟雾霾、大气污染是相关的。研究发现，雾霾对行为改变方面是完全没有影响的。这个研究还进一步发现，在雾霾的情况下，人们反而认为未来一定更美好；在没有雾霾的情况下，就倾向于认为未来并不一定美好。这是什么道理？这说明，人都有一种不想改变现状的心态，这符合刚才说的"舒适区"理论。人们在雾霾环境下觉得很不满，但是又不愿意去改变现状，于是就会自我安慰，未来会改变的，会变得更美好。在没有雾霾的情况下，人们就会觉得未来跟现在差不多，没有必要去改变。上面这些将心理学认知规律用来进行风险传播和科学传播的研究，是这两年出现的一种新趋势，值得大家关注。

三、风险传播的理论渊源及其发展

1. 风险认知

开头我就讲到，风险传播和健康传播、科学传播起源的时间差不多。起初，风险传播作为一种话语权力出现。但是从 20 世纪六七十年代开始，人们从环保运动开始，进一步推进风险传播的研究。起初，风险传播关注怎么去向公众更好地传播关于风险的防护知识，但到 90 年代中期，逐渐转向了对风险进行认识评判。为什么会出现这种转变？一开始我们讲的是，怎么更好地设计风险传播的信息，但是这个信息并不能支配人们理解这些内容。如果想让它对公众产生影响，仍然要知道公众对它产生什么样的反馈。公众反馈在很大程度上来自于公众认知。90 年代末，认知传播学与心理学的认知规律在风险传播中的研究进行了结合。例如，风险认知有两个维度，一个是我们对潜在风险的熟悉程度，另外一个是它的可怕程度。

到底什么样的因素更有风险？如果单独从这个危害程度看，吸烟超过很多其他因素，但是我们为什么一般不会认为吸烟很有风险？因为熟悉它，周围有很多人吸烟。还有，车祸的风险要远远超过核电站事故的，但我们为什么会害怕核电站？我们不会害怕到大街上走路，这同样是因为对车祸的了解程度更高。当然，像我刚才介绍的这些认知因素，主要是与熟悉程度有关。但风险认知并不仅仅就是我们对相关内容的熟悉程度，还包括情感、信任度等多个维度。到目前为止，内容维度仍然主导着政府部门或企业面向公众的风险传播，因此还有待深化。

2. 风险与信任

过去 30 年的风险传播有一些共识性的东西：一方面，风险感知对我们采取风险行为起到主导性作用；另一方面，信任在风险传播的整个过程中发挥了非常重要的作用。

现在围绕信任而做的风险传播研究已经做得非常细了。例如，认为信任可以分成很多种不同的东西。而在风险认知的过程中，框架发挥了很大的作用。目前最新的是"情感框架"理论，认为风险的认知框架受到了很多非理性因素的影响。例如，在考察人们对风险认知的时候，一些研究发现，当自己的认知与科学家的结论趋向一致的时候，我们就更加认同科学家的结论；当我们的认知与科学家产生矛盾的时候，就会更不容易认同他们的结论。

在此我特别想强调一点，为什么在我国，大家更加关注危机传播、风险沟通，而西方更加强调的是风险认知，实际上这代表着不同的社会权力结构。在我国的社会权力体系中，更希望对这些方面的研究能体现政府的功能，因为政府会对这些方面作出有效的控制，所以我们更关注背后的交流和沟通过程。而在西方，尤其是美国，更加强调的是在民主体制内，自己为自己负责。因此，研究者关注的是受众的感觉，通过感知去推测大众心理。所以不同的学术传统，背后都有着不同的社会政治结构，这就是所谓学术政治的因素。

四、健康传播理论渊源及其发展

1. 健康传播与说服理论

最后简单谈一下健康传播。健康传播的应用面极其广泛，然而它作为一个研究方向得以确立，和 20 世纪五六十年代市场营销在西方的普遍开展有很大的关联。同时，西方国家尤其是美国，又和我国目前的健康传播研究存在很多不同。

美国怎么去开展健康传播？联邦政府在国会批准通过后，出钱买广告时间，他们的主要工作就是设计广告信息，并且调查广告信息是否能够说服大家，比如能不能说服大家戒烟，能不能说服大家不吸毒。这种广告有时有效，有时无效。戒烟在美国就是通过大量广告投入以及其他宣传活动，起到了很好的效果。但是，在禁止中学生吸食大麻这件事上却获得了相反的效果。美国国会在20世纪90年代末通过了一个议案，花费10亿美元投入广告，但是到2010年评估时却发现，美国高中生大麻吸食率仍然达到近20%，10年来增加了两个百分点。为什么会这样？由于美国社会体制不能强迫你做任何事情，所以政府只能通过大量投放广告，包括越来越多的互联网广告、民间手册等，说服民众不去做某些事情。

健康传播的另外一个切入点是，研究如何获取与健康行为相关的信息或知识。这可以归结到说服理论。例如，如果想要去说服别人做一件事情，我要先去向大家展示与这件事情相反的信息，给大家打一个预防针，让大家不要受到负面影响。根据说服理论，其中最核心的问题在于态度。但是，一旦产生了特定的态度以后，我们到底会采取什么样的行为？这其中仍然存在差异，这种行为差异与社会规范、自我效应、个人能力和环境条件等四个方面的因素都有很大的关系。

2. 健康传播研究的社会性因素

健康传播也面临着如何重新思考社会的问题。在中国，从事健康传播的学者主要关注需求方面，他们多从健康的表现形式以及健康行为解释问题，而在西方的健康传播主要关注说服理论。可以用医患关系来做个说明。首先，医患关系是西方健康传播研究诞生的重要语境。但是现在西方的医患关系已经很难成为一个主流了，总体上讲，医患之间的尖锐矛盾已经消失，不复存在了。在西方健康传播研究中讨论的医患关系，大多是集中于知识获取等方面，而中国学者关注的不仅局限于此，医患关系是一个复杂的社会问题。因此，我们在从事健康传播研究时，需要考虑到复杂的社会因素，考虑到问题的多个方面。

以上所说的科学传播、风险传播和健康传播等领域的研究在国内刚刚起步。其中有很多重要的、新鲜的问题等待各位去发掘，因此这些领域大有可为，我们可以一起努力，进一步深入研究。我的演讲就到这里，谢谢各位同学！

整理：吴珏、陶迈卿、郑梦雨
校对：盛阳

中国与世界

第十讲
改革开放与中国的变迁 [1]

◎ 章百家

中共中央党史研究室原副主任、中共党史人物研究会副会长。兼任北京大学历史系教授、中国人民大学党史系教授、中国社会科学院近代史所学术委员会委员、中国国际战略研究基金会学术委员。在《中国社会科学》《历史研究》《中共党史研究》等杂志和国内外学术研讨会上发表论文 40 余篇,并主编和参与撰写《中国改革开放 30 年》《冷战与中国》《周恩来与中国外交》等多部学术著作。

今天我主讲的题目是《改革开放与中国的变迁》。改革开放的历史给中国带来的变化是巨大的, 所以现在正在经历的人对以前许多事情不是很了解。我们研究改革开放有十几年了, 改革开放也是我们这一代人的命运转折点, 比如说到农村插队、参军入伍、有机会上大学等, 我也是在做了研究之后才对改革开放初期的情况有了比较全面的了解。2018 年是改革开放 40 周年, 这对于当代中国来说是一个很重要的节点。中国共产党到 2021 年就成立 100 周年了, 改革开放不到 40 年的历史在党史中占据了五分之二以上, 所以改革开放在党的历史中也是非常重要的一段时期。改革开放是一段还没有完结的历史, 它还是流动的, 并与中国的现实和未来紧密地联系在一起。

讲改革开放需要先做一些背景介绍, 大家对中国的历史都有些基本了解, 但是缺少实际的经历与感受。我写的《治理中国:从革命到改革》这本书主要讲的是当代中国, 但是要从古代历史讲起, 介绍中国传统的中央集权、专制主义, 讲述了什么叫阶级斗争、什么叫群众运动。为什么首先要讲这些概念呢? 因为要让学生了解中国的历史就需要理解这类基本概念。现在大家生活的时代跟我们那时已经完全不一样了, 比如今天有人过来听讲座, 一顿饭没来得及吃, 这和当时半年甚至一年吃不饱的感觉是完全不一样的;而且大家没有经历过政治运动, 不知道政治运动中的人有什么样的体验。你没

1　演讲时间:2017 年 11 月 30 日。

有经历过游街，没有经历过清洗，更没有经过战乱，所以你和过来人在看待历史事件的时候会有非常不一样的感觉。所以我首先要简单地回顾一下改革开放的历史背景，只有对历史背景有所了解，你才能够知道中国为什么会实行改革开放。

一、改革开放的历史背景

如果用比较宏观的眼光来看，整个 20 世纪就是中国不断变革的一段时期，变化非常大。到 20 世纪 50 年代，中国基本上是经历了一个革命的时代，1949 年新中国的成立是革命胜利的标志。这一标志主要有两个重要的意义：一是中华民族实现了民族解放，二是祖国大陆基本实现统一。这两件事情合起来使中国近百年来外战、内战不断的情况得以结束，而这正是中国后来发展的一个最基本的条件。

我们这一代人没有经历过太多的战乱，和老一辈人有很多不同。我是 1948 年在战争环境中出生的，但是我对战乱基本没有任何记忆，因为 1949 年中华人民共和国就成立了。但是老一辈人的生活环境很不一样，经历过很多战乱与动荡。不同的经历会对人产生非常大的影响。

新中国的任务就是要变农业国为工业国，建立社会主义制度。我们通常讲新中国刚成立时很落后、很贫困，其实主要是指中国在这个时期是一个农业国，90% 的人口居住在农村，工业匮乏，比较现代化的工业基本集中在上海、天津等少数大城市，人均工农业生产总值非常低。于是，当时提出两项基本任务，第一是将中国从落后的农业国转变为工业国，第二就是要在中国建立社会主义制度，这其实是实现现代化的一种道路选择。新中国的政治体制基本上是在 1949 年到 1956 年这段时间形成的。

中华人民共和国基本政治制度包括全国人民代表大会制度、政治协商制度和区域自治制度。新中国刚成立时，第一届全国政协来代行人民代表大会的功能，因为当时新中国刚成立来不及进行普选，而人民代表大会制度要求由普选制基础上选出的人民代表组成，所以第一次政治协商会议举办时，中国的各个党派代表参加了会议。随后，中国开始进行人口普查，并于 1954 年召开了第一届全国人大，这也是中国社会主义政治制度基本定型的一个时期。人民当家作主的制度非常有吸引力，当时选举人民代表和人民代表大会的场面非常热烈，人民的参与度很高，并且积极拥护这个制度。

1956 年，中国的基本经济体制是计划经济。曾经有人认为，1949 年新中国成立之前和成立初期实行的是市场经济，因为原来国民党政府实行的是统制经济，也叫作半市场半计划经济。统制经济的基石是管制，抗战结束后，中国一直在打内战，所以新旧中国交替时期是一个半市场体系，但统制也不完全是计划。1956 年三大改造基本完成后，中国逐渐转变为计划经济体制，只有单一的公有制企业比较积极，而且哪个地区有多少产品、价格怎么定，全部由国家来制定计划。现在大部分人都是这样认为的，但是实际情况并非如此，成因比较复杂。

中国的经济体制结构本身比较特殊，1949 年前后，由国家控制的资本所占比例非常大，国民党政府控制的资本占全国总资本的 53%，官营企业控制的资本达到 82%。为什么会出现这种非常畸形的比例呢？因为 20 世纪 30 年代是民国时期经济发展最好的时期，大部分企业都是由官僚资本控制的，由国家资本控制的企业数量占全国总资本的一半左右，这类企业主要分成两部分，一部分是外资企业大概占 41%，另一部分是民营企业占 4%。这个比例在抗战期间发生了很大的变化，主要是因为日本入侵导致大量的外资进入中国，民营企业在战争中损失巨大。抗战胜利后，国民党控制的企业都变成政府的资产，也就是通常所说的官僚资本，新中国成立后没收官僚资本，所以使国营经济变得非常强。

共产党在那个时候只有一个基本想法：国有企业要搞计划经济，也要搞市场，要两条腿走路。为什么呢？第一，当时中国经济学界大部分人都是主张搞计划经济，因为从 1929 年全球经济大萧条开始，只有苏联的计划经济获得了发展。第二，相当一部分经济学家认为，民国政府在抗战期间制定的大量经济计划，包括重工业、交通的五年计划，到抗战结束产生了很好的效果。第三，我要讲讲共产党高层当时对经济的看法，这也很有意思。当时高层普遍认为，计划经济是社会主义经济的一个属性，中国太落后，需要搞全面的计划。这跟民国政府的经济学家主张的计划经济是有差别的，而且差别很大。

新中国刚成立时面临的经济问题主要是两个：恶性通货膨胀和财政赤字。恶性通货膨胀非常厉害，原本可以买一头牛的钱贬值到买不了什么东西，这种变化导致了新中国的财政赤字。新中国成立之前一直都在打仗，接管政权以后就要解决一系列的经济问题，这是中国共产党执政以后的第一件事。所谓的"银元之战"，就是禁止倒卖银元、禁止炒卖外汇，当时倒卖的主要地点是在江西，就对银行首先实行了管制。在新中国成立初期，新政府采用这一方法来解决了金融上的财政赤字问题和货币贬值问题。第二个办法是打击投机、抑制粮价。第三个办法是禁止投机商囤积，当时许多商人囤积商品不卖，政府只好从外地收购；此外，国民党各个部门的老员工全部留用，但这在私营企业中是不允许的。这些措施看起来非常有效，但从长远来看，市场要素被极大地控制，禁止了金融投机和股票交易之后，就没有了金融市场，而缺少金融市场的市场经济一定不是活跃的，是没有"大脑"的市场经济。

共产党希望"两条腿走路"，那么国营企业没有问题，但是私营企业就面临着很大的问题：一是采购不到原料，二是工人无法解雇，这导致私营企业大量倒闭和工人失业，给政府带来了新的挑战。于是政府就采取了加工订货、统购包销的方式维持私营企业的发展，私营企业表面上还继续存在，但实际上已经纳入计划经济体制之内了。而且当时私营企业工人的工资比国营企业工人的工资要高，但是国营企业的工作更加稳定，而且国营企业的工人是"主人翁"，享有较高的政治地位，私营企业的许多劳资矛盾还需要政府出面解决。这就解释了为什么公私合营进行得那么顺利。原来预想过渡期至少要经过15年的时间，毛泽东认为与私人企业的合营最为困难，需要十几年的时间，但最终情况与预想的完全不一样。

实际上，对社会现实最不满的是农民，因为农民好不容易获得土地后需要再次将土地交给集体，越富裕的农民越不愿意进入集体；手工业工人表现得相当积极，因为手工业经济非常脆弱，所以他们愿意搞合作社、吃"公家饭"。但是政府很快发现，以当时的经济能力无法将所有的手工业经济全部容纳进来，所以直到"文化大革命"前夕，很多商店表面上是公私合营，实际上还是私人经营。但是总的看来，农业合作化和手工业合作化基本都实现了预期目标，最出乎意料的就是私人工商业的公私合营。政府从1955年下半年开始推动私人工商业的公私合营，全国各地在1956年年初基本全部实现公私合营，大概只用了半年的时间，速度非常快。因为工商企业都要依靠市场生存，当所有的市场要素都不起作用的时候，企业无法运营，所以拥护公私合营在某种程度上是为了"甩包袱"。当然，有许多工商业主不情愿进行公私合营，于是政府就采取了发工资、干部待遇等配套政策。在当时的资本结构、政策措施的影响下，中国以比较快的速度建立了单一公有制的经济制度。

还有几个影响因素值得注意。首先，在冷战的大环境下，以美国为首的西方国家对中国实行封锁。在朝鲜战争之前，中国政府曾计划允许与外国企业有贸易往来的民营企业不实行公私合营，而继续与外国企业做买卖。朝鲜战争爆发后，西方国家对中国采取遏制孤立政策，与西方企业开展贸易的计划暂时落空。在这种情况下，中国对外联系的唯一国家就是苏联，所以当时要想与国际接轨，就要首先与计划经济体制接轨。其次，朝鲜战争之后，中国开始强调重工业优先、实行赶超战略，这也对中国迅速走上计划经济道路起了作用。

在当时的环境下，所有的因素都推着中国往计划经济体制的方向走，不管这些因素是好是坏，当时没有其他吸引力可以使中国离开计划经济体制的轨道。随着计划经济体制的实行，我们慢慢发现这种经济体制是有问题的。一是计划经济体制本身就存在缺陷，二是除了苏联帮助制定的"一五计划"实行较好以外，中国实行的其他计划都是改来改去，没有起到实际作用。但不管怎么样，中国的计划经济体制最终形成了。

另外一个问题便是城乡二元结构，这是中国经济体制中的一大特点。中国是一个农业社会，但也存在城乡二元结构，并且在计划经济体制下被固定下来。1953年开始的第一个五年计划需要大批的劳动力从农村到城市来务工，城市人口的大量增加导致商品粮供应不足。商品粮为什么供应不上呢？这是土改带来的结果，中国共产党将"耕者有其田"的理想变为现实，把土地分给了农民，粮食产量有所增加，但是商品粮的供应减少了，因为过去商品粮的主要提供者是地主、富农，平分土地后，地主和富农消失了，农民收获的粮食主要解决农民自己的温饱问题，所以商品粮的供应量就跟不上了。在这种情况下，如果允许粮价自由浮动的话，那么所有的建设预算就不够了，整个计划经济体制就全部都乱了。"前面是黄火药，后面是黑火药"，当时没有更好的选择，只能看看哪种"火药"的破坏力更小一点，所以当时开始加快农业合作化进程，把农民组织起来，在一定程度上提高粮食产量，便于国家征粮。同时，政府不得不采取统购统销的方法控制粮食价格，并开始控制城市户口。

这套体制是在自然发展过程中逐渐形成的，但是这套体制带来的束缚也很大。城市居民都附属于单位，由单位发工资并负责退休养老的事情；在粮票的限制下，农民不能随便进城，城市居民也不能随便流动。在贫穷落后的情况下，这样的社会结构可以让国家集中资源，在某些方面取得迅速的发展，比如重工业和国防科技工业。但是总的来看，整个经济体制的效率不高，人民生活改善不大，城乡差别和地域差别显著，"文革"期间许多下乡知青感慨说："没想到中国农村如此落后贫穷。"改革开放时期，许多老干部认为这种状况必须要得到改善，要让老百姓过上好日子。

从1953年开始，中国的经济建设道路是在学习苏联，1956年开始，苏联体制的弊病被揭露出来，斯大林也被批判，给各国共产党带来了极大的冲击，毛泽东用"一则以喜，一则以忧"来评论这件事情。1956年，中共召开八大，毛泽东提出要探索符合中国国情的社会主义道路，但很长时期的探索都是不成功的，比如"反右""大跃进"和"文化大革命"的产生。

尽管如此，中国在经济建设上取得了一些成就，其中主要的成就是初步实现了工业化，建立了比较完整的国民经济体系。回过头来想一下，从民族发展历史的角度来讲，用20年的时间摸索发展经验也不是特别长，这就像年轻人在青春期容易出现各种各样的问题一样。

1949 年至 1976 年间，从经济总量上来看，中国的经济发展速度不慢，但是人口从 4.5 亿增加至 12 亿，增长速度非常之快。新中国成立时，中国人均寿命是 36 岁，"文革"结束后的人均寿命为 60 多岁，而且其中还包含三年困难时期导致的人口减少。人均产值从建国初期的 100 元增加至 370 元，增长量并不是很多。新中国成立后，各国经济都在逐步恢复，中国与日本等国家的发展速度不相上下，但是从 1958 年开始，"大跃进"导致中国与其他国家的发展差距逐渐拉大。"文化大革命"结束后，国家和人民一直要求加快现代化建设，有了过往的经验教训和经济基础作为支撑，中国开始实行改革开放政策。

二、改革开放的发展阶段

现在学术界对于改革开放发展阶段的划分还没有一致的意见，党史类著作上的划分与我所讲的也不太一样。我将改革开放分为三大阶段：

1. 改革开放的酝酿与启动（1976—1982 年）

从"文化大革命"结束到 1982 年是改革开放的酝酿与启动阶段。在这 6 年时间里，从 1976 年 10 月打倒"四人帮"到 1978 年年底十一届三中全会召开的两年时间是酝酿时期。十一届三中全会以后，改革开放开始进入启动阶段。

"文革"结束后，各种各样的变化开始发生。1977 年恢复高考就是一个明显变化，然后就是企业改革的探索，其实"改革"最初提及是指教育改革。1978 年，国务院务虚会讨论实行改革，介绍了国外改革经验并开始考虑引进外资。在改革开放以前，政府也考虑过对计划经济体制进行调整，主要是调整中央和地方的关系，但是 1976 年以后的经济调整不再关注中央与地方的关系，而是从企业微观层面入手，开始在企业中进行探索，如企业广告的使用等。此前许多社会主义国家的改革思路都是中央向地方放权，使地方利益增加且国家收不到钱，最终导致改革的失败，但是这次改革打破了以往的怪圈循环，开始尝试新的方式。

历史发展是一个抛物线，党的十一届三中全会是改革开放时期的一个最高点，但是很多问题都是在党的十一届三中全会之后逐渐明确，如包产到户的问题。包产到户在中国从来没有绝迹，安徽小岗村的典型事例现在成为一种符号了，其实广州、贵州等地都有类似的实验方法。

1978 年以后，改革开放正式启动，但是这一启动也是逐渐进行的。党的十一届六中全会通过的《关于建国以来党的若干历史问题的决议》结束了党内对历史问题的争论，使大家团结一致向前看，并对"文化大革命"之后的历史与之前的历史进行了切割。1979 年 1 月召开的理论务虚会也是这一阶段的重要事件，是关于政治思想的改革。之所以召开这一次会议，是因为"文化大革命"时期的理论已经不适用于改革开放的历史阶段，应该建立新的话语体系，支持改革开放。但意识形态方面的改变是很难的，涉及各种各样的问题，所以这次理论务虚会在当时只解决了一个重要的理论问题，即"以阶级斗争为纲"的说法是错误的。

这一历史阶段给我们这一代人带来的最大影响就是命运的改变，因为恢复高考后，我们可以考大学了，许多人的人生轨迹因此而彻底被改写。

2. 改革开放的展开与经济转轨（1982—2002 年）

改革开放的第二个阶段是从 1982 年开始，最主要的标志是中国共产党召开第十二次全国代表大会，邓小平在大会上提出建设有中国特色的社会主义并决定改革开放全面展开。会上还提出了"到本世纪末，国民经济翻两番，使人民生活达到小康"的经济发展目标。

在这一阶段，人们还在摸着石头过河，还处于探索阶段。这一时期比较重要的意义是邓小平提出的"小康"概念，因为周恩来总理曾经在四届人大上提出"到本世纪末实现四个现代化的目标"，但是邓小平在出国考察之后认为中国的发展水平无法在"本世纪末"实现现代化，所以提出了中国文化特有的现代化概念——"小康"。

这个概念的提出具有重要意义。第一，"小康"将现代化与中国人民的传统理想生活状态结合在一起。把现代化的目标与老百姓的生活联系在一起。第二，"小康"成为中国的一个发展目标，后来的现代化的步骤设计都围绕这一概念。

这一时期的大事还有 1992 年邓小平南方讲话，提出市场和计划不是资本主义和社会主义的本质差别。邓小平南方讲话后，中共十四大确定了中国经济体制改革的目标是建立社会主义经济体制，这是决定中国经济体制改革的关键点。到 20 世纪末，中国基本完成了经济体制的转轨，而社会主义经济体制的本质就是有国家宏观调控的市场经济体制。2000 年，我国人均 GDP 达到 1000 美元，实现了总体小康的目标。

3. 全面建设小康社会（2002—2021 年）

2002 年党的十六大决议中正式提出"全面建设小康社会，使人们生活达到更高更均等的水平"，实现目标的时间定在 2021 年；同时还提出了"经济再翻两番"的目标，这在去年（2016 年）已经实现了。党的十八大以来，全面建设小康社会的任务越来越紧迫，现在正处于决胜阶段。

改革开放的发展过程基本可以分为以上三个阶段，其中每一段都可以再分为两部分。第一个阶段还是酝酿和启动阶段，第二个阶段开始有计划有步骤地推动，第三个阶段与前两个阶段有了很大差别，这个问题后面还会具体讲述。

三、改革开放给中国带来的变化

邓小平和习近平都说，改革开放是一场革命。但是这场革命不是突然发生的，而是经过新中国 20 多年的探索和实践，在看清原有政治经济体制的优势和弊端并对以往工作中的经验和教训进行总结后，在 20 世纪 70 年代末开始进行的。总结经验对于改革开放而言是非常重要的，因为中国的改革是以问题为导向的，针对的是原有体制的弊端，而不是为了把体制完全推翻。

改革开放以后，我们对以往问题的认识主要有三个：第一是认识到党在革命胜利后没有把主要精力放在经济建设上，而是仍然以开展阶级斗争作为主要任务，这是一个最重要的教训；第二是认识到计划经济体制有缺陷，效率不高，管理僵化，要想办法改变这种经济体制；第三是认识到国家长期处于封闭状态，没有跟上世界发展的步伐，所以要开放。

1. 指导思想的变化

改革开放以后，我们看到的第一个变化就是指导思想的变化，从"以阶级斗争为纲"变为"以经济建设为中心"。党的十一届三中全会以后，邓小平提出"一个中心，两个基本点"的原则，构成了社会主义初级阶段的基本路线的重要内容。此外，还提出要建设中国特色社会主义，中国要根据国情寻找建设的道路，而这条道路的性质必须是社会主义。

2. 政治环境的变化

改革开放主要是经济领域的变化，其实在改革开放初期，我们首先感受到的就是政治氛围的变化。改革本身包含政治和经济两个方面，两方面几乎同时启动，政治方面的第一个改革措施就是平反冤假错案、解决历史遗留问题。大家对平反冤假错案比较熟悉，但是解决历史遗留问题提得不多，这是两个不同的概念。历史遗留问题指的是"改成分"的问题，解决历史遗留问题主要指的是地主、富农的"摘帽"。

平反冤假错案和解决历史遗留问题其实主要是为了大规模调整党内和社会关系，打破了原先按照阶级、家庭出身和政治表现把人分成不同等次的规则，使得每个人获得了平等的公民权，这对于中国人而言是一个非常大的变化。

第二项重大举措是改革党和国家领导制度，解决权力过分集中的问题，恢复党的民主传统。

第三，"文化大革命"结束后还有许多党的机构没有建立，仍然以"革命委员会"为主要机构，没有政府和党委。改革开放初期，各地恢复人民政府，取消"革命委员会"；农村地区取消"大跃进"时期建立的人民公社，恢复乡镇政府设置，逐步实行基层自治。

第四，建立老干部退休制度，实行"干部四化"标准，这对中国影响非常大。"文化大革命"以前，只有工人有退休制度，但是干部体系没有这一制度。"文化大革命"结束后，很多老干部在冤假错案平反之后都要出来工作，退休成为一个迫切需要解决的问题。

第五，健全人民代表大会制度和政治协商制度。"文化大革命"期间，人民代表大会正常召开，但是政治协商会议停止召开。改革开放以后，县级人大逐步建立。此外，授予人大常务委员会以法律制定权也是一大重要标志，以往只有全国人民代表大会有立法权，但是人大每四年召开一次，无法满足法制化社会的建设需求。

3. 经济体制的变化

中国改革最突出的特点就是采取渐进方式，先易后难，逐步推进，并根据实践不断调整思路。改革开放最初从调整开始，初期以"调整、改革、整顿、提高"为方针，基本思路是"对内改革，对外开放"，总的思路是"计划经济为主、市场经济为辅"。这体现出我国在改革初期是想要对经济体制进行改良，而非全部推翻。陈云的"鸟笼理论"就是一个生动的解释：经济就像是一只鸟，如果把它攥在手里就会把它捏死，如果放开就飞走了，所以要有一个大小合适的鸟笼子。

在计划经济体系下，市场经济只是临时措施，没有合法地位。如果遇到经济困难就开放一下自由市场，经济一好转就开始割资本主义"尾巴"。"计划经济为主、市场经济为辅"的设想为市场经济赋予了合法地位，使市场自己创造需求并协调各种要素进行发展，促进了多种所有制的出现。

在过去，国营和集体是两种主要的所有制形式，其中国营经济基本上都是大企业，集体经济主要以手工业和乡镇企业为主。改革开放以后，随着家庭联产承包责任制的推行，生产效率不断增加，农村首先出现了富余劳动力，开始到集市进行买卖，使物流得以产生，供需关系开始影响产品的价格。

下乡知青回城对单一经济体制的冲击非常大，因为计划经济无法解决如此大量人口的就业问题，政府只好放开就业，允许自谋职业和建立新的大集体企业，于是街道、机关和企业都开始办企业收留相关人员，自主采购原材料并找寻产品销路，创造了原材料市场和销售市场。

同时，外资的进入使中国出现了一批外资企业和合资企业，这些企业都不在计划经济体制之内并对原有的经济体制形成了冲击，多种所有制经济开始出现。所以，中国经济改革的最大特点就是双轨制和体制外先行，这也是中国渐进式改革的重要体现。

中国加入世界贸易组织（WTO）也是一项标志性事件。回顾这段历史不难发现，中国在改革开放时期将经济政策的调整、经济体制的转变、中国经济的增长、参与经济全球化四个环节联系在一起，并且这四个环节相互促进。中国经济在 21 世纪前 10 年上了三个台阶，这与经济体制的变化和中国参与国际经济市场密不可分。

4. 对外政策的变化

对外政策的变化也是非常重要的问题。改革开放顺利展开的一个因素就是外部的有利环境，同时，外部环境的变化与中国外交政策的调整分不开。

在邓小平时期，外交政策的调整主要有四个方面：

一是明确了外交工作的主要任务是为国家现代化创造有利的外部环境。在 20 世纪五六十年代，我国在外交方面一直都存在困惑——社会主义国家的外交工作重点是支援其他社会主义国家革命还是服务于本国的经济发展？两种思想一直斗来斗去，"文化大革命"期间更是以前者作为主要任务。

二是对国际形势做出新判断，认为和平与发展是世界面临的两大问题。总的来说，只要不发生新的世界大战，不发生大规模外敌入侵，中国就要以经济建设为中心，坚持改革开放。

三是外交政策从"一条线"向"全方位"转变，建立均衡的对外关系格局。中国对外关系格局基本分为大国关系、周边关系、第三世界关系和多边外交四层。原来这四层关系并不平衡，主要联系第三世界国家，在大国关系中以美国、苏联为主，在改革开放以后才基本建立了均衡的对外关系格局，并在 2000 年前后形成了全方位多层次的对外关系体系。

四是重新阐述独立自主的和平外交政策，重点是自主决定国内改革开放事务、坚定不移走和平发展道路。

5. 社会与观念的变化

改革开放以来，社会生活与观念也发生了很多变化，大家应该也有很多切身感受。由于时间所限，我就不展开讲了。

6. 改革开放顺利推进的原因

中国改革开放能够顺利推进的原因主要有六个：

第一，在长期社会主义建设中积累起深刻的经验教训，不改革开放就没有出路成为共识。改革开放将国家和人民的利益统一起来，使全国上下都有很强的改革欲望，而苏联改革失败的一个重要原因就是官方意识形态与民间意识形态的脱节。

第二，有经验丰富、眼光远大、具有智慧的领导人。

第三，正确的改革战略和评判改革措施的明确标准。中国的改革以经济改革优先，使老百姓感受到改革的变化，进而推动改革开放的进一步发展，但苏联以政治改革为先，由此产生了一系列问题。在中国改革开放的过程中，经济、政治、外交、国防等各方面相互配合，共同发展。

第四，渐进方法实行改革，时机成熟时再做出决断。

第五，利益均沾的动力机制，上下互动推动改革。在改革开放过程中，中国大量的知识分子和专家参与其中，通过实践调研为改革方案建言献策，这种现象在此前是没有出现过的。

第六，有利的外部环境，如果没有这一点，中国的改革开放是进行不下去的。

四、中国面临的新挑战

进入 21 世纪以后，中国改革面临着新挑战。

改革开放现在所处的第三个阶段与前两个阶段存在着很大的差异。改革开放初期，要解决的问题来自 1978 年之前。改革开放的基础是 1949 年至 1977 年近 30 年之间形成的物质基础，问题也是出自这一时期，要解决这些问题，相比之下具有相当多的经验。进入 21 世纪以后，所面临的是改革开放 30 年来新产生的问题和经济社会发展到现阶段才会遇到的问题，面对这些问题，我们还没有足够的正反两方面的经验可以借鉴。这是当前需要认识到的新挑战。

简单来讲，我认为中国目前面临的挑战主要有以下五个方面：

第一，健全和完善社会主义市场经济体制。现在的经济体制改革已经不需要解决计划经济体制的问题了，而是新的市场经济体制不健全不完善所带来的问题。此外，经济社会协调发展的问题也需要解决，因为市场经济体制肯定会带来发展不均衡的问题，这就需要相应的政策措施来应对。

第二，经济从高速发展转向适度增长。适度增长是否能变为高质量的增长？这也是面临的一个重要问题。以往的发展经济学基本都在研究一个国家如何从传统社会进入现代社会，但是对现代化起飞阶段完成以后的发展则缺少研究。

第三，财富的掌握和分配问题日益突出。社会贫富分化、利益集团的出现和腐败滋生等现象使这一问题更加明显。

第四，经济高速发展时期积累的诸多问题，如环境资源问题、产业结构问题、城市化问题、就业问题、人口老龄化问题等。我们在 30 年的时间里完成了西方国家 100 多年的现代化进程，西方国家在过去 100 多年的时间里先后遇到过这些问题，但是解决起来相对容易。我们在高速发展阶段集中遇到了大量问题，解决起来非常困难，难点在于，针对某一问题的解决方案可能会对其他的问题产生负面影响，这是非常困难的。

第五，利益多元化下如何凝聚改革共识。现如今，凝聚改革共识远不像改革开放初期那么容易，如何选择改革开放的突破点也是现在面临的一个严峻挑战。

限于时间，我今天就讲到这里。我们这一代人是改革开放的参与者，也是受益者，这项前无古人的事业还要继续下去，接力棒传到了在座各位同学的手上，希望你们跑好这一棒，把改革开放的事业继续推进下去。

整理：万宁宁

第十一讲
走进共同富裕的新时代 [1]

◎ 潘　维

北京大学国际关系学院教授，北京大学中国与世界研究中心主任。1982 年考入北大国际政治系攻读硕士，师从陈翰笙教授。1996 年获美国加州伯克利大学政治学博士。研究方向为世界政治理论、中国政治、比较政治。代表论著有《比较政治学理论与方法》《中国模式：解读人民共和国的 60 年》《法治与民主迷信：一个法治主义者眼中的中国现代化和世界秩序》《农民与市场：中国的基层政权与乡镇企业》等。

今天我讲座的题目是"走进共同富裕的新时代"。11 月 18 日党的十九大召开，习近平总书记做报告，宣告中国特色社会主义建设进入了新时代。在我看来，就是着重解决"患寡"这个问题的历史进入了尾声，着重解决"患不均"问题的时代开启了大幕。也就是说，社会主义建设从一穷二白时代的 1.0 版，进入了让一部分人先富起来的 2.0 版，现在进化到了高举共同富裕旗帜的 3.0 版。这是一个大转折。

党的十九大报告中讲到，"2020 年到 2035 年，我们党将让人民生活更为富裕，中等收入群体比例明显提高，城乡区域发展差距和居民生活水平差距显著缩小，基本公共服务均等化基本实行，全体人民共同富裕，迈出坚实步伐。"报告还提出，从 2035 年到 2050 年，这后 15 年，"要基本实现全体人民的共同富裕"，目标就是共同富裕。报告特别指出，"增进民生福祉是发展的根本目的"，"必须多谋民生之利、多解民生之忧，在发展中补齐民生短板、促进社会公平正义，在幼有所育、学有所教、劳有所得、病有所医、老有所养、住有所居、弱有所扶上不断取得新进展"。今后 30 年，即这两个 15 年里，我们的任务就是要走向共同富裕。

中国特色社会主义走了一条很不寻常的路，这个社会主义道路初级版的条件是什么？是一穷二白，加上国家缺乏保障。有的同学会说，那时候计划经济不好，农村人

1　演讲时间：2017 年 11 月 23 日。

民公社是错误道路。但你没想到，农村土地集体化在当时建成了三级所有，村民小组、村、乡（镇）三级所有，队为基础，生产队就是今天的这个村民小组。那么我们做成什么了？第一，那时候产量是很低的，今天袁隆平研究出来的水稻，亩产是1000多公斤，也就是2000多斤。在20世纪50年代，一亩地水稻能产多少？是100多斤！在北方的麦子亩产多少斤？几十斤。那个时候人饿呀，吃不饱。人民公社首先做到的是在一个村子的范围里面，大家都差不多，谁也别富裕，谁也别穷。

第二，中国总有地方遭灾，水灾、旱灾、虫灾。人民公社可以吃返销粮，也就是可以找国家借粮吃。如果你这遭灾了，这借来的粮食，可以从来年后年什么时候你有余粮了再扣。也就是说，基本不会一受灾就有人饿死。当然，这个制度本身还有很多缺陷。这是中国特色社会主义1.0版。

20世纪50年代开始建设社会主义的时候，离1900年也就50年，1900年是什么样子呢？八国联军两万个兵就从中国弄走了4.5亿两白银。俄国人把阿拉斯加卖给了美国，俄国的财政困难就解决了，就一个阿拉斯加。可是清政府赔的这笔钱可以买40多个阿拉斯加！那中国付得起吗？真的付不起。付不起怎么办？借款，还加上了4%的利息，在1940年付清了，总共加一起付了10亿多两银子。那个时候的中国就是积贫积弱，谁都敢欺负你。共产党执政以后，先勒紧了裤腰带，打了一场战争，抗美援朝，从此以后再也没人敢打中国了。在中国一穷二白的条件下，我们实现了社会主义1.0版。

接下来是2.0版。那是在什么条件下呢？是庞大的人口基数。1979年改革开放的时候，我们是世界遥遥领先的第一大人口国，而且衣食住行都缺乏保障。今天我们的人均（住宅面积）都能到30多平方米了，那个时候只有3平方米，就是将近40年前。

今天我们为什么开始说3.0版？今天为什么喊出共同富裕的口号，这个基础是什么呢？是每年有6亿吨粮食产量，几乎人均半吨粮食，可以想象我们如何丰衣足食，再加上80万亿的国内产值，稳居世界第二，把第三名甩下了好远。如果按购买力平价算，今天中国的经济已经超过美国的总规模了。在这样的条件下，我们要做社会主义的3.0版，也就是共同富裕。

有人说了，既然已经走了一条成功的路，为什么还要进入新时代？明明是奇迹嘛，很成功嘛，为什么还要变？那是因为我们取得的经济增长奇迹是有成本的，而且这个成本现在越来越高，高到了一定程度就超过了收益，甚至威胁到了党和国家的生死存亡。所以我们关注的重点从"患寡"转为"患不均"了，住房、养老、医疗、教育这些关系到民生的方方面面，"不均"的现象需要解决。

因此，党的十九大报告强调，发展就是要以人民为中心，让人民获得越来越多的获得感、幸福感、安全感。我们不妨来讨论一下这三个词的反义词。获得感的反义词是"相对被剥夺感"（relative deprivation）。你那么富有，我那么穷，所以人们的幸福感不是因为原来没有自行车，现在有自行车，就幸福快乐，别人那车比你强多了、体面多了，等你开上奔驰的时候，别人都开特斯拉了，等你开上特斯拉的时候，人家都开飞机了。所以其实不在于你的生活水平提高，你的幸福感、获得感、安全感在于什么？在于大家都差不多。北欧、澳洲、加拿大都是这样。比如，我去丹麦的哥本哈根大学访问时发现，他们的大学老师要是开奔驰，同事们会说这人脑子进水了。他们的工资比德国人高五成。他买不起奔驰吗？当然不是买不起，但是大家觉得你不能这样，你这样的话，大家都觉得这人怪异。我说，你挣那么多钱，生病了买好一点的药，行吗？他说，我们的医疗系统里边没列这个药，大家都不用这个药，为什么我要用这个药？女王都不用这个药，凭什么我用这个药？我住的医院跟女王住的医院是一样的。而且不是他一个人，是全丹麦的人都这么想，所以他很快乐。

党的十九大报告指出，我们国家的主要矛盾，不再是人民日益增长的物质文化需要同落后的社会生产力之间的矛盾，而是人民日益增长的美好生活需要与不平衡不充分发展之间的矛盾。这话一听，我就可以说，我们真的进入新时代了。这一点就说明了我们党走向了社会主义方向。可是认同社会主义不容易，其实在1.0版的时候，党员干部里就有很多人过不了社会主义思想这个关，更别说2.0的时候让一部分人先富起来。因此在新时代，实现共同富裕是在社会领域，而不是在收入领域。什么叫社会领域呢？教育、医疗、养老、居住，这四个属于社会领域，在这方面的均等化是全世界都在做的事情，这就是社会主义的方向。所以十九大报告开宗明义说，本次大会的主题是不忘初心，牢记使命。初心是什么？看看7个常委到哪儿去寻找初心去了，上海一大会址，接着又去了嘉兴南湖。这说明初心还是实现共产主义。什么是使命呢？实现中华民族伟大复兴，一个也不能落下。所以十九大提出到2020年消灭绝对贫困。这才是共产党人的初心和使命。

人民对美好生活的向往，就是中国共产党人的奋斗目标。什么是人民对美好生活的向往？不管我们过得有多穷多富，我希望，有钱的帮缺钱的，有知识的帮缺知识的，年轻的帮年老的，没病的帮有病的，这就是我们向往的美好生活。但现在我们的生活水平越来越高，GDP越来越高，我们却跟党和政府越来越离心离德，获得感幸福感安全感越来越少，相对被剥夺感越来越强，所以我们才要进入新时代，建设中国特色社会主义的 3.0 版。

接下来，我来说说那怎么办？我们需要关注三对概念，第一对概念，群众与人民，有组织的叫人民，没组织的就叫群众。如果一旦组织起来了，群众就变成了人民，才有所谓 people's power 和 people's right，即人民的权利和人民的权益。如果你们要是一盘散沙，游戏规则就是弱肉强食。国际关系就是这样，无政府状态，谁强谁老大，谁说了算。

那既然如此，群众能不能够自发组织起来，海选一个村委会。我们从 20 世纪 80 年代就开始选，90 年代就大规模铺开了，法律也定了。村民海选，不提候选人，随便选，想选谁选谁。那最后选出来的是谁呢？可能是流氓无赖，可能是黑社会。组织叫 society，那么 civil society 呢？就是我们说的人民的组织，什么是人民的组织？指大型先进的有道德的组织。

第二对概念，科层体系与扁平组织。科层体系就是我们说的政府执法机关、党的机关。扁平组织，就是最基层的一个党支部、村委会、居委会。科层体系能干吗？科层体系能办大事。什么叫大事？港珠澳大桥、三峡、高铁、大飞机 C919……这就是科层体系能指挥干出来的事，国防、外交这都是大事。那么扁平组织能做什么？小事。什么叫小事？我举个例子，战争年代共产党把支部建在连上，200 来号人，就得有一个党支部，支部建在村上，自然村二三十户人就得建一个党支部。干啥呢？第一件事叫不拿群众一针一线，第二个叫缸满院净。过去农村最重的活是挑水，你到人家把一院扫干净，给人水缸挑满了。第三个更重要的是什么？为家家户户排忧解难。红军到老百姓家里，问你们家有什么困难呀？他说，我们家困难啊，老头子病了，买完药以后交不上租子，能不能缓交、少交一点？我们现在为这事发愁。红军说，这事好办，包我身上，我帮你说去。这事儿都办妥了，这一家子都感谢红军，永远感谢红军。

将心比心，从 1921 年到 1949 年 20 多年来就坚持这几条原则，人民就信任了共产党，这就叫小事。得民心主要在小事上。小事全给办了，小事比大事重要。改革开放这 40 年来，共产党集中力量办大事，小事没人办，领导干部们热衷于和资本家一块儿谈项目，但却忽略了人民的社区里的组织工作了。所以，十九大以后，为人民群众办小事的传统要恢复起来。

第三对概念，居住社区和工作社区。居住社区比工作社区重要，因为工作社区都有组织，把人都组织严密了，晚到 1 秒钟都能够知道你迟到了，还要穿工作服。为什么居住社区重要？因为人们工作是为了生活。人干 8 小时是为了那 8 小时之外，还有 16 小时的生活，所以我干完活就想回家过家庭生活，炒菜，做饭，管孩子。我为了生活而工作，没有为工作的工作，所以如果你的居住社区不如意，你的一切生活品质都受影响，所以居住社区很重要。因此我们的党，如果把这8000多万普通党员，都布在我们的居住社区里面，如果他们都去努力地组织人民，把群众组织成人民，那么你知道我们的社会将会有多美好，每个人都负起责任来，特别是退休的党员。党员们把50%的党费用到社区里，居民都会想，他们共产党人，不但不要大家凑份子来搞组织，他们自己出钱替大家搞组织，组织业主委员会、房客会、老人会、儿童会、家长会、猫狗会、家居物品交换会，等等，互相帮助，这个就叫美好社会。

共产党人去组织的时候，共产党就得到人民的信任，有了人民的信任，大事就好办。今天你看到的大事是什么？北京修高速公路，起初是当地被占地的农民抱着西瓜提着茶水去给工人，今天是堵路，你要不给够我一辈子以及下一辈子的钱，就是不会挪的。为什么？因为他们根本不信任你。因此小事办不好，人民不信任，共产党的大事也办不成，所以东北高铁迟迟到今天还没进来北京。在这个意义上，就知道得民心从哪得？什么叫群众路线？群众路线就是要先联系好这8000万党员，让这8000万党员有为人民服务的光荣。

党的十九大报告说，要扩大基层党组织覆盖面，着力解决基层党组织弱化虚化边缘化问题。要以提升组织力为重点，增强群众工作本领。党支部要担负起组织群众宣传群众，凝聚群众服务群众的职责，引导广大党员发挥先锋模范作用。我们党来自人民，植根人民，服务人民，让人民监督权力。人民当家作主必须落实在社会层面，也就是说在每一个社区里边，人民都被组织起来，加入讨论涉及我们每一个人直接利益的事情，门口可以放鞋吗，可以搭违章建筑吗。大家都来讨论，共产党就是这个背后的支撑。如果你敢搭违章建筑，我们的党就会组织业主委员会去制止，如果制止不了，说我们没有执法权，那好，党支部就会打电话给派出所。为什么派出所听我们的呢？因为我们党是执政党，所以他是听党的，他必须听党的，这就是执政的优势。这样就让每个党员都有为人民服务的光荣。走到这一步，你就知道我们的社会将会是多么好的一个社会。走到那一天，你就会发现共产党不会再腐败了，因为它是自下而上的，所以人民的幸福生活取决于我们每个支部每个党员的工作。因此上级的党组织就会特别在乎基层党组织的做法，宏观政策就会更加倾向于老百姓的身边小事。这就是我想强调的，一个共同富裕的时代就来临了。我们的宏观政策上面，在医疗、教育、养老、居住各个方面，就会更加在意人民的感受。

我再强调一点，关键在于共产党的800万人（科层）联系8000万人（党员），而8000万人在居住社区里边遍布党支部，乃至于每个单元都出现党小组。走到这一步的时候，小区业主委员会、村委会等基层组织就重新建立起来了。这样我们就有了 civil society，我不叫它"公民社会"，我觉得"文明的人民组织"是更适合中国国情的说法。有了这样的组织以后，人民的权利、人民的力量大了，共产党就被人民监督，就不会腐败了，然而如果这 800 万大小干部跟我们的党员、跟我们的老百姓完全脱离，他们就成了空中楼阁。

政治学中对执政党和执政有很多理论化的阐述。通俗地讲，首先因为你执政，所以必然有科层体系。但是如果你没有了扁平组织，就变成只有科层体系，你就不再叫党了，就叫政府，你不叫党。如果你只有那 800 万，没有这些支部，你就不再叫党了，你只叫科层体系。而科层体系能治国吗？显然不能。那么，什么叫作执政？就是说在每一个社区，由你的人来组织人民，这就是执政。你在哪一个社区没有组织人民，你在哪个社区就丧失了执政权。如果你在很多个社区都丧失了执政权，你的执政权就是空中楼阁，就是假的。从这个意义上来说，国民党政权在基层没根，它从来就没得到过完整的执政权，所以哪个地方哪个村庄有共产党的支部，哪个村庄的政权就不属于国民党。我刚才讲的这个话就很有意思了，就是执政权取决于你在每一个社区有组织动员人民的权利、由你的人来组织动员人民的权利。

问答环节

问：我们家在农村，我现在回去，发现有一个很严重的问题，村里修建了很多基督教教堂，后来一打听说这个钱是农民自愿捐的，我想请教一下您是如何看待这种现象的？

答：我觉得问题就出在这了，在一些领域，我们的党都退出来，不去组织老百姓。就老百姓的生活来说，在无政府主义的弱肉强食下，天天被那帮横的欺负，都愿意有个组织，有总比没有强啊，哪个组织都比没组织强，特别是宗教。这些宗教组织一转身就可能变成政府，经常跟共产党有工作任务方面的冲突。但是，如果从老百姓生活的角度考虑，在没组织的状态下，有个组织把大家组织起来，大家当然乐意了。我觉得我们应该检讨的是，共产党的组织当年在那的时候，宗教组织怎么能跟共产党的组织来匹敌呢，对不对？可是你忽略了，就会出现权力真空。

问：您讲到走向共同富裕的这个道理，但是现在城乡差别还是很大的，您觉得党的十九大之后要怎样发展农村？

答：党和政府在缩小城乡差距上，做了很多事情，城乡差距其实没有扩大而是缩小了的，包括目前的精准扶贫，我把它称为"消灭绝对贫困"的运动。其实在这之前我们就已经做了很多工作。缩小区域差别就是转移支付。10 年前，我们在做从富裕地区去转移支付给穷的地区，一共多少钱？是50%的财政。这10年间，一半的财政从富裕地区给了穷的地方，这是人类有史以来最大的财富转移，主要是往西部，西北西南，你到大部分县城去看，基础设施都建得不错。

再说一个全民医保。农村看病国家都管，百分之七八十的报销，这么大规模的福利是什么状况？我国在健康保障的投入，已经高于发达国家的低端水平，就是高于南欧，也高于韩国、日本。

还有一个项目，就是山区移民，把人从那个不太好活的地方挪下来，还有牧区定居、城市棚户区改造。10年间盖了5000多万套新房给穷人，如果1个房子住3口人，你想想多少人？3年，1.5亿，半个美国的人口。

这三个项目，这么多的工作全是国家在做。我认为，社会主义就是互相帮助，建立共享社区，这是很重要的。好多事情都可以在社区互助的范围里边加以解决。明朝理学家张载说的"为万世开太平"的绝学是什么？就是朴素的社区社会主义。社区社会主义是什么？就是由社区买一块公共田，富豪捐一块田作为公共田，公共田叫祠堂田。祠堂田到1949年解放的时候，大概占我国田地总面积的四分之一到五分之一。所以宋朝成了继汉朝以来最长的一个朝代，国土面积那么小，它为什么存活那么长时间？早先遍地流民起来造反，商业资本主义发达，土地流转集中，结果因为实行社区社会主义，把流民给制服了。你要是没吃的，你就在这儿耕种公共田，然后给你一份吃。社区社会主义绝对是中国特色的特别好的一个理念，实际上人民公社也是社区社会主义，全靠国家社会主义不行，撑不住。所以我们讲个人出一点，家庭出一点，集体出一点，国家出一点，所以我们讲国家管大事，集体社区管小事，家里边管个人私事，集体不涉足你的私事。但是小事，彼此之间的各种互帮互助要弘扬，互坑互害要制止。

问：人民的概念是从什么时候才有的呢？人民的范围是什么，是市民吗？

潘维：这个问题也挺好。西方人叫阶级，阶级指的是上中下固定。美国人叫利益集团，大型的比较稳定，比如教育集团。中国呢，我们自古叫民，民分不分？2700年前曾经分过，后来就这么定下来，一直流传至今，叫四民分业，士农工商。它不分高低贵贱，不分上中下，为什么？因为中国社会有一个特点，小农经济，富不过三代。有人说今天不一样，今天咱可就一个孩子，富过三代是可能的。我跟你说，今天更不可能，连美国都不可能。富不过三代，就很难形成一种阶级的语言、阶级的意识，马克思说，这就是阶级与阶级斗争。

人民这个概念是从西方来的，我们只有"民"没有"人民"，"民"这个字在中国就是农民，我们说农民起义，是富人起义还是穷人起义？还是富人跟穷人一块联手起义？从来没有说是一个阶级推翻一个阶级，说农民阶级推翻地主阶级，这不是中国的情况。所以每次新皇帝上台还是这么一个结构。那西方怎么会有这样的阶级，到近代就有了民权思想的出现，是阶级斗争的结果，资产阶级封建阶级进行斗争的结果，就推出了人民，还要民权。所以西方的人民是有阶级性的。而我们的人民是从"民"字来的，民本。诸子百家思想有一个核心内容就是以民为本，从西周最早期就开始提出民本，后来的儒家接受了这个东西，发扬光大。

所以，"民"这个字我们有，"人民"这个词是从西方传过来的，但是它的基本含义，在中国就是不分阶级的所有人。它的范围有多大，包括所有人。把社会里边的人全包括进来，我们的社会就是人民组成的。而人民这个词与 civil 这个词有一点区别，他们的 society 和我们讲的社会有一点区别，这两个词有点不一样，但是本质上是相似的。

富不过三代，今天在西方的有钱人家，孩子们的熏陶都特别好。当你在英国讲一口很好的英文的时候，你说你讲的是伦敦音，别人说讲的是女王音；你讲的是普通人的口音，用词是普通人的用词，高层社会不是这样的。而所谓高级阶层，从姓氏就知道，你说你姓什么，就知道你们家有渊源的。

此外，贵族的孩子要受最严酷的训练，冬天美式私立学校里，那些贵族子弟都光着身子在露天冻着，培养意志力，而且这些人率先当兵，英国的哈里王子变成了在阿富汗驾驶直升机的战斗英雄。而我们说的贵族则是暴发户，我们对这种真正的阶级社会缺乏理解。

整理：房轶婷

第十二讲
路遥与陕北文化血脉 [1]

◎ 厚　夫

原名梁向阳，笔名厚夫，陕西延川禹居梁家沟村人。现任陕西省作协副主席、延安大学文学院院长、延安市作家协会主席、路遥文学馆馆长。作为特邀编辑参与编辑全新版《路遥全集》（2013 年 4 月十月文艺出版社出版发行）。2015 年，厚夫所著《路遥传：重新开启平凡的世界》出版。

2015 年夏天，清华大学有个重要事件引起了全国性反响。那年，清华大学的新生录取通知书用紫色信封封装，信封上有"清华，是你一生的骄傲"一行大字，随每份通知书一起寄出的还有一套《平凡的世界》。校长邱勇教授在寄语中写道："在祝贺你们即将进入清华开启新的人生旅程之际，作为校长，我送给你们的第一份礼物是《平凡的世界》这部书。"

2015 级本科生是邱勇教授接任清华大学校长后招收的首批本科生。对即将入校的清华新生，他提出要求："清华学生既要勤于思考、追求理想，也要关注现实、勇担责任。"他借赠书勉励清华新生追随钱钟书"横扫清华图书馆"的壮志。这是清华校长首次向新生推荐书籍，新生可以利用假期时间读完推荐书籍，入校后，邱勇将与新生们就《平凡的世界》一书展开交流。后来，清华大学出版社专门把新生的读书体会文章结集出版。

2015 年 11 月 29 日晚，我应清华大学学生会"时代论坛"邀请，在贵校作了一场讲座"路遥与《平凡的世界》"，引起现场听众的强烈共鸣。我知道，这不是我的水平高，而是路遥的影响太大了。当晚，接送我的同学告诉我，"时代论坛"的同学们通过表决的方式决定邀请我来清华大学讲座，这让我非常感动。要知道，"时代论坛"邀请过基辛格、马云之类的中外名人，我可是个"小人物"啊。

我可以很负责任地告诉同学们，各种统计数据证明，路遥是我国新时期以来对普

1　演讲时间：2017 年 10 月 12 日。

通中国人情感乃至思想产生过最重要影响的当代作家。

习近平总书记至少两次谈到过路遥。第一次是 2015 年 3 月 5 日，据《文汇报》3 月 6 日报道，5 日下午，习近平参加十二届全国人大三次会议上海代表团审议时，与人大代表、主持人曹可凡交流，提及最近注意到了电视剧《平凡的世界》，"好几个频道都在播"，还说："我跟路遥很熟，当年住过一个窑洞，我们有过深入的交流"；"路遥和谷溪他们创办《山花》的时候，还是写诗的，不写小说。"第二次是 2016 年，他在中国作家协会第九次、中国文联第十次全国代表大会的致辞中说："路遥的墓碑上刻着'像牛一样劳动，像土地一样奉献'。"我在现场聆听时，激动之情无以言表，情不自禁地竖起大拇指。

正是基于此，我还想换个角度，与清华新闻与传播学院的研究生们再谈谈路遥以及他骨子里的陕北文化血脉。因为一个优秀作家的创作与作品中，必然会拥有深刻的民族文化印记。

另外一个原因是，清华的杰出校友习近平同志当年就在陕北的延川县梁家河村插了 7 年队。再前溯，20 世纪三四十年代，党中央和毛主席在延安陕北生活与战斗了 13 个春秋，延安曾是中共中央的所在地、中国革命与解放斗争的总后方。为何历史竟如此奇妙地在陕北大地上出现，它是偶然还是必然，有无文化的逻辑？

还有一个原因是在实现中华民族伟大复兴中国梦的征程中，我们更需要在民族文化中寻求精神力量。因为文化是民族血脉，是人民的精神家园；文化是"一个民族历史地凝结成的生存方式；作为一种生存方式，它也必然是一个民族历史之所以能够绵延不息的血脉和内在肌理"（黑龙江大学丁立群教授语）。也正如习近平总书记所指出的，"文化自信，是更基础、更广泛和更深厚的自信。"

一、陕北拥有怎样的历史

100 多年前，英国传教士史密斯曾说过这样一番话："我的调查工作渐渐让我产生一种近似敬畏的谦卑。我们生活在一个有着永恒过去的地方，中华文明进程中的几乎所有重大事件都与这个地方密切相关，有些甚至是有世界性意义。对这个地方了解越多，敬畏也与日俱增。不管我们对延安的未来有何贡献，有一个事实是无法改变的，延安的历史不会从我们开始，它的历史比亚伯拉罕还要古远，我们是永无止息的，各种各样访客中最晚的，也是最微不足道的一员……"[1]

1　[英] 欧内斯特·波尔斯特·史密斯：《辛亥革命前后的延安》，刘蓉译，西安，陕西人民出版社，2011。

这位 100 多年前到过延安的英国人，非常敏锐地注意到延安乃至陕北的独特性，回到英国后在其著述中有了上述判断。

1945 年，毛泽东在中共七大预备会上说："有人说，陕北这个地方不好，地瘠民贫。但是，我说没有陕北就不得下地。我说陕北是两点，一个是落脚点，一个是出发点。"

为什么 100 多年前的延安在英国人眼里就已经界定为"中华文明进程中的几乎所有重大事件都与这个地方密切相关，有些甚至是有世界性意义"？为什么毛泽东反复说陕北是"落脚点与出发点"呢？

要讲清楚陕北文化，首先要了解陕北的基本特点与历史内涵。陕北高原从地域环境上讲，是黄土高原的有机组成部分。通常是指这样一个区域：北到榆林长城，南到秦岭北山，西到子午岭，东到秦晋峡谷。陕北高原在地理地貌上有两大类型区：一是黄土高原的沟壑区；一是黄土高原的塬梁区。延安以北的长期饱经风侵雨蚀形成的沟壑区，构成了陕北黄土高原沟壑纵横、山大沟深、土硗地瘠的地理特征。陕北一方面宜耕宜牧，适宜生产力低下时期多种民族的生存；另一方面，又是连接中原王朝和草原游牧民族的重要通道。

仔细检索陕北历史，发现中华民族的一些标志性文化符号如黄河、黄帝陵、长城与陕北有关；陕北的历史总与刀光剑影的战争直接相关。陕北高原长期处于草原游牧民族与中原农耕民族拉锯式的争夺状态。史料记载，从殷周至宋元的 30 多个世纪里，陕北高原上先后出现过猃狁、鬼方、土方、方、戎、狄、楼烦、匈奴、羌、氐、鲜卑、稽胡、党项、吐谷浑、女真、蒙古、高丽，以及来自西域的龟兹人、粟特人等 20 多个北方游牧民族，与汉民族长期错居混血。陕北人的人种，有杂交优势，男性多壮实剽悍、倔强豪爽，女性多窈窕娟秀，心灵手巧。人称"米脂的婆姨绥德的汉，清涧的石板瓦窑堡的炭"。

陕北是我国黄土高原的中心部分。地势西北高，东南低。基本地貌类型是黄土塬、梁、峁、沟、塬，是黄土高原经过现代沟壑分割后留存下来的高原面，而黄河、无定河、洛河、延河、窟野河等陕北高原无数条知名与不知名的河流充当了分割陕北高原的任务。

黄河劈开黄土高原穿行而过，形成了著名的秦晋大峡谷。自天而降的黄河之水，出草地，过河套，穿过秦晋峡谷，流经河南、山东，汇入大海……黄河以西，是陕西；黄河以东，是山西。史前治水英雄大禹遗迹遍布黄河两岸，相传壶口之瀑是他疏导黄河的产物。壶口地区的一个村庄，有座"姑父庙"。陕北人亲昵地把大禹称为自家的"姑父"，并且立庙纪念，足见对其的尊敬与爱戴之情。尤其是黄河大瀑布——壶口，这个自然景观，在人文文化的熏陶下，已形成了自己独特的品格。

陕北黄土高原，自古就是华夏民族的活动场所。"黄帝崩，葬桥山"（《史记·五帝本纪》）；"桥山龙驭"一抔黄土堆垒而成的小土丘，在华夏民族漫长的历史长河中演绎出许多神奇的故事。以黄色土地、黄色河流、黄色皮肤而形成的黄土、黄河、黄种人，三黄归一，塑造出华夏民族的先祖黄帝。

黄帝时代是中华民族的童年时代。地质地理学家的研究表明，在远古时代，陕北高原曾是一片辽阔的黄土塬，西北高而东南低，到处分布着深厚的黄土，那纵横连绵的大小山脉，宽广平坦的肥沃土地，曲折迂回的河流，清新多样的气候，丰富的自然资源，都是原始社会人类繁衍生息的理想之地。因此，黄帝的故事在陕北出现绝不是一种偶然的现象。黄帝时期已经出现了农业，土地就理所当然地受到人们的高度重视。人们也完全有理由把出生在黄土高原上的最可信赖与爱戴的首领称作黄帝。

黄帝与黄土地相关，黄帝与农业文明的雏形相通。所有这一切，使陕北高原在跨进中华民族的历史大舞台时就变得那么神奇与厚重。人化的神，神化的人，共同创造了华夏民族，使得华夏子孙一脉相承，血脉相连。华夏民族的根，就在深厚的黄土高原里。陕北神木的石峁遗址这座 4000 多年前的人类城堡，以"中国文明的前夜"之名入选"2012 年十大考古发现"。它在某种意义上，就是黄帝文明的有力佐证。

法国 18 世纪著名的哲学家伏尔泰有言："无需将长城同世界上其他古迹相比较，因为其他历史古迹远远不足长城的宏伟。"长城不仅是世界上规模最大的历史文物，更重要的是古代中国劳动人民创造力、智慧的极致。长城不同于一般城市周围封闭的围墙，它是一种彼此相望的城堡和由城墙联结起来的漫长的防御体系。

陕北高原上有史籍记载的长城的出现，是战国时三分晋国之一的魏国在占据西河地后，为防止邻国秦国侵扰的作为。直到战国时期，秦魏大战，魏军败绩，割上郡十五城于秦国后，秦昭王才开始在陕北修筑用于对付北部游牧民族的长城。

大秦帝国统一天下后，秦始皇把修筑长城这一壮举推到一个前无古人的高度。秦始皇为了彻底解除北方边患，开始了北逐匈奴和修筑长城的行动。横贯秦王朝整个北部边地的长城，是在战国时期燕、赵、秦三国北方长城的基础上，加以修缮、连缀和增广而成。从此，世界古代最伟大的工程之一的万里长城，便在我国北方土地巍然雄峙。秦长城修筑时投入大量人力，陕北高原的宜君县有个哭泉，相传就是民妇孟姜女寻找丈夫范杞良时哭出的眼泪。这样，陕北有了一个与孟姜女传说有关的地方，陕北高原上也演绎了一场良妇寻夫的千古道德传奇。

因为西段长城的特殊性，秦始皇在陕北高原设了三道边防，用来加强守备力量。

他派大将蒙恬率兵击溃匈奴后，将 30 万士卒屯边戍守，还派公子扶苏监军。秦始皇出巡病死，十八子胡亥篡权，谋杀兄长，赐死蒙恬。今日扶苏墓和蒙恬的坟茔留在陕北，给黄褐色的高原留下了千古咏叹的话题。

秦直道在历史舞台上的出现，与长城一样，是在当时特定的时空条件下一个杰出的构思，一个既浪漫却又现实的合理行为。秦始皇修筑了连通临洮与辽东，横亘于中国北方的长城后，又下令修建了一个足踏咸阳，头抵阴山，独臂擎起边关安危的战略道路——直道。

直道的修建是秦始皇的大军驱逐匈奴后的第二年，即秦始皇三十五年。《史记·蒙恬传》载："始皇欲游天下，道九原，直抵甘泉，乃使蒙恬通道，自九原抵甘泉，堑山堙谷，千八百里。"秦直道全长 1800 里（约合今 1400 里），南起甘泉宫，北抵九原郡，是由咸阳至九原郡最为捷近的道路。秦直道工程包括选线、施工等在内，它的整个工期只有两年半左右的时间。有了它，也就从某种意义上解除了始皇帝的心头之患，一旦北方边疆有风吹草动，一旦匈奴骑兵来犯，秦王朝的援军就可以循着这条宽阔而便捷的直道，源源不断地直奔九原郡，登上阴山山脉，打击来犯之敌。

二、陕北孕育了怎样的文化形态

陕北独特的地域与历史，造就了陕北文化。陕北文化呈现出这样几种状态：一是陕北山川地理文化，包括陕北的山、水等自然景观呈现的文化；二是陕北历史文化，即陕北这块土地在人类生存与发展过程中所形成的文化；三是陕北器物文化，如交通工具、生产工具、生活用品等与陕北人生存与发展密切相关的器具所呈现的文化；四是陕北精神文化，是指精神层面的文化，反映在陕北人的气质、性格、行为处事，以及风俗习惯中。

宋人庄绰云："西北多山，故其人重厚朴鲁。荆扬多水，其人亦明慧文巧，而患在轻浅。"[1]。陕北独特的地域与历史，造就了陕北人乐善好施扶危济困、崇武尚义英勇顽强、精忠报国鞠躬尽瘁的文化性格。一言以蔽之，可以用大气、包容、担当、进取、利他来概括。

下面，就以闻名于世的"安塞腰鼓"与"陕北民歌"来透视陕北文化。

1　庄绰：《鸡肋集》，11 页，北京，中华书局，1983。

"安塞腰鼓"是陕北高原特有的地域文化现象，也是陕北人精神风貌的象征和符号，而这一切均与陕北古老的历史有关。

陕北高原是连接中原农业民族和草原游牧民族的重要通道，自古以来就是边关要地：秦始皇时期大将军蒙恬，率30万大军镇守陕北，筑长城，修直道，防止匈奴内侵；北宋时期韩琦、范仲淹、沈括等一代武将、文臣来到陕北，领导过抵御西夏人入侵的战争；而明朝时期九镇之一的"延绥镇"长城，几乎承担了明朝中后期北方边境一半以上的防务。可以这样说，"安塞腰鼓"既是古代激励边关将士冲锋杀敌、浴血奋战的号角，也是将士们征战凯旋的欢迎曲。古代战争擂鼓鸣金的场面，永远地消失了。这种激情和力量中的仪式，却深深地根植于陕北这块古老的土地上。陕北的乡间，腰鼓成为一种娱乐形式，于浪漫中宣泄生命的激情，于诗意中追求永恒的精神力量。

20世纪以来，随着中国共产党中央进驻延安13年，以及中国革命取得胜利，"安塞腰鼓"这种原来纯民间的广场文化形式，也渐渐走进庙堂，进入全中国乃至整个世界的视野。20世纪五六十年代，"安塞腰鼓"曾经在亚非拉走红；80年代初，"第五代导演"陈凯歌一炮打响的《黄土地》中的"安塞腰鼓"征服欧美观众的心灵；自80年代以来许多次大型的国家庆典，均有"安塞腰鼓"出场。"安塞腰鼓"所释放出的能量，不仅仅是陕北这块古老的黄土地的地域文化信息，更重要的是它已经成为中华民族坚毅不屈、意气风发、蓬勃向上、积极进取的精神象征。

陕北的鼓文化非常发达，除了有世界闻名的"安塞腰鼓"外，还有洛川蹩鼓、宜川胸鼓、黄陵抬鼓、黄龙猎鼓、志丹扇鼓等等，这叫"多鼓齐打，鼓舞催春"。陕北民俗文化呈现在陕北人日常生活的行为方式中。陕北民歌与陕北说书，就是陕北民俗文艺的代表。

陕北人爱唱歌，尤其是爱唱民歌。陕北有句俗语，"女人们忧愁哭鼻子，男人们忧愁唱曲子。"古人言，"男女有所怨恨，相从而歌，饥者歌其食，劳者歌其事。"在陕北，不论表现喜、怒、哀、乐哪种情感，都是有歌有曲的。陕北民歌内容丰富，题材广泛，通俗易懂，喜闻乐见，易于流传。

从体裁上来说，陕北民歌种类很多，有山歌、劳动歌曲、小调、秧歌、风俗歌等形式。信天游，是陕北民歌中最具代表性的一种体裁。由于"信天游"声名远播的原因，人们一提到陕北民歌，自然会想起"信天游"。"信天游"，也叫"山曲儿""顺天游"。顾名思义，顺天而游，自然是民歌手们随心所欲，信马由缰地唱出来的。唱给大自然听，让它随风游走。它节奏自由，音域宽广，高亢奔放，成为陕北民歌中最为璀璨夺目的明珠。我国现代文学史上，诗人李季创作的著名长诗《王贵与李香香》就是用信天游的格式写成的；诗人贺敬之的《回陕北》，也是模仿信天游的典范。"东山里的糜子西山里的谷，黄土里笑来黄土里哭！"陕北民歌以其博大的内容，活泼的形式，自由的节奏，优美的旋律和精妙的语言，在中国艺术史，乃至世界艺术史上都留下了灿烂的一章。

陕北说书这种陕北民间的说唱艺术，某种意义上是陕北民歌的一个变种，深受陕北人喜爱。陕北传统的说书艺人，基本上是盲人或半盲人，为了养家糊口，身背三弦或琵琶，手持木棍，走村串户招揽生意。他们说书的内容，大体上可分为神话故事、民间传说、历史演义、公案传奇、忠臣孝子、农民起义、男情女爱等。他们的社会身份极低，往往被人们瞧不起。陕北说书真正获得新生，是在陕甘宁边区时期。劳动人民成为社会的主人，陕北民间艺人的社会地位空前提高，成为文艺工作者宣传和介绍的对象。新中国成立后，陕北说书已不再是盲人借以谋生的一种手段了，它成为真正的民间艺术，成为一种综合的说唱艺术。

陕北人的文化性格，以及这块土地上的文学特征，自然与这个地域的自然景观、风土人情、人文文化相对应。陕北文学是建立在对于陕北自然界雄奇阔大的物象与意境审美选择基础上的情思投射，表现出崇高、厚重、气韵宏大等美学特征，如无尽黄土、咆哮黄河、沉厚黄帝陵、宏大长城、苍凉秦直道等，均构成陕北作家传达情思的重要载体。

陕北人有抱负、敢谋大事、善成大事的文化性格。陕北是古代游牧民族与中原农耕民族冲突对峙的高地，这里的民族融合相对较为充分。陕北人的自信与气质中，既有汉民族的文化基因，也有北方游牧民族的文化基因。故而陕北人能吃苦，敢担当，有包容精神，在文化精神风貌上有"大气、包容、担当、进取、利他"的特征。

陕北是块刚健、硬朗的土地，陕北也是块梦幻者的土地。那漫无边际的黄褐色土地宛若波澜壮阔的海洋，每时每刻都孕育着新的生命和新的向往。500年前，李自成的一杆"闯王"旗搅翻了明王朝；500年后，无数仁人志士为共和国的诞生洒尽了最后一滴鲜血。

我以为中国革命之所以选择陕北作为"落脚点"，一个非常重要的原因是，革命的理想主义与陕北人骨子里天性的浪漫主义性格形成天然的契合性关系。这才是中国革命在陕北既"落脚"、又"出发"的内在文化逻辑。

这样，延安才顺理成章、合理合法地成为"中国革命圣地"——中央红军长征的落脚地；全面抗战的策源地；新民主主义革命的试验地；毛泽东思想的诞生地；延安精神的发祥地；夺取全国胜利的出发地，等等。

三、路遥拥有怎样的陕北文化性格

路遥在文化性格上继承了陕北人有抱负、敢谋大事、善成大事的性格。我在多种场合谈过，一部优秀的文学作品，与作家的"才、胆、力、识"分不开，路遥创作《平凡的世界》时，拥有这样三个方面的特点：一是深邃的历史理性，二是迎风而立的勇气，三是坚韧不拔的意志，这三者缺一不可。

司马迁在《史记·六国年表序》中言："夫作事者必于东南，收功实者常于西北。"北宋关学大师张载言："为天地立心，为生民立命，为往圣继绝学，为万世开太平。"西北人性格朴鲁执拗，既是缺点，更是优点。这是做事的基本方式，也是"一根筋精神"。

具体到路遥，他是陕北人，柳青是路遥的"文学教父"，路遥在诸多场合有过这样的表述，他也撰写过《柳青的遗产》《病危中的柳青》以表达对柳青的敬意。因为生身与成长之地域的相似性，文化认同的相近性，故路遥从一登上文学场，便一直默认柳青就是"文学教父"，从柳青的言传身教中收获好多东西。李星言："熟悉柳青的人，包括他的朋友和敌人，都没有像一个只和柳青匆匆几面、远远不可能成为'忘年交'的朋友的年青的路遥，如此深入地理解他，准确地抓住了柳青心理、性格、气质的最突出、最根本点。更为可怕的是，一个刚刚走上文学之路的年青人，在自己的事业大门还远未打开时，就借柳青之身，袒露心扉，预设了自己全部的心灵世界和人生目标：在一切领域一切事情上都要比别人强，都要当'排头兵'，即使快要倒下去的时候，他也要把所有的'文学健将'甩在后头。"[1]。路遥与柳青在文化认同上具有相近性，在性格、心理上具有相似性，这样他自然认同柳青的创作观，也在方方面面向柳青学习。

1983 年路遥中篇小说《人生》获全国第二届优秀中篇小说奖时，中国作协书记处书记冯牧讲："现在青年作者，学柳青的不少，但真正学到一些东西的还是路遥。"[2]。1985 年，路遥在创作《平凡的世界》之前，已经认真研读过 7 遍柳青的《创业史》，也决心像柳青一样创作一部史诗性巨著。这样，他才下定决心，决心用几年工夫创作一部"六卷、三部、一百万字"全景式反映中国城乡社会史诗性变迁的现实主义力作，决心把人物命运放置在社会历史的"大转折时期"，决心"献给生活过的土地与岁月"。

1　李星：《还原一个形神兼备的路遥形象——评厚夫〈路遥传〉》，载《文学报》，2015-02-12，第 19 版。
2　王维玲：《岁月传真——我和当代作家》，北京，首都师范大学出版社，2009。

路遥当年创作《平凡的世界》时，是在不被文坛看好的情况下，在强大历史理性的指导下，敢于"背对文坛，面向大众"，用坚忍不拔的意志来完成《平凡的世界》的创作。1991 年 3 月，路遥《平凡的世界》荣获全国第三届"茅盾文学奖"，著名评论家冯牧进一步认为，如果全国进行文学比赛的话，陕西是当之无愧的冠军。从杜鹏程的《保卫延安》、柳青的《创业史》到路遥的《平凡的世界》，都在中国文学史上占有灿烂的一页。

现实主义的创作方法是把人物命运放置在重大历史转折时期加以呈现，在写作上采用"历史书记官"的方式真实地刻画人物在特定历史时期的命运。这样的创作姿态，势必要求创作者要站在历史的高度上，用手中的笔书写历史诗意。这样，要求作家必须拥有驾驭宏大叙述的能力，要求作家必须拥有史诗情结与结构能力。就陕北人的性格特征而言，这种长篇小说的结构方式正好契合了其宏大的性格特征。现实主义史诗性小说的创作观，契合了路遥的文学理想与人生担当。

四、敢于讲好"中国故事"

路遥 1988 年创作完《平凡的世界》后，在给《文学评论》常务副主编蔡葵的通信中说："当别人用西式餐具吃中国这盘菜的时候，我并不为自己仍然拿筷子吃饭而害臊。"路遥这句在 38 周岁时写下的话，某种意义上就是他的核心"艺术思想"。这句话的潜台词就是"一位作家的艺术个性应该与民族文化的土壤相契合"。这句话与"弘扬中国精神，传播中国价值，凝聚中国力量"有诸多相似性。不过，路遥的话是 30 多年前讲的，后者是中共中央政治局关于《关于繁荣发展社会主义文艺的意见》中的行文表述。

柳青《创业史》与路遥《平凡的世界》，均是在讲好一个"中国故事"，均是对"中国精神"的展示。"中国精神"为何？我以为就是中国哲学经典《周易》中的两句话："自强不息"与"厚德载物"。这两句话是对中华民族基本品格的最具逻辑性的概括，也是中华民族精神的最准确写照。柳青《创业史》写"农业合作化运动"的形成，但其核心是写梁生宝等人在异常艰难困苦的情况下，如何走"组织起来"的道路。"组织起来"所呈现的价值核心，即"兄弟同心，其利断金"，这也是自强不息的一种诠释。而《平凡的世界》则更是以孙少安、孙少平两兄弟的奋斗串联起中国城乡社会普通人物的命运。小说中的孙少安是立足于乡土的现实奋斗，他为了让村里社员们吃上饭，毅然打破"大集体"的大锅饭。这种情况，在形式上与梁生宝的集体意识与担当精神相悖，但其实是另一种担当，另一种责任。而孙少平则是拥有现代文明知识，渴望融入城市的"出走者"，他渴望自强与自立，自尊与自爱，渴望自身心灵的解放。如果用一个关键词来概括《平凡的世界》的价值取向的话，我以为此书是一部"让读者向上活"的书，因为它提供了鼓舞读者向上与向善的正能量。其向上，与"自强不息"相一致；其向善，则与"厚德载物"相一致。

与我国众多现实主义小说不同，《创业史》与《平凡的世界》在精神追求与价值取向上有惊人的一致。这种一致，就是用"中国故事"的方式，弘扬了"中国精神"，传播了"中国价值"，凝聚了"中国力量"。事实上，剥离小说的语言与结构之后，小说的核心价值才是读者所认可的。而《创业史》与《平凡的世界》用"历史书记官"的方式，通过突出的细节刻画，为读者展示了时代精神，展示了中国精神，这才是这两部小说以现实主义方式赢得历史尊重的核心原因。

五、余论

路遥的这种执着精神，既是其个人魅力的彰显；也与其所拥有的陕北精神血脉不无关系。陕北自古是征杀伐掠之地，也是中原农耕文明与草原游牧文化交锋、对峙与充分融合之地。陕北人在先天的文化血脉中就拥有敢于承担和宽容、包容之气，不排斥外来文化，同时又坚持自我品格。

习近平总书记曾反复说过："陕西是根，延安是魂，延川是我的第二故乡。"2015年2月，他回到梁家河村后激动地说："我人生的第一步所学到的，就是在梁家河。不要小看梁家河，这儿是有大学问的地方。"某种意义上，梁家河村是陕北农村的缩影。习近平当年"能吃苦、爱学习、善思考、敢担当、有作为"，是因为他在这里找到了温暖、找到了前行的精神动力，是因为他的内心的理想需求听明白了土地、时代与历史的召唤，从而勇敢地追求进步，勇敢地进行最初的人生实践。我以为，习近平的人生理想与治国理政的最初实践，可以在梁家河村找到最生动的注解。

从这个角度讲，我以为了解陕北历史、陕北文化以及陕北英雄路遥的故事，也是非常有意义的，对于我们思考中华民族伟大复兴中国梦的精髓也会打开新的窗口。今天晚上的《路遥与陕北文化血脉》，也就权当是献给同学们的一次文化之旅吧！谢谢大家。

整理：王一波

第十三讲
新时代的中国全球文化战略[1]

◎ 刘　康

　　美国杜克大学亚洲与中东研究系教授，杜克大学中国媒体研究中心主任，上海交通大学致远讲席教授，欧洲科学院外籍院士。学术研究主要涉及全球化与中国当代文化思潮、美学与中国马克思主义、当代西方学术观察及传媒与意识形态研究等领域。主要著作有《对话诗学：巴赫金文化理论》《文化·传媒·全球化》《全球化与中国当代文化变迁》等。

　　今天很荣幸有机会到清华大学跟各位同学交流。美国的私立大学上课规定学生不能超过 18 个人，有时候我课上得比较好时，学生会来得多一点，最多的时候能有 22 个学生。所以，现在有这么多的老师、同学听我讲课，我也感觉到很兴奋，很荣幸。

　　刚刚召开的中国共产党与世界政党高层对话会（2017 年 11 月 30 日—12 月 3 日），我有幸去参加。今年会议规格比较高，也第一次叫高层对话会，习近平总书记亲自出席，并致开幕词，这是一个特别难得的机会。对我来说，这是第四次参加这个会。中国共产党与世界政党对话会过去开了三次，今年是规格最高的，有政党的，还有学术界的代表参加。会议结束没几天，这个感觉还特别的新鲜，尤其是亲耳聆听习总书记的讲话，感觉很亲切。习总书记讲得非常精彩。今天也是借这个机会给大家分享一下我的一些感受。

　　习总书记在开幕词中说："世界各国人民都生活在同一片蓝天下，拥有同一个家园，应该是一家人。世界各国人民应该秉持'天下一家'的理念，张开怀抱，彼此理解，求同存异，共同为构建人类命运共同体而努力……你好我好大家好的理念。"我记得当他说"我们一定要建立一个你好我好大家好的人类共同家园"时，全场掌声雷动，你看这话说得多么亲切。还有一段话我印象特别深刻，"我们要努力建设一个远离恐惧，

---

1 演讲时间：2017 年 12 月 7 日。

普遍安全的世界。我们要努力建设一个远离贫困，共同繁荣的世界。"我想在座的几百个参会政党和学界的代表立刻就听懂了，而且立刻就联想到这是对70多年前美国罗斯福总统讲话的呼应。1941年，美国国会正式向世界宣称：美国要为了和平而参与战争。总统罗斯福进一步说，我们参与第二次世界大战，除了追求美国宪法讲的言论自由和信仰自由之外，还要追求免除匮乏的自由和免除恐惧的自由。因此，70年后，当世界进入全球化的时代，习总书记对罗斯福的话做了一个志存高远的回应，向世界表明了中国的立场，现场听众的热烈反响就表明了这一点。

中国共产党历来有深厚的人民情怀，不仅对中国人民有深厚的情怀，而且对世界各国人民有深厚的情怀，不仅愿意为中国人民造福，而且愿意为世界造福。中国共产党是世界上最大的政党，习总书记说，大要有大的样子，有大的气派，中国共产党所做的一切就是要为中国人民谋幸福，为中华民族谋复兴，为人类谋和平与发展。我们要通过推动中国发展给世界创造更多的机遇，通过深化自身实践，探索人类社会发展规律，并同世界各国分享。习总书记的这些话在当下世界出现"逆全球化"思潮的背景下都是特别振奋人心的。

最后他又强调，"我们不输入外国模式，我们也不输出中国模式"。不要求复制中国的说法，这是他一贯延续的，我记得大概是六七年前，当时习近平是中国国家副主席，到墨西哥访问时，对当地的华人说，我们既不向国外输出革命，又不向国外输出贫困，他这话一直延续到今天，还坚持这么一个理念，我们不输入外部模式，我们要走中国的路，同时我们也不输出中国模式，不像美国那样要向全世界输出美国的模式，中国不这样做。习总书记既有大国领袖的气派和胸襟，同时又有对世界局势非常清醒和理性的认识，我们不需要输出中国模式，我们构建的是一个人类命运共同体。

这也是我在1年多以前发表在国际传播期刊上的文章中的观点。实际上我在最近这10年内，在各种各样的场合，英文的场合、中文的场合，学术的论文、媒体都在说同样的意思。我在人民大会堂听到习总书记报告以后备感亲切，因为习主席讲的话就讲出了我心中要说的话。我一直在思考的问题，习总书记给了我一个非常明确的答案。

中国现在要做一个引领世界的全球性的大国，如何从一个领导型的全球大国的视野来确定我们的国际地位、国际形象？这是我思考的一个问题。大国的胸襟和事业、大国的义务和职责，首先体现在如何与世界各国人民共享资源与成功，要对建设人类命运共同体做出贡献，这个就是一个全球性大国应有的核心价值。在这次中国共产党与世界政党高层对话会的闭幕式上，中央政治局委员杨洁篪同志在闭幕演讲中说，这次会议上习近平总书记的讲话向全世界昭示了十九大之后的中国共产党的价值观，即构建人类命运共同体。十八大以来,全世界都在瞩目中国,看着以习近平同志为核心的中国共产党往什么方向去,究竟想有一个什么样的全球战略愿景。这次我有机会亲耳聆听习总书记告诉我们,这就是我们的一个愿景,这就是我们的一个全球战略。中国共产党作为一个领导型的全球性大国,如何孕育、建构、传播中国的普世关怀,共享的胸怀和人类情怀,如何让全世界人民由衷地赞美和信服中国的引领地位,现在已经提到历史日程上。对于这些问题和关切,习近平总书记给了我们一个志存高远、非常明确而激动人心的回答。

下面再来深入探讨一下,如何从人类共同价值观的高度来讲述中国对构建人类命运共同体的宏伟愿景。这个愿景给我们树立了一个非常宏大的理论视野或是一种价值体系,即应该以构建人类命运共同体为目标,与西方主导的普世价值形成一个协商与竞争的格局,最终要为全球中华的政治、经济、军事等硬实力发展,提供价值观与世界观的软实力的基础。

十九大报告明确宣示,中国特色社会主义进入了新时代。在新时代全球战略的引导下要推动文化与思想的进一步改革开放,确立中国在全球的话语权和领导权,这是一个非常宏大的目标,在十九大的报告上有非常详尽的描述,其核心思想就是推动构建人类命运共同体,我建议英文翻译的是"commonwealth of humanity",简洁准确。现在官方的翻译是"community of shared future for mankind",意思表达得很全面,缺点是比较长。

我们这一代出生于 20 世纪 50 年代的人是中国改革开放最大的受益群体之一。就我个人而言,20 世纪 80 年代初,我是国家公派的第一批留学生,在美国读书工作已经 35 年了,所以改革开放以来中国的走向,中国的命运跟我们息息相关。我这些年来做的事,就是从世界的角度看中国,从中国的角度看世界。我们需要做的是要思考中国的特殊性,我把它称之为中国特殊性与普世价值之间究竟是什么关系,这需要一个宏观的思考。现在我们有很明确的答案,非常大的框架,要构建人类命运共同体。在这个时候我们得想一下中国现代化,中国的改革开放,实际上是世界现代化与全球化不可分割的环节。我们现在的说法是中国从站起来、富起来,到强起来,中国强起来的时候,我们要建立一个什么样的世界形象,向世界推行一个什么样的价值体系,现在习总书记给出了一个明确的答案。我的理解是,中国在与世界打交道的过程中,要靠文化上的感召力与领导力,而不是利益至上的思维方式。

曾经有一段时间,学术界和舆论界有关于中国和平崛起的讨论。一些学者认为,我们要与大国建立利益共同体。我就在各种场合对此提出反对意见,说点难听的,那就变成了"富国俱乐部",变成了"酒肉朋友俱乐部"。当然在国际关系中,利益是肯定要讲的。在错综复杂的国际关系中间,起码有三个关键性因素。第一个就是利益,政治、经济等各方面的利益。另外两个是国家实力和周边环境构成的地缘政治,同时,价值观也不可或缺。如果这三个中间缺了一个,国际关系和一个国家的全球战略都会出问题,所以我们有这样的一个构想,要依靠文化的感召力与领导力,不是利益至上,而是一个以价值观为核心的价值体系。我们现在提出要构建人类命运共同体,这是站在价值观的维度,也就是说要建立人类价值观问题,融会西方主导的普世价值与世界多元的文化价值。对于中国来说,需要做的是在文化和思想上,在价值体系上要进一步地改革开放。这样的话,我们才可以扎扎实实地确立和贯彻新时代的全球战略。

在实施全球战略之前,我们要搞清楚,什么是西方普世价值?一般认为有两个源头,一个是希腊、罗马源头,一个是犹太教、基督教的源头。这几个源头源远流长,有三四千年的历史,其基础实际上是犹太基督教的一元神论,一元神论不仅仅是犹太宗教,也包括伊斯兰教,具有一定的排他性。

中国人不属于犹太基督教的价值观的历史文化圈,我们有自己的传统,是不是要顺着犹太基督教的路子走呢?答案应该是否定的,但是我们不是全盘否定,所以普世价值观的说法,我觉得从这个角度上我们需要修正或者跟它协商,不要去跟它竞争。我们不应该跟着它这个路子走,应该共同探讨一个更加包容的人类共同价值观,而不是一个普世价值观。现在的西方普世价值观,从文艺复兴到启蒙运动,经过了两三百年的演变,现在是美国扛着大旗。自由、民主、人权、法治、市场化,这些都是好东西,是人类都应该接受的东西。这些价值观实际上已经写进了中华人民共和国的宪法,也纳入到了社会主义核心价值观当中。但这还不够,中国的传统文化价值观就没有被包含进去。中国的文化价值观是丰富多彩的,儒道释法诸子百家,是非常丰富多彩的。儒家讲的仁义礼智信,道家讲的道法自然,中国式的佛家讲普度众生,中国更强调和谐的天人合一,天下为公。这些是中国独有的东方的价值观,这些一定要成为人类共同价值观的核心组成。

总结一下,西方普世价值有自由、民主、人权、法治和市场化,中国有儒释道法诸子百家。我在这里修正一下,儒释道法诸子百家不是儒家文明,在中国有一个根深蒂固的观念,中国传统文化中儒家的分量很重,但它绝对不是核心,绝对不是涵盖中国传统文化的一切。中国传统文化博大精深,儒、释、道法诸子百家很多,内容非常丰富。中国近现代也接受了先进的西方理念,提出了德先生、赛先生、三民主义。中国共产党成立以后,为中国争取民族解放独立提出了自己的立场鲜明的价值观:民族解放、人民当家作主。1949 年中华人民共和国成立就提出了自力更生，为人民服务，这些价值观都是中国特有的。

世界发展前进到今天，世界文化发展的趋势应该是多元化、多样化和差异化，这是当代世界的主要趋势。改革开放 40 年来，社会、文化和观念都发生了很大变化。进入新时代，我们应当加强文化自信，构建融通中外的价值体系，向世界讲好中国故事，传播好中国声音。

刚才讲了一些比较宏观的感想，再探讨一些比较具体的做法，比如怎样让中国文化走出去。我做过这方面的工作，也有一些经验，跟大家一起分享，也希望听到各位的批评和建议。首先要讲好中国的故事，让我们的中国风格、中国气派、中国话语成为全世界老百姓喜闻乐见、真诚拥戴、由衷赞美的全人类的话语。我这次感受特别深的就是现场听习总书记的讲话，能够感觉到我周围的外国人他们能够听得懂，这些话并不复杂，特别能够打动人心。打动人心首先要让人听得懂，不要用太深奥的中国特色的政治话语来讲。习总书记讲的话都是非常贴近老百姓，"你好我好大家好，建设人类共同的大家园"，一听就明白。毛泽东、邓小平等领导人的讲话也采用这样的接地气的方式，这是中国共产党宣传工作中的一个非常好的传统。

在增强中国文化软实力的具体实践中，应当从这些最贴近生活的角度来推动中国文化，比如中餐。不是说我是美国人，我就喜欢吃麦当劳，美国人也喜欢吃高大上，最高级的餐饮，它是有排行的。第一个是法餐，第二个是意大利菜，而中餐排的位置并不高，应该排在日餐，甚至排在韩国和泰国后面，为什么？因为中餐在国外基本上是快餐，欧美国家的中餐跟真正的中餐完全不是一码事，这就需要我们下大气力推广中餐。

实际上各国政府都在力推他们的餐饮文化。我有一年到多伦多去开会，当地搞意大利餐饮节，全部免费，人山人海，意大利大使亲自主持开幕式，多伦多市长也出席。前段时间我们去瑞典，市政广场也是人山人海，搞韩国餐饮文化节。类似这样的做法我们要借鉴，把真正的中餐文化推向国际。

还有一个做法，我们应当借船出海，造船出海，两者齐头并进，让中国文化走向世界、融入世界。1975 年，"文化大革命"还没结束，周恩来总理病重，邓小平同志主持全面工作。他就提出来一个思路，中国现在需要的是借船出海，而不是要造船出海。我们现在不用花那么多代价去造船出海，借船租船照样能出海。

2007 年以来，我们投入巨资让六大中央级媒体走出去，在全世界开办孔子学院，这就是造船出海。除此之外，我们还应借船出海，这也有几种方式，一种是借助于外国的媒介来传播中国文化，效果来得比较快。例如，莫言得了诺贝尔奖，这个不是中国主导的，我们没有花大力气包装推出莫言，主要是美国的出版商和欧美的文学评论家把他推出来。还有中国电影，也是借助于外国人的力量把陈凯歌、张艺谋、贾樟柯等第五代、第六代导演推向世界。这些都是借船出海的成功案例。

在这方面，我提出了一个由学者主导、媒体参与、政府支持的国际媒体交流的新模式。在成都2011年，柏林2012年，南京2013年都做了很成功的媒体交流，怎么做？简单来讲就是把这些著名的国际媒体、著名的记者请到中国的城市来，不是一线城市，不要到北京、上海，而是到成都、南京这样的地方，他们非常好奇，非常想知道中国城市的发展变化，让他们做深度的采访交流，一般都是一个星期，深入基层。他们回国后写了大量的报道，非常客观、公正地报道了这些城市的市政建设、文化建设、教育等方方面面。另一方面，中国记者也到世界各地去采访交流，我组织了中国记者去柏林采访，还有中东地区，中东是一个高度敏感地区，我们也需要有一些积极的、建设性的参与。我们组团到那儿去，政府给我们支持，让记者以民间使者的身份去，这也是借船出海的思路。我就说这么多，下面我来回答大家的问题。

问答环节：

问：老师您好，我是新闻与传播学院的博士生，我注意到习主席在多次讲话中强调外宣中西强东弱这种格局，最根本的原因是我们的对外话语体系没有建立起来，因为我之前是学政治学的，我就对政治话语建构比较感兴趣。在建立中国自己的政治话语体系的时候，这方面请问您有哪些高见？

答：你这个问题很重要，用一两句话简单回答是很难的。但现在有了非常好的答案。刚才我提到的习总书记在这次论坛上的讲话，高度凝练了党的十九大的报告，就是中国怎么样推动一个全球的话语体系，他一条一条讲得非常清楚，而且涵盖面非常广，我们是构建一个宏大的、兼容并包的人类命运共同体。在这样一个共同体下面，我们都可以交流，我们什么事情都可以谈，我们不要跟你对抗，我们跟你共同协商，这样的话我们才能达到理想的效果。回到他那句特别接地气的话，就是"你好我好大家好"，我们不要搞意识形态的对抗，所以他特别强调我们不输出模式，也不输入模式，输出和输入的模式都有非常强烈的意识形态色彩。美国整天说要传播民主自由人权的这个全球价值观，而且它有非常多的限定，什么叫民主，什么叫人权，什么叫自由，都是非常具体的，他说你们最好都按照我们的模式来，所以美国是在向全世界，只要有机会一定输出它的模式。相比之下，习总书记明确讲，我们不输入你的模式，我也不输出我们的模式，这是一个特别高明的回答，我们不要跟你对抗，我们可以跟你对话。在对话的过程中间，慢慢地竞争，慢慢地比较，看看究竟是谁能够得到全人类共同的拥戴，我觉得全人类共同拥戴，发自内心的对你的认可，这个比什么都重要。

问：老师您好，我是清华附中的学生。学生可能受到西方文化的影响比较严重，很多人对我们的文化比较不自信，更加欣赏西方文化。您刚才讲到以全球眼光来看，希望中国文化走向世界。可是一些国人并不认可自己的文化，反而更加崇尚西方文化，您怎么看这种现象？

答：这个可能关系到中国人怎么对待世界各国的文化以及世界文化怎么对待中国，你要站得更高一点。世界是一个多样化的、丰富多彩的存在，各种各样的观点、各种各样的文化，要让它们共荣共存。我们再回去看习总书记的讲话，其实都讲到了，我再把他的讲话精髓强调一下，既然我们是一个开放的国家，我们接受全世界最好的文化，我们希望能够构建一个人类共同的家园，也就是人类命运共同体。我觉得他讲的实际上是中国改革开放以来，将近 40 年发展的一个必然的趋势，这个路必定要走下去，越走越宽，越走越开放，中国是越来越开放的，为什么呢？因为走到这里挡不住，中国是挡不住的，世界任何力量都挡不住中国，中国越来越融入世界，世界也越来越融入中国。这是一个大潮流，我们要认同这个大潮流，并站在这个潮流的前面，引领这个潮流。所以，我觉得习总书记的讲话特别鼓舞人心。虽然这是中国共产党与世界各国政党对话会，他没有讲我们共产党要解放全人类，要把共产主义的红旗插遍全球，从来没讲过。他讲的是我们要构建人类命运共同体。仔细想想，这其中也包括了共产主义的信念，他强调的是世界发展的潮流，势不可当的是人类会越来越包容、越来越开放、越来越变成一个共同体，你认识到这个潮流，站在这个潮流前面，那么你就应该有信心，我觉得我们大家都应该有信心。

整理：徐雅倩

理论与范式

第十四讲
何为问题，如何研究 [1]

◎ 卜 卫

中国社会科学院新闻与传播研究所教授、博士生导师。自 1997 年担任媒介传播与儿童发展研究中心主任，并兼任英国救助儿童会的顾问，联合国儿童基金会的儿童保护、艾滋病、传播等部门的顾问。主持课题研究，包括国家社会科学基金课题"大众传播对儿童的影响"和联合国儿童基金会等国际机构的儿童研究项目。所著《进入地球村——大众传播与中国儿童》为我国第一本有关儿童与传播的研究著作。

大家晚上好，非常感谢李彬老师的介绍。这是李彬老师给我的命题作文：何为问题，如何研究？我按照这个问题准备了一下，何为问题，我想这个问题指的是研究问题，不是日常生活中的问题，一开始想给大家介绍什么是研究问题，以及提出研究问题的重要性。第二个是在操作层面如何发现、提出研究问题。还应该有一个对研究问题的反思，这涉及研究政治和研究伦理，就是提出的问题是哪个阶层的问题、谁的问题、对谁做研究、与谁合作做研究、谁的研究问题再现，其实都是我们背后的价值观和意识形态在起作用。今天主要给大家介绍这几个部分的内容。

给大家介绍下我的研究。我主要做的是传播与社会发展研究，主要研究在国家、国际或社会的发展过程中，那些拥有最少资源或权力的人群，如何利用传播的系统和传播的传统来改善自身状况。比如我们现在正在研究农村的健康扶贫，以及社会变革10 多年来如何推动反家暴立法。在研究过程中，我们有一个对发展话语的批评，也叫批判的发展传播学或者社会变革传播学。

我刚参加了外交部主办的发展国际论坛，纪念《发展权利宣言》通过 30 周年，那就是集中于流动劳工、农村贫困人口、青少年、女童、残障人士、艾滋病感染者等弱势群体的传播。他们的研究，也为预防和干预人口拐卖、针对妇女儿童暴力和促进公

1　演讲时间：2016 年 12 月 8 日。

共健康等发展领域的重要议题提供研究数据和政策咨询。这是我 20 多年做的研究，在这方面比较有经验，但不是全面的覆盖，因为我不做主流的大众传播研究，比如，怎么将大众媒介做大做强，互联网治理，这是传播学的显学，却是我的局限，所以大家听的时候要知道我有这样的局限。

我会从我的研究和经验出发，来介绍关于研究问题的几个部分，我自己也有一些传播的背景，我的主要工作要做大量的田野调查，20 多年来以参与者的身份与研究对象一起工作，他们和我们一起看。我们有时候也叫参与式行动研究，他们有什么样的问题，研究这些问题，看怎么样在社区解决，所以在发展传播学里有"项目"这个词，我们会先做一个 baseline survey，即关于它现状的"基线调研"，做完研究以后我们会施加一些行动，5 年、7 年以后看看有没有改变，项目成功以后可以向全国推广。现在有一些干预的项目已经在全国推广。这是我的背景，就是我们没有绝对的研究对象，通常是和研究参与者一起做研究，我自己也在很多的劳工组织和妇女组织担任顾问股东专家或者理事，我参与他们的项目，他们也参与我的研究，看看怎么样把社会改变得更好。

一、什么是问题

我理解这里的问题指的是研究问题，任何研究会起源于一个问题。什么叫研究？研究就是要解决疑问，通过科学方法寻找答案的一个过程。我指导过一个博士，他的研究课题是"传播活动到底对发展中国的农业有什么作用"？这是他感兴趣的问题，然后他就根据研究目的，选择一个村庄作为样本，进行参与式观察、焦点小组访谈，最后他得出一个结论：传播有什么用？可以提高意识、组织动员、发展集体行动、帮助生产者和消费者建立稳固的联系。当然为什么要搞生态农业，我们现在的农业，或者整个的消费社会的流程，它是有中间商在中间环节中做了很大的盘剥，农民得的很少，消费者得的很贵。很多的生态农业，比如像社区支持农业这样的项目，它实际上是把城市的居民和农民联系起来，城市居民重返土地，重建与土地的联系，消灭了中间商，这样双方都可以获益。所以他在观察，传播者、消费者怎样能帮助他们建立或者重建这种联系，怎么样拓展这种空间？这是先有一个问题，然后再去做。无论是博士论文还是硕士论文，首先要看提出什么问题，这个问题有没有学术价值，有没有社会意义，作者是否在遵循科学研究方法的基础上，来回答这个研究问题，有没有新的创建，所以提出和回答问题是研究的核心。

何为问题，如何研究？其实在你提出问题的时候，你就设定了研究的立场，你提出研究问题的过程，也是研究的过程。在此我想给大家区分一下，我在看硕博论文的时候，大家分不出什么是范式、什么是主题、什么是问题。在大多数情况下，我们提出一个研究问题，它不会是一个孤立的问题，一定要有一个学术背景、研究范式。比如大众媒介中是否存在性别刻板印象？这是一个研究问题。大众媒介要做界定，什么叫性别刻板印象？关于刻板印象，在大众传播学中有很多的研究，可以做定量的衡量，先把它操作化，性别刻板印象是什么样，有什么操作指标，然后去测量，最后得出一个结论。背后是女权主义性别研究的学术背景。

很多学生对这个问题比较感兴趣：互联网使用是否对青少年有负面影响？这个问题的学术背景是媒介效果论，或者叫技术中心论，或者叫媒介与青少年研究，或是对技术中心论的反思等等，它背后也有一定的范式。这样的问题应该怎么做研究？还有像边缘群体如何改善自己的处境？这是属于发展传播学研究、新媒体研究以及社会学分层研究的范式。

当你提出一个问题，它不是孤立的，背后是有东西的，背后最大的部分是范式，一个领域，这个领域是这个研究问题的研究范例，或者模型。所有的范式都有自己的中心问题、概念术语、理论假设和研究方法、理论盲点。这些要素组成了一个范式，这些要素成为这个研究领域的社会现象的一个参考准则。提出一个研究问题，你就可能落到了一个范式里，这个范式成为你做研究的一个参考准则。比如我们提到的效果研究、议程设置、沉默螺旋、新马克思主义传播研究等等。我们能准确区分这些领域是因为它们的范式是不一样的。

每一个范式都有它的价值观，很难做到研究是客观中立的。你选这个题目不选那个题目，你的价值观在起作用，每个范式都有价值观，因为范式不仅包括研究者陈述拿来的事实，也包括对这些事实的评价。不同范式的人会注意不同的社会事实，传统的传播学经验研究比较重视微观的效果，批判学派比较重视社会宏观的控制，每个范式都有自己认为最重要的问题，而对同一个问题，也有可能有不同的看法。比如人口过剩，马尔萨斯认为，人口过剩是人口自然增长的反映，马克思认为人口过剩是资本主义发展导致劳动力过剩的结果。同样的现象有不同的解释，看落在哪个范式里。每个研究者进入每个领域都要反省这个领域的范式涉及的价值观，这种反省可以促进产生有价值的研究思想。每个研究范式都有它的概念和同行术语，你要找到你的同行。比如，香农的传播模式，中心概念是信源、信息发射器和信号噪音、接收器和熵等。

你在一个领域内理解和应用一些基本概念的基础上，可以进行创新。比如一些大众传播学的书，强调发出信息的含义和接收信息的含义一致性的问题，把传播学中的信息概念发展成了符码概念，对这个范式有了一定的创新。

研究范式还包括方法。每种范式都有相对稳定的研究方法，因为不同的范式会注重不同的研究主题，而方法是由研究主题决定的。学生经常问我说，老师我应该用哪种方法？不是应该用哪种，而是看你的研究问题适合用哪种研究方法，没有一种研究方法比另外一种研究方法更先进或更落后。

每一个研究主题在长期的研究实践中都会找到最适宜的研究方法。比如态度改变，历来都是用一种控制实验；比如你要做思辨研究，不好做；民意研究的经典方法就是社会调查，或者收视率调查；把关研究就会采用个案、观察的方法；像麦克卢汉的一些范式，显然是以人文的方法进行研究的。研究者在面临一个既定的研究主题的时候，发明新的方法的可能性极小，特别是硕士和博士，除非研究者遇到一个新问题，没有适宜的研究方法，因此在多数研究中，多数研究者都要学习和遵从一定的研究范式。为什么要讲方法课，就是这个道理。

举几个范式的案例。比如说文化研究，它的中心问题是，探究不同阶层的人群对文化的态度和使用方式，并对其进行批判性解读。基本假设是强势文化渗透并侵入了各个阶层，人民是权力等级的一部分，而媒体作为一种精英群体，会对被压迫群体行使他们的权力。我进入文化研究领域掌握这些概念术语，人民的权力、马克思主义、意识形态、文化战争、霸权与反霸权、虚假意识或者是虚假意识形态、受众解码，还有被霸权主导的立场。它的方法经常是以思辨研究和经验研究中的定性研究为主。

我自己也在做女权主义媒介研究，中心问题是，大众媒介在建构性别权力关系中如何起作用，起什么样的作用，如何把这些作用变成促进性别平等的正面作用？它的假设就是它的负面作用，价值观就是它的社会性别概念。基本假设是，作为资本主义的工业，大众媒介建构了扭曲的性别形象。女权主义者要揭露、批判和反思其建构的形象对社会和对人的影响。女权主义的概念术语包括社会性别、文化研究、编码解码、刻板印象、色情、意识形态、政治、父权、肥皂剧、浪漫小说、通俗文化等等。它的方法有一开始做的定量、内容分析，也有很多研究受众的，也用了定性的方法，比如获取女性对于肥皂剧的经验，这样他在这个领域研究受众的时候更倾向于定性的方法。

另外一个研究案例是流行音乐。法兰克福学派比较强调对大众文化的批判，认为流行音乐是工业化的产品，导致了人民文化的丧失，所以它批判流行文化。早期的英国文化研究，认为大众文化是文化的民主化。你可以看到每一个学派每一个领域，对同一个问题的研究范式是不一样的。传播政治经济学会批判大型传媒机构的文化控制和对文化资本的过度开发。亚文化视角重视流行文化中的文化身份建构，以及对主流文化的抵抗，会看到流行文化很多积极的作用，而且把它视为底层民众的一个积极的力量。还有一种视角是后现代主义，这是另外一个范式，后现代主义认为只有在特定的语境下，某些特定的音乐，在特定的消费者的介入下，才能产生特定的意义，因此没有一个固定的结果。因此什么叫后现代？它更关注什么人"挪用"或者说重新利用这些流行音乐。比如我们在做劳工文化研究的时候，"流动劳工"——也就是日常说的"民工"——会把《月亮之上》那首歌改为工资版的《月亮之上》。他们也会做一些带有"恶搞"色彩的音乐作品。

这就是为什么找研究问题的时候先强调范式。范式会保持研究的持续性。这就要求新来者要分析前人的研究成果，包括理论观点、概念系统和方法等，要求研究者在前人研究的基础上，避免历史重复。研究范式也强调学者之间交流的可能性，如果没有共同的规范概念，就没有行业术语，没有学术交流的效率。什么叫隔行如隔山，他用的语言你根本不懂，他为什么用这个语言、方法和范式呢？这在很大程度上保证了研究的科学性。行政范式蕴含了方法的合理性和有效性。长期以来，前人已经探索了一套比较有用的方法，后来者可以讨论这种方法。

研究范式也决定了创新的方向。创新是每个研究必然的要求，前提条件之一就是你要了解在这个领域前人已经做了哪些研究，有哪些价值观，有哪些方法，概念术语等等。完全无视研究范式的创新容易犯两个错误，一个是低水平重复，一个是可靠性差。

怎样找到这个范式，有一个"葵花宝典"：你去看各种各样的传播学概论，选跟你想法比较一致的概论看，比如《麦奎尔大众传播理论》，它有经典的分类，比如媒介理论、媒介结构、媒介组织、内容受众等，这个就构成了不同的研究领域，构成了不同的研究范式，构成了那些理论以及价值观。比如大众媒介怎样控制结构，这是它的价值观。比如测量效果，受众都是原子的，这就是效果研究的套路。《媒介理论》主要阐述早期的理论，大众媒介的理论、媒介与文化的理论、新媒介理论等等。另外一本书《媒体与社会：批判的视角》，它是批评视角的媒介机构分析，对文本和受众进行分类。所以在媒介机构里，它会研究媒体与社会的关系，即媒介机构所具有的权力。媒介文本会讲叙事、写作、再现，强调受众对文本的解构，受众研究是研究文本与受众之间的互动。在批判视角的范式下，你需要理解意识形态、话语霸权这样一些概念，这些共同存在于意义生产的空间。怎么能让研究生产出意义，这是另外一种视角。

另外，给大家介绍两个国际性的传播学术组织，首先是国际传播学会（ICA），但

ICA 是以美国学界为主体，与我这个领域并不契合。我要重点讲的是 IAMCR，即国际媒介传播研究会，它是 1957 年联合国教科文组织成立的，是由欧洲和美国的批判学者为主体，更加关注第三世界的相关议题。这个年会的规模很大，每年在不同的国家举行。比如说抗击艾滋病的健康传播，在 ICA 里没有这样的分类，IAMCR 里有，参加 IAMCR 我就去"社区传播"分论坛。

　　研究不是一个客观中立的过程，它是有政治倾向性的。在社区传播里会有这样的议题，比如危机传播、数字鸿沟、媒介政治经济学，在 ICA 里比较少。像环境与科学传播，还有社会伦理、社会性别与传播、传播伦理、全球的媒介政策、伊斯兰传播与媒介，这些都是与第三世界国家与媒介相关的。也有新闻学与新闻教育、法律、媒介与体育运动、媒介与教育，这都是重要的主题。像媒介与社会，它会研究媒介与公众的记忆、新媒介使用与社会政治认同，也有媒介研究方法论等，包括参与式传播，这是国际的。区域方面的，有亚洲发展传播年会，去年有了 2015 年后的可持续发展议程，习近平总书记在联合国峰会上有一系列相关的讲话，也是我们做发展传播学研究的一个重要资源。这个领域也会研究媒介与发展、媒介与性别、媒介与民主、媒介与人权，研究传播的亚洲视角，比如广播研究，因为广播在第三世界国家非常重要。

　　讲这么多就是想告诉大家，如果拟定一个研究问题，它很可能来自上述领域，或上述领域中的一个研究主题。如果有学术背景，你会发现，拟定的研究主题和一定领域的研究主题的联系。第二个要说明的是，研究问题不是主题。初学者会混淆两者之间的关系。有的博士在开题报告中说，老师，我研究的是中国微博意见领袖。研究意见领袖的问题在哪儿，后面的学术背景是什么，网络舆论引导研究，什么是问题？这只是一个主题。那么我们怎么样从研究主题到研究问题？

　　找问题的过程也是一个研究的过程，一定领域一个主题中的问题是研究问题，回答这个问题就要做研究，包括经验研究和思辨研究等等。从领域到范式，到主题，再到问题。比如说健康传播，是第三世界国家一个比较重要的研究范式。主题可以定为研究青少年与预防艾滋病。我先界定研究对象为流动人口中的青少年。我的研究问题是，在这个人群中，最有效果的预防艾滋病的战略和策略是什么？为此，我首先要确定一个研究范式，比如说发展传播学，据此确定研究主题，即流动人口传播与赋权的研究。问题是流动劳工使用什么样的媒介更有利于赋权？然后我根据相关的研究范式设计问卷，进行田野调查。

　　再比如媒介与性别研究，性别与新闻生产，某一个媒介编辑部是怎样产生有关性别的新闻的？这个需要做参与式观察。还有像传播政治经济学，这是一个范式，有它自己的主题、价值观和概念术语。如果我想做的是马克思主义传播学的研究，问题可以是马克思主义传播学都有哪些论述，可以帮助我们理解目前的危机和社会变迁，这就要做大量的文献研究，访谈大量的马克思主义传播学的研究者等。可以从研究范式到研究问题，也可以从研究问题到研究范式，做论文一定要有具体的研究问题，厘清它的背景是什么，这就把你的研究问题和研究背景建立起联系，到研究问题的时候它的范围会越来越小，这样才可以做研究。

什么是好的研究问题？第一，是在新闻学、传播学学术领域内，或者与传播学交叉的学术领域内，提出研究问题，这就意味着研究问题要有新闻学与传播学的学术背景。第二，你的问题是可以检验的，你通过研究才能找到答案。第三，研究问题一定要有一定的价值，包括学术价值和社会价值，学术进展中你能够提供什么样的贡献，对社会发展有什么用。这两个不一定都很强，但你有一方面强，这个题目就值得去做。最后一个是，研究问题排除个人的价值判断，形成问题之后，就不会有主观的想法在里面。

研究问题在形式上一定是个问句。博士论文复杂一点，有个大的问题，分成几个小问题。研究问题应该是用专业术语表达的，能表明你是在一定的范式之内，研究问题的概念明确且条理清楚。研究问题还应包括你用已知的科学方法可以探明的问题，研究问题的层次是合适的，这个要找导师来判断。你的研究经验，可利用的研究资源适合做什么研究，搞清楚了这些你提出的问题就是好的研究问题。

举个例子，我指导的一位博士，论文选的题目是"转型期社会利益冲突的媒介再现：主流媒体对农民工报道的架构分析"。这个标题特别好，有一个媒介再现的大的背景——转型期社会利益冲突，用了学术术语——媒介再现、架构分析。这个问题起源于对主流媒体报道农民工问题的观察，然后想发现媒体通过不同的框架报道农民工议题，媒体报道反过来也会影响人们的认知和行为，特别是政府决策。比如，把打工者视为特别不稳定的因素，就会出台禁止集体讨薪的条例等等。这是他的一个观察。他的目的非常明确，就是要研究转型期媒体报道农民工的议题，包括内容特征、内容形成的机制和影响因素。内容特征可以通过内容分析和架构分析进行研究，机制和影响因素需要去做大量的访谈，包括对媒体和对农民工本身，特别是转型期媒体宣传属性和商业属性并存的特征，如何体现在媒体的运行当中。

接下来要研究的是，这些媒介框架受哪些因素影响，各种因素在新闻产生中是怎么样起作用的？这个可以访问相关的记者和编辑。在中国转型期的社会背景下，主流媒介再现农民工讨薪这类社会利益冲突议题的媒介框架，意识形态的意义和内涵是什么？这需要做意识形态的分析。这是他论文的主要内容。他的博士论文又增加了很大一部分，就是农民工的组织，一些劳工的组织怎样参与媒介再现。我觉得这个研究非常有意思，大众媒介因为有新媒体就突然开放了这样一个空间。不管媒体报道不报道，农民工组织的春晚每年都在做，他们例行的一些文化交流也在做，各种各样的音乐工作坊如火如荼地都在做。不管怎么样，无论是通过大众媒介还是通过新媒体，农民工组织自己可以做一个"原音重现"，就是大众媒介的再现。这是他的一个研究案例。

如何发现研究问题？每个人都在社会生活当中，如果你个人的经历成为你研究的全部来源，你还可以做"自我民族志"，就是说我这个论文不研究别人就研究自己。有一位同学在上博士期间经历了乳腺癌的整个历程，所以她想做一个关于健康传播的自我民族志，再去做研究。那么个人经历或一个群体可以作为研究问题的来源。我的一个学生来自农村，他对农村女性劳动力、女性劳动力的转移过程中的传播特别感兴趣，这是他的经历中涉及的一个群体，可以做这个研究。另外，也有"同身实践"，大家可以看一下国际社会学会前会长、美国加州大学伯克利分校教授迈克尔·布洛维（Michael Burawoy）的著作《制造同意》《生产的政治》等，他运用参与式观察法，在赞比亚、美国、匈牙利、俄罗斯的多个工厂当工人，这就是"同身实践"。

我们学生的问题是，终于从农村考上了清华大学，考上了博士，进入了一个主流的精英人群，可能会自然地切断自己的生活实践与研究的联系。自己和自己所属的群体、生活似乎和传播学研究无关，但其实每个人都在一定的生活当中。我们在研究的时候也要反省自己的身份认同，我们是在这个社会的什么位置上。也可以反省自己的生活与社会发展的关系，将原本属于自己私人领域的经验和经历放置、剥离后去重新认识，从而使我们对塑造本身的社会历史背景有更深入的了解。我们的生活其实也置于其中，而不是被悬空、割裂在研究之外。所以在我们那个课题组，我鼓励学生在方法课中要做一个作业，去访问你的父母。他们当年在年轻的时候是怎么运用媒介的，对媒介有怎样的想法，通过这种访谈，有的学生重新与父母建立了一种联系。你是来自一个家庭，来自一定的社会背景，你不是从天而降掉到了清华这个高等学府，这里面个人经历可以考虑成为你的一个研究的来源。

研究问题还可以来自于更广泛的社会实践。这里我举一个打工春晚的例子。当你看到这个现象，你会想为什么有这样一个春晚，是谁怎样发展起来的，它在形式上和央视春晚有什么不一样，它的价值和意义是什么。其实每年这些工人群体都在讨论，已经讨论了5年，每年我大概都有4个多小时的录音，每年都有新的想法，因为这也是一个非常长期的研究。不是说参加一次打工春晚写一篇论文，可能需要长期的积淀。那么在实际生活中发现研究问题关键需要有理论敏感，要读很多书，跟研究相关的书。

我们说现实是一片黑暗，但是你可以拿着手电筒到处找，你知道一个理论之后可能把你要找的那块区域用灯光照亮，所以要有理论敏感，能够从社会中找到研究问题。

研究问题的来源还可以是学术界，主要是已有的研究成果。我建议学生都去看文末的研究建议、论文摘要和注释，好的研究基本都在里面。第二个是正在进行的研究，隆重给大家推荐 call for papers，就是学术会议的征稿函。2013 年 IAMCR 年会的主题是"危机、创造性解构、全球权利与传播秩序"。其中有一个分会是社区传播。这是我每年都要参加的。它历来重视研究社区、供应媒介、非政府组织的传播事件，促进公民社会发展的参与式传播以及传播技术与社会运动的一些关系。

我参会时参观了一个电视台，是当地群众自己攒钱办的，在爱尔兰。爱尔兰总统是一个很特殊的人，任何一个 IAMCR 都没有一个总统会出席开幕式并做长篇演讲，但是爱尔兰总统不一般，在 IAMCR 大会上，爱尔兰总统做了一个长篇演讲，讲怎样做传播研究，演讲相当不错。他本人是个诗人，出版过诗集，在欧盟和本国负责研究广播电视政策，而且他支持这样一个公民电视台。大家攒钱，大家都可以去开，有一个编辑组负责审核。BBC 也是公共的媒体，还有美国的一些公共媒体，但它们得到了政府的支持，爱尔兰的模式是不是一个新的方向，新的形式？这个问题值得学界研究。

欧洲社会学年会有一个传播学分会，叫传播与媒介研究的社会学，它的主持人是英国威斯敏斯特大学克里斯蒂安·福克斯（Christian Fuchs），他是马克思主义传播学研究的一个非常著名的学者。征集的论文主题是"传播、危机、批判与变革"，问题包括"资本主义与传播""危机与批判""批判研究怎样将资本主义与传播联系起来""危机是否影响了媒介和文化工业""在资本主义全球化背景下媒介和传播技术扮演了什么样的角色"。从中可以看出，马克思主义传播研究有一部分是研究知识、劳动，包括传播工业的工作条件，知识和创造性的劳动是否正在经历变化，这些劳动中的阶级和不稳定的作用是什么。

学术界还有一个重要的研究问题来源是内部的辩论。大家有兴趣可以去看一本书《媒介论争——十九个重大问题的正反方辩论》。比如说媒体和政府的关系，应该是对手还是伙伴，等等，这样的辩论就会产生一些有意思的研究问题。

另外一个研究问题的来源是行政研究。国家社会科学基金项目、省部级项目都属于这一类。我从事的发展研究课题，基本来自联合国机构，这些机构包括国际劳工组织、发展署、妇女署、艾滋病规划署，也有一些国际基金也是做发展的，所以它们会聚焦于这样一些领域。联合国是和政府合作，所以每一个课题都要和政府对接，各部委会就公共卫生问题、预防人口拐卖问题、性别平等、劳工权益、青少年互联网使用等问题委托我们做研究，但实际上它的来源是联合国和中国政府。对我来说，我的研究都是来自于这些项目。但这些都是别人给你布置的项目，不一定是你感兴趣的研究问题，你要做的功课就是把项目变成可以研究的问题。

所有的课题指南都是给定主题，从中可以知道国家现在关心什么事情，然后我要把它变成一个具体的问题来研究，这个问题可以变得比较大。1991 年，我申请了一个研究课题叫"大众媒介在社会主义精神文明建设中的作用"。什么叫精神文明？我直接把它变成了"人的现代意识"。后来我就做了一个"现代化"研究，大家可以看《媒介、人、现代化》[1]这本书。

课题指南和委托的课题名称不是研究问题，研究主题通常表现了委托机构的意图和目的。我们结合文献分析和社会观察把它转化为真正的研究问题，这样才能做出一个有用的研究结果。把研究主题转化为研究问题同样是研究的过程。我接到一个行政研究的课题，研究"社会性别与艾滋病政策"。为什么要研究这个政策？我们课题组有一个讨论，是不是现行的艾滋病政策没有性别意识，妇女没有像男人一样受到平等对待？我讲的这些话已经把它变成了一个问题，但是，是与不是并不知道，我们需要做研究。我们先在北京做了一个来自农村的艾滋病感染者的小组访谈，大概 20 多人。我们就讨论这些妇女来到北京后遇到了哪些问题，她们知道不知道那些政策，那些政策是怎么用的。我们在柳州卡拉 OK 歌厅请了 20 多个感染者去唱歌，讨论了这些年轻的女孩子为什么要辞职，如果她们不辞职会怎么样。

通过这些讨论以后，回来我们和委托机构讨论研究问题是什么，最后我们拟定了五个研究问题：① 从她们的角度和经验，她的易感因素和原因是什么？② 从她们的角度和经验，应对的脆弱性表现在哪些方面，影响因素是什么？③ 从草根和小组的角度和经验，女性在抗击艾滋病中的主要作用是什么，影响她们发挥作用的有利因素和不利因素是什么？④ 从现有社会行为的角度，现有的有关防治艾滋病的有关政策、措施对女性的易感性、应对艾滋病的脆弱性以及女性赋权分别有什么影响？⑤ 最后我们根据以上分析提出具有社会性别敏感的政策建议。有了这些问题你就可以下去做调查了。我们课题组大概调查了 800 ~ 900 个感染者，做了 100 个深度访谈。这个研究完成后，全国妇联和联合国艾滋病规划署在做倡导的时候，就引用了其中的案例、数据。作为学者，不能说我要研究一个政策，而要善于把项目变成具体的研究问题。

怎样发现和捕捉研究问题？一要关注社会现象，特别是有关传播的社会现象；

1　陈崇山、孙五三主编：《媒介人、现代人》，北京，中国社会科学出版社，1997。

二要熟悉本领域的相关文献，使自己具有学术眼光，这样你才能发现什么样的问题有意义；三要关注和了解社会学研究、文学研究、马克思主义研究等其他相关学科的进步和进展。很多研究问题也可以是通过其他学科发现的，这也是我们特别向学生推荐的，要扩展学科视野，然后根据自己的兴趣点和关注点建立个人的研究资源库。

从我自己的经验来看，平常固定看一些学术杂志和书籍，也会出席一些相关的学术会议。比如我做儿童研究，每隔三年去一次"儿童媒介世界峰会"，参加有学术小组的讨论。比如我们 20 世纪 90 年代有方法论小组的讨论，北大、清华、北师大加上中国社科院大概 20 多人，每周讨论一次方法。我们也有互联网阅读的书单，也有农民工研究的网络，也有网上的邮件组，还有实践和参与，在跟我的研究相关的领域当中我也担当一定的角色，这就是如何去发现研究问题。

二、怎样提出研究问题

刚才讲过的实际的社会生活、学术讨论、行政研究、社会辩论，都可以成为你的研究问题，然后你要澄清（polish）。澄清是指要确认研究问题的价值，比如说研究问题有什么样的学术价值、社会价值，这样你就把你的研究问题和已有的理论研究以及一定的社会现实联系起来。研究者就是把理论和现实反复联系、反复思考，然后做出自己的分析。研究者是一个联系者，当你确定研究价值或社会价值的时候，你就开始做理论和实践的联系。

然后是要确定范围，要把研究问题限定在一定内容范围，考虑研究问题与哪些社会情景、哪些社会现象相关，要确定研究对象是谁，要限制时间和地理范围，不可能研究所有对象。要建立研究问题和已有知识、理论之间的联系。所有的问题背后都有一些相关的理论或者知识，要把研究问题和那些知识、理论建立联系。要建立研究问题的历史感，我特别怕学生做成历史虚无的研究，就是横向来看，没有应该有的理论和知识；纵向来看，又没有历史。这样的研究是站不住脚的。比如，大家说民主选举是从国外引进的，中国没有这个传统。这种看法是片面的。你到延安新闻博物馆，会看到当时的群众不识字，就用豆子来投票，你不要自己先把历史给割裂了。

我之前专门做过一个新媒体研究的分析，主要研究"数字鸿沟"（Digital divide）这个词，分析的结果发表在《中国评论》（*China Review*）上。要研究"数字鸿沟"先要广泛阅读书目，还有就是一定要对"数字鸿沟"做一些反思：这个词是谁提出来的？

为什么提出来？后来就发现，阅读的文献越多，越觉得"数字鸿沟"其实在社会变革传播学研究中不会用到，因为这个词对普通民众来说不那么友好，对我的研究对象或者研究参与者来说不那么友好。

在技术中心这样一个学术背景下，你会用城市人的标准把农村人或者边缘群体定义为落伍者，然后你就会说让他们跟上时代的步伐。我举一个媒介素养中的例子，所有的人媒介素养都低，农民工低、白领低、女大学生低、男大学生低、老师低，每一个群体都低，那谁高呢？就做研究的人有资格去给他们做媒介思想教育吗？标准是什么？谁定的这个标准？比如说，会用搜索引擎到什么程度？你为什么用这个标准把那些人定义为素质低的人？这个标准是要反思的。所以，做一个研究不是那么容易的。我就掉进一个范式里就可以了，掉进范式已经很难了，但是更难的是要对这个范式有一些反思。

我们再看历史的过程。大家都关注"数字鸿沟"，但"阅读鸿沟"，从1900年到现在一直有。为什么现在我们的研究者没有人研究农村的阅读，因为新媒体是社会上最主流的、被认为最有价值的人群正在使用的东西，那这个题目也就变得最有价值，所以这个是需要反思的。在当时也有这个理论的探讨，比如从知识鸿沟到信息阶层，再到数字鸿沟，在这之前已经讨论过物理的资源、文化教育的资源、语言和内容的资源以及社会资源，它的结果会产生政治、经济、文化的不同结果。那其实在这个过程中，你会发现它不仅仅是技术的问题，不仅是一个接入途径（access）的问题，它还牵扯到很多的社会问题。

好多做田野调查的学生会用生动的笔去描述田野调查的整个过程。叙述完了，他会说，老师，我觉得怎么不深刻啊？他就把现象给描述了，我们叫平面化描述。为什么不深刻呢？因为没有思考，没有横向的、纵向的思考。加上思考，论文就增加了厚度。

提出研究问题的同时，也要确认研究的可行性，即有没有具体的研究手段可以做这样的研究。研究包括哪些关键概念？这些关键概念，是不是可以做一个清晰的操作性的定义？可不可以收集到足够多的数据来做？有没有时间和资金来完成研究？最终也要看你有多少兴趣和经验，以及你是否有外部的资源。我的博士生和硕士生都在利用我的资源在我的项目上工作，这是我能提供的。每个老师都有自己的资源，你可以去看看老师怎么样能帮助你与研究对象，与一些课题研究组建立一些联系。

提出一个研究问题，要看两个价值，学术价值和社会价值，一个是与理论联系，一个是与现实联系；要看三个限定，要限定内容范围，研究对象的范围，时间、地理范围；要看四个研究要素，即研究问题与理论的联系、历史感、研究方法和关键概念；

要有四个可行性，能获得足够的数据，有时间和资金，有个人兴趣经验和积累，有外部的支持资源。这样就可以把课题调研转化为学术研究。我们的博士生可以在前半年跟着课题组广泛调研，看看自己对什么课题感兴趣。第一年的下半学期我就会开方法课，学方法课的同时找自己感兴趣的题目。最好有研究问题，做出好的文献综述。第二年开始田野调查，开始不断地讨论，然后开始写论文。差不多第三年就把博士论文写出来了。

另外，我们对研究问题要进行反思。质疑是研究最重要的素质之一。我们要对研究问题提出视角和立场，采用一种对所有因素都是质疑的态度。这个研究问题反映了谁的视角？什么是研究问题背后的假设？这个假设是依据谁的经验来做出的？谁被展示在这个研究领域中？目的是什么？他们是行动者还是对象？还是根本没有出现？如果出现了，是否以他们的视角和经验来叙述事实？从谁的视角出发定义了基本概念和基本问题？研究的过程和结果有利于谁？除此之外，为什么国际上关于中国的发展研究都集中于政府管制？为什么会有这样的议题？在中国的形势下，谁是互联网使用者，而谁没有使用？

在中国的行政研究中，研究主题都会集中在政府如何更好地管理互联网，以及让网民避免网络的负面影响上。那么背后的假设是什么？其实就是"基于反思对形成的政治、意识形态特征的一种自觉"，就是说，社会科学不是一个象牙塔，而是植根于一定政治和伦理语境中的一个社会现象。

举一个例子。某大公司会委托科研机构来研究如何让工人在最低的权利、地位和较低的工资条件下依然能愉快地工作。富士康出了工人跳楼事件，郭台铭有钱，请了几个心理学教授去给工人做心理咨询，郭董事长认为是工人的心理问题。但是工人几乎不可能自己去做，或者委托科研机构去做研究，研究怎么能让工厂主在权力被削弱、利益被降低的条件下也能获得快乐，这个研究是他们做不了的。

我在做劳工研究的时候，也接到过邮件广告，要和我分享有关怎么对付工人的集体谈判的研究。所以重要的是，这个研究为谁而做？是谁的问题？问题提出的立场和视角是什么？这是我们需要反思的问题。

2002 年在四川成都九元桥市场，我当时受到全国妇联、公安部门以及联合国基金会委派，做一个行政研究。我们想知道，既然已经做了那么多打击人口拐卖的宣传，但是在这个地方每天依然有女孩子被拐卖，到底为什么？一开始我的问题是非常地不接地气，比如"你如果被拐卖了是多么可怕"。我去问这些问题时，没有人理我，觉得我问的不是他的问题。然后，我就每天跟他们聊天，请他们吃饭，让他们信任我，让他们告诉我他们面临的问题是什么。最后，我知道了他们的问题是怎么辨认人贩子。

这些女孩子不是傻子，她们会告诉我人贩子的主要特征是戴着墨镜的单身男人。这是因为没干好事，他要戴墨镜。他来的时候会带一辆面包车，然后他找一些高个漂亮的女孩子谈话，许诺比一般雇主给更高的工资，而且管吃管住，这样的人一定是人贩子。这些她们很多人都知道，然后口耳相传。那么每天写一个大标语"坚决打击拐卖妇女犯罪行为"是没用的，这个口耳相传的信息是非常有用的。我就跟公安的人在那里观察，我们会看见人贩子。但因为他没有实施犯罪行为，也不能抓他。所以在这个时候你就会想，你问的问题是谁的问题。"是谁的问题"还牵扯到伦理的问题。比如，我们去农村，找到被拐卖的妇女，会很自然地问："你看电视吗？喜欢看什么？"这通常都是我们做媒介调查要问的问题。对方很老实地告诉你，看电视，喜欢看武打片。但是待了几天我会发现，不那么回事。一个被拐卖的妇女在家里没有权利，都是她丈夫拿着遥控器，她丈夫说播哪个台就播哪个台。她丈夫特别喜欢看武打片，她就跟着看武打片。所以在那种情形下，定量研究是没有用的。而且问的多了，比如问她使用互联网吗？她说她不用，然后在这个过程中，她会变得越来越自卑，她会想，自己为什么不用这些东西，为什么跟城里人不一样等等。这里面还有非常深刻的伦理问题。所以这个就牵扯到研究的有效性和研究伦理的问题

最后再给大家讲一下如何研究问题。什么是研究？我举个例子，在2006年中国传播学年会上，一个学者说："互联网很好，互联网带来了民主，网络的高度开放的自由程度，建构了一个良性的公共话语空间，是民意的真实反应。"另外一个学者就说："互联网没有带来民主，公共空间只是神话，是大众话语的沦陷。"请注意，他们没有提出问题，而是抛出了他们自己的观点。我们做论文的时候要有论题，要有论据，要有证明，证明一个东西。但是他们没有，他们直接提出了一个观点，也没有采用科学共同体认可的方法来论证。

认可的方法是什么呢？在这个研究中，要把互联网定成一个问题，不是说互联网就直接带来了高度开放的自由程度，互联网是否带来高度开放的自由程度，是否建构了一个良性的公共话语空间，这样的话语空间是否带来了民主，得有逻辑。得有问题，然后要对这个问题进行理论分析。这需要参照已有的关于新媒体的理论，还要参照我们国家的一些实践，然后要定义，要写出开放和高度开放的操作性定义。怎么测量，什么叫自由准入，什么是公共话语空间，这个概念来自何种理论，而这种理论产生于什么样的情景，概念的推广度和现实性如何。这个问题特别麻烦，为什么我们的学生很容易误用"公共领域"的概念？公共领域起源于欧洲的公民社会，中国有没有那样

的公共领域？你在用公共领域概念的时候，所指的含义到底是什么？是欧洲的公共领域吗？是哈贝马斯的公共领域吗？在中国这样的情景下有没有这样的公共领域？直接拿来一个词没有分析就用了。不能有形容词，有形容词要给予定义。什么是民主？民主通行的定义是什么？在何种情形下产生？是谁的定义？接受这个定义意味着什么？这两年我们在开国际研讨会讨论人权，什么是人权，大家一想人权都是西方的，大错特错，人权的概念经历了很多变化，而且最早的很多人权公约，中国政府都派小组去参与起草，一起草就是 10 年，很多反映第三世界国家人民意愿的东西都在公约里面，所以《人权公约》不是西方专属的。我给记者做人权培训的时候，他们说，你不要拿美国那一套来说服我们，中国人就是要打孩子，孩子不打不成器，然后我就笑了。全世界只有索马里和美国没有签署《儿童权利公约》，这个《儿童权利公约》中国是主导国，也是四个提案国之一。你们不要把联合国想成美国的，把人权想成西方的。你们知道世界上第一个签署《联合国宪章》的是哪个国家吗？是中国。因为我们是"二战"胜利国，宪章是在旧金山签署的，美国是东道主，是最后一个签署的。大家有时间去读一读张彭春的《联合国宪章》和《人权宣言》译本，你一看就知道是民国时代的文笔写出来的东西，非常优美。但这些东西因为大家都不知道，所以大家一想就是，这些东西都是西方的。所有这些词，你都要去深究，研究就是去深究和质疑的一个过程。民主和公共领域，我跟学生说，你不能乱用这两个概念。你是承认我们就在那种情境当中吗？与中国的国情有何关联？使用概念切忌生搬硬套，拿来就用。

互联网本身可以带来民主，到底是它的使用带来民主，还是什么样的使用跟民主有关？天天上网，看一看网红，很多的美女，然后你就民主了吗？你需要阅读大量的论文和文献，找到一些合适的关键概念，再根据具体情境进行定义。

明确研究问题以后，研究者需要做研究设计，要选择研究方法，可以分为经验研究和思辨研究两类。思辨研究一般是处理逻辑的问题，它是一种论述分析。经验研究是定量的，包括调查、实验、内容分析。质化研究包括文献、文本分析。实地调研包括我们所说的观察、访谈等等。看你的研究问题适合用哪种研究方法，没有说哪个方法是先进的，哪个方法是落后的，或者哪个方法是过时的，主要是看你的研究问题。选择了研究方法以后，就按照这个方法来收集资料。

进入资料分析阶段，资料分析的实质是将理论和所收集到的经验事实建立起联系，并作出自己的解释。这就要求我们必须熟悉相关理论，熟悉收集到的经验事实，这样才能把它们联系起来。在这个基础之上，发现理论在什么样的层面、何种情境之下，能否解释经验事实。最终提出自己的解释，或者你也可以对理论有所发展。大概是这样一个过程，有理论，有知识，选择主题，聚焦问题，这就是一个研究问题，而不是一个主题了。然后你做研究设计，收集资料，这里面都有你的思考，然后分析数据，做出发现。这就是一个大致的研究过程。

我再说一说研究过程中的一些误区。知识来源是有局限性的，是需要反省和质疑的。比如，我们的印象是，对盲人来说最好的工作是按摩，一些权威说了，他们只能做按摩的工作，并为他们提供了相应的培训。常识也告诉我们：盲人的眼睛看不见，而按摩也不需要眼睛；传统也告诉我们，盲人都是在做按摩的工作，还有媒体神话，它会报道那些盲人的工作多么完美，个个身残志坚，这是一个套路。从个人经验来说，你去做一次按摩，正好遇到一个盲人技师，然后你就会认为，看来就是这样的。但这是过度概括，可能也是选择性观察。我们有没有想过其他可能？

我们曾经接触过其他盲人，还有肢障者、脑瘫患者，发现他们选择的一个很重要的工作居然是记者。我很高兴的是，最近一位盲人女性已经应聘成功了，做中国网的记者。她的英语非常好，因为单纯靠听和说，她比我们更适应英语。他们在报道 2008年北京残奥会时非常出色，他们可以是艺术家，也可以是运动员。这个例子说明，你如果受到权威、常识、传统、媒体神话以及个人经验影响的话，你可能看不到事实的真相，你可能做出过度概括。

所以，如果不深究，不质疑权威、常识、传统和媒体，只根据个人经验来进行选择性观察或过度概括，那我们也会得出盲人只适合从事按摩工作的结论。所以，深究和质疑就是我们要把盲人只适合做按摩工作当作一个假设、一个问题，我们真的要去研究它，真的觉得这个问题很重要，我们就会问一个问题，盲人适合什么样的工作？应当做假设去求证。所以，深究和质疑的思维方式是整个科学研究必不可少的思维方式。我们也叫作批判性思维，就是将所有的看法、观点和结论都看作假设，然后去看别人如何用科学方法去证明，或者自己用科学方法去求证，才能得出最后的结论。

在研究的过程中还有两个误区特别要注意，第一个是选择性观察，第二个是二元对立思维。这个在互联网研究中表现得特别明显。选择性观察就是先有结论，然后按照符合结论的标准收集事实作为证据，所以就缺少一个系统的观察和研究，也没有考虑到反面事例。这就不是客观的研究，这是选择性观察。

第二种是二元对立。比如研究互联网，就把它跟传统媒体相对立，研究主流就把它和非主流相对立，不是黑就是白，没有看见二者的共同点。比如，说网络是自由的，就没有想到网络上被删帖，被封掉，以及内容审查等等。我做了 7 年的反家暴网站，和我的学生一起做的，我在做的时候会自我审查，我会问：今天网信办又出了哪些敏感词，咱们别不小心用了敏感词被封掉。这跟大众媒介的审查有很多共同点，为什么我们不去看这些共同点，只看那些不一样的地方？

二元对立容易忽略重要的中介因素和其他因素的互动，只看到两个对立的事物。如果我们做研究，貌似很不一样的事物，要善于找出共同点，貌似一样的东西要善于找出差异，这就是研究，你得反着来。得去深究，得去质疑，不能人云亦云，要看到变化的过程以及各种复杂的因素。这是研究最基本的特征。

我向大家推荐深究和质疑，要依靠严谨的逻辑与非逻辑思维方式作斗争。研究要有严谨的逻辑，要与二元对立的思维方式作斗争，要主动寻找反面的案例或者类例，这样做出来的东西才是可靠的。

最后做一个总结。研究是从一个问题开始，研究是尝试回答问题的一个过程。所以说，读万卷书走万里路，光走路或者光读书不行，边走路边读书也不行，要不断地尝试建立起理论和实践的联系，书和路才有用。要不然，读书是读书，走路是走路，还一路看着风景挺轻松的，其实没那么轻松。最重要的还是我刚才重复的那一点，每一个研究者都是把理论和现实联系起来的人。

整理：杨丝桑、丁哲、万春

校对：盛阳

第十五讲
信息生产方式的改变与新闻传播学研究 [1]

◎ 隋　岩

教育部"长江学者"特聘教授，中国传媒大学新闻学院院长，《现代传播》主编，教育部人文社会科学重点研究基地中国传媒大学国家创新传播研究中心主任。入选国家级"百千万人才工程"、国家级"有突出贡献中青年专家"、国务院政府特殊津贴专家、全国新闻出版领军人才。发表论文百余篇，其中 CSSCI 期刊论文 70 余篇；专著《符号传播模式》和《符号里的中国》英文版由 Routledge 出版，还被译为俄文版和韩文版，曾获吴玉章奖优秀奖和北京市哲学社会科学优秀成果奖二等奖等。主要研究领域：互联网群体传播、传播符号理论、媒介文化。

谢谢各位同学，我讲的是信息生产方式的改变与新闻传播学研究。今天中国社会面临的一个最大问题是信息生产方式的改变。这种改变带来了政治生态的复杂，带来了社会情绪、社会心理的复杂，带来了共享经济，当然文化关系、艺术形态等等都随之改变，所以我就讲信息生产方式的改变。那么信息生产方式怎么改变的？从哪儿来？是由群体传播来的。我从 2012 年开始研究群体传播，2015 年开始研究互联网群体传播。互联网群体传播改变了信息生产方式，社交媒体非常强大，它带来一个新时代，一个传播主体极端多元化的时代，我称之为以互联网为平台的群体传播。

这个传播主体极端多元化改变了大众传播时代一个主体的传播。大众传播时代是一个主体，尤其在中国这个社会，不管是哪种介质，广播、电视、报纸，还是哪种层级，省级、市级、国家级，其实都是一个主体。但今天，每个人都是传播主体。过去是《人民日报》、BBC、CNN 等等这些大众传媒生产信息，今天是这些传统媒体的读者、观众、网民与其他这些传媒共同生产信息。所以，人类进入这样一个群体传播的时代，带来了从大众传播主导到互联网群体传播凸显这样一个时代，信息生产方式由此发生改变。

1　演讲时间：2017 年 10 月 19 日。

群体传播时代是历史的合理延续

信息生产方式的改变是突兀的吗？不是的，它有历史的合理性。信息社会就是以信息为产品，以信息为商品，以信息为资本积累，以资本积累为原型的社会。第二次世界大战以后的后工业社会、消费社会、信息社会，这三个社会，我只讲它们的共同点，那就是产能过剩。后工业社会就是流水线之后，产品丰盈了，产能过剩了，所以叫后工业社会，这是我的理解。我理解的后工业社会不同于从哲学层面去理解，不同于从艺术层面去归纳，不同于从其他方面去理解的概念，我认为要从经济模式去理解。

马克思说生产决定消费，有什么样的生产决定有什么样的消费。"二战"以后的六七十年代以后不是，在马克思那里生产主导消费，"二战"以后消费主导生产，没有消费则生产停滞。这也就是说人类进入到消费社会，以消费促进生产，以消费代替生产的时代出现了，那么这个消费社会成为主导也是因为产能过剩。

而信息社会，信息成为商品。什么叫商品？商品是有形的，看得见摸得着的。但是现在人们消费有形商品花钱很少，大量的钱被花费在无形的商品上，或者是花费到有形商品的无形因素上。比如说手机是有形的商品，但是钱不是被花在手机上，而是不是被花在 APP 上，花在符号上。任何一件衬衫都可以遮寒蔽体，理论上，遮寒蔽体的功能是一样的，也就是使用价值是差不多的，裘皮大衣和棉大衣使用价值差不多，但是卖的钱不一样。使用价值一样，交换价值不一样，在马克思那儿只有这两种价值，但为什么马克思解释不了，为什么使用价值跟消费价值不一样呢，包含了同样的个人劳动，包含了同样的工厂成本，为什么交换价值不一样呢？那是因为这种商品有符号价值，所以马克思那儿没有这第三种价值。鲍德里亚提出了第三种价值，符号价值。

也就是说，人类社会消费符号这种非物质因素。换句话说，我们过去主要把钱花在有形商品上，今天把钱用在有形物质商品上的非物质因素上。你买衬衫，可以花 50 块钱买山寨版的，你可能买个真的花 5000 块钱。这里体现的就是商标的价值，即有形商品中的无形因素，就是符号。那么还有一种商品就是非物质商品，旅游、做 SPA、做按摩、做美容，你说这是商品吗？当然了，因为你花钱了，消费了。所以在今天这样的情况下，我们进入到一个不是以有形的物质商品来进行主要社会资本积累的时代，而是以无形的商品来形成社会主要资本积累，拉动社会进步的时代，这个时代就是信息社会。因为这些无形的商品包括我们的专业、生产的纪录片、生产的电影、生产的信息。中国电信和首钢相比，首钢有一望无尽的厂房，有成千上万的工人，有大学，有中学，有小学，有好多幼儿园，但是首钢的市值可以去查一下，然后你们再想同一年中国移动的市值，相差巨大。中国移动的产品在哪儿呢？没有钢铁，没有厂房，没有工人，产品是信号。我们进入这样一个社会。因为物质商品的过剩，拉动不了社会进步，不能成为带动社会发展的火车头了，所以非物质形态的商品拉动社会发展，这就是信息社会。它告诉我们，这是一个产能过剩的时代，无论后工业社会、消费社会，还是信息社会，都是产能过剩导致的。产能过剩进一步延续，就到了今天，就变成了群体传播时代。产能过剩的进一步延续，凸现出那个社会的特征，恰恰是发生在我们新闻传播学专业里面的，这是我们这个专业的幸运之所在，也是我们这个专业面临的挑战和难题。

产能过剩是群体传播凸显的社会土壤

产能过剩是群体传播凸显的社会土壤，我这里说的群体传播，是指互联网群体传播。而使群体传播得以凸显的社会土壤是产能过剩。随着技术的进步，媒介的进步，出现了移动互联网，但如果没有产能过剩的话，群体传播的难以彰显。20 世纪 60 年代有没有出现产能过剩？我的童年，没有那个社会土壤，技术进步也是没有意义的。姜昆说过一个相声叫《尊重人》，说他进到商店里面想买双皮鞋，发现柜台上有一双皮鞋，上去拿，发现是两个脚丫子翘在柜台上，意在讽刺 80 年代那种服务。但是我们从背后看到的，为什么有那种服务，当代社会有售货员把脚丫子翘在柜台上吗？那个时代就是商品短缺的时代，在我的童年许多东西都凭票。

从吃东西凭票，商品短缺，到了今天商品过剩。我还记得 20 世纪 90 年代北京所有大型商场超市建起来，燕莎、当代，等等，这些商场超市建起来说明商品丰盈了。到了 90 年代末彩电降价大战，后来又有白色家电降价大战，1 台海尔空调 50 块钱利润。那个年代从商品短缺到过剩、丰盈，传播学跟这个有什么关系？商品从短缺到过剩，这种商品关系的改变，背后带来的结果是社会关系的改变。社会关系的改变就是我们的专业所要研究的。新闻传播学研究什么？严格来讲就是从本质上研究社会关系。

供需关系改变，它改变了多种社会关系，"本店绝不打骂顾客"，这是 20 世纪 80 年代贴在窗户上的广告词，今天当代商城贴一个"本店绝不打骂顾客"？很滑稽的，但这是当时真实的广告。现在顾客是上帝，好玩的东西，整洁的购物场所，丰盈的商品，导购员逢人就笑，供求关系改变了。

西方学者说，我们经历了这样的转变，上帝死了。上帝还没死的时代，是解经学的时代，解释经历，解释《圣经》的时代，解释古罗马、古希腊的时代。解经学，也就是阐释学的老祖宗。从那个时代到上帝死了，然后到了我们今天的时代，在中学里面我们不好好去读鲁迅的作品，我们研究鲁迅的家世，我们不研究《红楼梦》，我们研究曹雪芹的家世，但是传者也死了。你们经历了传者重要的时代，然后传者也死了。然后开始研究文本，文本都不重要，文本都死了。《刘心武揭秘红楼梦》，10来年前的畅销书，文本不重要了，刘心武的揭秘是重要的。你的理解重要，于是我们进入到一个受众的时代，也就是消费者是上帝的时代，消费者可以通过手中的钞票，去给商品投票，去做选择，去发言。受众可以通过他手中的遥控器、鼠标去发声，群体传播的社会土壤就形成了。

互联网为群体传播提供了新型"物理空间"

群体传播社会土壤形成了，但光有土壤不行，还得有导火索，导火索就是互联网的普及。互联网的普及为群体传播提供了新的物理空间。传统的群体传播本来就有四重传播形态，两个人的小组传播、多人的没有管理主体的群体传播、多人的有管理主体的组织传播，还有专业化的大众传播。传统的群体传播是多人的没有管理主体。这个群体传播什么时候发生，楼倒了、桥塌了时发生，楼倒了、桥塌了大家看热闹，所以传统群体传播需要两个条件，第一，是因事聚集发生传播；第二，得有具体的地方，物理场所。所以传统群体传播需要两个条件，因事聚集和物理场所。

今天，这种传统群体传播的条件互联网都能满足了，互联网首先代替了那个物理空间，你不需要跑到央视楼底下去看大火，你在家里就能看到央视楼底下那一场大火。现在移动互联网走在大街上随时都可以看。第一个问题解决了，物理空间；第二个问题因事聚集，过去这个社会事少，今天进入一个什么样的社会呢，西方学者讲了是风险社会。传统的群体传播，传播的地理空间、物理空间都有限。那互联网群体传播和传统的群体传播之间最大的区别在哪儿？就是以互联网为平台的群体传播，把传统群体传播的特征极化。传统的群体传播，楼倒了、桥塌了，然后信息开始交流，开始说央视大火肯定得着，因为它盖的时候我们都知道什么问题，老头说央视是豆腐渣工程，小姑娘说什么什么，它是多主体传播，但它还是有限的。

互联网群体传播的主体更极端多元化。这会带来什么问题？吸引的人更加不确定，老头说的不可靠，老太太说的不可靠，那么现在是老头还是老太太说的？年轻网民中流行一句话，在互联网上不知道跟你聊天的是人还是狗。所以更加极端化，因为信源更不确定。前面讲了两个问题，第一，社会土壤，人类社会走到产能过剩的今天，消费者受众成为上帝有可能发生。第二，有了导火索，就是技术。导火索不断演变，Web1.0、Web 2.0，不断迭代的互联网、移动互联网再升级，群体传播愈演愈烈。所以我很敝帚自珍，我的研究方向是互联网体传播，2012 年我的第一篇论文《论群体传播时代的意义》，我认为这个时代可能在我有生之年会延续，至少现在我看不到它什么时候结束，因为这是历史的发展方向，而且是全球性的，谁也躲不了，总不能把网关了吧。传播主体极端多元化，也就是我刚才说的，当 BBC、CNN、《人民日报》和它的读者一起生产信息的时候，信息生产方式就改变了，改变的两个原因说清楚了。

人类信息生产方式的改变

信息生产方式改变体现在哪儿？下面是它的几个体现。改变之一，大众传播、群体传播产生了博弈。我们看例子：屡扫不尽的"东莞黄痼"。群体传播的说法，东莞挺住、央视无情、人间有爱。这是大众传播与群体传播的博弈。所以群体传播、大众传播，两者之间的博弈关系无时不在。我们专业研究者，应该一面看电视一面看手机，这是专业决定的。博弈是必然的，大众传播要求我说什么你信什么；群体传播有两种解读，咱俩得商量，或者咱俩对抗。霍尔解码编码的三种解读方式大家都知道，本质是不一样的。大众传播没有个体。央视春晚的时候，你在家包饺子呢，13 亿个体之一，但是你评价央视春晚的时候，那是群体传播。

你在互联网平台上，那个体是在场的，大众传播肯定要居高临下。微信上你要是居高临下，你就没朋友了。信息是要分享的。大众传播一定会带来审美疲劳。群体传播还有一个特点，一定要预设一个颠覆性的平台，需要一个被颠覆的权威，这样群体传播才变得有趣，这也是群体传播的特点本质，当然这也是它的问题。

改变之二，两者的关系一方面是博弈，一方面是合作，就是大众传播和群体传播还有合作，但是更多地体现在大众传播要借助群体传播来达到它的传播效应。比如，不管《人民日报》还是新华社，都有官博、官微，都要借群体传播去实现、去加深它的传播效果。原因是大众传播、群体传播在效果上是不同层面的，传播学讲三个效果，最浅层的效果，认知，我知道这件事；再深一层的效果，态度发生改变了，我心里认同你、同意你；第三层效果就是行为，我心里认同了，你做什么我跟着做什么，你要卖商品我掏钱买。

有谁按照央视的广告去买东西呢？但你会按照同学、朋友的一两句有意无意的评价去买，对不对？中央台狂轰滥炸的广告效果是告知效果。显然，就广告而言，口碑传播比大众传播效果好得多，因为大众传播是功利性的传播，而人际传播，口口传播是非功利性的传播，它更有说服力。所以，两种传播不同的传播效果必然导致大众传播在一定程度上是输于群体传播，所以大众传播不得不去借助它的传播力量。

改变之三，前面讲了大众传播、群体传播的关系，现在讲大众传播和组织传播的关系。它俩有区别，都是通过人传播，但是组织传播是有管理途径的，上课、教会、企业文化都是组织传播，不是专业化传播。群体传播是没有管理途径的。它们的差别，就是有管理途径和没管理途径。群体传播、组织传播的关系是什么？大众传播在努力地利用群体传播，但是羞羞答答，或者利用得并不是很好。组织传播可不是，非常巧妙。讲个例子，写论文可以写理论，上课只能讲故事，否则你就睡着了，但故事后面会有理论。我亲身经历的一件事，前几年的3月底，我的学生给我打电话，要采访我，说最近注意到互联网上有两个图PS到一起了，一个是玛丽莲·梦露在《七年之痒》这个电影中的一个剧照，叫梦露撩裙，风吹来把梦露的裙子吹起来了，梦露优雅地撩着裙，还有一个是敦煌壁画的侍女图，非常神似。然后他就问我，知道怎么回事吗？我说这不过是一次文化营销，网络推广。3月底4月初，这个时间中国老百姓在想什么事情？就是"五一"怎么过。那为什么做这样的广告？做这样的广告能起到作用？你想，如果敦煌上中央台做广告，敦煌五年计划，没什么效果，因为什么？因为你听了一万遍，再好的东西，你听到第一万遍的时候，效果都是很糟糕的。

艺术学上讲创作中的"陌生化"，就是把熟悉的事物给它陌生化了，来刺激你。这个广告它把敦煌给陌生化了。在敦煌能看到梦露，人家就觉得奇怪，那怎么能看见梦露？所以我跟学生说这个，他觉得奇怪。我说你做个试验吧。第二天你给所有的旅行社打电话，看看4月初还能不能报上敦煌的名。他不信，他去了敦煌，回来跟我打电话说，10个旅行社都说敦煌已经没票了。到了"五一"，《新闻联播》报道，鸣沙山上的骆驼被累死了，一个帖子，一个文化推广网络营销，使敦煌的旅游达到这样的高峰。

第一，营销推广就是传播，你要传播一个事物，研究事物本身；第二，研究这个事物和社会之间的某一点有什么规律，有什么联系，和社会之间某一个事情的联系；第三，把它俩联系，找到合适的机会引爆，实现传播效果了嘛。我在符号学上提出了一个概念叫借力传播，什么叫借力传播？罗兰·巴特提出的概念叫"涵指向"，两个符号并合在一起，谋求共同所指。我就举个例子，梦露是个符号，香奈儿五号是个符号，这两个符号并在一起，共谋一个所指，这就发生了意义的移植。梦露身上的性感移植到了香奈儿五号身上了，当你购买了香奈儿五号，你得到的不是商品，是性感，广告就是这么叙事的。这就叫借力传播，这就叫组织营销。它借了谁的力？借了群体传播的力，谁替他传播的？网民，网友，无数网民，无数网友，一定程度地引导社会舆论。

最后还有人际传播。四种传播形态，组织传播形态是风险最高的。大众传播，有社会的助力，零风险。组织传播有管理主体，传播好了有奖赏，有升级，也没有风险。人际传播呢，两个人，不管以什么介质的形式。人际传播安全，为什么？信源确定。只有群体传播，信源不确定，可是信源不确定就产生谣言，那影响力有限啊。许多老太太说完了，然后你回家一说，说老太太说的，不可信。你跟你家人说，你家人又跟同事说，同事又跟老师说了，这时候人们就不再说是老太太说的，说我老师说的，有了信源。这就是人际传播跟群体传播交织的可怕之处。

关于广元柑橘的网络谣言是怎么传播的？通过手机短信。短信这个东西现在我们说很多垃圾，可是正常的短信，你能给不认识的人发短信说你别吃柑橘吗？都是有关系的人。我接到的短信是我的学生发的，他说老师，最近别吃橘子了。我会跟我妈说，最近别吃橘子了，吃点别的水果，听说橘子长虫子，有意无意的。但我妈到院里说，我儿子说最近橘子长虫子了。隔壁老太太就说，那老张太太说，她儿子传媒大学教授，这时候信源就有户口了。广元柑橘倒霉不，全国柑橘都跟着倒霉。一个四川广元的柑橘谣言，全国那年的柑橘市场，仅湖北就损失了15亿元。这是群体传播跟人际传播的交织。

群体传播改变了信息生产方式，一个表征就是它的传播效果，因为群体传播太有优势了。原本大众传播是最有优势的，其优势就在于覆盖，而群体传播的优势不在于覆盖。我们拿微博做比喻，140个字，谁都能写，140个字的构思独特，精巧；要是1400个字，微博死定了；要是14000个字，那更是火不了的。微博的出现，使得中国人人都是短篇小说大师欧·亨利，惜字如金，点"字"成金。

群体传播的土壤，我们知道是产能过剩；诱因是技术和互联网带来的各种传播形态的改变，信息生产方式的改变。这种信息生产方式的改变，带来很多社会其他方面的改变。我刚才说政治生态复杂化了，然后社会关系和公众情绪也复杂化了，等等，当然还有共享经济。没有共享经济我今天就来不了，因为我从郊区的培训地点出发，没有百度地图指引我，我今天要后半夜才到，所以共享经济也出现了。百度为什么是共享经济？大家共同使用，共同参与啊。

我有一篇论文叫《互联网群体传播时代个体情绪的社会化》。个体情绪社会化传播，在大众传播时代，不可能。大众传播时代，个体认知包括情绪、判断，你想把它社会化，那必须要通过大众传播。你得把自己锻造成鲁迅，才能把个体的价值判断、社会认知、情感情绪通过你的小说，通过你的什么东西进行社会化传播。互联网群体传播时代，只要你巧妙地运用互联网，你就可以把你的个体情绪进行社会化传播。这个是传播学很少关注的。社会的互联网技术所带来的社会变革，至少个体是社会化的。我们现在已经强烈感受到个体被社会化，你现在对任何一个新闻事件的情感，可以通过手机、微信进行社会化传播。

资源配置的新路径

这种互联网信息生产方式的改变引发的问题很多，催生资源配置的新路径。社会学讲资源配置，传统就是三个路径——家族继承、政府分配、市场竞争。家族继承很好理解。政府分配，很简单，政府配给你相应的资源，取决于你什么样的社会地位、什么样的资源，拥有什么样的权力。第三种，市场竞争机制，比如马云、潘石屹。这是传统的社会学讲资源配置的三个路径。有一个参与了社会资源配置，是社会学里没注意到的，就是我们的专业——媒介。

媒介参与是三对其他资源配置方式的一个补充，为什么呢？因为生产力发展了，什么是资源，什么不是资源，尤其什么是稀缺资源，什么不是稀缺资源，都变了。过去土地是稀缺资源，后来能源是稀缺资源，现在信息是稀缺资源。信息时代信息爆炸，注意力成为稀缺资源，因为信息太多了，有价值的不是信息而是注意力，所以注意力经济出现了。媒介怎么配置资源的呢？大众媒体是这么配的，文字媒介将资源配置给会写的，广播资源配置给会说的，电视是看的东西，就配置给长得好看的。

这是传统媒体，大众传媒对注意力资源的配置，互联网不这样。媒介对资源配置的功能，跟银行一样，媒介是注意力经济的金融机构，具有强大的集聚和分配注意力的能力。什么意思？银行干一件事，低息吸储，高息放贷。电视、报纸、广播干什么事，低成本地吸引你的注意力，把你注意力卖出去的时候，一秒多少钱。低成本把注意力吸引进来，高成本把注意力分配出去，跟银行对资金的吸和放是一样。所以它说媒介是注意力的金融机构，具有强大的集聚和分配功能，这是我对它的解释。过去是大众传媒，今天互联网群体传播取代了传统大众传媒。不能说取代，传统大众传媒一定程度上还把会写的、会看的、会说的继续分配，但是功能已经很弱化了。

互联网群体传播，它对注意力的分配成了新的经济，可是它的配置方式却不同。因为你发现会长的、会说的、会写的都是少数，但互联网群体传播不是。它可以把社会资源配置给所有人，看你抓不抓紧这机会了，只要你肯。

讲一个学生给我讲的例子，某年的 9 月底，A 女孩和 B 女孩发生冲突，然后叶良辰要替自己的女朋友 A 女孩出头，就是报复，去咒骂 B 女孩，说了很多很过分的话。然后 B 女孩就把他的话在网上曝光，叶良辰从此就变得臭名昭著，叫网红。"十一"过后，叶良辰就被签约成著名歌手。当然这是群体传播进行资源配置的一个怪胎。那你说凤姐呢？凤姐已经成为凤凰周刊的签约主笔，前四个都是著名人士，她成了第五个。那我想，凤姐就不再跟她原来在农村来卖货的那些小姐姐们经常一起逛街，而经常跟精英们在一起开会。交往和配置的资源不一样。我个人的观点就是说，网红这种资源配置是怪胎，是个别现象。但也不绝对是个别，也已经很多了。它不能说改变了中国的社会结构，但它参与了社会结构变动，它参与了资源配置，它对资源配置至少提供了一个新的路径。马克思指出，个体作为行动者，能够在社会活动中动用自身资源，比如说网红通过示丑，通过个人能力展现，通过噱头经济，通过交换重构社会资源分配关系，然后再生产社会结构。我们还没有演化到这一步，但至少提供了这样一个可能性，或者一些新的动向。所以我说，互联网群体传播引发信息生产方式的改变，通过资源配置有可能会再生产结构。信息生产方式的改变，也带来了很多相应的社会改变。

那它跟新闻传播学研究有什么关系？大众传播是高度组织化的传播，互联网传播是复杂链接和复杂关系化的传播，信息生产方式变革，原有的理论范式在弱化或转移。信息生产方式的改变，给传媒也好，传播也好，带来新的内容路径。全国虽然有 1000多所大学有相关的新闻传播、戏剧影视专业，但是还没有把大众传播的信息生产方式说得清清楚楚，大众传播信息方式这个过程和程序我们还是了解的，但是新的互联网经济生产方式特别复杂，如果能把新的生产方式说出来，并且研究明白，善莫大焉。

这涉及另一个话题，就是围绕这种纷繁复杂的互联网现象，不同学科间要交换认知，比如说对网红等互联网思维引发的社会思潮。单独一个学科，知识背景是受限制的。比如网络语言的研究，涉及舆论学、叙事学、社会学、语言学等多学科的背景，所以要有跨学科的视角。

最后这个是我特意给你们讲的，因为你们是学生。我希望你们的研究要有顶天立地的意识。一个是国家意识，国家意识是时代意识，就是致力于解决中国社会转型中出现的重大热点问题。中国社会转型其实面临很多重大的理论问题。比如说信息生产方式改变了，信息生产方式和经济生产方式什么关系？信息生产方式是参与经济生产方式，还是跟经济生产方式是一个交叉的关系，如果信息生产方式带动了经济生产方式改变，那经济生产方式改变会不会带动其他的改变。当然有些研究可能也比较麻烦，但至少你可以不踩红线，你可以负责任地做一个比较好的研究。一个是顶时代的天，一个是顶学术的天。当然你还得落地，最好还能指导业界，虽然都做到是很难的。

具体的路径我觉得应该是多学科、多领域交叉，多学科会有多层次的成果，我和清华、北师大等一批理工科教授聊了很多，发现他们很优秀，但是如果真的合作，他们得听我们的。因为专业决定了，他们是工具，我们是哲学。我们知道这个社会的重大问题会出现在哪儿，他们再去做研究。如果他们不跟我们合作，他们可以在自己的领域生活生存，但那可能是纯技术。

这显然是我们专业的优势。近年来传统媒体从业人员流失比较严重，其中一个原因就是我今天讲的互联网群体传播带来信息生产方式的改变，也带来了从事信息生产方式的从业人员的社会地位的改变。信息传播和经济生产的方式在改变，社会主体在改变，从业主体和社会地位必然改变，大众传媒从业人员正在一定程度上边缘化。这些现象你们要找历史演变的规律和原因，这是学术，我们不能只总结现象和表面。虽然学术研究今天在校园里会有魅力，明天到社会上没有直接作用了，但是它是你吃的胡萝卜素，我给你们的也许就是胡萝卜素和维生素 C。

整理：李嘉瑞

第十六讲
悬浮：流动、期望和社会成长 [1]

◎ 项　飚

英国牛津大学人类学教授。北京大学社会学系学士、硕士，牛津大学博士。研究领域包括流动、国家与社会再生产，曾在国内和澳大利亚、印度作长期的实地调查。主要著作有《Global "Body Shopping": An Indian International Labor System in the Information Technology Industry》《跨越边界的社区：北京"浙江村"的生活史》等。

感谢大家在寒冷的冬夜来听讲座。这次我有一个新的发现。我昨天下午才到北京，但已经见了将近 10 位研究新闻媒体的学者。我开始比较惊讶，想了一下，觉得这不是一个偶然。我所从事的人类学和新闻传播学之间，可能真的有一种内在的、有机的关联。联系到刚才胡钰老师讲的，我们如何理解社会科学的社会功用，也关系到另外一个问题，今后社会科学在今天社交媒体广泛传播、高度数据化的现实下，应该扮演什么角色。

在我的理解中，今后的社会科学越来越会变成一个思考的辅助者。学者当然是思考者，但却不是主要的思考者，主要的思考者应该是民众自己。因为大家平均的教育水平、基本的物质生活条件，特别是技术条件都越来越趋同，大家所接受的信息和所掌握的思想是一样的。所以从思考能力、思考欲望和思维敏感程度来讲，普通大众和学者之间的差别已经越来越小。作为学者，我们不能仅仅像过去所想象的，只提供一个外在的理论，好像一个外在的灯泡，而把生活本身当作是一团原生的、灰暗的，甚至是没有意义的内容。我们提供的不是一个外在的灯泡，应该往生活里面直接输送工具。而这个工具最重要的就是话语，一种语言。这个语言能够被大家直接运用，去理解自己的经验，理解自己的生活。

我有这个想法，很大程度上受到最近媒体变化的启发。2010 年后，非虚构写作兴起。作为一个文本来看，非虚构写作本身当然不是很新奇的。因为中国从 20 世纪二三十年

1　演讲时间：2018 年 12 月 13 日。

代开始就有很好的报告文学，改革开放时期的报告文学非常重要，后来有了深度报道，例如南方系的深度报道等等。但是种种原因，那种由专业记者或专业人士所写的非虚构性、纪实性的分析，现在被一种文本取代。狭义上的非虚构写作，其实是一种群众自我创作，等于我写我自己身边的事情。对我来讲，这是非常重要的，因为这种非虚构写作本身就是一种原生的日志。我们研究人类学，最主要的工作就是写民族志，就是从细节、从你日常行为中非常琐碎的、日常的、常规化的，根本不是惊心动魄的事情里面，看出一些大的道理，看出社会是怎么构成的。而现在，一般的青年群众、青年大学生，自己有了这样的才能和权利。所以，今天我们看到的非虚构写作和以前的大的报告文学之间的差别之一，就是原来的报告文学、原来的纪实写法，还是从一个比较大的问题出发，有比较大的概念和框架。而非虚构写作，尤其是群众自发的非虚构写作最重要的特色，就是没有很强的先验概念在里面。非虚构写作要的就是对生活经验的直接呈现，最强调的就是原生态的直接呈现，这就意味着文本的创作本身非常开放，作者是在创作过程当中希望理解这些现象和经验。

在这种情况下，社会科学学者如果能够介入并帮助他们，把他们模糊的想法和概念变化成一个具有分析意义的概念，再把这个概念运用到他下一步对生活的思考里面去，就回到毛泽东主席所说的"从群众中来到群众中去"的过程中。这也是我认为今后社会科学的一个发展方向，即作为一个中介性的社会科学，作为一个思考的辅助者的社会科学。正是在这样的过程中，我们才会形成概念。

大家可以去读一些毛主席的著作。在我看来，我们为什么需要理论，是因为理论跟群众路线是紧密结合在一起的。我们要从群众当中，把那些分散的、自发的经验，组合成一个系统的途径来理解我们的实践和我们的世界，所以我们需要理论。然后，当我们回到群众中去时，我们需要去解释为什么这么做。我们要对自己的背景进行分析，要对现在要采取的斗争策略或政策进行解释，也要对未来进行预期，这个时候就很自然地产生了一种理论需求，理论就存在于互动过程当中。

我认为，新媒体和数据化的时代，创造了一个理论创新和社会科学发展的机会。这个背后的原因当然比较复杂，其中也会有中国特色的内容。原来微博时代，有很多大V公知，很多时候都是观点先行的。现在进入微信时代，是不是一件好事，不是我们简单能做道德判断的。但至少群众通过自己的经验来反思世界的潜在动力，现在产生出来，这是我们应该珍惜的。当然资本都是虎视眈眈的，会很容易要把非虚构写作变成一个炒作性的商品。当这种情况出现，那么非虚构写作也可能会流变成一种猎奇性内容，或出现现在已有的半虚构写作形式，最后会以非虚构写作的名义写一些虚构的内容，每种方式都具有可能性。但这是一个斗争，如果能有学者介入，提供一些概念和话语，可以保证非虚构写作本身的纯粹性。然后，把非虚构写作变成群众自我反思，成为在自己小的世界范围里改造社会、改造生活的一个工具。

在这样的情况下，我认为社会科学要提出的概念，与我们所理解的科学主义和逻辑推演紧密相关的概念，是不一样的一种分析工具。我们应该提出的概念，不是结构或系统一类的概念，而更多的是一种"景象式概念"或者说"图景式概念"。景象式概念可能是很含糊的，并不适宜做一个非常长的逻辑推演链条。在传统的想法中，一个好的概念是一种学院专家式的概念，要很适合于一个很长的逻辑推演链条。所以，概念的内涵界定要很清晰，外延范围也要比较狭窄。但今天，如果真正要把社会科学想象成是一种群众工作，形成群众动员式的一种思考方式，我们的概念应该是能直接打动大众的概念，应该让大众觉得，这个概念是跟他的生活经验有直接的、有机的联系。因为只有拥有有机的联系，这个概念才会激发你的自然的思考，才会帮助你把自己的生活，把周边发生的事情问题化。所以认知是非常重要的。

我早年出国时，英文学得不好，出去以后对很多概念类或艺术的内容读不懂、看不懂，我一直认为这是因为学习不够。后来一个年长的朋友说，这个问题其实很简单，你不懂的原因并不在于思考能力或理论知识不够，而是因为你不认得它，你看不到那个概念和你自己生活经验之间的有机联系。即使那个概念可以用逻辑的方式解释得非常清楚，对你来讲它依然是一个死的文字，而不是活的内容。因为它背后的温度、经验、感受，你感觉不到，就像一个陌生人一样，所以一定要被普通大众认知，才可以打动大众，而打动之后大众才可以思考。这种效果不是有理由的情绪，而是比情绪更加直接的反应，比如恶心或欢喜。特别对群众来讲，理性和效果是直接连接的。所以作为社会研究者，也要寻找出一种这样景象式的概念，能够动员群众的理性思考。因为这样的思考是有机的，并能促使群众从自己经验内部思考这个世界，从而保证思考的持续性，才真正能够把群众动员起来。

今天讲的"悬浮"概念就是一个图景式的概念。它具有模糊性，但是我希望这个模糊性给概念一个动员性或是劝说性。我到牛津学习之后体会到了什么是理论，理论其实就是劝说。在牛津大学，教育的一个非常重要的工具是写 essay。我们有时把 essay 翻译成散文，但在法语中，essay 最早的意思是努力（attempt）。为什么 essay 会跟努力连接到一起，它的意思就是要努力去劝说。essay 要有动员力，我们喜欢看的学术散文，除了要有一个比较有说服力的论点，最重要的就是一定要展示你把读者引过来的那种努力和思考过程。在这样努力去劝说读者的过程当中，你的思考过程才能呈现出来，你的理论才能发展出来。所以这是一个非常互动和社会性的过程，一个社会学研究的过程。因此，在写作过程当中，也要强调展示你的思考力。好的文章不能够放下简单的结论并进行机械的论证。更有效的写作方式是要展现出我是怎样一步一步达到我的想法，并提供证据，把读者引导我的内容中来。对我来讲，这是一种比较解放性的理解。什么是理论，理论其实就是一种劝说。所以这和我本科及研究生所学习的理论概念完全不同。以前对于理论的表述是很外在的，就像一只灯泡，你找着一拧就亮了，而找不着就都是黑的，而在牛津所学的理论概念感觉完全不同。

如果简单定义"悬浮"，就是指向一种"大家都忙着工作，忙着奔向未来"的状态。但是在追向未来的过程当中，对当下却"凌空"了。你非常努力地做现在的工作，并不是因为你喜欢这个工作，而正是因为你觉得要努力咬牙做了这个工作，赚很多钱或者被晋升之后，你就不用再做这个工作。因而，你的这种努力是为了指向未来的工具进行计算，在这样的努力下，当下是没有意义的。你不给当下实在的意义，当下只不过是你迈向未来的一个台阶。在这样的情况下，其实会产生比较严重的社会和政治后果。也就是说，如何对现在怎样进行改造，如何对当下发生的事情做出伦理上、道义上的判断等问题都可以被悬置。所以一切可以被高度的工具化，大家都非常努力工作，而基本情况却没有发生改变。

举一个简单的例子，在调查的过程当中，我遇到一个出租车司机，他和我年纪差不多，却要开两班车。当我问他身体怎样、要不要考虑身体时，他的回答非常直接，身体是以后的事，现在如果不赚够钱，以后就达不到去考虑身体的时间。他当然知道身体不可能不考虑，因为以后再去考虑身体，必然是太晚了。但他要去劝说他自己身体是以后的事，要把自己对健康最基本考虑，对自己身体最实在的一个事实也要"悬置"起来。

这看起来是一个非常微小的内容，但政治后果却是非常明显，甚至可以说非常严重的。所以我想用"悬浮"这个概念去解释中国目前的现象。通过观察大众的个体经济行为，比如如何努力工作，如何安排理财等，可以发现中国人的个体能量、能动性是极强。但同时也要观察社会怎么样变化，这些年社会生活方式变化很多，我们需要发现变化的来源在于何处。

刚才讲从微博到微信，这个是很难事先去预测的，主要是靠技术推进一些生活方式的变化。社会本身是否具有推进其变化的力量？我的判断是，这个力量是不足的，所以一定意义上验证了英国前首相撒切尔夫人的说法，没有社会这回事，只有个人和家庭。所以这是一个悖论，一方面我们觉得从个体上来讲，社会生活非常丰富复杂，但社会作为一个力量，基本上被掏空。所以要去解释，为什么会一方面有很活跃、非常旺盛的个体行为，但在另一方面，大家会采取一些措施，改变自己周边的情况，改变某个系统的工作方式。1994年我在东莞做调查，我去问那些企业主，为什么不给民工更好的待遇？企业主当然是找理由了，他说，待遇不能给那么高，因为这些人对工厂就没有什么认同感，他们没几个月就跳槽，这个跟我们的调查结果是一致的，有很少人在一个工厂会工作满一年以上。所以"悬浮"现象很早就出现在中国了，那时候在座的许多同学可能还没有出生。

最近很多人在讨论"短工化"，其实这个现象一直存在。为什么这样不断地跳槽？其实企业也想各种办法，比方说他第一个月的工资是被留着的，这意味着如果你在几个月之内就跳槽的话，你会失掉首月的工资，他一个月的工资会延发，就是说三四个月之后才能拿到第一个月的工资。你要是待的时间更长，你才能拿到奖金。我在调查中问这些民工，为何不断跳槽，有的就是因为跟同宿舍的工友吵架，有的是因为跟同一个车间的工友关系不好，有的是因为他觉得做腻了。当然，他的工作确实非常单调枯燥，总之，跳槽的原因五花八门。

跳槽是解决他面临的问题的唯一方式。那我们都知道他跳来跳去，这个结构性的问题当然是存在，他跳不出这个基本的这个生活状态。所以问题就是说他为什么不断地去跳槽？而为什么不去更加直接面对他当时的问题，比方说你这个宿舍里或车间里的工友关系，为什么不主动想办法？我们也不会谈什么成立工会，就是宿舍里的工友关系，这个是可以想办法去解决的，但是你要是问民工，他们就觉得这个有点傻，要花那么多精力去搞这些，想办法怎么样改变就太累了，那就不如我赶快去跑。

下一个工厂也许会碰到更好的岗位和工友，那就赶快跳槽。与其把时间和精力花在怎么样改变我现在的工厂情况，不如我赶快跳槽，去攒钱，然后我就不用当民工，就可以跳出我现在这个生存方式，我就不用再管这些乱七八糟的事。当然我们知道，绝大部分当民工的要干二三十年。所以我当时就想到"悬浮"这个图景式概念，不仅是流动，而且是超级流动，高度流动，体现了投入其他客体的能动性，但是问题就是没有解决。

后来我去做东北地区出国的流动研究，也是发现了这种"悬浮"的状态，与东莞打工者的"悬浮"状态不同，东北人更多的是日常道义上的悬浮。他要出国的话，通过很多中介，加上押金，大概要人民币6万多元，去日本、韩国和新加坡打工打3年。但坑蒙拐骗的现象很多，媒体也有报道，很多人交了钱并没有走成，中介把钱汇到了海外，公安局也没有办法。

这个事情非常让人痛心，也让人不解。但这些受骗的人在自己的村子、街道，反而是抬不起头。他的邻居、朋友会笑话他，他们明明是受害者，但却成了被嘲笑的对象。这些邻居朋友不去帮他找中介把钱讨回来，反而是笑话他。

怎么理解这种看似反常的现象？我去问这些邻居朋友，他们告诉我，大家都想赚钱，这些想出国的人想捞到他第一桶金，这些中介也是想赚钱，从道义上讲他觉得没有高低之分，但现在关键是那些中介更有能耐的，你要跟他玩，你没玩过，你自己把钱打水漂了。这是没有办法的事情，那就只能够说明你能力不够。按照这种逻辑推演，行为的对错并不是由行为本身来决定，完全是由其后果决定。

由后果来确定这个事情本身的道义性，跟前面讲的"悬浮"，为了奔向未来就把当下"悬置"起来，意思是一样的，因为你当下做的东西是没有意义的，你都是要去奔向一个未来，未来就是赶快赚到钱，对吧？如果你没有赚到钱，那就说明是你自己的能力不够。如果你赚到钱了，即便他的手段是不对的，但是至少说明它有用。在草根的老百姓看来，他用能力这个概念把这个问题给合理化，当然不是"道义化"，就让它变成一个可以解释、可以接受的现象，我觉得这就是道义上的"悬置"，这种现象直到今天仍然很常见。

我们来分析"悬置"背后的原因，很显然，有体制上的原因。以农民工的这个例子来看，户口制度显然是体制上的原因。如果他可以落户口，可以在这里成为一个正式居民的话，他就不用通过不断地高速跳槽来解决问题。因此，城乡差别、户口制度造成了不平等的区隔，有的时候甚至可以说是歧视。

但我要提醒大家，学者动不动就把问题归因于体制，但如果从老百姓的眼光看"悬浮"，你要问他的话，他并不觉得他被区隔，他觉得"悬浮"是他的生活方式，他不觉得被排斥，他觉得他就是要悬浮，这样才能进入财富积累的状态，改变他的生存状态。

首先，为什么我要提出这个说法，因为我觉得在西方学界的文献里面，近来关注的是"不稳定性"。当然你要用这个词去解释这些民工的现象，那当然是对的，他们没有稳定的工作，不知道能够干到多长时间，也不可能有非常稳定的人生计划，不知道在一个地方待多长时间。但这个概念能不能把握中国农民工真实的心态，他最焦虑的那一部分，我觉得并不是。"不稳定性"这个概念本身，从现象上看还能解释第三世界劳工的状况，但作为一个概念而言是不够的。我们一定要区分一个词的描述性功能和分析性功能。它的描述性功能没有问题，但从分析性功能来看，我们就一定要注意，这个词是来自于西欧。不稳定性变成一个分析性概念，主要是针对在西欧，福特主义的生产方式被后福特主义所取代，福利被国家大规模削减，所以很多欧洲的年轻人受过高等教育，但是找不到稳定的工作，也不可能期待公共福利政策给他提供一个稳定的、想象中的中产阶级生活方式，不可能像他们父母那样生活，这个时候"不稳定性"就成了一个很重要的政治话题。所以对他们来讲，在经验上是一个有机的概念，而且是分析性很强的概念，因为这个概念会联系到西欧工会的瓦解，工人阶级意识的瓦解，以及福特主义生产方式的瓦解。

在中国，不稳定性联系不到工会或阶级这么大的范畴，只能变成一个描述性概念，对不对？跟不稳定性联系在一起的是区隔性、边缘化这样的概念，就是比较负面性的概念，社会的不平等和急剧分化这一系列概念在全世界都是一样的，用来描述中国也没有问题。近年来中国的阶层固化、不平等加剧也是不可否认的社会问题。

但关键是，我们要抓住研究对象的真实心态才能准确把握，他在现实生活中，在面对这样的一个结构的时候，他的真切感触是什么？如果你深切感到自己被排斥、被边缘化了，你就会产生出一种新的政治心态，新的自我认同，然后你就会产生出一种新的行为方式，对不对？你可能就会团结你的身边的工人，会跟这个老板谈判，想办法怎样去解决。

但从我的实地调研来看，现在他们感觉不到被排斥或被边缘化，所以要用"悬浮"的概念来描述他们的真实心态。因为他的当下被悬置了，他也没有能力对自我形成一个明确的意识，所以就变成了另外一种社会心理。因此，"悬浮"在分析的意义上对现在主流的学术话语，即强调排斥、驱逐、区隔，是一个补充。

那为什么说悬浮也是一种参与，是一种不平等的参与？中国的民工能够跳来跳去，就说明他们还是有工作做，毕竟是能够就业。第二个就关系到一个很有意思的细节，我当时没有观察到，后来才注意到，就是跟宿舍体制是有紧密关系的。

中国企业的宿舍体制是非常独特的。这又跟中国地方政府的发展模式是有关系的。改革开放以来，外商、港澳台商的投资来到东莞，地方政府求之不得。三通一平，把地搞好，开发区的基础设施都搞好，对吧？以前三年免租，非常低的租金给很大的地，政府还会主动投资建宿舍给企业，有时候甚至是免费给的，这是地方政府吸引投资的手段之一。

在这种情况下，宿舍跟企业紧密地结合在一起，等于是企业控制了员工的24小时。过去我的理解也是这样的，企业主不仅控制了生产过程，而且还控制了他的再生产过程，业余时间也受控制。但是从另外一个角度想，你问民工他喜不喜欢住宿舍，大部分人觉得宿舍还是挺好的，很方便。从参与者的角度，从员工的角度来看，他们喜欢宿舍，不觉得是被控制的。但正是因为这个宿舍制度，一方面是加强工厂对工人的控制，但另一方面也是大大强化了工人的流动性。

为什么？因为他到下一个工厂去，那里的宿舍已经备好了，他就可以拎包入住了，这样的宿舍制度形成了一个高度流动，这往往被理解为是一种福利。诡异之处就在这里，剥削并不是建立在一种直接的控制上，它不是禁止你流动，它正是要通过不断地高速流动，它给你提供宿舍，让你高速流动，对你的劳动成果才能够有最高效的剥夺。在理论上我们可以回到福柯的"全景监狱"，在权力发生作用的时候，并不是权力直接控制你的行动，而是让你自己在那里算计，因为监视器有可能看到我，我就不能做，我也不知道监视器什么时候看到我、什么时候看不到我，所以我不断提醒自己要守规矩。福柯说的"全景监狱"是通过对你的主动性的调动，把你变成控制对象。

在这个意义上，高速流动可以作为这样的一个类比，正是让你在不断地实施自己的能动性，觉得自己一赌气就可以大步迈出工厂的铁门，就是为了争这口气。然后就是要你在不断地争这口气的情况下，实现制度性、结构性的变化，但终究还是不能摆脱被控制的命运，但这种控制不是通过一个简单粗暴的隔离和控制来实现的。

以上是从理论层面来探讨"悬浮"的概念，从历史上看，为什么在20世纪80年代末90年代初的中国出现"悬浮"这个概念？其实跟我们的社会主义传统有直接关系的。可以想象一下，如果一个社会是高度分层化，每一个社会的主体对自己所在的这个阶层非常认可，比方说像在印度那样，他不会有这样的一种传播心态。他不会说，我把当下悬浮起来，然后我们迈向未来，因为他的未来已经很确定了。在那种情况下，他会更加去注意方向，注意周边的情况，中国是因为社会主义传统的积淀，所以在改革开放初期，大家所占有的资源基本上比较平等，才会出现"悬浮"。

中国的改革，特别是农村改革和初步的城市改革是渐进式的，是有计划的。但到了20世纪90年代初期，就演变为比较全面的自由化。我们看到的是一个大众型竞争，大家都能够进入到这个游戏里面，大家都有淘金的机会。更重要的是，大家都不服，都觉得自己应该跟别人一样。因此，平等主义的传统积淀非常重要，革命带入了平等主义的观念，产生了非常积极的历史影响。

但在一个特定的市场化环境中，社会不平等在加剧，就变成了大家都需要原始积累。所以就造成一种非常强烈的"末班车心理"，一定要把握住一切机会，去坐上这班车，否则就会太晚了。如果我现在晚了，那么我的子女也会被甩到后面。

正因为这么多人加入，所以大家才形成这种恐惧和紧张。这种心理造成的分化，我觉得是中国社会现在非常大的一个难题，也是对于社会科学工作者的一个难题。在事实当中，在政治经济学意义上，不同群体之间的差别在扩大。但在话语上，在意义世界上，不同阶层似乎共享了同一个话语世界，在情感结构上都是非常通透的。简而言之，焦虑面前人人平等。富人其实比低收入群体的焦虑情绪还要严重，中产阶级的焦虑就更多了，这跟我刚才讲的这种"参与式的不平等化"这个过程是一致的。但为什么这是一个很大的挑战？这个挑战就说明，现在我们使用的理论和话语无法去表达这种客观存在的一个结构形式。

最后我再强调一点，学者的责任不是简单地去判断这个概念是好还是不好，而是应分析其背后的推动机制及其所产生的后果。就"悬浮"而言，首先它造成了新保守主义的泛滥，特别是体现在生活方式上。例如中国式逼婚，这个在统计意义上是很难解释的。中国的结婚率那么高，在国际经验上没法解释。为什么中国人都喜欢结婚？其实仔细一看，就是中国人都结婚，但是近年来离婚率也高。生活方式越来越多元，越来越开放，但这反而会促使保守主义变得更加强硬。20世纪90年代我读大学的时候，如果是父母给我介绍对象，那我觉得太掉价了。现在公园相亲角之类的做法在我们那个时候是不可想象的。20多年后，你怎么理解这个现象？如果你对当下对现实没办法理解，你就要跳到一个想象当中去，把它当作生命意义来理解。

我最早观察到悬浮，是通过对民工的调查。但我发现，这种悬浮的生活状态日益普遍化，中产阶级，例如大学老师，他的生活是比较稳定的，20世纪八九十年代没有这种心态。但现在的大学老师也进入到"悬浮"状态，明明知道写这篇文章没什么意思，但还要硬着头皮写完。如果不写的话，就会影响到晋升。过去是五年十年磨一剑，现在的青年教师等不了那么久。大学老师按道理来讲应该是最有保障的，应该是从容地对当下进行思考，不仅是思考自己，还要替代别人思考，但现在变成被迫的，于是他们迫不及待地把当下的自己给"悬置"起来。

"悬浮"状态日益普遍化，原因比较复杂，如果你觉得这个事情不应该做，但是不做，你就不会有更好的明天。其实这是一个懦夫的想法，如果你真正地只做自己相信的事，我觉得可能结果不会像想象得那么坏，但整个的社会氛围创造出一种无法抵挡的焦虑。

对未来的焦虑和迫不及待的追求，是因为现在做的事情没有意义，你想赶快跳出这个，疯狂地工作，唯一的目的就是赶快要脱离这个。回到我前面讲的，这不是一个完全科学性的概念，这是一个意向性的概念。

这个概念最大的作用不是让你去做像医学那样纯实证的分析，而是要去调动你自己的感受，用这个概念去看你身边的生活，这可能会给你开辟一个新的空间，去想象另外一种生活。最近媒体报道深圳的"三和大神"，这就是值得关注的新案例。因为你要算他的账的话，你算不清楚。如果是一天工作三天玩，就他的房租、深圳的消费水平等等，"三和大神"究竟怎么生存下来，我们还需要做进一步的调查。"三和大神"如果真的是一天工作三天休息的话，我觉得很好，这是一种新的生活方式，因为这些人不"悬浮"，敢于拒绝"悬浮"，是对现行秩序很大的挑战，所以你有的时候慢下来，或者说不做事情，可能会是对一个既定权力结构的很大的挑战。这个现象本身就说明，中国开始出现了"慢下来"的趋势。

整理：傅博凡、段明珠、王修楠、李明旺、张天墨

第十七讲
构建国家品牌：关键概念和问题 [1]

◎ 基斯·丹尼

英国邓迪（Dundee）大学商学院教授，国家 / 区域品牌传播研究领域的国际知名学者，致力于研究如何将战略品牌管理运用于推广旅游、鼓励出口，吸引外来投资以及推动公共外交。目前已出版两部著作，并被译成汉语、日语、韩语和俄语在多国发行。其中《国家品牌：概念、问题与实践》是国家品牌传播领域的第一本教科书，《城市品牌》已译成中文出版。

品牌形象，可分为国家品牌、城市品牌、区域品牌，今天主要讨论的是国家品牌及其构建。我们会探讨如下的一些话题：国家品牌是什么，国家品牌的定义，为什么国家需要塑造国家品牌，国家品牌的变革，与国家品牌相关的议题讨论，等等。

国家品牌的定义是复杂的，也是富于争议的，因此做国家品牌研究并不容易。其复杂性是因为国家品牌涵盖了传统品牌策略所涉及的各个层面。举例来说，如果你想为这个瓶子做品牌，因为产品的拥有者是公司，你能掌控瓶子的外观、设计与宣传方式，就能掌控与消费者之间的沟通模式，因此相对容易。但当你要为国家做品牌的时候，你无法掌控国家，你也无法掌控其传递的消息，以及他人眼里这个国家的形象，因此，国家品牌具有复杂性。其次，国家品牌还具有争议性，这是因为政府通常难以决定传递的国家样貌应该是什么，其中有太多的选项，而且民众不一定会认同政府决定的国家形象，这就容易产生各种争议。之后我会让各位看看几个国家品牌的案例，有的很成功，有的却不怎么样。

那么，究竟什么是品牌（brand）或品牌构建（branding）呢？有时候是以视觉定义品牌，例如标识（LOGO）、字体等这些能看见的事项，都属于品牌的视觉层面。品牌构建也有地域性特色，例如，微信的中文名称与英文名称 Wechat 的联结便体现了

1　演讲时间：2018 年 11 月 15 日。

这种特色。再说到构建国家品牌，因为每个国家都已经有了自己的名称，所以打造国家品牌时不需要再考虑这个因素。但是有些国家却拥有不同的名字。例如，尼德兰（Nederland）是荷兰的官方名称，荷兰的驻外大使馆都统一称荷兰是 Nederland，但民众大多称荷兰是 Holland，因此荷兰在做国家品牌时，不用 Nederland 而改用 Holland，荷兰官网用的就是 Holland.com，而非 Nederland.com。打造国家品牌时特别会注意采用大多数人习惯称呼的方式，不过对于大多数国家而言并没有像荷兰这样的困扰。

除了在视觉上打造国家品牌，还有其他更复杂的国家品牌打造方式，例如在认同、历史、文化、价值观方面打造，这些维度能够让国家品牌具有深度，让人印象深刻。品牌除了彰显"价值"之外，也会强调"时间"，因此品牌的与时俱进与现代化很重要，成功的国家品牌需要多年的时间累积而成。也因此，国家品牌打造通常会面临政府的更新迭代，所以每隔几年就必须做出改变，因此如何让国家的品牌形象在人民心中有长期的印象，有一定的难度。

当某个国家的品牌出现争议时，通常是因为政府出资雇用专业人员来发展国家品牌策略。这些专业人员可能来自其他国家，即使这些人擅长打造品牌，也不代表他们了解这个国家，这就导致他们打造出的品牌形象较为肤浅，与实际情况有一定的距离。打造国家品牌确实需要来自外部的专业人士的参与，但政府官员或当地人也必须参与并主导。

以上就是国家品牌的定义，不同于产品或实际物品的品牌打造方式，它是独特的、多层次的、综合发展的、与文化紧密结合的、与时俱进的，这些定义涵盖许多元素，其中最重要的就是"文化相关性"这个元素，意思是国家品牌与该国文化密切相关。另一个重要的元素是"与时俱进"，在特定时空背景之下才能正确理解"品牌"，因此品牌所传播的讯息及其沟通方式应当能被目标受众容易理解。

例如，中国国家形象片选了 50 位家喻户晓的名人，但到美国播放，他们可能无法理解其中要传达的讯息，因为这些讯息与美国人无关。因此，国家品牌必须要与目标群众建立关联，否则就不会产生理想的传播效果。

既然打造国家品牌是复杂且具有争议的，那么为何国家仍会想要打造品牌呢？首先是促进旅游业，吸引并且刺激投资，提升国产品牌出口，建立正面的国家品牌形象。

国家品牌构建的关键概念来源于两个主要的学科。首先是国际政治和外交学，其中有"国家身份/认同"的概念。还有一个是来自市场营销学的概念——原产国（country of origin）。原产国指的是产品来源于哪里，比如威士忌来自苏格兰，高档时装来自法国。

作为研究国家品牌的大背景，形式上的经济全球化存在着两种相反的力量。一方面是市场的同质化，这意味着不同的国家正在变得越来越相似，比如现在大多数国家的街上都有随处可见的星巴克、麦当劳、汉堡王。另一方面是越来越强烈的民族认同感，人们具有更加强烈的民族主义倾向，并且认为自己的国家是与众不同的。这两种冲突的力量都会对国家品牌的构建产生影响。

国家品牌不同于产品或公司品牌：这主要是它关系到了该国选民和多个利益相关群体。最简单的品牌形式是产品品牌。假设你要给一瓶水加一个商标，这是相当简单的，设计包装、颜色、产品名称，然后做广告去推广它。然而当你要将这种模式应用到企业品牌上就变得比较困难了，这是因为企业不仅仅只生产一种产品。但更复杂的是塑造国家品牌，因为国家品牌可以是通过旅游、投资、出口、教育中的任何一项表达展示，所以在国家品牌中存在着许多不同的受众和不同的层面。

品牌理论中有三个最重要的概念：身份认同、形象和定位。它们之间相互关联，也存在些许不同。这三个概念与国家品牌构建也存在着一定的关联。首先是身份认同，身份认同是品牌理论的出发点。身份认同是催化剂、刺激物或富有洞察力的讨论和协商。身份认同也可以用于个人层面上，每个人都有个人的身份认同，比如名字、个性、社会关系。组织层面上的身份认同指的是个人属于某一个群体，比如城市、国家、支持的球队等等。而国家认同是最令大多数人情绪化的一种认同形式。然而，如果对于身份的讨论仅仅局限于内部，那么这些讨论就会流于收效不大的自我反省。比如，某国的人们讨论自己的国家认同，并不会帮助该国国家品牌的建设。对于国家品牌而言，对身份的外部感知至关重要。外部的受众并不会对于国家身份的每一部分都感兴趣，我们不可能了解世界上的每一个国家。所以说，在国家品牌构建中，必须选择展示对于外部受众而言最重要的、最有关联的元素。

身份与形象之间存在差异，这也是困惑容易产生的地方。简而言之，身份指的是事物真实的本质是什么，而形象指的是事物如何被感知到的。如果你把自己看成一个独立的个体，你的身份包括姓名、年龄、出生地、性格、说话的方式等等。然而，别人认知你的形象可能会和你真实的身份有一些不同，这是因为人们总是经常误解他人，总是不欣赏他人喜欢的东西。事实上身份和形象之间总是存在着一条巨大的鸿沟。比如当你第一次见到某一个人，你对他的第一印象很差，觉得他不是一个友善的人，但也许是你完全错了，因为实际上你并不知道他真正的身份。也许你们相处的不够好，但你得出的关于他的结论其实是错的，这是经常发生的，而且不仅仅发生在人与人之间。

同样道理，人们可能会对某一个国家有一些不好的看法和刻板印象，但这些看法事实上是相当不准确的。身份形象差距往往是一个消极的因素，这是由于人们心中刻画出的对于某个国家的形象往往比这个国家的现实情况更差。例如，许多没有去过英国的人的心中可能对英国这样的形象：整日下雨、悲惨、寒冷、人情冷漠、糟糕的食物等等。但如果你真正去到英国，你会发现英国不是总在下雨，食物也非常棒，很多地方的人们实际上都非常友好。在我工作的邓迪大学有许多中国留学生，他们生活得非常愉快，当地的人们都十分友好。这也就是说，尽管形象是消极的，但可能实际上的身份是相当积极的。这些刻板印象和陈词滥调显然不仅仅针对英国，对于世界上许多国家来说，它们都遭受着类似的负面看法，即这个地方实际的情况比它的形象要好得多。国家品牌构建旨在缩小身份与形象之间的差距，以便塑造一个更加准确的国家形象。

品牌身份包含许多不同的元素。品牌愿景即品牌构建想要实现什么目标。品牌范围即品牌覆盖了多少区域。品牌名称，比如希腊是一个位于欧洲东南角的地中海国家，"Greece"是外国人对它的称呼，而希腊人并不叫他们的国家为"Greece"，他们叫它"Hellas"。如果一个国家想要更换它的名字是相当困难的，2018年年初有一个欧洲国家想要这样做，捷克共和国（Czech Republic）。捷克共和国曾属于捷克斯洛伐克（Czechoslovakia），捷克斯洛伐克解体成捷克共和国与斯洛伐克共和国。现在捷克政府拟更改国名为"Czechia"，让外国人停止称呼其为捷克，但这似乎没有奏效。这是因为人们并不买账，改名的举措最终不了了之。

品牌身份还包括表达代码，这与符号、图标有关，看到某些标志就能够让人想起某个国家。国旗是最明显的标志。另外，语言符号也是其中的一种，比如我所在的苏格兰，有风笛，还有尼斯湖水怪。另一个元素是日常行为。一个国家会有很多行为，比如政治行为、军事行为、外交行为等等。还有一个元素是品牌的独特性。什么让品牌与众不同，品牌的独特之处是什么。还有一个元素是叙事身份，比如国家历史中的神话和英雄。最后一个元素是其倡导的意识形态。一些国家可能希望根据自己的政治或哲学来进行自身的定位。

国家品牌叙事是关于这个国家的故事，能够帮助人们形成对这个国家的认知。在国家品牌叙事的竞技场中，每个国家可以用有创造力和艺术性的人才比如诗人、小说家和创意作家来帮助打造国家品牌。一些作家起初在广告公司任职，成名后才转为全职作家。最著名的是英国小说家、诺贝尔文学奖得主拉什迪（Salman Rushdie）。一般而言，在国家品牌推广活动中需要大力使用这些富有创造力的专业人士。

人们对一个国家的形象认知非常重要。所以我们要了解这个形象是如何形成的。对中国而言，你可能想要考虑哪些因素会影响中国的形象。每个国家都不同。对于某些国家而言，某个因素很重要；对于其他国家而言，重要的因素会有所不同。先从个人经验说起，如果你亲自访问过一个国家，那么你由此形成的国家形象将比你未亲自去过的国家更强大。因为个人经历是国家形象的一个非常强大的影响因素。个人经历可以是访问某个国家，也可以只是在你所在的国家与该国家的某个人会面。例如，我来自英国。对你而言，和我打交道是你的一种对英国的个人经历。如果你没有去过英国并且没有见过英国的其他任何人，你可能会根据对我的认知来形成你的英国形象，所以这是一种个人经历。再比如，我在荷兰生活了3年，那里有一名来自斯里兰卡的大学生。他是当地唯一的来自斯里兰卡的学生。没有一个荷兰学生去过斯里兰卡，所以荷兰学生心目中斯里兰卡的形象就是那个人。幸运的是，他既友好又幽默，荷兰学生都喜欢他。因此，他们对斯里兰卡有着非常积极的印象。整个国家的形象仅仅因为这个国家的一个人就形成了，这就是为什么人们在自己国家之外的表现很重要，它可以影响自己国家的形象。

另一个因素，口口相传，即口碑传播，就是人们所说的对这个国家的看法。这可以是你和朋友面对面说的话，或者现在更常见的是通过社交媒体人们所说的话。然后是对国家的刻板印象。刻板印象可能是积极的，也可能是消极的。

再者是可能对国家形象产生重大影响的政治因素。对于一些国家，总统可以对他们国家的形象产生重大影响。最明显的例子是美国。美国总统的形象肯定会影响人们对美国的形象认知。当曼德拉（Nelson Mandela）担任总统时，他对南非的国家形象产生了积极的重大影响。对于很多国家来说却不是这样。例如，没有多少人知道谁是荷兰总统。我知道是因为我在那里生活了3年。荷兰总统是马克·吕特。你们不知道没关系。事实上，他对荷兰的形象几乎没有影响。风车、郁金香以及首都阿姆斯特丹市才是荷兰的标志，但它并没有受到政治人物的影响。

另一个影响因素是体育。以足球为例，巴西、德国都以足球闻名。如果你的国家有很成功的体育队伍或者很受欢迎的体育人物，都会对国家形象产生影响。出名的产品品牌也会为国家形象带来积极影响。比如苏格兰威士忌是非常成功的全球产品，人们通常会把对威士忌的好印象转移到苏格兰的形象中。公民的行为，尤其是他们在国外的行为会对一个国家的形象产生影响。此外，品牌宣传活动也是影响国家品牌形象的一个因素。

国家品牌构建旨在展现积极的国家品牌形象。但效果究竟如何，就必须进行深入的研究。现在有一种用于检测问题和理解国家形象特征的研究方法，叫作品牌拟人化。这是一种定性研究。其基本问题很简单：如果这个品牌是一个人，那将是一个什么样的人？应用这个方法，我们可以思考，如果可口可乐是一个人，它会是什么样的人？如果百事可乐是一个人，那将是一个什么样的人？这是品牌拟人化。我们可以把它应用到国家层面。如果中国是一个人，那将是一个什么样的人？如果英国是一个人，那将是一个什么样的人？这是一个开放式问题，因为答案并不确定。

当你提出这个问题时，你真的不知道受访者会说些什么。它是开放式的。所以这不是一种定量研究方法。它不是一个量表，不是让你按照从 1 到 7 来打分。它不是为统计分析而设计的，而是旨在深入理解，帮助研究者得到以前没有想到的见解。商业品牌研究多年来一直使用这种方法，它也可以运用到国家品牌的研究。但是，这种方法的结果分析需要花费大量时间。虽然它的基本问题很简单，但答案很繁杂。如果你问 100 个人，你会得到 100 个答案。因此，对此进行分析需要花费更长的时间，相比之下，定量调查就省时多了。如果你用 SPSS，将调查放在网上，可以在几秒钟内分析结果。但是品牌拟人化这种方法，需要人工来进行分析，往往要好几个小时甚至是好几天去分析结果。

国家品牌形象也会随着时间的推移而变化，它可能会变得更差，也可能变得更好，或者保持不变。你需要通过研究来检测国家品牌形象是否有任何变化。如果国家品牌形象越来越差，那么需要我们想办法重新赋予其活力，即找到一些可以重振"品牌活力"（brand dynamics）的方法。这也是全世界几乎所有的国家都在推广国家品牌的原因，因而需要理论和实证研究的支撑。

国家品牌认同则是与国家本身所具有的特质息息相关。因此，一个国家的历史、语言、领土范围、政权和建筑都是国家认同的重要因素。建筑风格、体育运动、文学艺术、宗教信仰、教育体系和饮食习俗等，这些都是国家特质的组成因素。

最后一个要素是国家品牌传播的渠道。以移民为例，部分国家生活着大量的移民，他们离开自己的祖国，即"宿主国"（home country），乔迁到另一个不同的国家，即"寄主国"（host country）生活。这些人通常不会回国，他们会不停地流动。目前有很多中国人生活在世界各国，把中国的饮食、风俗、文化产品等带到了他们的"寄主国"。因此，海外移民是国家品牌传播的重要渠道。

我们来总结一下。构建国家品牌的第一步是决定你所想要建立的国家形象，第二步是决定如何去创造这个形象。在这个过程中，"定位"（positioning）是一个关键性概念。这个概念及其相关理论是由凯文·凯勒（Kevin Keller）和菲利普·科特勒（Phillip Kotler）提出并逐渐完善起来的。科特勒是最广为人知的市场营销学大师，凯勒是著名的品牌管理学家，两人都写了很多这方面的书籍。在他们看来，定位是一种通过设计企业提供给目标消费者的愿景图像，以占据其心中独特地位的艺术。简而言之，定位是你在目标受众的心目中所创造的形象。

这个理论也被引申到国家品牌构建的研究中。我们一般是通过国家品牌去感知这个国家的形象。下面来分析几个成功或失败的例子。

第一个例子是南非。它设置的国家形象定位是一个口号："生活不设限"。但这个口号太笼统，无法精确地反映国家的真实状况，跟国家身份认同之间也没有明显的联系，乍一看，"生活不设限"是一个积极的信号，但你可以用这个口号去形容任何一个国家，不一定是南非。

第二个例子是玻利维亚。这是南美洲一个面积相对较小的国家。它的口号是"真实的存在"。这个口号原本是用西班牙语，没有翻译为英语。因此，这个口号很独特，反映了这个国家的特色，可以算是一个比较成功的例子。

"光彩印度"是一个历时多年的推广活动。这个口号令人振奋，但和"令人惊喜的泰国"有些雷同。实际上，马来西亚的宣传口号"真实的亚洲"被认为是最棒的传播策划之一，并运行多年。但也有人批评，如果马来西亚代表真实的亚洲，那么其他的亚洲国家难道就不真实了吗？但从一个欧洲人的角度考虑，这个口号就没有什么不妥，甚至产生了先声夺人的传播效果。因此，国家品牌定位的成功与否要看其所针对的目标受众是谁。

一般而言，像中美这样的大国品牌形象涵盖了旅游、投资、教育、文化、政治等多个方面。因此，一个至关重要的问题是你选择用一个国家品牌以涵盖全部，还是在不同的领域打造各自的品牌，比如旅游品牌、投资品牌、教育品牌，等等。这也是"定位"理论需要重点探讨的问题。理解这个问题的角度之一是模块。"模块"的概念最初来自工业领域。制造一辆汽车，零部件分别来自25个到30个不同的国家，每一个零部件就是一个模块。你需要把他们组装为一个整体，这样汽车才能运行。国家品牌也是类似的过程。你拥有贸易、投资、旅游、教育等模块，只有把这些模块都拼接在一起的时候国家品牌才能起作用。

举一个例子，澳大利亚的国家品牌塑造比较成功。总体而言，这里被认为是一个宜居之所和度假胜地。这里由各种积极向上的因素，比如适宜的天气、可口的食物、积极健康的生活方式等等。然而，多年以来，澳大利亚的国家品牌在教育方面有短板，与其他英语国家相比，不能有效吸引留学生。这是因为在学生及其付费的父母眼中，澳大利亚是一个休闲度假的地方，而非工作和学习的选择。该国给人的印象是，人们整天躺在海滩上，游泳后能吃一顿丰盛的美食，喝很多啤酒。这种印象对发展旅游业有益，但是却不利于教育和投资。所以，澳洲为其高等教育打造了一个单独的品牌，致力于吸引留学生。这个品牌形象不是强调天气、生活方式等，而是聚焦在创新、科学研究、制造业等方面。这是因为澳洲整体的品牌并不利于国家教育产业的发展。

因此，总结上述国家品牌建构的策略时，研究人员使用识别图像、定位等品牌领域的概念，主要的挑战在于如何处理其独特性。我要强调的是，国家品牌构建必须通过创造性的和富有想象力的方式去实现。我就讲到这里，下面来回答各位的提问。

问答环节

问：您刚才提到国家品牌打造的一个关键部分是处理文化背景差异，但众所周知的是，文化是一个非常复杂和宽泛的概念，那么该如何来处理？

答：这是一个很好的问题。我对国家品牌的讲述过程中有提到关于文化背景的区分，文化是一个很复杂的概念，因为它与语言，历史，艺术、食物、景观等元素有关。因此，国家品牌推广活动中应当包含其中的某些元素，但不可能涵盖文化的所有方面。换言之，国家品牌构建需要确定与文化相关的元素，并制定在品牌传播中如何使用这些元素的策略。

例如，对于英国而言，英语实际上是国家品牌的重要组成部分，英国文化协会通过提供语言教学，开展了相关文化活动，共同塑造了英国的国家形象。国家品牌传播要包括艺术、设计、文学等内容。因为如果缺乏文化元素，那么结果就是"世界上最好的小国"这样的口号，没有文化的口号就没有意义，也不可能实现其传播的目标。

问：我有一个关于国家品牌建构主体的问题。我关注过 YouTube 上国家形象宣传片相关的视频，但它们的点击率并不太高，反而一些"网红"或普通网民制作的相关视频有非常好的反响。因此，如何在国家品牌建构中发挥公众和网民的作用？

答：我基本赞同你的观察。现在我们生活在社交媒体的时代，国际间的沟通正无时无刻地发生，它不仅来自政府，还来自世界各地的个体。一些网红拥有比官方宣传更大的受众，这就是所谓的影响力营销。所谓"关键性意见领袖"（KOL）都是通过你的 Facebook 或 Twitter 或任何社交媒体平台所关注的个人。无论他们说什么，其影响力都可能超过政府或企业的"官宣"。

我 2017 年为希腊的第二大城市塞萨洛尼基（Thessaioniki）做了咨询。如果你打开该市的官网，在它的底部有一个指向 Instagram（简称 Ins）的链接，但是当你点击该链接时它不会把你引向任何地方，因为他们实际上没有 Ins 账号。然而，塞萨洛尼基有一个人是"跑酷"项目的世界冠军，他在 Ins 上有大约 12 万粉丝。因此，我建议把这个人作为城市品牌的一部分。因为这个城市的 Ins 账号甚至没有一个粉丝，然而有 12 万人听他说的每一个字。目前城市和企业选择个人作为品牌代言很普遍，但没有多少国家这样做，显而易见的原因是政府部门对让个人为国家做品牌传播仍不放心。

瑞典政府在 Twitter 上举办了一场名为"瑞典策展人"的国家品牌推广活动。瑞典官方的推特账号是 @Sweden，即瑞典的国家品牌账户，但并没有专人运营，相反，每个月他们都会向不同的个人提供一笔资金，这些人可以在 Twitter 上说出他们想说的关于瑞典的任何看法。这样做当然是有较大风险的。据我所知，瑞典是世界上唯一这样做的国家。瑞典政府之所以这样做，是希望向外界证明瑞典是一个高度民主自由的地方，任何时候任何人都可以表达自己的意见，这是他们所想要塑造的国家品牌。但问题是你不知道这些人会说些什么。有的人说出一些很蠢的话，政府不得不替他们道歉。所以我不推荐其他国家使用这样的方法。较为可行的做法是与已具备一定受众基础的人合作，就像前面所提到的塞萨洛尼基的策略一样。所以政府应该与这些 KOL 合作推广国家品牌。实际上大公司一直在这样做，赞助 Instagram、Facebook 和 Twitter 上的意见领袖。

问： 如何利用有限的预算去制定国家品牌建构的目标和策略？

答： 这个问题很实用。以英国文化协会（British Council）为例。它们的项目预算谈不上财大气粗，因此会进行 7 个到 8 个目标市场的研究。因为预算有限，不可能去研究世界上每个国家。因此，确定优先目标市场是必需的。另外，国家品牌构建一般是从与旅游业或投资相关的推广活动入手，可以通过举办一些大型赛事，或与国际足联等机构合作，通过商业赞助来解决资金短缺的问题。

因此，每个国家或地区都必须确定自己的优先级目标市场。我给美国的华盛顿州做过品牌策划。注意这里说的不是首都华盛顿哥伦比亚特区，而是西雅图所在的那个州。当地很多葡萄酒生产商。高品质葡萄酒是该州的品牌资产。经过前期调研，他们把日本确定为优先级目标市场。州政府的预算有限，因此就找该州的葡萄酒生产商赞助。他们不会把钱花在广告上，而是组织了日本媒体访问团，主要的支出是记者的旅费和接待费，他们品尝了当地的美食美酒，回到日本后为他们的报纸和杂志撰写了许多非常正面的文章，取得了立竿见影的传播效果。

整理：赖彦汝、叶倩、王鑫、王洋、朱思垒、史凯迪、尚雪芬

第十八讲
基层治理：经验问题与理论问题 [1]

◎ 张　静

北京大学社会学系教授，博士生导师。香港中文大学社会学博士。先后在法国国家科学院弗里德曼研究所、澳大利亚国立大学当代中国中心、哈佛大学社会学系访学。主要著作有《法团主义》《基层政权：乡村制度诸问题》《哈佛笔记》《现代公共规则与乡村社会》等。主要研究领域有政治社会学、法律社会学、社会转型与变迁。

我自己的背景是在社会学系，多年做的方向基本上是政治社会学、法律社会学，研究角度是政治社会学。今天的题目叫作"基层治理：经验问题与理论问题"，这看上去是一个研究性的讲座，其实我们关注的主题可以总结为"为什么在最近的 10 多年，中国的基层治理效果在迅速下降"，这是一个经验问题。作为研究者，我们要深究这里的重要原理性问题，做一些更深入的分析。如果我们希望知道事情出现的原因是什么，就需要关注跟这个经验问题相关的一个理论问题，即"哪些因素影响到一个社会成员对体制的政治认同"。理论问题是较为一般性的问题，可以解释不同的社会，而经验问题是发生在特定社会的现象，比如为什么中国社会治理效果下降。我们这个研究其实是用中国经验、社会发生的现象，关联到理论问题，对此做出解答。因此我们今天的主题是探讨"近年基层社会治理效力下降的原因"。

先看一些社会现象，主要有基层社会情绪日益政治化，网络批评倾向于归因政治，个体事件容易发展成群体事件，法律事件容易发展为针对公共组织的事件。比如一个人从宾馆楼上跌落，家属要求宾馆给予赔偿，理论上是家属和宾馆老板之间的法律事件，但这样的事很快发展成一个针对公共组织的事。因为很快地聚集四五万人加入到这个事件，帮助家属讨公道。当公共机构的车从这里经过，比如公检法、政府部门的车，就非常容易成为被打击对象，原本是个法律事件，其打击和批评的目标却会指向公共

1　演讲时间：2016 年 10 月 26 日。

机构。

那么，我们的问题就是为什么基层治理弱化？这表明是社会服从的下降，社会抗议的增加。西方学者一直认为，我们是一个"威权国家"，基层治理能力非常强，政府非常强势。但刚刚提到的这些现象都表明基层治理在弱化，为什么曾经非常有效率的基层社会治理会变成这样？

先看一下主流解释。第一个解释是收入差距问题带来社会不平等，社会上势必就有很多人不满。这是从经济学角度进行解释。第二个解释是从社会学的角度，社会阶层开始固化。固化的意思是停滞不流动，这是和改革开放早期相比，因为那个时候大量的企业家都产生于农民、工人、下岗的干部，这些人迅速致富，他们的社会地位迅速上升，社会学把它叫作"社会流动"，有很多人发现近年来社会流动的情况越来越慢，那些不富的人致富的速度越来越慢，富人的子弟永远是富人，穷人的子弟永远是穷人。很多人说社会阶层流动停止了，这个社会就会感到不安，因为人们没有机会来改变自己的现状。第三个解释是说缺乏民主制度，人们没有办法和渠道去影响社会政策的决定，当然会不满，因为很多政策不符合他们的需求。第四个解释是意识形态，很多人被外来意识形态洗脑，外来意识形态跟媒体报道有关，跟大家接触的书有关，跟出国旅行的人可以接触到的别的意识形态有关，这些东西会改变他们的一些想法，这也是社会不满增加的原因。第五个解释说这是因为国家整合能力下降，原来自上而下整合能力是非常强的，现在因为市场化的缘故已经越来越松散。第六个解释是干部的道德权威下降，很多干部贪污腐败，道德水平下降，所以人们不愿意服从他们。这是比较有代表性的六种解释。

这些解释虽然给我们很多启发，但仍有些困惑不能解释。为什么在中国会出现"小赢一场"的情况，社会治理的技术、经费、人员都在增加，但为何效果没有提升？为什么对社会的不满不一定来自收入和地位低的群体？这方面社会学有调查，农民对社会的满意程度要高于城市的市民。有一些农民的收入和社会地位不如市民，如果刚才说的经济收入的差异可以解释他们不满的来源的话，那一个社会里应该是收入最低的人感到不满，但中国的情况不是这样的，因为农民的满意度比其他阶层要高一些。

对于这些困惑，我们需要进行解释。所以我对刚才那些解释的批评是，如果仅从社会差别、经济收入差距以及地位固化解释不满的由来，难以令人满意。原因在于其中包含一种假定，即社会成员只从经济地位中构成切身利益，如果经济地位不能提升，经济利益受到损害，他就会产生不满，这是那些解释里包含的最主要的假定。但这些假定对于另外一些重大利益缺乏关注，比如对社会成员权益实现的通道。我举个例子，我们国家有公积金制度,是面向所有人的,买房时自己支付不起可以申请国家的公积金。没有一个法律规定有人有权利申请、有人没有权利申请,换句话说所有人都有权利依靠公积金制度帮助自己买房,但实际上是有很多人没有办法使用,而有些人则可以方便地使用,这些差异并不在法律的规定当中,为什么会产生这种差异呢?原因是可以方便使用的人有通道,有正规的单位可以替他办;没有办法使用的那些人,比如农民工、合约工,没有正式的体制内单位来制度化地帮他办理这些事情,所以他们没有办法使用这一制度,不能在这一点上依靠公共制度的帮助满足自己的所需。这个制度不在权利的规定上,而在于谁有通道而谁没有,这个通道是社会的,是个人解决不了的。刚刚说到的通道问题是社会结构制度的问题,个人是没办法改变的。这是我们对刚才那些解释的批评,如果对这个社会结构的问题缺乏关注,就难以解释刚刚说的"基层治理效果下降"的问题。社会发生重大变化会带来组织关系变化,可能会带来这一通道的消失,从而影响人们的生存质量。

因此,我们需要提出新的解答问题的方向,即社会经济地位和政治不满之间的关系可能不是那么直接,还有一些更基本的影响因素没有被揭示出来,它们在"社会差别转换成不满"的过程中起到关键作用。这些因素之所以叫作"基本因素",其特征是系统性或全局性的、非个人的、非偶然的、非期然(政策目标)的,它们可解释更大的变异现象,解释力达到 50% 以上,而且这个解释也能符合社会的历史事实。我们需要联系这些制度依赖的情况,从历史的角度看这些基本的因素是怎么发生改变,以及它们怎么导致社会服从下降。

中国社会治理的历史回顾

要理解当下的状况,我们要回顾一下中国社会治理的历史。1949 年中华人民共和国成立,出现了新政权的转换,大规模的社会重组现象出现,重新的组织化是对社会组织关系的再造。在这个过程中,一种新的组织化关系形成,这是一种特有的"公共 - 个人"的连接系统。这个连接系统覆盖广阔,几乎包含了所有的社会成员,它是三级连接、责任包干的,即"谁的人员谁负责",在乡村是生产队、行政村和人民公社负责村民和社员,在城市是工作单位来负责单位里的成员,几乎所有的人都会被指定在一个组织的系统里。这个情况是分等级的,有一些成员在上层组织,有一些在基层组织,构成了一个自上而下的资源再分配系统,通过行政组织进行资源分配,这和现在一些资源通过市场分配是不同的。在这种情况下，单位代表国家把资源分配到个人，成为国家和个人之间的中介性组织机构，也是国家承认的唯一的个人管理组织。

在这个系统里面，有两个治理角色：一个角色是政府，其功能是再分配、制定计划、审批上报、下发指令或者文件；另一个角色是单位（在农村就是人民公社或者生产大队，在城市就是工作的单位），是执行指令的组织。单位实施着社会治理，因其接触社会大众与个体，并且分散地提供着公共品，所谓分散即每个单位提供的公共品都不一样。比如，一个单位有比较多的房子，那么其员工就可能有比较多的房子；另一个单位没有房子，也没有地皮，其员工得到的就会少。这并不是国家不平等地对待这两个单位的社会成员，因为房子这一公共品是由单位而非国家或者市场提供的。现在有很多房子的提供都是通过市场提供，但以前并非如此。

组织关系变成这样：个人依附单位，单位给个人分配所需的资源，比如个人的孩子进托儿所、个人的工资、个人的晋升，如果个人需要国家任何的公共制度（如公积金），就必须要依靠单位；单位依附政府。反过来也可以说：政府治理单位，而单位治理个人。这是一个三级的结构。所以单位的功能非常关键，单位是政府职责的延长。

社会不是国家，国家不是社会，这是两个权力关系略微紧张，但同时又相互勾连的领域。单位是在社会中的，但是在中国，单位是政府职责的延长，必须要执行政府的职责。这两个角色有共通性，又有分工，因此将其称作"双重治理角色"。

单位的治理对象是个人，是一种直接的治理，因为单位直接面对着单位的个体（但不是所有的大众，因为单位不会管不属于该单位的人）。单位分配资源，但只是对下属单位或者个人。单位第一个功能是连接，把单位里的个人与国家的公共体系连接起来。比如公积金的问题，如果没有单位，个人没有渠道去做这件事情。如果个人去找政府部门，接待的人会说，去找你的单位，因为我们只对组织，不对个人。第二个功能是协调，处理个体与群体利益之间的关系、个体与个体之间的关系。所以单位的领导们都很忙碌——所有的矛盾、纠纷、问题都要找单位协调，而且单位有职责去协调。第三个功能是庇护，需要庇护和保护所属的成员——这是一个单位的道德问题。第四个功能是应责。应责是指，当单位成员提出需求的时候，单位必须要回应，必须要负责。比如离退休的老同志向单位提出需要增加工资，这时单位必须回应需求，并解决问题和不满。第五个功能是代表。有人问，"代表"不是一个政府性的职能么，为什么单位会有？因为单位需要传递其社会成员的诉求。当单位解决不了社会成员的问题，比如离退休职工需要加工资，单位没有能力给他们解决工资的问题，单位就会向上级单位打报告，说我们这儿离退休的员工需要提工资，因为他们已经集体地提出这个要求了。

在这个过程中，单位实际上是代表离退休员工的利益和诉求，向上级来要政策和解决问题的方法。

连接、协调、庇护、应责、代表，都是单位在基层治理中发挥的非常重要的功能。这些功能单位自己未必知道，也不一定是单位自己的动机，也不能说是单位希望这么做的，但是后果是如此。因为只要分析具体的事件，就会发现单位的这些功能。

另一个治理角色是政府，其治理对象是下属的组织。换句话说，政府面对单位，而不面对个人。其并不对广泛的大众开放，而是对大众的组织即单位开放。在这个意义上，政府是一个间接者，因为其并不直接处理大众事务。比如一个人在公共领域出了事故，第一时间是把这个人送回其单位处理。因为政府并不直接处理这样的事，大部分事情都是通过单位来处理的。政府和单位一样分配资源，但是资源只对单位不对个人。比如到政府去说：我要加工资。政府肯定会说："先到你的单位打报告上来。"或者"由你的单位来代表你打报告。"比如我有一年做社会调研，需要进档案馆。档案馆在政府后院，因此必须经过政府的门。我去政府部门办事，门卫要我的介绍信。我拿出北京大学的工作证，说我是北京大学的老师。他说不行，我得要你的介绍信，因为我们是公对公。换句话说，政府不是对每个个人敞开大门，你必须有一个组织，只有组织写了介绍信，政府才会承认这个组织，然后辨别你是谁。

政府还有连接的职能，确定单位之间的等级领导关系。有协调的职能，平衡单位之间的关系，处理争诉、仲裁方面的问题。有庇护的职能，保护相关的组织。政府组织里面也有经常的竞争现象，这些竞争现象是因为他们要保护下属的组织。所有这些职能都不是对个人的。对于大众，政府没有发展出应责和代表职能，因为应责和代表的职能是由单位承担的。所以很明显，政府与单位相比，少了几个非常关键的职能。

总结一下，单位非常重要，是一个直接治理者。社会治理的大部分责任，都是由单位来承担的。位于基层维护利益平衡的单位，提供公共品、协调利益差别，其结果是在微观领域里保护社会公正。哪里有矛盾，哪里有纠纷，哪里有不平衡的利益，哪里有不公正的工资收入或者问题，都会通过单位去解决。虽然单位是零星的、分散的，但是几乎所有人都有一个单位，因此每个人都会有一个组织来负责回应个人的纠纷、问题和需求。如果单位解决不了，单位就必须代替个人向上级打报告。所以，单位在维系个人和公共之间关系的作用非常关键。因为单位是制度化的中介，并且垄断了这一功能。如果不是通过单位，个人没有别的方法进入公共的体系。如果个人直接去找政府，最多是作为一个上访者。这并不是相信单位不相信个人，而是体系的规则就是如此。因此，单位是一个无可替代的组织的角色，它的五项职能在基层社会中起着非常重要的作用，对于维护基层的秩序也是非常重要的。政府是间接的治理角色，它是通过并且依靠单位来治理社会，而不是直接治理社会，因此政府不需要直接面对大众，不需要直接处理社会治理问题。政府与大众是疏离的，这时候社会成员没有需要，也没有权利去接触政府。

所以社会成员如果要实现权益，通道非常单一：必须回到单位，个体才能在国家公共体中获得一个位置，才能依靠公共通道来实现自己的权益。否则，即使他的权益有法律规定，但是没有渠道实现。这是双重治理体系存在的问题：单位垄断了通道。实现个体的权益，不仅需要法律的规定，而且需要一个具体的执行者和责任者，在中国社会里就是单位。

双重治理有什么后果呢？ 20 世纪 90 年代中期之前，这个治理体系非常有效果，而且是社会治理得到维系的原因。原因是什么呢？单位提供了解决问题的组织通道，客观上消解了某些社会矛盾进入公共领域的动力。即使在国家层面发生大的政治动荡时期，比如"文化大革命"这样的时期，基层的秩序也没有完全瓦解。原因就是，单位的组织功能、政治和社会功能都还在。所以单位的应责和代表的作用是国家整合能力存在的组织基础，国家治理的前提是单位的治理角色的存在。

以上是 1949 年以来我们的治理体系的情况。

20 世纪 90 年代以来的社会变迁

20 世纪 90 年代以来这一情况发生了非常大的变化。有两个非常重要的社会变迁，改变了这一治理体系，使其逐渐走向瓦解。第一个重要变化是广泛的社会流动开始发生，离开典型意义上的单位的人数开始增加；第二个重要变化是单位的经济目标开始上升，社会的和治理的职能开始收缩。人们经常开玩笑说，在 90 年代以前，如果你有什么事儿就去找单位；但是在 90 年代以后，如果你有什么事儿，比如离婚，到对方的单位里找领导控诉，他会说："该上法院上法院，该找律师找律师；你不应该再来找我们，因为这是私人的事情，不是我们的事情。"但是在五六十年代，这些事情单位是必管无疑的。单位还有可能给人处分。

结果是什么呢？通过单位通道连接公共制度的人的数量迅速减少。不少人的"组织身份"消失，他的身边没有责任组织了，没人给他应责、负责了。因为他已经不是在典型意义的单位里面了。我们可以看两种典型意义的单位——国企、集体和事业单位与行政机关事业单位——的人数变化。在 90 年代中叶的时候，国有和集体企业就业人数占城镇就业人数的 59.1%；在 2008 年的时候，这一数字减少至 23.5%；在 2013 年，这一数字又降到 18%。机关行政事业单位在 2012 年，就业人数只占城镇就业人数的 4.5%。这两个数字相加：18% 加 4.5%，大约是 22.5%。换句话说，不到城镇就业人口的四分之一还在典型的单位里工作。

乡村也发生了重大变化。大量自然村减少，因为大家都到城市去了。2000 年到 2010 年 10 年，全国自然村减少了 90 多万个。这些自然村原来的基层组织社会治理机能随之消失。乡村原本有自行解决纠纷调解的机构，村委会里都有一个纠纷调解员，或者是治安保卫员，负责调节各种各样纠纷。新中国成立前，是由乡里的士绅，或者是族里最年长的一个人负责调解。换句话说，在中国乡村，无论是传统社会，还是 1949 年以后，都存在着基层调节机制。但是在 90 年代中叶后，大量的纠纷进入到法院，即使是调解也是法院做出调解，法院和城市的公安局、派出所已经到了应接不暇的程度。为什么很多年轻人都离开法院？因为工作量大，处理的这些纠纷都很棘手。

为什么这些纠纷都开始进入法院？因为原来社会中存在的纠纷处理系统丧失了能力，起不到这样的作用，所以大量问题就只能进入公共组织即法院来解决。因此正式组织法院、派出所的纠纷接受率大增。如果你去派出所实习，你会发现忙得不可开交——今天这儿丢东西了，明天那儿怎样怎样了，每一个人每天都在到处跑、在处理案子，等等。如果公共组织没有办法接收，或者成本太高；基层原有的自然的处理纠纷的机制又没有办法发挥作用的话，那怎么办呢？那就是自行解决。自行解决要么忍气吞声，要么打架——这就是为什么基层矛盾丛生，有的时候因为停车这件小事儿都会打人。

治理机制的变化及其后果

从整体来看社会运转的情况，就会发现社会成员必须通过工作单位和政府组织发生联系，而这三者的关系就像三个相互咬合的齿轮一样，社会成员的齿轮和国家政府组织的齿轮没有直接咬合，所以政府治理社会必须通过工作单位这一中介来进行，而社会成员想要接近政府也必须通过工作单位。如果作为中介的齿轮不复存在，那么位于两端的两个齿轮也会分开。

从宏观来看治理机制，就能在其中发现一种功能传递的关系，即政府的公共资源再分配必须先传递给单位，而单位因为具有连接、协调、应责、代表和庇护这五个职能，才能够保护从属于单位的社会成员。

现在的情况是，在政府－单位－社会成员这一关系中的中介链条中断了，能够在微观层面为社会成员提供制度化应责的组织消失了。当越来越多的人随着社会流动离开了他所在的社会组织，单位的职能对他来说就失去了意义。在中观层面，民众接近公共体系的身份和国家规定的权益就难以通过一个组织途径得以实现。从宏观的角度来说，人们身边平衡利益的社会机制不复存在，很多矛盾无法得到解决，不公正感也得以积累，因此要求新的责任组织的呼声也愈来愈强烈，矛盾焦点自然指向了政府。

上述现象造成的后果也非常明显。在社会层面，一是遍布社会的制度化连接、应责、协调、代表和庇护效力减弱，二是公共品的提供更加困难，三是调节利益的社会机制消失了，此时社会冲突日增，最后则造成集聚的压力纷纷转向公共政治舞台——这是社会方面的情况。

在政府方面，我们会发现首先它缺乏一个新的应责机制来承担现在消失的原有功能，因为在原本的双重体系之下政府并不具有这种职能。同时也缺少一个替代性的社会平衡机制来协调种种矛盾，此时社会对解决问题的需求转向政府，并且保护社会公正的要求也转向了政府。因此，社会不满就引生了政治性的变化。

我们需要解决的就是如下经验问题：为什么一些社会不满向政治抗议发生转化？因为传统的双重治理的社会结构正在瓦解，作为中介的社会组织所覆盖的人群逐渐减少。然而这种瓦解并非全然一致，在不同地方、不同层次的瓦解程度不同：越是在基层，瓦解的程度越严重；而越是在高层，保持传统结构的情况就越好。在单位体制瓦解严重的地方，制度化平衡利益的通道消失了，社会化情绪持续积累，从而转变成政治问题。而在单位体制存在程度比较高的地区，上述问题的程度相对较为缓和。

基层治理的理论化探究

接下来需要重新关注讲座开始时提出的下列理论问题：到底什么因素能够影响社会成员对于公共体制的认同？为什么现在治理出现种种问题，人们的认同感下降？同时，政治的合法性是否仅仅来自于经济利益的满足？其实根据上面的分析，我们发现不是这样。在2015年社会心态调查中可以看出，解决问题、实现权益的组织关联设置，是所有人的重大利益所在，因为社会成员身边必须有一个应责组织来解决社会成员的问题、应责成员的利益需求，将社会成员和国家政府组织进行联系。

近年来，在社会上普遍存在着一种政治认同的竞争，就是当国家政府组织不能对社会成员进行应责、庇护等主要职能，就会有其他组织出现，吸引社会成员的认同感。具体来说这些组织形式，在传统关联层面，可以看到黑社会组织维持社会秩序、为社会成员处理纠纷。同时在传统社会中可以依靠家族、宗族或私人组织生存，浴室等场所成为社会成员的归属中心。所以当这些组织受到打击时，社会成员就会付诸行动来保护所归属的社会组织。

美国法学家和政治学家古德诺（Frank Goodnow）曾经提到了这样一种困惑：社会成员如果没有成为公共组织的一部分，没有正规的制度化通道来依靠公共组织解决个人问题和纠纷，那么意味着个体和公共没有利益和责任互赖关系，所以社会成员的认同必然不会投射到公共组织中，他们的生存和公共体系基本无关，那么政治认同何来？

在这个社会当中，组织化的关联是非常重要的，因为它涉及每一个社会成员在整个社会结构中的位置。有学者指出，成员是否成为和公共体系相连接的受益人，牵涉到与传统社会相区别的"现代关联"的概念。之前我们已经提到，在传统社会中，成员主要依赖于基层的、宗族的、种族的社会组织，对这些组织保持忠诚和归属感，而没有整体的社会化组织结构的概念。而在现代社会中，这一概念被普遍建立，它通过如下三种方式影响着人们的生存利益：其一，是构造成员的身份，表现为个体是否被纳入到团体架构中；其二，是否有组织"囊括发声"，即个体是否拥有一个责任组织供其依靠；其三，是否有"结构可及性"被创造出来，意思是个体是否有接近公共体制的结构性和制度化的通道。如果以上三者中的任何一个出现了问题，整个社会结构就会出现问题，社会的政治认同也会出现问题。

由此可见，组织化关联和政治认同之间有着密切的关系。组织化关联具有非常广泛的需求，它虽然在受众上存在差别，但同样影响人们的利益获得。因为生存的机会不同，有应责组织的人可以顺利实现自己的权利，反之没有这种保护的人就没有办法依赖公共制度增进自己的生存能力。两者之间的差别非常巨大，这种差别并非来源于法律制定，甚至也不是经济地位可以解释的，而是来源于这种组织化的关系。

那么，谁提供组织责任和组织结构，谁就能获得政治认同，并赢得政治整合的优势。究其原因，是因为只有提供了组织化的依靠和保护，才能有助于产生互赖关系和责任。如果没有相应的组织把社会成员进行组织化关联，使之有解决问题和协调矛盾的关系，社会成员又怎么能对组织产生政治认同感呢？

我们首先要重视组织化通道对于建设社会平等的作用，同时重视社会组织的五项职能对维护秩序的作用，因为当微观层面的组织职能消失时，整个社会的政治认同感就会下降。然而社会结构的变迁会使得这些传统组织失去原有机能，并不是说要提倡恢复原来的单位模式，因为在不同的时代，解决问题的方法不同。我们没有办法回到从前，以为传统意义上的单位除了社会组织五大职能外，还具有管理的机能，这一特点在现代的市场化社会中很难依然存在。因此，如果仅仅加强组织的管制，而不是在新社会条件下再造这五个最重要的组织职能，是无法解决新问题的。今天我就先讲到这儿，下面回答大家的提问。

问答环节

问： 在现代化结构中，一个成熟健全的社会组织怎样保持自己的地位？鉴于很多人的政治参与度并不高，只有在个人遇到问题时才会向自己归属的社会组织寻求帮助，那么社会组织应该如何平衡自己的力量，并扮演怎样的角色？

答： 如果观察中国和其他国家的区别，就会发现很多国家的政治化情绪并不像中国这样浓厚。原因是相比其他国家，中国没有足够有效的社会化通道来解决社会成员的问题。例如，在新加坡有 7 个大型社区中心，它们全部设立在距离居民区很近的地方，方便老百姓随时寻求帮助。80% 的社会成员的问题得以在社区中心而非法院、检察院解决，实现了高效率、低成本解决问题的需要。中国以前存在这种类似于社区中心的单位，但现在市场化形势下的去单位化趋势引发了种种问题。反观西方国家，虽然没有中国这样的单位的概念，但有类似于单位功能的社会组织存在，例如数量众多的工会、农会等，起到了社会治理的作用。

同时，政治学者相信，每个社会成员都应归属于一个小组织。根据著名社会学家涂尔干的研究发现，游离于组织之外的人自杀率相较于处于组织内人员的自杀率高，这说明人有天然的社会性依赖的需求。

问： 近几年，信访工作在基层治理中的地位上升，甚至在一些矛盾突出的地区，信访已成为地方政府最关注的领域。这种超越地域、超越公检法的形式也滋生了很多问题，甚至出现了以信访为业的现象。怎样看待信访工作作为基层治理的渠道？

答： 信访工作起到的作用并非社会治理，而是信息收集，尤其对于政府来说，需要通过信访这一渠道来获取民意，并由此联系民间社会。信访单位的职能也以收集信息为主，并不具有决策和解决问题的职能。过去几年里，地方政府为追求政绩而进行截访等行为，然而这是党和政府所不倡导的。信访虽然不是解决问题的通道，但始终是收集信息的窗口。

问: 中国有没有可能像美国那样，形成类似于全美步枪协会这样的公民自治组织，从而对现有政府权力造成冲击？

答: 很多人都提出这样的疑问：中国是否走上类似于美国的道路？实际上这是基于其他国家已经发生的现象进行的猜测。根据制度路径依赖理论，又囿于中国政治体制和民众能力等特殊性的考量，走上美国道路的可能性非常小。更为重要的是，现在存在一些自组织的竞争，在自组织竞争中取得优势的关键就是谁为社会成员提供了社会组织的职能。这种组织框架并非没有缺点，因为单位具有资源分配的职能，除了应责、庇护之外，还对成员进行管理和控制。解决社会治理的问题，在不同国家会有不同的特点和组织形态，中国保持现有市场经济的调配制度是无法回到改革开放以前的社会结构的。

政府并非不能实现对社会的直接治理，关于这一点可以关注其他国家的税制和福利制度，就是从国家系统直接指向公民的。比如数字化管理美国的社会安全号码制度，在某种程度上实现了国家的直接治理，值得进行深入的研究。我国类似的信用体制刚刚开始建立，但很大的问题在于我国信息的共享是分割性的，信息完全共享的难度大，现阶段不同省份之间、不同系统之间、政府与商业组织之间的信息都没有实现共享共通，还需要进一步改善。

整理：张楚、徐梦菡、翟雨嘉

校对：盛阳

第十九讲
协商式公共决策：一种跨学科的视角 [1]

◎ 张开平

清华大学社会科学学院政治学系助理教授，斯坦福大学传播学博士。2005—2009 年本科就读于清华大学新闻与传播学院。研究方向为民主治理、政治传播、比较政治学及政治心理学。论文曾发表于 *Political Psychology*、*Japanese Journal of Political Science* 等国际学术期刊。曾担任斯坦福大学协商民主中心研究助理及研究员，参与世界各地多项协商式民意调查。

今天回到清华大学新闻与传播学院的讲台，我觉得特别高兴和荣幸。我要谢谢金兼斌老师的邀请，谢谢史安斌老师热情的介绍以及王健华老师百忙之中特意过来。我见到学院的老师是再亲切不过了，史老师是我本科毕业论文的指导老师，论文是关于政治传播与公民参与的，我后来的学术研究都与其一脉相承，可以说我的学术基因是在新闻与传播学院培育的。

我今天给大家分享的是协商民主方面的研究，也是我博士论文的主题。协商民主其实是一个跨学科的研究，它包括政治学、传播学、心理学以及公共政策等各个方向的研究。

一、公共协商的概念

今天讲座的关键词是协商，有几个词汇在讲座中会一直使用，就是协商、公共协商以及协商民主。首先我们对这几个概念进行一些界定和厘清。什么是协商？根据定义，协商有两层含义，从个人的角度来说，它是一种个人进行的审慎思考，深思熟虑。从

---

1 演讲时间：2018 年 11 月 15 日。

群体角度来说，它指的是一个群体针对一个事项进行权衡利弊的比较和讨论。公共协商则是由协商这个词延伸出来的，学者们对于公共协商有很多定义，但是总体来说都认为公共协商是一种公民基于理性和信息的前提下进行充分的考量，权衡利弊，对于公共政策做出一个比较理性的思考，形成一个理性的民意。

公共协商作为西方的传统，可以追溯到古希腊时期。古代雅典是一个城邦制国家，当时的男性公民的人口数量有 3 万～6 万人，为了进行公共议题的讨论，他们修建了一个可以容纳 6000 人的广场（agora）。同时他们发明了一种机器，这个机器可以进行随机抽样。他们就从这 3 万～6 万人中间，进行抽样，随机选取 500 人，在尼克斯广场进行讨论。这些公民讨论做出过不少错误的决定，比如决定参加了结束雅典黄金时期的伯罗奔尼撒战争，比如决定处死苏格拉底，但这仍是第一个结合了随机抽样和公共协商的一种民主形态。

"Agora 传统"到了 19 世纪北美殖民地时期的新英格兰地区演变为市政会议（Town Hall Meeting）。这个市政会议是怎么组织的呢？就是每年全体居民参加市政会议来讨论一些公共事项，比如说法律或者财政问题。其实就是协商民主最初的一个萌芽或胚胎，现在新英格兰地区还存在这样的形式。

德国哲学家哈贝马斯提出的"公共领域"理论大家应该非常熟悉。17 世纪的欧洲中产阶级在咖啡馆、沙龙讨论一些公共议题，这就是哈贝马斯所说的公共领域，它是国家和社会中间一个非常重要的区间。这些就是协商民主理论的一些基因所在。

我们现在所说的协商民主理论是 1980 年左右兴起的，继代议制民主理论、参与式民主理论后的一种比较新兴的民主理论。关于协商民主的概念界定，美国知名政治学者西蒙妮·钱伯斯（Simone Chambers）认为，协商民主偏离自由主义、个人主义或对民主的经济理解，转向以问责和讨论概念为基础的观点。以言论为中心的观点将民主视为固定偏好和利益通过公平的集合机制进行竞争的舞台。相比之下，协商民主则侧重于意见的交流过程和投票前的形成。

协商民主的诞生其实是为了修补代议制民主的诸多问题，在特朗普当选美国总统、英国脱欧等"黑天鹅"事件中，全世界都看得非常清楚。首先是理性无知的问题，代议制民主以投票为中心，它必须基于一个这样的假设，每个人进行投票之后得到的结果应该是最能够反映民意的。但这个假设存在着理性无知的问题，每个人只有一票，那每个人影响公共决策的概率只是几千万分之一，甚至上亿分之一。作为理性人，他都会根据投入产出比来规划自己的时间分配，那么在个人影响政策的概率如此之低的情况下，他有什么动机去了解公共政策？公民投票时可能并不是基于理想情况下，经过审慎思考的，反而就是随便一投，这并不是基于一个充分的信息理性的前提。

另外，西方代议制民主存在的一个问题是选择性接触，学过传播理论的同学都比较熟悉。什么是选择性接触呢？就是每一个人会根据自己既有的一些态度以及自己的党派来选择他会接触哪些媒体。例如，我是共和党人，我一定愿意去看 Fox News，肯定不会去看 NBC，所以我接触到的都是跟我意见一致的人，这样的结果就是意见越来越强甚至越来越极化。在新媒体时代选择性接触其实在某种程度上被放大了，在社交媒体上，如 Facebook 和 Twitter 上，大家关注的都是一些跟自己意见差不多的人，很少会看到一个共和党人去关注民主党人的账号。如果某人关注的都是自己的同辈朋友，朋友之间通常也有相似的政治立场，那么大家接受的信息其实是高度一致的。

与之相关的另一个问题是媒体偏见，这也是传播学研究的重要概念之一。美国的媒体是高度市场化的，跟党派关系密切，媒体会进行选择性的报道，并不会对真正的政策进行报道，这是因为媒体报道存在着偏见。

最后一个问题就是政客宣传。特朗普参选期间采用了各种各样的方式，包括抹黑对方、欺骗、制造谣言等。所以说代议制民主是基于理性的投票，但是这个理性投票的前提是要大打折扣的，很多人投票的背后并不是信息充分的考虑，而是一种有偏见的信息，或者是被媒体和政治家所扭曲了的信息。

基于以上问题，协商民主作为一种政治哲学的规范理论在 1980 年左右诞生，理论家们如罗伯特·达尔（Robert Dahl）等人倡议用以对话和理性沟通为中心的民主，来替代以选票为中心的民主。他们认为，所谓的真正的公共民意并不是选票的简单叠加，那样太简单粗暴了，真正的民意应该诞生于哈贝马斯的公共领域中间，真正民意应该是诞生于大家理性共同讨论中间，这才是一个好的民意。自从协商民主理论作为一种规范性理论诞生之后，很多学者开始做实证的研究，他们希望把这种规范理论落到实处，设计一套程序，能让理想的协商落到现实中来。

很多国家包括中国在内，都曾经在一些重大议题上采用协商的形式咨询公众的意见。最近的一个例子是 2017 年韩国针对是否要关掉两个核反应堆的问题，咨询过全国500 名公众的意见。韩国是世界上核能最密集的国家，因为它国土面积比较小，经济活动都要靠核能来发电，但这对于公共安全是一个很大的隐患，所以政府就把这件重要的事情交给了老百姓，让他们通过协商的方式来共同决定。还有气候变暖、养老金制度改良等问题，各国也都采用协商的办法。浙江温岭曾经通过协商民意调查的方式来分配基础设施建设的资金。我在斯坦福曾经参与过一个项目，在乌干达，人们用协商的方式来解决洪水泛滥与人口增长过快的一些问题。

二、公共协商领域的研究议题和方法

公共协商或者协商民主有宏观和微观两个方面的研究取向，从宏观上来说，协商是作为一种新生的民主形态，从微观上来说，它是一个沟通的过程。

协商民主作为民主形态的研究会关注一些社会的、经济的、政治的，以及历史的条件。比如清华政治学系谈火生老师研究的就是如何将协商民主嵌入到我国社会主义民主制度的建设中，从而更加丰富和完善我们国家的民主形态。在西方也有很多学者从事这样的研究，比如有的学者研究如何把协商跟代议制民主结合到一起。在微观层面，协商是一种沟通过程。通常研究者会关注每一个协商的参与者，他们的态度和行为，以及在这个小组讨论中的社会心理学的一些现象。

协商民主的主要议题在宏观层面上是一种"规范理论"（normative theory），可以结合区域进行研究。近年来，芬兰和中国的协商民主都受到了国际学界的关注。也有学者会关注如何去设计一个流程以及制度，就像刚刚我介绍的谈火生老师，他做的就是中国式协商民主的制度设计问题。也有学者会研究世界各地的实践案例。通常宏观层面的研究使用更多的是定性的方法。

微观领域我们关注的问题是协商民主作为一种交流过程，它在实践中能否达到它所说的标准和价值。比如说人们能不能进行平等的沟通和讨论，人们能不能权衡利弊取舍，做出一个很好的决策。在微观领域我们还关注协商的机制。比如协商是不是能改变人们的意见，是不是能够调和不同的利益，是不是能够关注弱势群体的利益，以及产生一些理性的民意。如果能做到的话，这个是怎么发生的？我们问的是为什么、怎么样的问题，检验这些问题是通过定量的方法，通过实证来进行研究。

我在今天讲座的开头提到，公共协商的研究是一个跨学科的研究领域。它要结合政治学，比如说刚才我提到的规范理论。美国政治学年会（APSA）把协商民主归在政治哲学的分支下面。另外，很多传播学学者也会研究，同时公共政策和政府治理方向的学者也会关注，所以公共协商是一个非常跨学科的研究领域。社会科学都是相通的，各个学科会对同一个研究主题，从不同的学科领域得到一些启发。

三、我的两个研究

我的研究也是基于刚刚我说的这个框架。从宏观上协商可以作为一种民主形态，我的第一个研究是从政治学的角度来讲，为什么中国在十八大之后大力倡导协商民主，将其作为中国特色社会主义的一种形式。第二个研究是关于协商民主中政治精英的作用，尤其是中国地方领导干部的作用。从微观层面来讲，协商是一个沟通的过程，我的研究会关注通过协商之后，大家的民意是如何改变的，民意改变的政治心理学的机制是什么。另外，我还研究了大家会如何考量自我利益和他人利益，因为协商在本质上是一个利益分配的问题，人们是如何权衡取舍利益的问题的。由于时间所限，我今天会简要介绍我的两个研究。

首先，我要介绍的这个研究是关于协商民主中政治精英的作用，尤其是中国地方官员的态度和行为。这项研究的一个动机是政治精英、领导人对于一个国家的政治发展起到了非常重要的作用，尤其是领导人对于民主的想法，他认为民主是什么会影响到一个国家、一个政府的形式。我们对协商民主的研究往往考虑的是"公共"的作用，而很少会考虑到精英的作用。在中国，地方政府官员对于协商民主的具体操作起到重要作用。所以，这项研究就是研究他们对于协商民主的态度，他们认为什么是协商民主以及他们的态度如何影响日常决策行为。

要了解地方官员对于协商民主的态度和行为，首先要了解他们对于民主这个概念的认知，因为协商民主在中国毕竟是一种新兴的民主形态，那么它可能是根植于既有的民主观。通过文献我们了解到，中国的民主价值观其实跟儒家的传统以及党的群众路线是紧密结合在一起的。研究方法上，采用了基于全国官员的一个大规模问卷，这个问卷覆盖了 2000 多位地方官员，包括全国各个层级、各个地区。在问卷中我们考察了这五个问题，包括政府跟公民的关系；公民参与的有效性和必要性；对于群众需求的回应性，公众参与是否会对社会稳定造成一些威胁；下级官员对上级官员的服从，以及官员是否认为当官要为民做主。

我们又问了一些问题：官员对于协商民主的态度是怎样的？当你来看待协商民主的时候，你认为它最有意义的价值在哪里？我们会发现有一些官员认为协商民主最大的作用在于促进公共的参与，增强决策的能力以及监督官员。如果他比较认可这三方面的协商民主的意义的话，通常他们的民主价值观都比较高，而且要显著高于那些不

　第十九讲　协商式公共决策：一种跨学科的
　　　　　　视角

认可这些方面价值的官员。另外一些对协商民主持比较功利主义态度的官员认为，协商民主最大的用处其实是在于调和利益、化解纠纷、获取公众支持。持这些态度的人，他们的民主价值取向通常要显著弱于不持这些态度的人。也就是说基于官员原有的民主价值取向高低，他们对于协商民主的态度已经有了一个天然的划分。还有一些官员，他们认为协商民主其实只是一种形式，并没有实际的作用，或者是为了有些人升迁所用的。通常持这种态度的人，他们的民主价值观也比较薄弱。

最后，我们用官员的民主价值观来分析一些他们日常联系群众的行为，比如听证会、群众接访、市长热线、公开党务、公开信访等，这其实是我们社会主义协商民主的一些典型形式。我们问官员："你是否经常通过这些方式来联系群众？"那会发现民主价值观其实对这些有一个非常正向的影响，也就是说民主价值取向越强的官员，通常越容易通过这些渠道来联系群众，做比较民主的决策。

以上的研究是通过政治学的视角来研究协商民主。第二个研究是通过传播学的视角来研究协商民主，是研究协商中间的利益分配问题。这个研究的动机有两个，第一个动机是如何设计一个程序，能够使中国的基层民主跟协商民主有机地结合起来。因为党的十八大以后，我们国家设立了协商的系统，其中包括七大领域，也包括基层民主。第二个动机是如何设定这样一个程序，能够给人们充分的信息让他们参与公共讨论，还能够有充分的动机和比较少的政府干预。

我们跟复旦大学合作，在 2015 年做了一个在浦东新区浦兴路街道的民意调查。该街道有一笔居民自治金，他们想要分配下来给这些小区。以往每年都是平均分配，每个小区 5 万块钱，自己去决定做什么事情。其实老百姓对这个非常不满，因为他们可能有自己的需求，比如说觉得绿化率太低，或者活动场地太旧，但是居委会可能拿这些钱做了其他事情，比如说吹拉弹唱，就是居民需求跟居委会真正做的不匹配，所以浦东就想要做一个协商式参与式的预算，这样的话就希望老百姓能自己讨论和决定要怎么花这笔钱。

怎么来设计这个研究呢？首先，我们去培训地方的官员，告诉他们协商民主的一系列的基本规范。接着，由每一个小区来做一些提案，比如说，如果对小区的绿化不满意，那可以把这个给提上来。有一些提案之后，我们就进行随机抽样。从全街道 18 万常住人口中，也就是从 69000 户中随机抽取了 400 户，每一户中间再随机抽取一个年满 18 周岁的公民来参加。那么一共抽取了 400 个人，那他们就会接到来自区政府的邀请信，邀请他们参加这个活动。

他们同意参加之后，首先进行第一轮问卷调查，来获取他们对于这些项目最基本的意见。接着，我们会给他们下发材料，把我们为什么需要做这个项目的一个说明材料发给他们。然后，把他们邀请来参加一个一天的讨论环节。这个讨论其实是大组跟小组讨论交替进行的一种设计。经过一天的协商之后，大家会再做一次问卷，这样的话就能考察到协商前和协商后的民意变化。然后，政府就采集到了大家的意见，按照老百姓的意见公开最后的结果，而且完全按照他们的意见来执行那一年的预算安排。

从研究者的角度来看，这其实设计了一个非常有趣的场景，也就是说人们如何在协商中间去权衡多种利益。就像刚刚我提到的，如果 A 小区说我需要这个，B 小区说我需要那个，那在共同讨论决定协商的过程中应该怎么去决定？我们应该先把钱给 A 还是先把钱给 B 呢？

这个问题根据理论框架是这样来解释的。对于自我利益的考量贯穿了整个协商民主的文献。传统的理论家认为，协商其实应该是为了共同利益、共同的善，那应该是自我利益的反面。但是，后来一些学者指出，应该在协商过程中讨论一些自我利益，因为如果你不谈你自己需要什么的话，那可能永远没人知道大家是需要什么。而如果每个人把自己的利益讲出来，在一个理性平等的大的规范前提下讨论理性利益的话，其实能够给共同决策提供一个很好的信息。如果大家都没有提供这个信息，那我们讨论的时候恐怕是缺乏信息的一种情况。所以，他们后来提出，应该在协商中间阐述自我利益。

现有的实证研究在很大程度上是集中于前一种的，也就是说，很多人通过研究发现，协商能够提升人们的公益意识。有研究考察了在美国得克萨斯州的一项协商民意调查，是关于应该不应该发展新能源的。发展新能源显然对环境有好处，但是每人每月要多付一笔电费。这就牵扯到自我利益、他人利益与共同利益之间的矛盾。有些人经济条件很好，觉得环境优先，但另一些人会非常在意每个月多了几块钱的电费，那大家就到一起讨论。研究发现，讨论之后，大多数人更愿意多付一些电费来共同保护环境。因此，协商让大家形成了一种对"共同善"（common good）的共识。

在既有的文献中，较少谈到协商中的自我利益的问题。像保护环境，每个人多出一笔钱保护好环境，每个人都能受益。但是在有些情况下，很多公共产品的排他性比较强。比如说，我如果把这笔钱给了 A 小区，那意味着其他小区得到这笔钱的概率就降低了，这是一个排他性比较强的场景。那么在这种情况下，协商之后会出现什么情况？

我做了三点假设，首先从经济学的角度上来说，每个人在这种情况下，应该事先会给自己投一票，给自己的小区投一票，以保证自己的小区能够获得这笔钱。其次，协商能够促进对于弱势群体的同理心。研究发现，经过协商之后，大家通常会从别人的角度思考问题。这就是了解到弱势群体的生活有多么不易，所以他们会产生同情心理，改变自己的意见。最后一点，在资源有限的情况下，人们通常会以自己为出发点来考虑别人的利益。比如说，我们小区特别不安全，所以说我看到其他小区提治安问题的时候，就会特别支持。因为我能够从自己的角度产生同理心，所以如果他人的需求跟我的需求越相似，那我可能会越容易支持这种项目。这其实就是对利益分配进行权衡取舍的一些假设。

那怎样检验这些假设？我看了所有参与者在讨论前后对 24 个项目的评分，他们会对每一个项目在 0 到 10 之间打分，0 是完全没必要，10 是非常非常有必要。首先，我们来解释第一个简易的假设，就是人们是不是优先考虑自己的利益。调查显示，在协商前和协商之后，人们对于自己小区的项目都是非常支持的，都是优先保证自己的利益，可以看到为自己小区打分的平均数接近 10，而对其他小区的支持平均数是 6 左右，所以说人们还是优先考量自己的利益。

第二个假设是人们对于弱势群体的同情。我们在所有项目中找出了 11 项关于助老的提案，这些助老项目其实是为了帮助老年人。从年轻人的角度来讲，我帮助其他小区的老年人对于我自己是没有直接利益的，所以这是一个利他主义的行为。将不会从这些项目中获益的年轻人对于助老项目的评价，和他们对于普通项目的评价作比较，我们发现，在协商之前这两者没有显著区别，年轻人对于助老项目和其他项目的评价是一样的，就是在统计上不显著。但在协商之后，就会发现年轻人更加支持助老项目，他们对于助老项目的支持显著地超过了非助老项目，而且他们对这些助老项目的支持已经跟老年人群体非常相似了，也就是没有统计意义上的差别了，所以我们认为，正是协商促进了同理心的形成。

最后一点假设，人们在优先助老项目之外，是怎么评价其他项目的？我们可以看到，如果协商以前没有显著区别，那协商之后人们会优先支持跟自己项目相似的项目。比如说，我们提的是合唱团，如果你们提的是读书会，那我们都是属于精神文化生活范畴，那我会更加支持跟我相似的一些需求。那些不太一样的要求，比如说修停车场，支持程度可能就没有那么高。由此可见，人们的自我利益和他人需求的相似性非常显著，会影响到他们协商之后的意见。

总结一下，中国协商民主的实践很大程度上是取决于地方官员的态度和实践，他们的民主价值观很大程度上是受文化政治传统以及自身特质所影响的。第二点，公共协商制度的设计能够跟中国的民主治理相结合，也能够促成更加审慎的理性的民意。最后一点，公共协商在利益分配的问题上，人们会考量自己的利益，但同时还会权衡他人的利益，并且会对优先级进行排序。我今天就讲到这里，下面回答大家的提问。

问答环节

问：我有两个问题。从整个世界的发展来看，民主协商做得怎么样？在美国、芬兰等国家的整体情况是怎样的？第二个问题是，民主协商能做到哪一层级？是只有基层的才能做，还是到上层也能做？

答：这是很多协商民主专家探索多年的问题，也是非常核心的问题。首先，协商民主在世界各地推广到什么程度？我导师做的这个协商民意调查本身也是协商民主的一种方式，而且我刚刚提到是在 28 个国家做过，一般来说在公共议题上，例如说洪水、人口、环境、气候等公共议题上做得比较多。除了这个方式之外，其他形式的协商式民主也能在其他国家看到。但是在西方的协商式民主应用有个很大的问题，即如何与既有的代议式民主联结？这是在学术界还在讨论的问题。我们国家有一个好处就是，当我们想建立一个协商系统的时候，在十八大报告中也明确提出协商民主后，我们就能够迅速建立一个协商系统，这其实是我们实施协商民主的一个很大的优势，在其他国家很难这么快落实的。也就是说，从协商到最后的决策是如何联结起来，在其他许多国家都还没有解决这个问题。即便其他国家的案例很多，但我们国家已经通过制度层面有所保障，所以就能进行有效的实践。

第二个问题，协商式民主能够在哪个层面推广？这是一个非常好的问题。协商民意调查这套方法是通过随机抽样的方式，理论上不论是在一个村做、一个省做，还是在一个国家做，通过随机抽样，都能做到。当然这是一种比较理想化的状况，就我国的情况而言，还是在基层用得比较多，还有就是在人大政协，因为他们有协商的传统，所以在精英层面用的也比较多。像浙江温岭这样在地市级应用也有一些。那在其他地方，我还不太清楚。所以在中国大多数还是在基层做得多一点。

问：我看了您第二个实证研究，基本上是用一套政治科学的范式进行，您觉得现在的中国适合用科学实验范式来检测政策效果与试点的结果吗？

答：对，我很高兴你关注到了这个趋势。因为我在国外待了很多年，发现在海外的政治研究偏向经验式，往往能通过实验的方法来解决，而国内的政治研究偏向规范性的案例分析。我觉得用科学的方法来了解政治行为是个趋势，包括以前比较多的规范性分析，大家是从社会的、经济的这种宏观层面来切入。但我们其实更希望能从宏观到微观，因为宏观的问题，例如研究舆论，就是在研究每个老百姓是怎么想，其实更应该了解，从微观层面上，大家的态度是怎么形成的、怎么演变的、受哪些因素的影响。国外有很多社会科学的研究是在态度和行为层面的研究，所以说做实验、田野调查等各类科学方法用得比较多。我觉得，当我们国家的社会科学研究越来越关注微观层面，这样的科学研究方法会越来越普遍，会更加关注到每个人的态度、行为。

其实我之前在做博士论文的时候，特别希望跟地方政府合作，希望中间能嵌入一些实验，但这在操作起来可能会有一些问题，会有困难。我所设计的测量指标去评估的项目，不一定都会被政府采纳。有些数据相对容易获得，例如政治信任或者道德观这是比较容易测量的，但也有一些数据很难拿到。所以在实际政策拟定过程中，借助于科学测量是个大趋势，但是如何去评估结果和变数是值得持续探索的问题。当我们有一套科学的办法看结果的时候，其实就是公共决策走向科学化、民主化的进步。

整理：尚雪芬、王鑫、赖彦汝

技术与实务

第二十讲
网络传播规律漫议 [1]

◎ 丁柏铨

教授，博士生导师。南京大学新闻传播学系原主任，1993 年起享受国务院政府特殊津贴。现为教育部马克思主义理论研究和建设工程重点教材《新闻采访与写作》课题组首席专家，国家社科基金重大项目"十八大以来中国共产党新闻舆论观研究"课题组首席专家，教育部社会科学委员会新闻传播学科咨询组成员。主要著述有《新闻理论新探》《中国当代理论新闻学》《执政党与大众传媒》等，多部专著获江苏省和教育部重大奖项。发表论文 400 余篇。

相隔 14 年，今日重返清华，非常荣幸！我今天要讲的是网络传播规律。对于网络，各位都非常熟悉，然而关于网络传播规律的研究，我查过后，发现相当少。所谓的"规律"是习近平总书记 2014 年 2 月在网信工作领导小组第一次会议上提出来的，他的原话是这么说的："做好网上舆论工作是一项长期任务，要创新改进网上宣传，运用网络传播规律，弘扬主旋律，激发正能量，大力培育和践行社会主义核心价值观，把握好网上舆论引导的时、度、效，使网络空间清朗起来。"我通过中国知网输入关键词后，却没有查到关于网络传播规律的专门论文，因此，我认为这个问题值得我们好好研究。

一、网络传播的特点

在与其他传播方式的比较当中，网络传播显现出的特点是什么？研究网络传播规律，起步阶段应该先将网络传播和其他传播加以比较，我总觉得没有哪一种传播媒介

---

1 演讲时间：2017 年 10 月 27 日。

能像网络一样调动人们参与传播。所谓"网络传播"就是利用互联网进行传播，用以比较的其他传播主要是指人际传播、组织传播、大众传播。当然，网络也可以被用来进行人际传播，但网络因为传播范围大、无边无界，因此不是一般人际传播所能企及的；组织传播也会利用网络进行，如果离开了网络，它的影响力就会受到很大的限制；大众传播，在互联网问世前，它影响最大，但经过比较后，网络是最有资格被称为"大众传播"的传播，网络开创了一个大众成为最广大的受众，和大众成为最广大传者的起点。没有任何传播媒介能够像网络一样，动员人们参与传播，能够这样广泛邀请人们参与社会动员，能够这样实现人们的心灵沟通和情绪的感染，特别是情绪感染，在网上进行比用其他媒介进行要方便得多、要强烈得多。

网络传播和其他媒介的传播相比既有相同之处，也有不同之处。我们在此就会联想到拉斯韦尔的五W模式，相信大家对它都很熟悉，但在此我想做一些"新解"。五W模式：谁（Who）、对谁说（To Whom）、通过什么渠道（In Which Channel）、说了什么（What）、取得了什么效果（With What Effect）。在我看来，前四个W是传播要素，"谁在传播"，这里的"谁"是指传播主体，由主体发起和实施传播，要进行传播总要有主体，离开主体就无法传播。接下来传给"谁"，这里的"谁"是传播的接受者，是传播的客体，传播有时有明确目标，有时没有明确目标，但不管怎么说，都必须有传播对象作为客体，这个传播才能进行。"通过什么传播"这是传播的依凭，从前一个"谁"到后一个"谁"，不可能只是隔空对话或喊话，必须借助传播媒介来进行传播。传播媒介先是纸媒，后是电媒，再是网媒，当然，这几种"媒"可以共存共荣。"传播什么"，就是指传播的实质性内容，一般来说，离开了信息内容，传播就没有意义。第五个W就是传播取得什么效果，我觉得这不是传播必不可少的要素，并不是少了这一项传播就会无法进行。我们会看到，虽然传播进行了，但没有达到预期效果甚至是取得反效果，不能因此说这样的结果就不是传播，这还是传播，只不过是失败的传播。因此我觉得五个W中，四个是传播要素，最后一个传播的效果并不是确定传播是否进行的要素。

网络传播和其他传播的不同之处，我认为有以下几个特点。首先，网络是民意、民智高度集中且表达十分自由的虚拟空间。其他的传播和传播平台也会涉及和包含民意、民智，但没有哪一个媒介或平台所包含的民意、民智能像网络一样如此丰富。网络构成的虽是虚拟空间，但在这样的空间当中，公众"汇信息、汇智慧、汇心声"，这是任何其他平台或媒介无法达到的。习总书记曾说，"老百姓上了网，民意就上了网，老百姓在网上基本上都是敞开心扉，吐露真言，不加掩饰，发自肺腑。"因此我认为，网络上所流露出来的心声更接近原生态。领导干部要倾听民众的真实声音，比较好的方式就是上网，当然有两点需注意：第一，了解民意要深入基层、深入群众、深入实际，从而了解"民意"和"民声"；第二，重视人民的来信和来访，从中了解民意，尤其还要对在线的民意作具体分析。有两个现象值得注意：一个是网络水军，他们的声音不但不是真正的民意，还往往会将水搅浑；另外就是要注意网上出现的民粹主义现象，限于时间，这两个现象我就不展开分析了。

第二个特点，网络话语权与现实话语权之间呈现倒挂现象。在现实社会当中，有身份、有钱财的人往往声音比较大，但在网上就不是这样，这些人在网上并没有特别突出的表现，相反的，还会出现讲话特别谨慎的情况，不敢轻易说话和发声。因此在网上话语权是相对较平等的，不因为在现实当中掌握的实权较大，在网络上的话语权就较大。粉丝众多的明星固然也可以登高一呼，但如果他们的话语扶不上墙，甚至引发众怒，就会被吐槽、被嘲弄。相反，也许草根发表的意见很精辟，而受到人们的拥护，这种现象也是常常可见的。

再看官员，比较多的人都当潜水者，冒泡的人比较少，发声的人更少。官员在网上发声是非常谨慎的。此外，我们能看到，网民当中有部分人对于官员和富人都相当不以为然，当然对警察也相当不以为然，甚至有仇官、仇富、仇警这种现象发生，网民的情绪是很容易被感染的，也很容易感染他人的。网民的情绪特别需加注意。我们经常谈到对舆论要加以引导，但我觉得同样需要引导的还有"舆情"。"舆情"由三个部分构成：一个是"意见"，公开发表了的，或者没有公开发表的；另一个是"态度"；第三个是"情绪"。"态度"本身不构成舆论，但"态度"可以驱动意见表达，"情绪"本身也不构成舆论，但"情绪"对于意见的表达会产生很大的影响，我觉得在舆情的层面，特别难以把握和把控的是"公众的情绪"。

第三个特点，网络传播是去中心化，又未必完全去中心化的。常常听到一个说法，认为网络是去中心化的，其实不尽然。在一些情况下，网络传播由多个节点共同发挥作用，而不是说仅有一个中心或是由传统媒体在其中发声、起作用，从这个意义上确实可说，网络是去中心化的。但同时也要看到，在网民的心目当中还是有中心的，他们对于一部分意见领袖可说是言听计从，从这个意义上讲，网络传播是趋向中心化的。

第四个特点，在网络传播的过程当中，通常都会夹带谣言或不实传闻。当然经过对网络的依法治理，通过网络造谣的人和事逐渐减少，但不排除在特殊情况下，仍会出现网络谣言和不实传闻。我认为"谣言"和"不实传闻"有相同的和不同的地方。从一定程度上讲，谣言甚于不实传闻，而且放谣言的、传谣言的、造谣言的往往是故意违矩，因此谣言甚于不实传闻，这和网络没有门槛，没有人事先把关不无关系。在网上发表意见的人比较复杂，有的人发表意见或披露信息是高度负责、有的人比较负责、有的人不负责、有的人极不负责，各种情况都有。有的时候媒体也会信谣，也会传谣，以讹传讹。我觉得遇到谣言出现，比较好的办法是及时公布事实信息，以正视听。但有人担心这样做会越描越黑，我们常常会听到有人会因为害怕而说："算了，不要公布什么信息了。"我们将事实摊在阳光下让全民知道，这样做并不会越描越黑，这个时候沉默是不实际的。此外，需要注意另一种情况是乱扣"谣言"的帽子。中国人民大学的周勇教授曾经在一篇文章中谈到，真实的信息有时候会被屡屡称为谣言，为什么？除了利益的驱动，也和部分部门长期以来被新闻批评报道的认知有关，某些机构或单位被媒体批评了，它觉得比较有利反击的办法就是指称说该报道不是新闻，甚至说该报道造谣，这样就是把谣言这个"帽子"到处乱扣，一些人也把不利于自己的负面新闻、批评报道称之为谣言，这种情况是值得我们提防的。

此外，我想稍微纠正一下"负面新闻"这个说法，比较严谨的说法应该是"负面题材新闻"，对负面题材进行报道所写成的新闻叫作"负面题材新闻"，不叫"负面新闻"或"负面报道"。负面新闻或负面报道很容易让人联想到其传播效果是不是也是负面的，但在我们官方的语境当中，经常使用负面新闻或负面报道这样不科学、不确切的概念，应给予纠正。

第五个特点，如果缺乏管理或者管理不善，网络传播当中就会出现各种极端现象。谁都不愿意生活在一个充斥着虚假、诈骗、攻击、谩骂、恐怖事情爆裂的空间。比较起其他的传播媒介，网络传播上的极端现象会更多一些，比如说人肉搜索，其他媒体恐怕就难以做到，但网上就普遍，这既侵犯了个人隐私，也违背了道德，但有关部门对此类行为的管理并未跟上。

二、网络传播的规律

网络传播规律是值得深入研究的问题。现在很少有论文是专门讨论网络传播规律的，那么网络传播规律包括那些规律呢？首先，我建议各位采用列宁的视角来研究"规律"。大家有没有发现，要把规律说清楚，难度是比较大的。新闻传播规律有哪些内涵，怎么去把握？怎么去认知？习总书记与新闻、传播、舆论有关的指示大致有四个方面。一个是"新闻传播规律"，作为党的总书记，他不是第一个提出来的。2008 年 6 月 24

日胡锦涛同志视察《人民日报》就讲到了要按新闻传播规律办事，在党内最高领导人当中谈新闻传播规律，他是第一人。除新闻传播规律外，习总书记还谈到了三个规律：一、"新兴媒体发展规律"，他是把这个规律和新闻传播规律放在一起谈，指向媒体融合发展；二、"网络传播规律"，这就是我们今天谈的；三、"新闻舆论的传播规律"，这是 2010 年习近平以中央党校校长的身份，在中央党校春季班开学典礼上发表讲话时提出来的。这四大规律，我们该如何去认知和把握呢？

我认为按列宁的思路和观点去把握会比较好。列宁说规律就是关系，本质的关系或本质之间的关系，这等于是给我们一把钥匙，通过这把钥匙可以打开锁，清晰地去认知规律。在关系的视野当中看待问题，网络传播规律就包含了以下五组关系：

第一条规律体现了网民发声的关系，叫做"网民既会各发其声又会发从众之声"。这里有两种声音：一个是网民各自发出自己的声音；另一个是一个网民发声，由众多的网民进行呼应、点赞、转发，表示赞同等。在网络空间当中，总体情况而言，网民各发其声和发从众之声的现象同时存在，而且比在其他媒体上更加显著。网民各发其声已经很普遍了。网民人人拥有在移动状态中的麦克风，网民手中的装置可以实现移动互联，一个互联就很了不起了，还能移动，这就意味着在任何时间、任何空间，网民真想讲话，就可以发声。网民也经常发出从众之声。网民有太多的费解，能够发出自己的声音，即使是从众发声，在附和当中他也表达了自己的心声，因此，在网上众声喧哗是舆论常态。以前我们界定舆论的定义，是归结到一个节点上来看，人们就某些社会现象所发表的意见是基本一致的理解，事实上不一致也没关系，同样都是舆论。我认为，在当今条件下，在自媒体时代，舆论的常态就是众声喧哗，网民发附议之声和发自己的声音，两种情况同时存在。我是这样分析的，因为人人手上都有麦克风，客观上可为，另一方面，他还要透过自己发声来获得存在感，这是主观上欲为，一个是客观上可为，一个是主观上欲为，两者结合起来，就会既发其声又发从众之声。在网上有大量点赞的情况，我认为这是对他人或意见领袖的意见表示认同或赞赏，还有转发，有些转发是加了自己意见的，而有些转发表面上看似没有表示意见，但"转发"就暗示着赞同。另外，围观有时代表着予以关注，但不置可否，围观者和转发者也会受到感染而发表自己的意见，这种应变是网上特有的结果。

第二条规律是内容呈现"碎片化信息"与"系统化观点"并陈。我们经常说，网络的传播是碎片化的传播。碎片化的现象确实大量存在，而且碎片化现象如果得不到有效的引导和控制的话，对于我们民族的思维很不利。请大家看这样几种现象。第一种现象是，在网络的培育下，人们习惯于不费心神的"不读"。现在一些标题党，把标题做得故弄玄虚，受众越想知道的东西，它越是藏头藏尾不让马上知道，这和过去的新闻教育大不一样，新闻的标题应该很醒目，消息的导引应该把最精彩、最重要、最精华的东西放到最前面，但是现在好多网上新闻都不是这样，无非就是要吸引受众不断往下看，直到看到最下面才知道怎么一回事，这样的现象到底应该给予肯定吗？我对此不以为然。第二，不宜娱乐化的新闻或内容往往也被做娱乐化的处理，以勾人的眼球。第三，稍微深邃一点的思想或观点就会受到排斥或抵制。第四，稍微具批判思想的思维和成果不被看好。《中国青年报》曾经刊登了一篇短文，作者提出，当今网民存在着智力递减而暴力递增的行为方式，理解四分之一、零思考、双倍反应。微博发文本身就很短，应该是言简意赅的，但是很多人还来不及看完，或不耐烦将全部看完，听了一半、理解四分之一、零思考、双倍反应，这样的话常常会错判、误判，再加上戾气又足，有的时候网上氛围都不太好，我认为这个过程使智力递减，惰性增加，结果是暴力递增，理性减少，这不是一种好现象。

还有人提出这样的观点，不论是意见领袖或一般网民，他们往往在看到某一事件或现象的最后时刻，不超过 30 秒就已经做出判断和表达意见。许多人做判断不超过30 秒，我认为这个说法有点夸张，不过有一点要引起我们的重视，那就是现代人做出判断往往不经过深入的调查研究，反复思考和权衡，很快做出反应，这种情况是普遍存在的。这也给我们一个启示，重要的信息要争取最优先的发布，"早"是有优势的，应该说在技术上这是有佐证的，在心理上这是有依据的。微博进行的传播比较多都是碎片化的，微信是可以大容量的，可以长篇大论，可以长篇解读。因此，我觉得微信公众号应该担当起一个责任，要把最深度解读的文字透过微信公众号来加以广泛发布，把微博的迅速和微信的深度解读两者有机结合。但现在情况是，官方对于微信公众号利用不够，平时疏于打理，一旦突发事件发生，透过这些平台发布的信息不能令人信服，我觉得这和平时做的功课不够有关。

第三条规律，由个体性传播向圈层化传播转变。北京大学谢新洲教授在《人民日报》上发表过一篇文章谈到这个转变，他认为网络促使人与人的联接方式由血缘、地缘向趣缘、业缘转变，大量网络群体由此形成，这些群体就是我们常说的"圈子""圈层"。由个体传播比较多的转向圈层传播，而圈层传播中起支撑作用的又有两个"缘"，分别为"趣缘"和"业缘"，而不同于以往的血缘和地缘，这个观点发人深省。由于存在这种情况，于是圈子里面就会抵制与圈子里主流意见相左的意见，而是会比较多地强化与圈子里主流意见相似的意见。学者们提出，圈层化在现代因其增加了内聚信息建构，多层联动传播因而有了新的发展。注意这两个关键："内聚信息建构"和"多层联动传播",这和前面所说的圈层传播还是有很大关系的。另外,在微信当中,内部的自净功能和纠正功能会强于个体传播。

第四条规律,官方媒体与精英草根共同参与传播过程。研究发现,在网络时代来临前,官方一般没有对公众进行新闻传播的习惯,很长时间没有新闻发布会,新闻发布会也被称为记者招待会,面对的是媒体记者,而现在,是利用官方单位和微信公众号直接向公众传播新闻信息,应该说这是一个很大的不同。现在参与新闻传播的,不仅有媒体,还有政府机构部门,除此以外还有公众,公众当中包含了精英人士和草根,有这么多的主体共同参与新闻传播,这是网络时代的一大转变。

经常会看到这样的现象,在重大突发事件发生以后,身在现场的自媒体用户进行现场直播。厦门公交车爆炸事件发生以后,住在附近的网民就通过手机进行现场直播;江西强拆事件中的周家姊妹联络了媒体记者,也进行了强拆的现场直播。离开了网络和自媒体这是不可设想的,但是现在却可以轻而易举地做到,因此很多情况下是,草根发起了舆论,他们是舆论的出发点,是重要事件的披露者,主流媒体反倒成了跟进者,而这种情况也成了常态。在重大事件发生后,官方想要屏蔽信息、封锁信息,都是一种很不聪明的做法。

第五条规律是特殊情景,"共时性传播"与"历时性传播"并存。共时性传播就是同步进行现场直播,我们经常可遇见这样的情况,有些是媒体发起的,有些是草根发起的;而历时性传播是一件事情发生以后,与此类似或相似的事件被提起,用作对照、反衬、参照、贯通。2015 年 8 月 12 日,天津港发生重大爆炸事件,于是网民就把 2012 年天津冀县 6·30 大火招致多人伤亡的事件信息调出来,提醒人们。最新的公交车燃烧事件以后,类似的死伤事件就在网上被唤起。现在哪个地方的小学或游乐园门口又出现了砍杀儿童的事件后,历史上类似的事件就会再被追溯,我把这种现象称为"历时性传播"。既有共时性的,又有历时性的,这样舆论就显得特别丰厚,也就是说,在当下,面对某一个舆论事件,我们可以立即找到多个相应的参照线,能够方便地使用许许多多的数据库。

三、必须尊重和敬畏网络传播规律

规律是体现事物内部或此事物与彼事物之间的关系,或是本质之间的关系,这种关系是必然的、稳定的、反复的出现,而且遇到相同的情形,遵循规律,成功可以复制、成果可以复现。不然怎么又可以称之为规律呢？在这样的过程当中，倘若违背了规律，就会受到惩罚，对新闻传播和新闻舆论传播来说，违背了规律，那传播对象就会拂袖而去或不买账、不给面子，你所说的道理他听不进去，或是不往心里去，甚至还反感或抵制。因此我觉得，新闻传播规律并不是软规律，同样也应该是硬规律。

到底应该怎样对待网络传播规律？关键是"尊重"和"敬畏"。中国共产党的党性原则也暗含着要求我们要遵循事物的规律，党性原则强调党员和领导干部应该坚持实事求是的认识路线、思想路线。那就应该尊重客观，从实际出发，这不正是党性所要求的吗？网络传播规律尤其必须尊重和敬畏，道理并不复杂，因为网络上人民群众参与度高、涉及面广，没有什么比网络传播更具复杂性，这就是我们对网络传播规律尤其应该尊重和敬畏。

习总书记论述得很透彻，他在2016年4月19日的网信工作座谈会上说："很多网民称自己为'草根'，那网络就是现在的一个'草野'，网民来自老百姓，老百姓上网，民意也就上了网，群众在哪里，我们的领导干部就要到哪去，不然如何联系群众呢？"他还说到，过去群众机关和领导干部必须学会透过网络走群众路线，这是他提出的重要观念，"透过网络走群众路线"，经常上网看看、潜潜水、聊聊天、发发声，然而现状是，我们的领导干部也上网，也潜水，但不参与聊天，更不愿意发声，不能及时回应网民的关切。

我觉得这里涉及认知、态度、行为三个层面。先说认知，认知是指人的某种心理，人以感知、记忆等特定形式认识并且反映客观事物。那么我们对网络传播规律应该有什么样的认知呢？我觉得应该站到一个很高的制高点上来认识互联网的功能、益处和弊端。习总书记强调，互联网日益成为发展驱动的先导力量，深刻改变着人们的生产、生活，有力推动着社会发展，互联网真正让世界变成了地球村，让国际社会越来越成为你中有我、我中有你的命运共同体。这段话体现了他认识互联网的高度，他不是把互联网视为洪水猛兽，而是一种驱动发展的先导力量。可以说互联网的发展使麦克卢汉的预言成为现实，地球村从梦想成为现实，在这样的发展当中，国际社会也变了，变成了你中有我，我中有你的"命运共同体"。我们认识问题，认识网络传播规律应该就要站在这样的高度。

如果没有这样的高度，要尊重网络传播规律，恐怕就会缺乏内在的动力，就会出现认知上和心理上的诡媚。事实上我们的领导干部现在的观念就是习总书记提到的：现在有一种观点认为互联网很复杂，很难治理，不如一封了之。总书记明确讲道，这种说法是不正确的，也不是解决问题的办法。有的干部嫌烦，看到网上讽刺、挖苦的话就面红耳赤，心里很不是滋味，那该怎么办？关了就行了吗？封了就行了吗？关了，封了，等于又退回原点，这样问题更大。透过互联网，有关部门能够了解舆情和舆情发展，把互联网关了，又要做舆情的了解，难度势必大大增加。因此，我觉得互联网从这个意义上来说，也是个好东西。

习总书记有关网信工作的重要讲话体现了他观察问题、思考问题的高度，他从社会发展的历史，看到了信息革命所起的作用，而互联网就和信息革命密切相关，信息革命增强了人类的脑力，带来生产力，在国际经济、政治、文化、社会和军事等诸多方面都发挥了深刻影响。互联网使信息成为更重要的内容，是核心所在，我们一定要站到这样一个高度来认识网络，认识网络传播规律。

再说态度，认知决定态度，认知驱动态度，在态度层面进行考察可以知道，对网络的态度实际在某种程度上体现了对人民群众的态度，因为在网上存在着大量草根及其意见，代表着"民声"，网络空间实实在在是人民群众用于交流信息、交换意见的重要场所，因此对网络传播规律的态度，也体现了对客观规律的态度，体现了对用网络服务于人民群众所持的态度，正如习总书记说的那样，群众在哪儿，领导干部就要到哪里去，群众集中和汇集的地方我们不去，那还能到哪儿去？当然在网络上领导干部所听到的并不是都是顺耳的、悦耳的、不带刺激性的、非情绪化的话语，往往会有一些刺耳的话，习总书记的话里面有几个词相当重要，"欢迎、包容、认真研究和吸取"，不论是和风细雨的话还是忠言逆耳的话，我们不仅要欢迎，而且要认真研究和吸取。其实网络是一个群众的"智慧库"。现在到处都在建智库，但我觉得最大的智库就是网络，网络上有许多公众的宝贵意见，有许多智慧值得认真研究和吸取，我们对网络传播规律也应该采用这样一种正确的态度。

最后再说行为的层面，行为是受到认知的驱使，也是态度的体现，"行"和"知"应该是统一的，这个"知"是知心的认识，在此支配之下去正确的行动。习总书记要求领导干部要经常上网看看，因为他的基本理念是"群众上了网，民意也就上了网"，然后通过潜水，可以了解人民群众在想什么、说什么、想要什么，甚至可以听见人民群众的呼吸声。还有要聊聊天，在这个方面，许多领导干部都还没做到，应该说还有很大的发展空间。聊天时要持心平气和的姿态才行，领导干部在群众面前越是没有架子，越是能赢得群众的尊重。再有就是发发声，这对领导干部来说是一个比较高的要求。在很多情况下，还是需要领导干部发声的，最重要的就是响应网民的关切，网民关心的事情，政府机关部门应该给予响应，给出答案和时间表，而不要视而不见，听而不问，你越是置之不理，群众就越愤怒。2017 年 2 月，云南丽江古镇出了一起游客被打的舆情事件。在当地某部门的官微上，有网民发帖子表达关切，说以后最不想去的地方就是云南丽江，结果该单位回应，你不来我们不少你一个，意思就是你不来我们不在乎。这就是网民愤怒，我回以愤怒，这样的响应绝对是和网民对立。

所以说尊重和敬畏网络传播规律是重要的，它有许多内容，而这个规律本身也需要我们不断地研究，在这方面我们任重道远。限于时间，我就讲到这里，谢谢各位！

整理：吴宇涵

第二十一讲
我演故我在：数字时代的展演与叙事[1]

◎ 杨国斌

美国宾夕法尼亚大学 Grace Lee Boggs 传播学与社会学讲席教授，Annenberg 传播学院主管研究生培养的副院长，数字文化与社会中心主任。主要研究方向为数字媒介与社会理论、社会运动、全球传播、环境传播、文化社会学等。出版专（编）著 8 本，其中，*The Power of the Internet in China: Citizen Activism Online*（中文译本《连线力：中国网民在行动》，广西师范大学出版社 2013 年版）获美国社会学学会信息与技术分会最佳图书奖。另有《文心雕龙》英译（两卷本），2003 年出版，收入《大中华文库》。

非常感谢史老师给我提供这个平台。说是平台，实际也是舞台。今天我主要想谈的是最近几年我的一个兴趣所在，即表演理论，或者说展演理论。我在社会运动和新媒体的研究中，都曾用过这个理论。去年《国际新闻界》出了一个关于"帝吧出征"的专辑，我也在其中的一篇小文中用到这个表演理论。我们所处的时代，是一个展演的时代。我们这个社会，是表演型社会，所以用表演理论来解释现在社交网站上的行为和社会抗争行为，都有一定的说服力。我今天就利用这个机会，把表演理论的来龙去脉梳理一下，然后用一点时间讨论两个案例，说明如何用表演理论来分析网络上的抗争。最后在结论部分，对表演社会做简短的反思。

表演型社会

现在"平台"的说法非常流行，本来这是互联网行业的术语，现在成了新闻传播学界的热门词，比如平台经济、商业平台、文化平台，等等。"平台"的话语很热。今

---

1 演讲时间：2019 年 1 月 3 日，此稿经演讲人修改审定。

天不专门讨论平台，我觉得不管是个人行为还是集体行为，"平台"都难以充分概括，"舞台"或者"看台"可能更为恰当。现在的社交媒体，不管是平台，还是舞台、看台，我们都在上面表演，既是表演者，也是观众。今天我想谈的就是这个问题。

关于舞台，自古以来有很多人生如戏的比喻。莎士比亚说："整个的世界都是舞台，男男女女不过都是演员，他们不是下场，就是上场，一生有好几个角色要扮演。"那个时候要扮演好几个角色，现在我们恐怕是要扮演好几百个角色了！曹雪芹的《红楼梦》中"乱哄哄，你方唱罢我登场"也是异曲同工，所以人生是舞台这个比喻由来已久。到了现代社会，关于人生就是舞台的比喻就非常普遍了。

20 世纪 60 年代是一个重要的转折点。美国社会学家吉特林（Todd Gitlin）在分析美国社会运动的时候很突出媒体的作用。他的一本书叫《新左派运动的媒介镜像》（*The Whole World Is Watching*），翻译得很好。法国哲学家居伊·德波（Guy Deord）的《景观社会》（*La Société du Spectacle*）也在这个时期出版，准确年份是 1967 年。60 年代中后期，媒介已经相当发达，尤其是电视。这时候，社会理论家、文化批评家都意识到这样的一种新的媒介现象，开始关注于人的媒介表演行为。

上面说的是大众传播时代的表演，现在进入了社交媒体时代。在社交媒体上，每个人的行为其实都有很多表演的特征，所以可以用表演这个概念来分析。

我借用分析美国社交媒体的著作来展开讨论。书名是《状态更新：社交媒体时代的名人、公共性与品牌》（*Status Update: Celebrity, Publicity, and Branding in the Social Media Age*），2013 年出版，作者是 Alice Marwick，目前还没有中译本。该书没有专门用表演理论来分析，但它分析的美国社交媒体上的行为逻辑，跟我所要说的这个展演、表演非常接近，所以我就用它作为例子来讨论在社交媒体时代人们为什么要表演。

为什么要表演呢？我们都有自主性，可以不上网，或者即使上网也可以少参加网上的互动，但为什么大家都要去参与呢？书的作者认为，实质问题是 status，即地位。在美国硅谷的圈层社会里，社交媒体上的粉丝数是地位高低的一个指标。大 V 好像就是地位高一些，因为网上的粉丝多，有名声。社交媒体是个人、集体，甚至是组织表演的舞台，表演的目的跟个人地位有关。

这不仅是硅谷社交人士的个人行为，它反应的是硅谷的商业逻辑。社交平台成功的重要标志是有多少粉丝、多少点赞（Like）、多少用户。因此，社交媒体企业在发展初期，会鼓励员工的参与、表演，为自己吸引眼球、吸引用户。Marwick 认为硅谷的价值观有两个方面，一是强调在社交媒体时代崇尚开放、透明与创新的价值观，二是创业的价值观。你要去硅谷混，就是为了创业，创业靠的是技术才能，重要的是技术知识和财富。这两套价值观结合起来，构成了硅谷价值观。人们之所以有这样的社交网站的表演行为，或者说是竞争性表演行为，是由这样一套价值观决定的。

硅谷这套价值观包含了三个社会地位的标准。第一是参与，不参与就违背了硅谷的主流价值观，你到硅谷来发展，却不参与社交网站，别人就会觉得你这个人是不属于这里的。所以参与的文化实际上有其特定的商业逻辑。第二，不仅要参与，还要分享。要把自己的个人信息都分享给大家，展示给大家，别人也分享，也展示，我们才有特别的互动。在这个过程中就达到了第三个标准，攒粉丝。有了这样三个标准，社交行为持续下去就可以在社交网站上建立名声，成为你成功的标志。不光要赚钱，钱还不能悄悄赚，赚了钱得让人知道，同时也不能炫富，还得有一套被圈层社会认可的消费标准。

所以说，这一整套价值观决定了人们的网上参与行为，这种参与即是表演，硅谷文化实际上是对个人展演的弘扬。我认为展演是硅谷文化的内核，但这个文化与整个美国社会文化的发展又具有同构关系。展演文化并非始于硅谷的社交网站，但社交网站为展演提供了新舞台。

我们说当代社会是表演社会（performance society），并不否认早期社会没有表演。莎士比亚关于世界即是舞台的名言，是几个世纪以前写下的。当代社会的表演特性的凸显，表现在关于表演的意识对各个领域的渗透。除了上面谈到的社交媒体，我们在单位和学校讲个人表现、公司业绩、股票涨跌、电子产品的功能，英文里都用 performance 这个概念——personal performance, firm performance, stock performance, performance of digital gadgets，等等。表演的语汇已经完全渗入到社会的文化、经济、政治、技术等各个领域。政治当然更没的说了！美国的总统竞选完全就是表演，特朗普赢得大选的原因之一，可能就是他比较会表演，能够吸引眼球。

我不知道国内有没有标准的翻译，我说"表演"，也说"展演"，但还是更喜欢"表演"这个词。这个词语没有负面的含义，我后面会讲社会学家戈夫曼的理论，他说表演的就是真实的，并不是说我们在表演的背后，我们这套面具背后有更真实的存在，而表演的东西是虚假的。所以说表演并没有虚伪的意思，这个理论可以用来分析很多东西。

我在准备这个 PPT 的时候在网上随便搜了一下"个人总结"，就搜出来一大堆"怎么样写个人总结"之类的问题。知乎上有个话题是"年终总结的意义何在？你们都是怎么写年终总结的？"其中有个回答说"做得好也要写得好：让你的工作业绩被人看到"，这个就包含了表演的道理。那些现成的个人总结模板，背后的逻辑是表演：年终总结就是好好把自己表演一下。

不仅是经济行为，学术界也表演。今天我站的这个讲台就是舞台，我的演讲也是一种表演。当然学术界表演的舞台有很多，学术发表也是表演。我们在写书、写文章的时候，都有内心想象的读者和受众，会考虑读者可能的反应。各类学术会议上的合影，也是一种表演，一种展演。这些公共场合的活动用表演理论来解释，会发现一些新的角度。

中国的传统文化很看重表演。中国社会是一个什么样的社会？西方有学者写过一本书，书名是 *The Exemplary Society*，可以翻译成《模范社会》。《论语》有关于以身作则的古训："其身正，不令而行；其身不正，虽令不从。"这里讲的是树立模范，向模范学习。那个模范就跟表演有关。我们后面要讲表演是一个很复杂的概念，其中成分有剧本、有演员、有观众，还有表演的过程。"模范"就相当于一个剧本，比如向雷锋同志学习，是把雷锋树立成为一个大家学习的范本，英文叫 script。

20 世纪 60 年代以来，社会上一直重视"典型的力量""榜样的力量"，背后的逻辑是"鼓励人们向英雄学习，模仿他们的行为来表演"。

表演有脚本，但并不是说我们完全是被动地照着这个剧本来演戏。同一部戏，不同演员演出来效果会不一样，甚至同一个演员在不同时间的表演也有所不同。因为演员有自己的能动性。所以用这个理论来解释政治行为、文化行为、社交媒体行为都是相通的。例如 2011 年南京网民发起的护树运动，就是他们用拍照分享的方式保护当地的梧桐树，保护城市的景观。日常行为也是一种表演行为，只不过戏剧化、戏剧性没那么强。

四种表演理论

下面我讲四种表演及其相关理论。第一种是社会学的表演理论，就是戈夫曼（Erving Goffman）的《日常生活的自我呈现》，英文有时把它叫作 dramaturgical theory。他讲的一个重要概念是"印象管理"（impression management）。在日常生活中，不管是个人行为，还是商业行为、社交活动，呈现自我是普遍现象。有人或许会质疑，表演展现出来的并不是真实的自我，真实的自我被掩饰了。戈夫曼则认为，表演即是现实，现实即是表演。

个人认同（self-identity）现在是比较常用的概念。什么是个人认同？戈夫曼认为，我们没有一个本质性的个人认同，没有一个固定的个人认同。我们所呈现出来的，即是我们的自我认同。但是呈现出来的自我，随着情境的变化，环境的变化，时代的变化，会有不一样的面貌。所以说，每个人会有多种个人认同。

戈夫曼还讨论了表演和印象管理的关系。印象管理是为了给观众、听众留下好印象，所以它有一些积极的社会意义。为了给公众留下好印象，总是要能够把自己提升得更高一点，所以表演具有一种理想化的倾向，我们会把自己表现得好一些。你如果长期这样做的话，社会、观众和听众就对个人提出了要不断改善自己的期待。从这个角度看，表演理论指出了社会对个人行为的积极的影响作用。

戈夫曼分析了戏剧表演中的诸多元素，除演员、观众外，还有舞台。舞台又可分前台和后台，前台的呈现，后台的准备、练习等。当然还要有剧本，在什么场合下说什么话，采用何种方式说话，等等。还有剧目（repertoire）。京剧都有一套完整的剧目，过生日有过生日的剧目，婚礼有婚礼的剧目。同样道理，日常行为就是一种习惯性的行为，与"剧目"很接近，不能每一次做点什么事情都要重新学习。政治行为也是这样，要根据不同的场合选择不同的"剧目"。

第二种表演理论是人类学家特纳（Victor Turner）的社会戏剧（social drama）理论。他的理论中的一个核心概念就是仪式过程（ritual process）。仪式过程跟叙事过程、叙事逻辑相仿。他在研究非洲部落时，发现这些部落的成人仪式有三个步骤，首先是离开（separation），然后是阈限（liminality），最后是重新聚合(reaggregation)，实际上就是开始、中间和结尾的叙事结构。他把对于非洲宗教习俗的社会仪式过程的分析，拓展到人类的社会生活当中。比如男性青少年的成人礼，"阈限"阶段非常重要，他要离开家庭，被带到一个特殊的地方去，可以做很多平时不能做的事情。我曾用"阈限"这个概念来解释社会运动，可以把一场社会运动的过程看作是社会戏剧的过程。在平静的日常生活中出现动荡，发展为声势浩大的运动，再回归平静，这就是一种仪式过程。

第三种理论是语言学的言语行为（speech act）理论，由英国哲学家奥斯丁（John Austin）提出。这里所说的"表演"与社会学说有所不同。戈夫曼的社会学戏剧理论，强调剧本、舞台、场地等社会制约因素。奥斯丁所说的"言语行为"则强调，人们说话并不仅仅是为了表达意义或描述现实，言语本身就是行动，能够产生效果。比如牧师说，我现在宣布你们两个正式结为夫妇，这种语言不是要描述现实，而是创造现实。就在他说这个话的过程中，你们两人即结为夫妇。这就是言语行为，英文也说是performative。

第四种理论是传播学中关于表演的理论，主要集中在受众研究领域。这又可分三种范式。宾大 Annenberg 传播学院早期的院长葛伯纳（George Gerbner）基于对美国电视受众的研究，提出过"冷酷世界综合征"（mean world syndrome）的概念。通俗地讲，看电视越多的人对外部世界越是充满恐惧，媒介直接影响人们的行为，这是行为效果的范式。

第二个范式以英国文化理论家霍尔（Stuart Hall）为代表。他强调受众的主观能动性，受众可以解码，看电视大家会有不同的看法、自己的解释，会把自己的经历、知识、阅历都带入到对于电视节目的阐释之中，所以这是一个解码的过程。以霍尔为代表的伯明翰文化研究学派强调，解码的过程是抵抗的过程，对于主流文化现象通过解码践行抵抗。这是第二种范式。

第三个范式是受众研究的"景观／表演范式"。英国社会学家阿波柯隆比和朗赫斯特（Nicholas Abercrombie & Brian Longhurst）在 1998 年出版的专著《受众：关于表演和想象的社会学理论》（Audience: A Sociological Theory of Performance and Imagination）中提出，从受众角度来看，当代社会的受众受到商业化和消费主义的影响，跟传统的"大众"相比，发生了很大变化。当代的受众同时也是消费者。为了促进消费，人们日常生活中的娱乐活动被日益"事件化"，消费者既是受众也是演员。比如，当我们把消费的过程拍成照片或视频放到网上的时候，我们作为消费者的身份也同时具有了演员的特点。在这个意义上，当代社会本身已经变成了表演社会，研究受众则必须从表演的角度来审视。他们甚至认为，不光是人在表演，连物都在表演，一切都是表演。例如，旅游景点自身即带有表演性，并不只是游客去拍它们，现在很流行的"网红打卡胜地"就是典型的例子。

以上我介绍了四种表演理论。显而易见，社会学、人类学、传播学、语言学中的表演理论跟媒介的发展有密切的关系，媒介为表演提供了舞台。表演理论可以应用到许多不同的领域中。经济学用它来分析商业行为，政治学用它来分析政治行为，传播学用它来分析人的日常交往、网络互动等行为。我自己关注比较多的，是用表演理论来分析社会运动。我给大家推荐这方面的两本经典著作：一本是蒂利（Charles Tilly）的《抗争性表演》（Contentious Performance）（2008），其基本观点是把抗争政治视为表演，关注表演剧目的范式特征及其变化的条件；另一本是《革命的脚本》（Scripting Revolution, Edited by Keith Michael Baker & Dan Edelstein）（2015）。后一本是用表演理论研究法国大革命。书中指出，自从法国大革命之后，它就成为后来社会运动的"表演脚本"，大家在革命时刻到来的时候，或者在其过程中，总要借鉴法国大革命各种各样的模式，或者是它的象征符号、口号、革命语言，等等。比如，法国大革命之后的巴黎公社，在"文革"中就曾经是重要的革命脚本。

两个案例

进入互联网时代，有传播学者开始用表演理论来分析网络维权等现象，用"抗争剧目"等概念来分析群体性事件。例如，重庆大学郭小安教授发表过相关的论文。我和其他一些学者也用它分析过以"帝吧出征"为代表的网络民族主义，可参见《国际新闻界》2016 年第 11 期。

下面讲讲抗争性表演的叙事动力以及作用。抗争性表演建立在日常生活表演的基础上，它跟日常生活的表演有着同样的诉求，比如政治诉求、文化诉求等。抗争性表演通常是一种集体行为，有更为明显的戏剧化倾向；而日常生活表演通常更为仪式化，例如，朋友同事见面打招呼，这是一种日常生活中的自我呈现，属于个人行为的范畴，戏剧化不强烈。

相比之下，抗争性表演的动力包含以下一些因素。首先，观众是核心动力。表演要有观众，要有关注，才有动力，所以粉丝要多，这就是观众的重要性。传播学对于表演理论的独特贡献就在于从受众的角度来切入。

另外要看议题，有的议题大家关心，就会有积极反应，反之就没有那么大的兴趣。议题有没有政治风险，也是特定环境下的重要因素。往往是大家关心的问题，但又没有很大的政治风险，比如说环保问题，更容易成为公共事件。另外有一些问题更容易戏剧化，比如空气污染。前几年的几次关于污染的网络事件，比如给北大校园的雕像戴口罩，显然是一种戏剧化的策略，这样的议题和传播策略都比较容易引发受众的关注。

此外还需要分析传播的形式。有些形式更利于传播，更能引起观众的兴趣。图像化、视觉化是社交媒体的重要特征。社交媒体上的互动风格越来越趋于幽默、搞笑。严肃的形式，不太容易吸引注意力，所以现在连传统媒体也开始发布轻松幽默的视频，希望能吸引网民的注意力。帝吧、晋江文学城这些网络平台也都为表演提供了舞台。

表演具有重要的社会作用，它可以是对日常生活行为的规范，也能够强化国家、集体和家庭的集体认同意识。如果从表演的主要元素来看，"帝吧出征"的参与者既是观众也是演员。组织者是被叫作"小粉红"的一部分网络社区的网民和粉丝。传统媒体也是重要的参与者，《中国青年报》《人民日报》都做了正面报道。官方媒体鼓掌发声，大家劲头就更足一点。官方媒体的支持，为参与者提供了合法性。

舞台是表演的主要元素。帝吧出征"占领"了蔡英文的脸书账号及若干台湾媒体的网站。我的观点是，帝吧出征是表演给自己看的，表演给个人或者国家看的。台湾的政治人物和媒体是"舞台"的一部分，但不是最重要的部分。最有意思的是蔡英文的脸书页面在帝吧出征之前，已经关闭了贴图功能。帝吧出征最主要的行动剧目是贴表情包，但其实表情包贴不到蔡英文的脸书账户上。文字贴了很多，但是表情包贴不上去，因为贴图功能已经关闭。但是我们自己看到的"帝吧出征"全是表情包，所以我说这是一种自我表演，实际上传来传去都传到我们自己的社交平台上，百度上、微信上、微博上。因此内地的网民成了最重要的观众，而在台湾地区的那些"舞台"反而无关紧要了。

这些表情包充分说明，帝吧出征是一次表演。它的脚本很丰富，不光有网络语言，也借用了官方语言，如八荣八耻、社会主义接班人，这也是一种幽默的表达方式。虽然表演往往需要遵循剧本，但演员也有自由发挥的空间，能发挥创造性。我觉得中国网络文化的脚本和创造性表演都格外丰富。

在后英雄主义时代，人们有一种向往英雄的情怀。平平凡凡的日常生活，有时候需要来一点激情和浪漫，那么互联网就提供了自我展演的舞台。在"帝吧出征"的案例中，我们看到了爱国主义、英雄主义和集体主义的表演，这些表演同时也是一场情感的狂欢，既有个人情感体验，同时也是集体主义的情感体验。有观众的支持，还要看到别人的表演，自己也会受感染而参与进去，这就是网络表演的动力来源。

第二个案例是美国的"黑人的命也是命"（Black Lives Matter）运动。一个帖子如何演变成一场网上的抗议行动？分析网上的"标签"运动，需要区分运动中的各类"演员"。应该说，相比"帝吧出征"来言，"黑人的命也是命"这场"标签"运动的"演员"类别更丰富，因此网上的互动也复杂。除了有一般观众和网民的个人参与，还有社会运动的组织者，有媒体，有娱乐界明星，甚至有前美国总统奥巴马，还有白人至上的种族主义者。社会运动组织非常善于表演，会吸引眼球，很快就能演成一个大事件。奥巴马总统公开在推特发帖说，他觉得这场运动比以往的运动、比他年轻时候的社会运动搞得还要好。这就为运动提供了合法性。媒体也在报道这个事件，文体明星也参与进来，成了一场全民参与的网络狂欢。当然，也有种族主义者在推特上骂人、骂这场运动。如此种种，使得事件富有戏剧性、冲突性和表演性。情感也是一个重要的方面。帝吧出征的案例中搞笑和调侃多一些，在"黑命贵"的案例中，悲情与愤怒多一些，也有不少种族主义的仇恨。情感也可以通过"标签"（hashtag）的传播连接起来，可见互联网的连线力，从早期的 BBS 时代到当代的社交媒体上的"标签"连接，越来越丰富，黏性越来越大。

表演的竞争性特征

　　以上我主要讲了表演理论和表演社会，并举例说明如何用表演理论来分析网络上的抗争行为。用表演理论分析抗争，我们看到的是抗争行为的表演特征。因为时间关系，未能讨论抗争行为的激化过程。激化的过程，常常是由于抗争性表演的升级所导致，因为所有社会性表演在本质上均具有竞争的特征。公司的年终总结，考察个人表现和业绩，是为了激励员工明年做出更好的业绩。社交媒体上的状态更新，发帖、转帖、点赞、评论、消息等功能，也是激励网民参与表演的机制。在直播平台上打赏主播，也是一种表演，其竞争性表现在看谁打赏的更多，而主播和平台则有一套激励表演性打赏的策略。说到这里可以看出，表演社会的核心逻辑是鼓励竞争性的表演，鼓励个人表现和参与，鼓励巧言美语，以此激励人的社会行为。在这样的激励机制下，表演的行为变得越来越戏剧化（theatricality），因为只有比别人更戏剧化，才能吸引更多的眼球。在这个过程中，传统媒体和新的社交媒体是表演戏剧化不断升级的催化剂。其结果，可能使表演社会如同吉登斯笔下的那头现代性的猛兽，变得越来越难以驾驭。在这种条件下，当代社会的出路之一，是需要寻找使其去表演化（de-performing）的灵丹妙药，从而使"我演故我在"的社会，回归到"不演更自在"的新型的、去表演化社会。

整理：戴润韬、闫佳琪、洪雁

第二十二讲
微传播时代的挑战与机遇 [1]

◎ 陆小华

新华社国家高端智库学术委员会专职副主任，民商法学博士，中国政法大学博导。先后任新华社《中国记者》总编辑、新闻研究所所长、音视频部主任等职；清华大学、北京大学、中国政法大学、中国传媒大学兼职教授、研究员；曾连续担任十届中国新闻奖评委；曾兼任中国政法大学光明新闻传播学院院长。主要著作有《整合传媒》《激活传媒》《再造传媒》《新媒体观》及论文近百篇。

非常高兴有机会能到清华大学和大家做交流。尽管目前我主要的工作是在业界一线，但还是想作为学者和各位敞开来谈一些没有结论的问题。今天主要讨论两个主题：第一，讨论公众生活形态的变化和微传播时代；第二，讨论微传播时代值得思考的问题。

我首先想提出来的问题是，我们所处的时代发生了什么样的重要变化？我给出两个判断，就是公众生活移动化时代和微传播时代。在公众生活移动化时代和微传播时代，是不是可以说，信息需求和信息消费行为都发生了重大变化？就媒体而言，内容生产与媒体融合的指向也同样发生重要变化？实际上，在业界，我们会发现传播规律、引导方法、传媒竞争的逻辑都随之发生了深刻的改变。同样道理，传播理论也逐渐失去了解释力，学者的研究视角也要做相应的调整。

我在新华社工作 30 年，现在我们讨论问题的方式、所关注的重点和过去已经完全不同。在这一周，其中有两个工作日的一多半时间，我们在讨论技术建设，不是泛泛讨论基础建设，是在讨论新华社正在花 1 个亿的预算做系统改造，包括高清的全球采集系统、北京的非编制作演播室系统、基于互联网的全球分发系统。如今需要我们以想象力来引导技术实现，从而实现技术的支撑和引领，目前我们技术人员的思维已经落后于业界的需求。如果泛泛地讲，他会告诉你，我们有什么设备可以实现什么功能，

---

1 演讲时间：2016 年 11 月 24 日。

但是在系统级，在需求层面，在构建大系统去使得业务发生根本性变革这个层面，它不能实现，现在是我们来提出需求做详细讨论。那么，问题是今天为什么他们不能？是因为他们思考问题的框架、观察问题的角度还停留在工业化传播时代，还停留在一个具体的功能可能实现什么，可能实现什么效益这样的时代，这是不够的。

什么叫公众生活移动化？我这有两个数据：中国移动 2016 年上半年的净利润是 606 亿，是中国联通和中国电信加起来的 4.6 倍，它们不在一个数量级上；我刚看到的数据是中国移动的流量收入 1950 亿，增长幅度 29.7%，占比 43.3%。从 2016 年上半年开始，中国移动的数据收入超过语音和短信，成为主要收入来源。中国电信手机上网收入增长 42%，中国联通非语音部分收入增长 73.1%。电话本是用来进行语言沟通的，现在完全变成了流量的收发终端。这意味着移动互联网对公众生活的渗入程度，从年轻人、从大中城市、从社会的主流人群，渗入到社会的各个阶层、各个方面，也因为如此，电信业的收入结构才发生重要的变化。这个收入结构的变化，实际上是我们观察今天公众生活变化的一个重要视角。今天移动互联网渗入到中国社会的各个阶层，产生的变化是全面的，是一系列的，使得政府的治理方式必须发生变化，使得企业的运作方式必须发生变化。今天报业的大幅滑坡，是整个传统新闻业不够适应的表现。只是如何去适应，传媒学界和业界都还没有找到真正管用的药方，可能我们思考问题、观察问题的框架和视角都还不对。

第二，我把今天从传播角度定义为微传播时代，我心目中微传播时代的诸多变化和特征是，首先，在微传播时代，载体和平台的位置、关系发生变化。过去人们习惯讲"两微一端"，但 2016 年微视频出现了爆发性增长，这不能简单地归结于我们喜欢看视频，或者技术条件使得下载视频容易，这是外在驱动条件，更重要的是，微视频的爆发性增长，意味着整个传播格局在发生变化，意味着传播从抽象传播走向具象传播，意味着传播从原来的简单传播走向视频这样的富媒体传播，因为视频可以传达最丰富的信息，意味着传播还原到人最愿意、最容易接受的直接传播和面对面传播。这样的人际传播方式又是借助现在的技术手段实现的。

为什么人们今天突然变得愿意看视频？我昨天晚上看了一个视频，惊心动魄，公路上几十辆车相撞，一个人拿手机边拍边感叹，就好像现场的评论："又来一辆，又撞上去了，就看着一辆一辆车在雪天中，不断撞上去，一辆小车撞上，一辆不动了，后面又来一辆大车，把小车就挤得面目全非。"这只有视频直播才能做到。视频的传播，它的冲击力，它的爆发力，原有的影像传播理论还难以全部回答，但是今天我们应该说是"三微一端"。几年前我就说过，客户端对传统媒体有更强的替代性，客户端可以装载的内容几乎可以说是无限的。但是在 2016 年岁末的今天，我们想问，客户端之后，下一个新媒体产品形态是什么样的？当门户网站已经成了传统媒体，那么客户端这样的传播形式哪一天会成为传统媒体？微信公众号和客户端这样的内容结构方式，今后 3 年会怎么样演变？公众的偏好，在这样的过剩信息的冲击下，愿意付费的、最有价值的内容产品是什么？是电子版文章选择，还是像今日头条这样的，按照算法和数据以及你暴露出来的弱点给你的推送？没有人会认为，三微一端就是微传播时代的载体的终极形态。也许需要业界来探索来实现，但是依然需要我们回答这样的问题。

104 年前，《纽约时报》报道泰坦尼克号失事，8 小时已经认为非常之快，而现在是秒级竞争。网络直播从一种工业化的高技术高投入的报道形式，到今天变得人人都可以操作。我最关心的是两端，它对受众的需求偏好会有什么样的影响？如果任何人可以实时现场直播，那么受众的偏好会有什么影响？我更关心是它对新闻生产的组织方式、价值判断方式会产生什么样影响。而这种影响，它一定是非常深远的。40 年前，新华社可以派一个记者到河南一个县去蹲点一年，做深入的调查研究。今天再好的调查记者，都不能够以这样的慢速度静下心，在一个地方去调研，去分析一个地方的情况。

当受众和传媒人都习惯直播之后，我们是否会缺少对于社会变革小尺度的、深刻的、具体入微的把握和分析，是否会缺少大尺度的、趋势性的、历史性的把握？我读大学的时候，学生中流行读的一本书是《光荣与梦想》，记录了 1932 年到 1972 年间的美国历史，由威廉·曼彻斯特所写。那种具体而微的描述，那种大跨度对一个时期变化的把握，那种技法成为很多人模仿的对象。实际上有很多记者出身的人，写了很多影响世界的著作。威廉·夏伊勒写《第三帝国的兴亡》之前，他就是 CBS 驻柏林的记者。保罗·肯尼迪写《大国的兴衰》，他当年也是记者。但是今天时效观的变化，对记者的思维和工作方式会产生什么样的影响？

再有媒体消费时间。曾经有很长一段时间，传媒人会把某一种媒体的消费时间的增加，视为是这种媒体影响力、重要性的增加，对吗？大家觉得电视消费时间越来越长，报纸越来越短。现在所有人消费最多的时间在微信上，每天至少要占到两个小时，那么，公众使用媒体的时间一定是不断增加的吗？再有泛媒体化，在我看来，现状是只要有心，一切都是媒介。

再来讨论行为习惯。如今讲大数据成了时尚，但极少有人会讲数据欺骗。如果没有数据欺骗，希拉里不会坚信她一定能选总统。如果没有数据欺骗，人们不会对今天美国大选的结果这么惊讶。但是这个欺骗可能不是主观上的，而是基于传统的数据分析理论、范式和方法，它与今天的现实之间有差异。这使我想起了 1936 年美国《文学摘要》杂志做的受众调查，发出 1 亿封信，收回 2000 万封，但实际的投票结果和它的调查结果正好相反。那么，类似盖洛普的民意调查方法，虽然只有很小的样本，但得出的结论和最后的投票结果很相像。这一次民调界、传统媒体都在反思，认为传统的民意调查方法出现了差异，出现了问题。沉默的人群，对于最真实意见的隐藏和不愿意表达，使得这次美国的投票结果和数据的结果之间有巨大差异。作为传播学者，我更想讨论的是，我们究竟应该如何分析和判断数据和相关行为。在微传播时代，我们分析数据结果的工具、思维方式，还是依据在工业传媒时代所积累下来的结果，它让我们感到它有可能产生数据欺骗，分析出来的结果和现实之间是有差异的。由此我看到无数人在讲大数据，那些数据分析出来的结果会不会误导了人们的思维方式？

最后一个特征是依赖性。今天人们对媒体的依赖最核心的因素是什么？是信息，还是新闻？在我看来已不仅仅是新闻，不仅仅是信息，而是对问题的回答，是对内容的选择，是它的分析和判断，是观点。决定媒体核心竞争力的首要标准，已不再简单地看，谁是最先的报道者，谁的文章写得更好看，而是分析、判断、选择、预见，是观点性内容、高价值性内容在决定媒体的真实影响力，所以今天公众对媒体的依赖性的核心是，谁是问题的解释者。我们有太多的问题，谁是问题的解释者？这是我想讨论的第一个小问题。

我们再从几个不同的角度来讨论微传播时代的变革。第一，我们会发现，微传播时代的变革已经从观念渗透到模式。原来只是在观念层面，今天是在整个社会系统的运行层面。我举两个例子。第一个例子是垂直细分。垂直细分过去就是一种观念。这不是互联网时代才有的。在工业时代，杂志品种的不断增加，同时伴随着不断的细分化。大家关注一下就会发现，报纸的变革过程是它的编辑手法不断杂志化的过程，也是它的版面的分配逻辑不断地垂直细分的过程，出现了越来越多专业性的版本。但是今天垂直细分已经从需求发现到需求创造，利用垂直细分在创造需求。垂直细分，今天已经从一种产品理念到社区重构。过去的垂直细分，我们是用来它做产品的，今天会发现这种产品已经导致整个社会的群体结构发生了变化。例如，TFBOYS 的粉丝群，组织非常严密，分工非常明确，它就构成了一个社群。有一个媒体发了篇文章，说王宝强不好，然后王宝强的粉丝就排队轮番去打电话。依据这种垂直细分，使得这个社会构成了新社群，社群在不断发生新的重构。

第二个例子是云服务。20 年前，微软副总裁首次介绍它，还是一种技术。今天云服务已经是一种产品，甚至成为一种理念，上海刚公布了"工业云"，实际上你最后发现云服务是一种社会运行的模式。2016 年 10 月 9 日，习总书记在中央政治局第 36 次集体学习上讲，要以数据集中和共享为途径，建设全国一体化的国家大数据中心。这已成为一个国家的运行模式，这是第一个变革。第二个变革是理念变革。今天我们会看到与新闻传播力关系最密切的信息，已经从信息资源变成了数据能源，实际上这几十年媒体的发展过程就是信息从资源化到资产化的过程。人们意识到要把所收集到的信息和成品信息汇聚成信息资源。这个信息资源又可以变成信息资产。人们从对信息的关心进而延伸到了对其他相关数据资源的追逐，希望这个数据一方面能够自动沉淀，一方面能够收集。今天我们会发现，数据已经不仅仅是资源。大数据实际上是一种推动力量，所以我把它叫作"数据能源"。对这种数据能源的高度重视，使得数据变成这个社会的新基础架构。

由此可见，数据已经成为国家和社会的基础运营模式。我们会发现，数据能源已经成为这个社会的推动力量。移动互联网时代的发展，某种意义上意味着个人隐私权的让渡。每天我们所使用的移动产品的运营商在告知我们的位置信息和我们的行为习惯，你无法拒绝它们记录我们的位置信息，因为移动电话的原理是"蜂窝通讯"，只要有两个基站，同时能收到你的信号，交叉定位，就知道你的准确位置，你的手机只要是通的，就知道你的大概位置，你肯定在这个基站的辐射范围内。那么这种隐私权让渡，也使得法学界、传播学界都在研究一个问题，即"被遗忘权"。

当然，今天信息安全的内涵和效能也必须拓展。信息安全最大的问题不只是信息外泄，像斯诺登那样把信息偷走。信息安全更大的问题还包括信息污染。我们的各种决定，关于我们生存方式的各种重要数据，如果被污染了怎么办？信息安全下一步面临的最重要问题就是这样的信息污染。一些大学生的高考志愿被他人改了，对他个人而言和对政府而言，不就等于这个信息被污染了吗？而这种信息污染，对他的生活产生了困扰。正在讨论的民法典的总则第一版，曾经写入了虚拟财产和数据信息，可以纳入物权法保护课题，但是在上个月第二次讨论中，把这条删掉了，可见有争论。

第三个变革，内容概念的拓展。传媒人最信奉内容为王。问题是什么是内容？如果我们今天无法很详细地讨论内容这个词，那再问一个问题，在微传播时代，什么样的内容是传媒最该投入力量去做的？我把内容这个概念做了另外一个角度的拓展，在我看来，三方面的内容是最需要投入资源去获取的。

第一个变革是高需求内容。什么样的内容是人们有高需求度、高需求弹性、不可或缺的？谁更需要纸质载体的内容？假使这个纸质载体是书籍，谁一定会更愿意读或者更不愿意读呢？或者说在图书界哪一种产品需求弹性更大、市场更难以萎缩？第一就是教材。排在第二的是什么？一定不是小说，绝对不是诗歌，换个思维方式想想，就是婴幼儿、儿童和少年读物。因为中国所有的家长虽然知道小孩用 ipad 很习惯很熟练，但是依然有众多的家长在给孩子买书上不惜金钱。因为受到东方文化的影响，他觉得教育好就一定要读书。在很多家庭，父母亲可以没有几本书，他们的孩子却有很多书，这是高需求性，对吧？如果我做出版社的社长，我就会投入资源去做高需求内容。

今天对于公众，对于媒体所要传播的内容，哪些是具有高需求性的？这缺少定量的研究，缺少新角度的分析，很多传统媒体在这个问题上都是依据经验，而且是传统经验在判断，我真希望你们有人能以此为选题去做篇论文。就回答一个问题，在今天，哪怕是一个人群，一个细分人群，哪怕就是学生这个人群，从传媒的依赖性的角度说，什么内容是高需求性，它的排序情况如何，这个结果足以指导今天传媒如何运作，至今我没有看到过这样的论文。

第二个变革是高价值内容。什么内容是高价值的，其实前面我已经说过了，分析、判断、选择的结果，见识、观点和预测，这样的内容是高价值的内容。人们今天为什么还要读报？读报真的是为了看新闻吗？据我的观察，今天人们还愿意读报，看的是新闻的选择结果，看的是新闻的组合，从如何排版中看出这个媒体的观点，看出这个媒体的分析、判断、深度和它的解读。今天所有媒体都讲定位，在我看来，最合理的定位一定是内容结构与需求结构之间的吻合。我们今天从互联网上从手机中获得散碎的信息，如果还需要媒体，我们最强大的需求，最有价值的内容是什么？没有结果，今天，媒体的内容结构显然和现在需求结构之间是有差异的，是不够吻合的。实际上，现在传统媒体处在一个迷茫状态，不知道公众认为什么样的内容是更有价值的。

第三个变革是高传播内容。在今天这个时代，我们会发现用传统的新闻价值的选择标准来看，内容没有什么太大的价值，但是它具有高传播性，比如傅园慧的表情包，它传达了什么内容？有人说没有。但它具有高传播性，那个视频半天之内被点了几千万次，你说它没有内容吗？它在那个特殊时期，向世界展示了中国运动员的另外一面，对塑造国家形象有非常正向的作用。今天对于做视频的人来说，特别需要研究高传播性的内容。

我们越来越发现高价值内容，以新的方式传播，具有非常好的效果。今年我在新华社音视频部门当主任。有一个短视频内容是关于消防车可以用冷态切割的科技报道，它在海外社交媒体上的点击量已经超过了 2000 万次。那些我们看起来很重大的、很奇特的突发事件，点击量都远比它小得多。所以它更让我思考在微传播时代，受众的需求特性，什么样的内容可能具有高传播性，什么样的内容才能具备真正高价值，这真是要重新研究。当然有一点，我看清楚了，知识性和方法性内容的视频化传播有非常好的效果。现在我看到有很多媒体人出来创业，都是做了这个领域。

第四个变革是内容领域的拓展。在传统的报道难以措手之处，新媒体报道却可以大显神威。2016 年国庆节，央视直播了珠峰海拔 5000 多米的冰川，用无人机拍到了顶部。这算是新闻吗？当然不是，但这是一次成功的新媒体传播。这次天宫 2 号两位航天员受聘为新华社特约记者，我们也可以说它有足够的新闻性，因为他们在天宫上的一举一动都是我们很关心的，但是从新媒体传播的角度来说，他们在天宫上的所有举动都具有足够的传播性。因此在今天，我们不应泛泛地讨论如何适应新媒体，更该讨论如何扩展内容领域，创新报道理念。

第五个变革是内容生产和传播。内容生产的理念和方式正在变化，比如说移动传播在改变内容生产和受众关系。大家会注意到外交部的发布会，过去是记者听完回去写稿，现在记者在现场就开始移动直播。移动直播使得今天的新闻生产是直播式生产。以杭州 G20 为例，我组织这次报道的方式是以直播为核心，组织整个内容生产。过去，我们是碎片式采访，一条条剪，一条条做，这次把主要的新闻场景、主要行为完全直播，前面就少用了很多技术，记者就可以做别的，而后端就可以用充分的信息源去重新剪辑，重新制作，整个新闻生产流程已经完全发生变化。

第六个变革是传播者的扩展，传播的行为也同样有大的演变，这一点我刚才做了很多讨论，就不详细说了。

第七个变革是新技术的介入改变传播逻辑。可视化传播在许多高校都已经是一门课程或者是专业，数据挖掘在今天已经从一个小众学科变成了人人都在出手的领域。腾讯已经告诉我们，从上半年的几百件到下半年的 3 万件财经新闻都是用机器人写的。其实彭博（Bloomberg）新闻社在十多年前财经新闻就是用程序来写，只是那时候不把它称为机器人而已。

用传感器和无人机制作新闻，今天的媒体已经大量应用。我认为，将来无人机定点拍摄与巡航视频可能会同样大行其道。巡航视频现在还很少有人去尝试，但是新技术的介入却在改变传播逻辑。我刚刚提到，我正在像总工程师一样每周花很多时间和工程师讨论、决定新的系统怎么建立，实际上，我们就是试图用新的技术理念去推动内容生产方式的变革，推动传播逻辑的变化。

这是我想讲的第一个大问题。做一个小结。在公众生活移动化时代，在微传播时代，如何运作媒体。借用领导人的话，要把互联网和移动互联网作为谋求新竞争优势的战略方向，而不是简单地作为一个适应对象。在微传播时代，传播力并不是使用了互联网工具就自然获得。我们做了微博、微信、客户端和微视频就一定有传播力吗？不是。

引导力必须基于新的理念和规律来重新构建。在微传播时代，媒体的引导力必须重新构建。传统报道方式、传统渠道、传统传播理念所构建的影响力在微传播时代必须发生变革。

习总书记在中央政治局第 36 次集体学习中讲到社会管理的时候提到，随着互联网，特别是移动互联网的发展，社会治理模式正在从单向管理转向双向互动，从线下到线上线下的融合，从单纯的政府监管向更加注重社会协同治理转变。这是在中央领导人的讲话中第一次出现"协同治理"的提法，那么社会治理正在向着适应移动互联网的方向发展。但是更重要的这个社会治理的理念，一种单向管理转向双向互动，从线上到线上线下融合，从单向政府监管下更加注重社会协同治理转变，那么媒体在适应社会变化的过程中，在融合和协同上应当比社会走得更远。

第二部分我想讲一下微传播时代值得思考的问题，这些问题我也没有明确的答案，在此提出来，希望你们能够认真思考和研究。

第一，基于传统现象的传播模型、传播理论的解释力是否已经被消解？我见过一个学生，非常优秀，能背出几十条传播学大家的名言，熟悉几十种传播理论和模型。但我要提出一个问题，在微传播时代，这种基于传统现象概括总结的传播模型，它的解释力是否已经被消解？如果这种基于传统现象的传播模型的解释力已经被消解了，那么体现微传播时代的传播模型应该是什么？微传播时代，我们能概括出什么样的传播理论？能总结出什么样新的传播规律？从政治传播的角度说，已有很多人去总结了。以美国选举为例，奥巴马是互联网总统，善于利用互联网，善于利用社交媒体。那么特朗普这一次惊人逆转，更是善于利用互联网和社交媒体，但我们仅仅总结到他善于利用，这显然是不够的，更应该总结和研究的是为什么。为什么在这个时代，他那样一种看起来为美国主流社会精英阶层、主流媒体难以容忍的表达方式、表述方式，能够撬动如此多的群体受影响。这个时代，社交媒体对于社会的影响显然胜于传统媒体，那么它的规律到底是什么？

第二，如何认识内容为王与平台依赖的关系？传媒人信奉内容为王，但是今天，传媒人具有更强的平台依赖。我们做的微博、微信、客户端、微视频，绝大多数要借助第三方的公共平台去传播，有很强的平台依赖。从来没有像今天这样，传媒对于平台有如此深的依赖。过去办一张报纸，我们就是一个平台，大家给我们投稿，在这上面发表。在微传播时代，从媒体的生存伦理、生存逻辑或者竞争逻辑的角度说，应当如何认识和把握内容为王和平台依赖的关系？

第三，内容供给与需求之间如何匹配？《中国青年报》2016 年 1 月 1 日开始，不出周末版了。这说明中青报的读者结构是办公室化的，他们周末不在，所以周末版出了没用。这仅仅是一个例子。我们看到越来越多的频道也要关掉，全世界都没有像中国这样，一个国家有这么多的频道，传媒行业有没有一个供给侧改革的问题？如果有，内容供给和需求之间如何匹配？仅仅是数量减少就匹配了吗？

第四，受众需求与消费场景演变的趋势是怎样的？受众今天主要靠手机来获取内容，今后会如何演变？作为传媒的管理者，这决定了我的资源向什么方向投放。报纸从窄报到小型报。2004 年英国的《卫报》率先开始小型化，两种版本同时销售。2004 年底，《泰晤士报》还是大版本和小版本同时销售，到 2006 年 1 月 1 日，《泰晤士报》彻底放弃了像《人民日报》这样的大版本。小型化是报纸适应移动化的过程，因为人们的消费场景是移动化阅读。我要问的问题是，今后 3 年，今后 5 年，受众的消费场景会发生什么样的变化？我们都说要用技术来支撑传媒业的发展，但是项目从立项到整个过程全部完成，至少要两年，它有无尽的程序要走。建设一个技术系统，我要考虑未来它的功能实现，但是没有人告诉我，未来 3 年，受众需求和消费场景会发生什么样的变化。

第五，传播学的研究方法会发生什么样的拓展？这首先是一个内部性的问题。我想问，什么是微传播时代的特殊传播现象、规律、模型和理论？今天的传播已经成为一个习惯，已经有意无意地和一切行为融合在一起。这是一个现实。"不传播则非世界"，不研究传播，恐怕无法认识和解释当今世界。问一个问题，淘宝是媒体吗？我告诉你们几个数字，你们自己判断一下。2010 年，淘宝的总收入是 50 亿元人民币。大家做媒介经济学应该掌握一个规律，研究一家媒体的收入结构，才能搞清它的盈利模式，研究一家媒体的支出结构，才能搞清它的发展战略。淘宝 2010 年 50 亿元收入中，广告收入占 40 亿元。2011 年，淘宝的广告收入迅速增长到 70 亿元，它已经成为最有影响力的媒体。淘宝的广告形式已经多达 200 多种，在淘宝首页上，你所看到的其实都是广告。

今天，当传播深入到如此多的领域里之后，传播学必然像经济学一样深入多个领域。今后我们会用诸多传播学的理念方法去研究传播学以外的问题，我希望你们用新的参照系、新的思维方式去研究传播学的原因。

第六，突发事件和传播事件之间是什么关系？如何把握好相关原则？人们越来越发现危机处理与危机传播紧密相关，或者说，危机处理的行为本身就是传播的一部分。认识不到这一点，就会造成巨大的社会影响，形成恶性的舆情事件，带来巨大的社会危害。从政治传播角度说，每一次突发公共事件、安全生产事故、自然灾害等，对社会而言都是传播事件，都可能是出现分歧的起点，是社会进步或倒退的催化剂。大家如果关注过雷洋案或天津爆炸案，都会感受到这一点，它会引发对社会心理的巨大震荡，甚至引发社会认同的危机，也有可能使不同群体在这个起点上寻求新的认同，我们该如何把握？

第七，知情权与公共安全之间是什么关系？如何把握相关原则？作为传媒人，我们一直认为知情权是最高等级的权利，不能不让媒体报道，人民群众有知情权。天津爆炸案第三天，副市长在现场巡查，旁边有两个记者，其中有《新京报》的。远处来了一群人，领头的急急慌慌跑来说："首长，我是河北某某企业，我们厂生产氰化钠，我们通过瑞海公司出口 700 吨氰化钠，现在不知道是否已经出去，不知道现场有没有 700 吨氰化钠？"就这一句话，让大家全吓住了。不要说吨，一毫克进入水里都可以毒死几个人。怎么办呢？按照知情权原则，这得立刻报道，但是如果报道之后引发问题，就一定是无数人惊慌。如果大家知道那天风往北京刮的话，可能会上演全城大逃离。其实在现实生活中，有多次这样的知情权和公共安全之间的冲突，已有的传播学理论没有关注到这个问题，这实际上是传播学的外部性问题。但我的观点是，当知情权与公共安全利益出现巨大冲突的时候，知情权要让位于公共安全，要让位于生命安全，这和传统的新闻理念不同。

当晚《新京报》把这个消息曝出来，引起了很多人的恐慌。第二天，天津市有关部门迅速开了发布会，在这个发布会上，除了讲这个事实，也讲他们已经采取了应急措施。从危机传播的角度说，应该是事实与措施同步，事实与态度同步。如果我们在狭隘的传播学以内研究知情权问题，会觉得知情权是优先的，但是从社会安全的角度说，我们会觉得知情权在这个时候要让位于公共安全。我把它拉回到学术问题，知情权与公共安全之间是什么关系？如何把握相关原则？假设有一大批学生的信用数据被污染了，这个问题该报道吗？报道了以后你们会恐慌吗？同样的道理，当个人数据大面积泄漏的时候，它所导致的就是一个爆炸性的社会事件。

第八，如何把握传播性与权威性的关系？或者说，高传播性是否一定等于高影响力，高影响力是否一定等于高权威性？有些东西在互联网上传播非常广，人人都知道，具有高传播性。那它就等于具有影响力了吗？现在很多媒体、很多人都拿点击量和转发数作为衡量影响力的依据。某种意义上是。但反过来从学者的角度问一个问题，高传播性、高点击量、高转发率、高评论数是否就一定等于影响力？作为权威媒体，我们还要问一个问题，这种高影响力是否一定等于高权威性，或者更直白地说，高传播性与高权威性之间的关系是什么？不可否认，今天社会有逆传播、众传播、拒传播、漠传播等多种传播模式；在传播过程中，有很多解构、反讽、混杂的现象存在。那么在今天这个时代，传播权威是否会被消解？这是一个必然趋势，还是一个暂时性现象？在微传播时代，传播权威应当如何建立？一个媒体，一个国家的传播权威，应当如何建立？我看过这么多讨论国家形象建构的文章，依然没有回答我心中的问题，传播意义上的权威，究竟如何界定，应当如何建构？

以上就是我今天想带给大家的问题。希望大家研究真正的问题，不要枉费你的生命。在座各位的平均年龄应该 30 岁以下。如果你们能够活到 80 岁，那就是 29200 天，我把闰年闰月闰日都算上，你们想过没有，实际上每一次相遇都是生命的支出。你们想一想，读 3 年研究生，你们支出了生命当中多大一部分。跟我一样，我来做两个小时的讲座，我和你们分享了生命中的差不多二十四万分之一，希望你们求学生涯的生命支出更有价值，那就需要研究真问题，拿出真答案，谢谢大家！

整理：李嘉珊、苏益、郭婉容

校对：盛阳

第二十三讲
社交媒体时代的全球广告营销[1]

◎ 林以萍（Carolyn A. Lin）

美国康涅狄格（Connecticut）大学传播学教授，主要研究方向为数字媒体、策略传播、健康传播、环境传播和跨文化传播。现任 SSCI 索引期刊《广播和电子媒体学刊》（*Journal of Broadcasting and Electronic Media*）主编，美国新闻与媒体传播教育学会（AEJMC）下属的传播技术分会创会会长。主持美国国家科学基金会（NSF）和美国国家健康研究院（NIH）资助的多个重大项目的研究工作。

今天我想讲的主题是社交媒体时代的全球广告营销。亚马逊公司研发了人工智能设备 Alexa。Alexa 是一个女孩的名字，亚马逊起这个名字，就是为了让智能设备更人格化。如果你想和她对话，你只需要说："Alexa，今天温度是多少度？""Alexa，请帮我播放今天的新闻。"她就会照办。亚马逊公司已经把这项技术植入到了智能手机和汽车里，这样一来又增加了很多功能，比如你在出门之前，就可以要求 Alexa 为你提前把汽车发动好。实际上，现在每个人都在被各种各样的电子智能程序环绕，一天 24 小时不间断地接入网络之中，人工智能技术可以帮助我们迅速接入网络。

中国社交媒体已经形成了成熟的生态系统，微信就是最重要的一个。什么是生态系统呢？最常见的就是自然生态系统，包括人类、动物、天空、土地、河流等。而相应地，各种各样的社交媒体，也一同构成了一个数字化生态系统。作为中国目前最重要的社交媒体，微信与现在绝大多数中国人的生活联系都特别紧密。

目前人类社会有很多媒介形式，有我们今天讨论的依托于互联网而建立的社交媒体，也有比较传统的报纸、杂志、电视和广播等。但是，你有没有想过，我们到底是通过什么标准来选择自己使用的媒介形式的？下面我就来为大家讲几种关于人们选择不同媒介的相关理论。所谓"媒介选择"理论，我把它归纳为以下三种视角。

1　演讲时间：2017 年 11 月 16 日，此次演讲得到了上海交通大学媒体与传播学院牟怡副教授的协助。

第一种是生态学视角。事实上这一视角来自生物学，确切地讲就是达尔文的进化论。不同的生物存在生存的竞争关系，它们互相争夺生存的资源和空间，最终只有少数的生物能在激烈的竞争中存活下来。而有的生物，能互相合作共同生存，最后占据生物圈的最高位置。比如人类，就是最高等级的生物。同样道理，不同的媒介之间也存在这种相似的竞争。不同的媒介形式为了争夺固定数量的用户和固定规模的使用时间，相互之间展开竞争，最终胜出的就是最流行、最成功的媒介形式。现在中国媒介生态系统中胜出的显然是微信。

第二种是功能性视角。这个比较容易理解。只要新媒介一出现，就可以替代之前有相似功能的媒介形式。现在很多人已经不看报纸和电视了，这是因为其功能被手机和移动互联网所取代了。

第三种是补偿性视角。不同的媒介形式有自己的特点，作为消费者，我们会选择能满足自己需求的媒介形式。如果某种媒介能满足需求，那我们就使用它。如果某种新媒介能满足更多的需求，那我们就会转向这种更新更全的媒介。举个例子，假如你坐船出海，然后遇到了暴风雨，船翻了，当你醒来的时候，发现自己漂流到了一个荒岛上，这时候你该怎么自救？在荒岛上手机肯定没信号，这时手机和社交媒体就不是你能求助的媒介形式了，那你该怎么办？你可以生起来一堆火，通过产生浓烟来求救。电影里也能看到，有人会用大石头摆出 SOS 的标志来求救。这就意味着，如果某种媒介形式能满足你现在的需求，你就会去使用它。显而易见，上述三种视角没有高下优劣之分，只是从不同的角度来解释发生在我们身边的这种媒介选择的现象。

再来看看全球广告支出。美国显然是全球广告支出最多的国家，而中国的广告支出增长速度也相当快，这是因为中国有着全球最大的市场。尤其是最近这两年，中国的广告支出增速更快了，这也得益于网络虚拟经济的增长。你们当中有多少人还会去商店购物？还是更多地会在网上购物？在美国，很多实体商店已经关门了。但如果你去美国看看，你会发现大学附近有很多的亚马逊实体店，每天都有很多学生去那里购物。事实上，正因为网上购物的发展，美国越来越多的人开始在网上买东西，随之而来的就是实体商店的关门，很多人也因此而失业。美国和亚洲还不太一样，亚洲很多商店会雇佣很多的人，比如你去一个餐厅就会看到有特别多的服务员，而美国的商店相对来说雇人会少一些。但不管怎么说，美国目前实体经济受到网络经济的冲击很大，所以我总是建议我的学生多去实体商店买东西，这也是为了保护实体商业，免得让失业率太高。看看中国和美国的广告支出比例就可以知道，2007 年中国互联网广告支出仅占总支出的 11%，2016 年就变成了 33%，不到 10 年增加至 3 倍，这是多么快的增长！

而且 2016 年广告支出最大的一部分，即电视广告支出仅为 34%，可以预见，2017 年互联网广告支出比例就会超过电视广告支出比例，成为广告业的领军者。

下面，我想讲讲全球广告研究相关的几种理论。第一种是宏观层面的理论，主要是从文化价值、社会习俗和经济系统的影响因素的角度来考察消费者行为，其中最有名的就是荷兰学者霍夫斯泰德（Geert Hofstede）的文化维度理论。这个理论从很多维度来解释不同文化的区别，比如"权力距离"。美国是一个权力距离比较小的国家，社会中的掌权者和未掌权者在话语权上的差别不是很大，权力地位比较高的人也没有那么多的神秘感，而中国相对而言权力距离就很大。另一个维度是"个人主义和集体主义"。美国社会是一个特别崇尚个人主义的社会，而中国社会则对集体性意见更为尊重。还有就是"不确定性的规避程度"。在美国，人们总是有什么说什么，说话特别直，不会拐弯抹角，但是中国就完全不一样，人们说话的时候总是小心翼翼，用特别含蓄的方式来表述自己的思想。最后一个维度是"长期取向和短期取向"。大家都知道，中国是一个很明显的长期取向国家，而美国则注重短期取向。我曾经在美国的广告行业工作过，有很深的体会。因为美国消费者的喜新厌旧，所以一个品牌的广告策略每两年就要重新设计，还有产品外包装等都要重新设计，就是为了满足消费者的需求。而同样的东西，在亚洲只需要 4 到 6 年进行一次重新设计。有人还对中美两国的这些文化维度进行了一个百分制的量化，结果显示，在权力距离方面，中国得分 80 分，美国得分 40 分，表明中国的权力距离比美国大得多；而在个人主义方面，中国得分 20 分，美国则为 91 分，显示美国的个人主义倾向比中国强得多。

第二种理论是混合层面理论。所谓的混合层面，指的是这个理论包括了不只一层的意义结构。在这个理论中，我们从经济全球化的角度和世界各国之间经济上的紧密相连，来审视一个国家或消费者的文化。中国每年都会进口一批美国好莱坞的电影。好莱坞大片的制作成本平均可以达到 2.5 亿美元，制作肯定非常精良，所以好莱坞电影在全世界都受到广泛的欢迎，我想在座的各位肯定也有很多人喜欢看好莱坞电影。而且你每次看好莱坞电影，都会对美国的文化、美国人的生活方式有更多一些了解。我们也可以从流行文化的传播角度来审视消费者文化。比如美国网红金·卡戴珊，她每天其实什么都不做，只是在社交网络上发一下照片，就能保持每天的热度。而且她的大名传遍了世界，这就是一种流行文化的传播。混合层面理论的一个例子是国际商业品牌的本土化。比如我们在喝可口可乐，估计没人会一直想着"这是一个美国品牌"。大多数人都已经太熟悉它了，所以只会把它当成一个身边无处不在的饮料而已。作为一个成功的品牌，它们都知道给自己打上一个本土化的标签，这样更便于消费者接受。

还比如，当你走进一个麦当劳餐厅时，你不会想着"我是去一个美国餐厅"，你只是认为自己在一个普通餐厅吃饭而已。像可口可乐、麦当劳这种企业，在改革开放之初很早的时候就进入了中国市场，经过这么多年的经营，它们现在已经很好地给自己打上了本土化的标签，这就是它们的经营之道。

说完了宏观层面和混合层面的理论，接下来我再说说微观层面的理论。这个层面的理论主要是从能够影响消费者行为、情感、态度和动机等方面的因素入手，来考察广告效果。比如自我图示建构理论，说的就是我们每个人从出生起就接受来自外界的信息，来告诉我们什么时候该做什么。比如到了教室就要认真听课，见到老师就要打招呼，和陌生人和谐相处等。人的成长过程就是一个不断进行自我建构的过程。对于消费者来说也是这样。还有情感涉入理论，说的是不同文化的文艺作品里对情感的普遍涉入是不同的，比如中国拍的最好的电影里面，有很多片子的基调都是很伤感的，但美国电影可不是这样。还有，同样一种幽默，美国人看来可能觉得很好笑，而中国人或英国人可能就不觉得有什么好笑。

接下来我想介绍的是近年来新兴的全球数字消费文化理论。我把这种理论归类到"传达性营销传播"的范畴之中，可能有人问，为什么说是"传达性"？其实你可以想一下，不管是什么类型的传播，大众传播也好，分众传播也罢，所有传播的目的都是为了把你的信息传达出去。所以当谈到全球数字消费文化方面的理论时，我把其目的认定为"传达性"。当你进行传达性营销传播之时，你做的其实就是看到不同文化之间的相似之处和不同之处，然后用心去发现如何克服这些相同或不同造成的障碍，去进行更有效的传播。举个例子，一个非常重要的因素是共同的语言基础。比如在座各位的英语水平都很高，能看懂英语的电影，了解欧美的文化，这样一来你就能很好地接受英语的传播。大家都知道耐克，它是一个很有名的运动品牌，它的标语是"Just do it"，这个标语就只能用在懂英语的人身上。为什么？因为这个标语是不能翻译成其他语言的，翻译成汉语当然可以，但是翻译过来之后味道就变了，就和"Just do it"不一样了。比如对于日本人来说，他们的民族性格根本就不是"Just do it"，做一件事之前他们要想很长时间，所以这个标语也没有办法翻译成日语。这就是共同的语言基础的重要性，也就是说，必须要找到共同的基础，信息的传达才能有效地进行。

除此之外，要想更好地达到营销的传达效果，广告也可以因地制宜，对不同国家不同地区的消费者有不同的营销策略。奥利奥饼干在中国有一种迷你版，就是一种很小的奥利奥饼干。但是你在美国是买不到这种饼干的，你只能在中国买到这种迷你版的饼干。这是因为美国消费者不喜欢太小的饼干，而中国消费者不喜欢很大的饼干。

所以这种迷你奥利奥只在中国销售，而推销这种饼干的广告演员，也选的是姚明和一个中国小孩，这都体现了奥利奥针对中国市场选择了合适的营销策略。

我们再来看看社交媒体的使用和功能方面的相关理论。其中一个比较有名的叫作"流动建构"（flow construct）理论，它是第一个设法衡量出消费者网上购物是出于功利性还是娱乐性的理论。消费的目的一般有两种：第一种是功利性的，比如我手里拿的这个麦克风，我要是去买一个麦克风，那就是为了它的功能，这叫功利性消费；第一种消费指的是，很多人会在心情不好、伤心的时候去消费，去买东西，买完之后心情就会好很多，这种纯粹是为了开心的消费就是娱乐性消费。但是随之而来的也有问题，很多人从消费的过程中获得快乐，但也因此患上购物成瘾症，说的就是买东西上瘾，但是买回来的东西都是冲动消费，其实自己用不到。因为消费的过程实在是太轻松了，所以这种消费成瘾症也是很容易患上的。

另一个值得一提的是社会网络理论。它来自计算机科学，但是被用在传播学领域也能解释很多问题。根据这个理论，人与人之间的社会关系网络就分为两种，一种是弱社会关系，另一种是强社会关系。你的微信好友可能有成百上千个，但是绝大多数人你都不认识。我也是这样，我来到中国，很多人会给我名片，我们工作中确实会有联系，但是平时的联系也很不密切，这就是一种弱社会关系。但是你的同班同学、同事与你的日常联系多得多，这就是强社会关系。这两种强与弱的社会关系在社交媒体时代体现得更加明显。

还有一种理论，叫作社会规范理论。我把社会规范分为两种，分别是描述性的社会规范和主观性的社会规范。前者说的是我们观察到社会上其他人的行为，然后把这些普遍行为视作社会规范，为了不被视作异类，为了不偏离社会期望，我们就按照这些规范来行事，这就叫描述性的社会规范。后者是主观性规范，如果你认为某个人或某个群体对你很重要，那么为了符合这些人的期望，你就会尽量按照别人期望的规范来行事。比如美国大学特别流行聚会喝酒，几乎每一个大学生在聚会的时候都会喝很多酒。这是因为你的朋友都在喝，如果你不喝的话就会被视作异类，被认为你这个人很无聊。所以像你的朋友、同学、室友这种你认为比较重要的人，为了迎合他们的期望，你多多少少都是要喝酒的。中国的情况也差不多，你用微信的原因是你身边的人也用微信，如果你不用的话你就会和这个世界脱节，所以你必须用微信。

显而易见，社会网络在市场营销方面会产生一定的影响。广告商通过广告来影响消费者，把它转变为自己的宣传者，通过后者的社会网络来扩大自己品牌的影响。比如很多人穿的 T 恤衫上面有这个品牌的 logo，这些人穿上这个 T 恤衫之后，就成了移动的广告，让别人看到这个品牌的 logo。但这个过程中消费者很乐意，因为他们觉得穿上这个品牌的衣服很酷，这种分享让他们觉得有面子。消费者使用 iPhone 觉得很有面子，他们很愿意展示自己使用的手机是什么牌子的，这样一来消费者就成了忠实的自愿的广告载体。

接下来我给大家具体分析社交媒体的市场营销策略。首先是口碑营销，消费者向他熟悉的人来宣传某种产品有多好。而在社交媒体时代，出现了口碑营销的新形式，即网络口碑营销。美国大学校园里出现了一台"拥抱可口可乐机"，只要你拥抱这台机器，它就会放出一罐免费的可口可乐。学生们看到这个机器很新奇，只不过他们没有单纯地拥抱这台机器，而是不断地拿手机记录自己与机器的互动过程。可以清楚地看到，在这个过程中，学生们是一直在分享的，他们在社交媒体上传播相关的图片或视频，其实就是在帮助可口可乐进行网络营销。

另一个例子是成龙和姚明在北京奥运会之前拍摄的 VISA 信用卡的广告，这就是一种很传统的营销策略了，即通过有影响力的名人或意见领袖来进行营销。进入社交媒体时代，这种营销方式也会借助社交媒体来放大其传播效果。

第三个例子是 KIA 汽车的快闪广告，在这个广告里你可以看到，当人们看到快闪活动发生在身边时，会纷纷拿出手机拍摄，然后发到互联网上进行分享或者炫耀。这就是一种很典型的从线下转移到线上的营销模式，迎合了社交媒体时代的潮流，最大限度地发挥了营销传播的功效。

当然，社交媒体的营销策略也不仅仅局限于只在社交媒体上进行营销，还包括把传统媒体的内容加上社交媒体的传播。比如 NBA 明星林书豪曾经为 GQ 杂志拍摄宣传片，杂志是一个传统媒体，但是他们的宣传没有仅仅停留在杂志上，而是扩展到了社交媒体。同样是林书豪，他还曾经为沃尔沃汽车做广告，而这次的广告形式主要是线下宣传，兼顾社交媒体的推广作为补充。通过这两个案例就不难发现，这种传统媒体和社交媒体的融合传播，也是一种效果不错的营销策略。

在展示了这些案例之后，我想为大家总结一下社交媒体营销策略的几条成功法则。第一条是尊重用户的隐私。脸书和腾讯这种大公司，他们能很轻松地获得用户的使用数据，如果能够采取尊重用户的姿态，就能赢得后者的信任。第二条是保护用户的信息安全。时时刻刻强调保护用户的信息安全，不被其他人利用，能够给用户安全感。如果一个公司能做到这一点，那更有利于这个公司在用户心里留下一个良好的印象。第三条是为用户量身定制广告。像微信这样的社交媒体，能掌握用户的大量使用数据，这时候如果能利用这些数据，给用户最适合的广告，那么就能起到很好的传播效果。

第四条是为用户提供尽可能多的信息。广告的主要目的就是两个，一个是获得消费者的注意力，另一个是给他们足够的信息量，这样消费者才知道这个广告要说什么，才能产生购买行为。第五条是展现品牌价值。举个例子，对于某些奢侈品品牌的皮包来说，一个包可能就价值 2 万美元。你要知道，2 万美元都能买一辆汽车了，没有人愿意多花冤枉钱，所以你在推销这个商品的时候，需要告诉消费者这个商品的品牌价值，只有这样消费者才会愿意花钱来买你的东西。第六条是把广告设计得有趣。广告是要讨好消费者的，肯定要设计得比较有趣才行。如果一个广告让消费者感到厌烦，那这个产品肯定卖不出去。最后一条是注意时效性。网络营销节奏特别快，如果你不能最快地满足消费者的需求，那你就会失去这个消费者，所以你需要特别注意服务的时效性，争取留住每一个消费者。

最后我还想简单谈谈大数据。什么是大数据？我的定义是，关于所有消费者的所有数据。对于微信来说，它可以收集到你手机上的所有信息，中国多达 8 亿人使用微信，这就意味着腾讯一天 24 小时不间断地收集你的信息，这真的是一个天文数字级别的信息量。对美国人来说也是如此，谷歌和微信一样，也是什么都知道，它们甚至比你的父母、妻子、兄弟姐妹都了解你自己。所以讲了这么多的社交媒体和广告营销，我也想提醒大家，我们的信息都面临着泄露的风险，我们有必要时时保持警惕，保护好自己的个人信息安全。

第二十四讲
时间的殖民者：《第三次浪潮》的媒介社会史考察 [1]

◎ 王洪喆

北京大学新闻与传播学院助理教授。香港中文大学新闻与传播学院哲学博士。研究方向为新媒体与信息社会研究、媒介史、文化研究、传播政治经济学。2017 年凭借论文《从"赤脚电工"到"电子包公"：中国电子信息产业的技术与劳动政治》获得第三届新闻传播学学会奖二等奖。

进入今天的主题，在改革开放初期，中国和美国的关系是怎样的？美国的媒介技术、媒介思想和制度，以什么样的方式影响中国？这跟我们今天所处的技术、文化、传播的现实之间是什么关系？

在改革开放初期，有个美国人和他的书在中国产生了巨大的影响。这个人叫阿尔文·托夫勒（Alvin Toffler），他是未来学家，2016 年的 6 月 27 日，他走完了 87 年的生命旅程。《华盛顿邮报》的讣告是这样写的：阿尔文·托夫勒是畅销书《未来的冲击》和《第三次浪潮》的作者。他关于加速社会变革的预言，指引了中国领导人、美国政要和商界的巨头。英国《卫报》发表评论指出，托夫勒在美国的知名度随着他的科技预言变为现实而逐渐暗淡，但却在日本、新加坡、韩国和中国受到热烈的追捧。

回头来看，托夫勒具有惊人的预言能力。他在《第三次浪潮》中首次提出了"产消者"（prosumer）的概念，今天我们大量使用这个概念，但是很少有人注意到它的来源。还有扁平化的企业管理、在云端、Web2.0 等概念在这本书中都有。再给大家提供几个数据，可能是你们的父辈很熟悉的一些事情。在 1985 年的中国，托夫勒的《第三次浪潮》是仅次于《邓小平文选》的排名第二的畅销书。2006 年，《环球时报》评选托夫勒为影响当代中国的 50 位外国人之一。2009 年改革开放 30 周年的纪念活动上，我国的一个官方机构评选出 30 本最重要的书籍，其中《第三次浪潮》居于前三名。所以单从这本

1　演讲时间：2018 年 10 月 18 日。

书和这个人来看，今天回到改革开放 40 周年的时间节点，托夫勒的《第三次浪潮》在中国的"爆红"不仅是改革开放初期的一个标志性事件，而且也深深植入了关于中国当代媒介社会史当中。

刚才周庆安老师提到的王焱，曾任《读书》杂志的编辑，他将《第三次浪潮》称作第二本《天演论》。英国博物学家赫胥黎的《天演论》由严复翻译后出版，是中国近现代历史的开端性事件。美国一位政治学者 1998 年在美国人文艺术科学院院刊上写了一篇论文，里面就提到这本书。他说，在改革开放之前，中国、韩国和越南的革命家想要像卡尔·马克思设想的那样，在东方重新建立巴黎公社，但是他们后革命的接班人，现在想要向阿尔文·托夫勒设想的那样，在东方复制硅谷。所以，可想而知，托夫勒被引入中国对于改革开放这段历史来说，具有特别重要的思想史、社会史，以及后来研究发现的媒介史意义，这个是在我做研究之前没有想到的。

我们来看这本书是怎么引入的。1984 年到 1985 年之交，这是个什么样的节点？1978 年十一届三中全会后确立了改革开放的路线，1979 年邓小平同志访美，中美关系解冻，中日关系正常化等一系列事件相继发生。但是 1984 年到 1985 年之间也很重要，因为在这个时期，改革开放开始从农村转向城市，这是非常大的一个变化。之前的农村改革主要是家庭联产承包责任制，是从安徽小岗村按手印开始，还有创办乡镇企业，等等。改革在农村释放了巨大的红利，但是当改革开始从农村转入城市的时候，对改革方向的讨论开始日益激烈，由此所产生的一些经验和问题也更复杂。《第三次浪潮》的出版，及托夫勒夫妇在 1983 年访问中国，就成为这个关键时期的一次焦点性的文化事件。我的这个研究，是想对《第三次浪潮》在中国的引进和扩散的过程进行社会史和媒介史的挖掘，也想尝试回答以下这几个问题。

1.《第三次浪潮》的引进过程是否涉及一场带有社会动员和组织的知识分子运动？

2. 在未来意识和信息技术问题上，改革开放之初是否有不同于《第三次浪潮》的本土学派，二者在政治和社会层面是否存在交锋与拉锯战？

3. 作为一种技术意识形态的大众文化，《第三次浪潮》如何影响了新时期的感觉结构，其政治、经济与文化后果如何？如何从"时间殖民"的意义上来反思信息未来主义神话？

我先给大家推荐一篇论文，赵月枝老师的《手机之后是什么》，这篇论文可以帮助大家建立 40 年来的历史感，包括信息传播技术，主要是我们今天熟悉的手机、互联网，理解这些电子产品跟中国的经济转型之间是什么关系。现在全球电子产品的产地有多大比例在中国？答案是 70% ~ 80%。这不是凭空而来的，20 世纪任何一个国家都未曾达到过这样一个数字。中国的电子产品制造业，不是承接了美国、韩国或日本的制造业，因为以上任何一个国家都没有达到这样一个量级。所以可想而知今天的贸易战是非常复杂的一个问题，比方说如果中国停止生产，全球可能退回到前电子时代了。当然这种情况不可能发生，大家读了赵老师的论文就能够了解40年来是从这样的一个节点开始发展到了现在的状况。

那么托夫勒与中国之间是如何发生关系的？我做了文献搜索，追溯到了英籍华裔作家韩素音女士，在中国改革开放之前，她作为中国的国际友人，多次访问中国，跟毛主席、周恩来、邓小平关系都非常好。1977年9月29日，邓小平夫妇会见了来华参加国庆活动的韩女士。但邓小平跟这位作家谈的不是文学的问题，谈的主要是科技问题。小平同志历来对科技工作非常重视。1973年"文化大革命"后期他复出担任国务院副总理，主管科技和教育工作。1977年他决定重新成立国家科委，会见了杨振宁、李政道、丁肇中等华裔科学家。那时候的氛围就是要重新开始尊重科学，尊重知识。在1978年召开的全国科技大会上，他提出了著名的口号"科学技术是第一生产力"。因此，科技领域其实是比小岗村的分田到户，比农村的所有制改革更早的一个改革起点或领域。可以说改革开放其实是从科学和教育界开始，然后再向社会其他领域扩散开来的。

有几个跟韩素音和《第三次浪潮》有关的事情。

第一个是1979年5月，《读书》杂志创刊，这本杂志在当代中国的媒介社会史上有非常重要的地位。1983年3月，沈昌文开始担任主编，他请来了翻译家冯亦代担任副主编。沈昌文当时主张邀请海外作者给《读书》供稿。1980年10月，冯亦代访问美国，在酒会上经过韩素音的引介，认识了托夫勒。1980年《第三次浪潮》英文版出版，1981年韩素音就把这本书的英文版带给了沈昌文，沈昌文找来了翻译家董乐山，1981年底在《读书》杂志上翻译了两个章节，第一章和第十三章，连载了两期。几乎是在《读书》连载《第三次浪潮》章节的同时，1981年11月23日，韩素音再次访问了中国，在中国作协举行了一场报告会，规格很高，主持人是当时的作协主席夏衍，在京作家、翻译家、艺术家和各界人士百余人应邀参加了这个活动。报告会的题目很有意思，叫《有关文学和现代科学的若干问题》。韩素音一上来就给底下的作家们泼了一盆冷水。她说：现在的世界变了，今天的语言不是昨天的语言了，科学的发展使得语言发生了巨变。现在的世界是一个科学化的世界，文学还没有赶上这种变化。以前有一个英国作家斯诺（C. P. Snow），他认为科学和文学是两种文化，相互之间没有关系。但韩素音不赞成这个观点。她说从19世纪科幻小说出现开始，科学和文学就有了联系。今天科学的影响力越来越广，那未来文学的位置在哪里？

接下来韩素音就直接引入了对托夫勒的介绍。她说，最近《读书》杂志刊登了托夫勒的作品，他以前是一个作家，担任过《财富》杂志的记者，后来受雇于多家跨国公司，IBM 曾经雇用他担任顾问，进行咨询类的工作。下面这段话很有趣，她说，在资本主义国家，科学家是为跨国公司服务，但是科学家不一定会描写科学，他们写得比较枯燥，所以还要雇用一批文人，把新的发现介绍给群众。托夫勒就是其中最成功的一个，去年赚了 1000 万。说得非常直接。她还重点介绍了《第三次浪潮》这本书的内容。托夫勒把人类社会分成了三个浪潮，农业文明、工业文明和今天的信息革命或者叫作知识革命。读这本书会发现现在已经进入第三次浪潮。托夫勒还说，第三次浪潮对第三世界国家是一个很大的机会，使得我们有可能会来一次真正的大跃进。他说中国现在还处在第二次浪潮，那个时候的中国，他认为还是一个工业化国家。在这本书里面，其实有大量的关于中国的内容。在中文版出版的时候，删减了很多。托夫勒说，像中国这样处于第二次浪潮的国家，可以不必再按照一二三这个发展顺序来发展，我们可以直接应用第三次浪潮的科技成果实现跨越式的发展。这样的社会未来的前景肯定会非常广阔。最后，韩素音建议中国作家应该懂一点科学，懂科学才能懂得将来的社会。

从传播路径来看，托夫勒是由文学界介绍到中国来的。现在有很多类似的畅销书，《第四次工业革命》《未来是湿的》《世界是平的》《失控》等，其实我觉得这个传播路径在 40 年前就已经形成了。像《未来简史》《人类简史》的策源地是在文学界、文化界，而不在科技界。

1983 年 1 月 2 日，由中国未来研究会出面邀请托夫勒夫妇。这个研究会成立于1979 年，定位为研究经济、社会、科学、技术和文化教育发展前景等一系列的问题。实际上，托夫勒的作品都是以"夫妻店"的形式生产出来的。一般是由托夫勒提供想法，妻子海蒂的非虚构写作能力更强一些，由她进行润色。夫妇俩在北京、上海、苏州三个城市进行了为期 7 天的访问。得益于未来研究会"官方背景＋民间运作"的特殊属性，托夫勒夫妇中国之行带有推动改革开放的意味，见的人级别非常高。很难想象今天凯文·凯利能见到北京市委书记，或者《未来简史》作者赫拉利见到中央政策研究室的高官，但是这样的高级别会面托夫勒夫妇在 20 世纪 70 年代末 80 年代初都做到了。

给大家介绍一下他们的行程，第一天，未来学会会长杜大公设宴招待托夫勒夫妇，当时的广电部部长吴冷西、社科院资深专家宦乡等出席。第二天，京津地区的 80 余位未来研究学者和专家听了托夫勒的学术报告，中国社科院院长于光远主持，他一个老革命。这在一年前还是不可想象的事，所以同学们可以看到，当时改革开放在中国社会形成了多么强烈的共识。参会的人有于若木（陈云同志的夫人，营养学家）、李慎之（社科院美国所所长）、杜大公、罗劲柏（中央政研室科技组组长）、冯亦代、查汝强（未来学会副理事长）等，这些人都是当时知识界和学术界中改革派的重要人物。后来接见托夫勒的领导还包括全国政协副主席、中国科协主席周培源，上海市市长汪道涵等。此外1月6日，金观涛、朱家明、唐若曦等人在北京饭店跟托夫勒见面。托夫勒的中国行还促成了一套丛书的编纂工作，叫"走向未来"。其主编之一的金观涛与托夫勒有很多接触，受到了后者的指点。

有一个有趣的信息，托夫勒在这次座谈会上放映了一部电视纪录片，也叫《第三次浪潮》。这是我在研究当中发现的一个进入媒介史的线索，也是我今天讲座的一个侧重点，这应当是新闻传播学者关注的内容，属于媒介社会史的范畴，跟在座各位同学的专业最为相关。那么这纪录片的来历是什么呢？《第三次浪潮》这本书刚刚出版，就引起了全球性的反响，不仅在美国登上畅销书榜单，它也被翻译成多种语言。托夫勒在1983年出版了一本访谈录《前景和前提》，回应了关于《第三次浪潮》在全球引起的一系列反响和相关问题。在这本访谈录的第八章，他就谈到了这部纪录片。因为《第三次浪潮》并不是他的第一部视觉化的著作，早在1970年《未来的震荡》，也就是他的上一部畅销书出版之后，托夫勒夫妇便把这本书的制片权出售给了美国的一个制片商，1972年拍成了一部43分钟的纪录片，出镜的主持人是大名鼎鼎的奥逊·威尔斯（Orson Wells），这部纪录片的视频YouTube上可以找到。

学过外国新闻史的同学应该记得，威尔斯是"火星人入侵地球"事件的始作俑者，他当时是水星电台的一个广播剧演员，"火星人入侵地球"就是他策划的，并因此一夜成名。他进入电影界后拍了《公民凯恩》，是美国新闻史和电影史上的一个重要人物。到了晚年，他欣然同意参与了托夫勒的这部纪录片的拍摄。但是，托夫勒却认为，拍摄《未来的震荡》经历不甚愉快，因为那个制片商买了版权之后，他作为原作者就没有决定权了。所以，在拍《第三次浪潮》的时候，由他的妻子海蒂担任总制片人，找来了日本的NHK和加拿大的TVO两个电视台来合作，自掏腰包投资200万美元，在当时来说对于一个技术类题材，已经是顶级的投资了。托夫勒亲自撰写剧本，担任出镜解说，在9个国家取景拍摄，甚至运用了当时最先进的计算机特效技术。

访问中国时托夫勒夫妇还特意带了一台录像机，为此两个人还起了一点争执。他认为中国人不会对片子感兴趣，但是海蒂坚决不同意，坚持认为中国的高层人物是会看这个片子的，结果证明他妻子这个判断是正确的。在北京是由于光远来主持放映会，在上海托夫勒亲自主持放映会。上海市的科技情报部门在参加了这个放映会之后，意犹未尽，就邀请夫妇俩进行了一次小型的座谈。托夫勒同意以他的片子为蓝本，制作一部中文影片，其实就是把这个片子翻译成中文，不收取任何版权费用。但有一个前提条件，就是不能把它用于公开放映，或者是营利性质的放映。中国当时并没有商业电视台，所以不存在营利的问题，但托夫勒坚持要求片子不能在电视上公开放映。

在今天我们很难想象，一部不能在公开频道放映的纪录片会对中国有极大的影响。上海市科技情报所的影视制作部翻译了这部纪录片，同时对纪录片当中涉及的一些政治问题和一些不健康的画面进行了修改。之后由上海市科技情报所带着影片在上海的高校、企事业单位和学会开始进行无偿的巡回放映和宣讲，仅在 1984 年这一年，放映就达到 176 场，观看人数 23 万人次。上海市科技情报所在之后一两年间，又大规模宣讲技术革命相关的这些内容，放映加演讲大小规模不下百次，涉及的人员范围从政府部门到各个工业局所，从各个系统的党校到各大专院校，然后到兄弟省市。有一位老同志在回忆录里写到，如果简报座谈和电视片主要的对象是领导和内部专家，那么大规模的宣讲受众面就更加广泛，这才使得"第三次浪潮"这把火在上海乃至全国真正燃烧起来。

因为托夫勒有版权的要求，这个片子不能在电视频道上公开放映，所以他在中国从来就没有获得电视发行许可证。今天在任何档案库里都找不到正式的视听出版信息，这导致在中国的电视纪录片，或者新闻政论片的历史书写上，是查不到这个纪录片的，因为它没有版权。但是在上海市科技情报所制作这个纪录片的中文版之前，全国大专院校、各级政府科协科委和图书馆系统，从1970年就已经建立了一个电视录像放映网络，现有的历史资料显示，通过这一遍布全国的毛细网络，《第三次浪潮》以纪录片的形式，1984 年上半年，在全国的基层社会进行了非常广泛的集中放映。

列举一些我查到的资料。1982 年到 1985 年，辽宁沈阳市皇姑区组织街道企业领导干部观看《第三次浪潮》电视录像，然后收听温元凯有关改革的报告。温元凯是改革开放时期著名的演说家。1984 年 4 月，广州市图书馆一个月放映了 79 场《第三次浪潮》，观看人数达到 20400 人次。这是我查到的数据里面最准确的一个，因为这个图书馆有一个年鉴性质的出版物，就查到了准确的观影人数。除了省会城市，这个片子的影响也逐渐扩散到中小城市。1984 年 6 月，浙江雅安市科协与市委宣传部、团市委、市经委合办新技术革命宣传月，主要活动是放映新闻电影《第三次浪潮》和日本电子计算机推广，同时组织收听关于迎接第三次浪潮的报告，请有关学者主讲世界新技术革命和我们的对策。参加活动的群众有 2000 多人次。1984 年 4 月，四川广汉县科委组织放映，这都到了县一级了，他们自己没有录像设备，就组织干部和科技人员 140 多人，分两批去成都观看《第三次浪潮》录像，4月底请这个放映组到广汉，当地又放映了4场，干部和科技人员共600多人观看。

可以说，20世纪80年代影响最大的科教片和纪录片之一就是《第三次浪潮》。发现这些信息之后，我就特别想看这个片子，但是它在各种出版目录里都没有，那怎么办呢？就大海捞针，到处找。北大的档案馆去过，图书馆去了，没有。清华这边我也拜托一个新闻与传播学院的博士生帮我去问，也找不到。非常偶然的一个机会，我在广州图书馆退休领导和资深馆员的帮助下，在特藏库里找到了VHS制式的录像带。但因为当时拿不出单位介绍信，他们没有让我转录为光盘。后来我在加拿大一所大学的图书馆里面查到了这个影片的英文版。我给大家啰啰唆唆地讲这些，也是让同学们体会到做研究有多么不容易。

回到正题，当时这样一个未来学的观念，或者这样一个关于科学的、美国式的科学主义的这么一个畅想，引入中国社会这样的一个进程，是通过影像和宣讲的方式进入中国社会的，它不像我们现有的对于20世纪80年代文化史或者思想史的研究，通常会注重对出版物的研究，包括《走向未来》丛书、《中国与世界文化丛书》等。这些书籍在当时主要影响的是文化和政治精英阶层，传播学上有个"阅读的公共领域"（reading public sphere）的概念。其实这样的传播路径从20世纪70年代"文革"期间就开始了，那时候有一些"灰皮书""黑皮书"，实际上是一些内部资料和地下出版物。知识分子冲破原有体制的一些限制，开始传阅或者手抄这些地下出版物，那个时候就已经形成了"阅读的公共领域"，为后来的改革开放提供了很多新的启蒙观念。相比对出版物的研究，视觉媒介的接受史和引入史是被遮蔽的，它是隐身的，尤其是在《第三次浪潮》这个案例当中。实际上，在20世纪80年代初期，消费类电子产品在中国的产量一下子就上去了，从传播路径上看，西方的观念也从"阅读的公共领域"转变到为"视觉的公共领域"。但是我所要强调的是，在大规模生产消费类电子产品之前，借助已经有的电视科教部门的录像放映体系，西方的观念已经以这种方式开始进入中国社会了。这段历史目前学术界关注的还很不够。

我们再来看这个案例。1984年上半年是《第三次浪潮》放映非常集中的时间，为什么是这个时段？我后来做了研究，因为1983年的下半年，时任国务院总理赵紫阳做了一个讲话，要求进一步扩大引进外资。到了1984年上半年，就需要在全社会建立进一步扩大开放的舆论氛围。恰好担任国务院发展研究中心主任的著名经济学家马洪把这个片子推荐给了领导层，所以就有了这样一个集中的放映。例如，汕头市图书馆的年鉴里就写道，曾经在1983年引进了30本《第三次浪潮》，却没有引起人们的注意，后来放映了根据该书拍成的录像片，组织机关干部和科研人员观看，不少人意犹未尽，《第三次浪潮》的图书被借阅一空。

我还找到了一篇论文来佐证《第三次浪潮》的传播路径。1984 年下半年，福建的几位教师为了解新的技术革命思潮对大学生群体的影响，在当地 12 所高校通过调查问卷、小组座谈和个别访谈的方式进行专题调研，成果发表在 1985 年第一期的《福建高等教育研究》上，题目叫作《新的技术革命在大学生思想上的反映——本省 12 所高校学生专题调查》。现在看起来，这篇论文提供的调研数据和结果与罗杰斯的"创新扩散"理论不谋而合，研究方法非常规范，在当时的条件下确实难能可贵，值得我详细来介绍一下。

作者发现，1983 年的下半年，通过阅读《第三次浪潮》还有相关的几本书，了解到"新技术革命"理念的学生只占全部调查人数的 20%。这就是罗杰斯所说的"早期采纳者"（early adopter）。更多的是集中在 1984 年 3 月，获得相关信息的人数占比就上升到了 58.4%。这也证明了集中宣传的力量。那么，他们是通过什么渠道获得新技术革命信息的呢？最多的就是电视纪录片《第三次浪潮》，占比 48.4%，接近一半；其次是通过课堂或课外讲座，占 22.2%，这两项加起来就超过 70%。最后是来自于阅读书报杂志的，只占 21.9%。随后研究者把获得消息和时间的渠道进行交叉分析（interaction analysis），那时候没有计算机软件，这上千个数据都是人工做出来的。研究者发现了三种类型的接受者。

第一类是，主动关心新技术革命，自觉查找资料的，有 43 位同学，是在本单位举办专题讲座和电视片放映之前，就已经从《世界经济导报》《光明日报》《人民日报》等报刊上看到了关于第三次革命的消息，或者读了《第三次浪潮》这本书，知道了世界上一些国家正在酝酿一场以电脑为中心的产业革命，这类同学只占调查总人数的 8.6%。第二类是被动接收者，在 600 个问卷里面有 454 位是通过有关部门组织他们观看电视片，或者是举办专题讲座和课堂等渠道，知道了新技术革命的消息，这类同学占被调查人数的绝大多数，达到 70.6%。这就跟前面说过的那两项关于传播渠道的比例是类似的。第三类叫"麻木淡漠群体"，对此不关心，根本不知道，占 4.8%。

细看起来，这和罗杰斯的创新扩散曲线不相符。短短一个月之内就直接从 20% 上升到 95%。显然罗杰斯的理论不能解释中国的社会语境。回想改革开放初期，全社会达成高度共识，认为中国与发达国家差距太大。因此"第三次浪潮"或者说新技术革命是一次难得的机会，要奋力赶上，否则就要被"开除球籍"了，赞同上述观点的占 36.3%；认为这是社会发展的必然趋势，占 21%；知识就是一切，无知等于灭亡，要努力学习，占 14.4%。由此可见，《第三次浪潮》的传播现象给当时的中国青年带来了空前的焦虑和危机意识，这显然是带有民族主义的情绪，"落后就要挨打，落后必须追赶"这样的危机意识。这就是 20 世纪 80 年代改革开放在中国得以迅速推进的重要原因。

最后再说一点，托夫勒是怎样看待电视媒介的。在《前景与前提》当中，他强调，电视的确能有效表达和传播表达政治和社会观点，因此才拍了这个电视片。毫无疑问，这个片子是高度政治性的，但是作为一种视觉形式，电视有它的局限性。托夫勒自己也说，目不暇接地看，就顾不上按照逻辑去思考，甚至解说词也是如此，解说词就像电文一样支离破碎。总之在书面语当中构成逻辑关系的那类词汇，在电视语言当中往往会被省略。这样的结果就是很多逻辑就会含糊不清，因为图像源源不断，其间或者插入一些简短的解说，而省略掉那些逻辑用语。编辑影片的时候主要考虑的是，如何让解说词与画面互相呼应。结果是"画面赢了，逻辑却完蛋了"，托夫勒的原话是 Picture wins and logic loses。图像又决定了解说的速度，所以许多表达限定条件和保留态度的词语就总是要被舍弃。这也验证了麦克卢汉那句名言"媒介即讯息"。

托夫勒也承认，电视的魅力在于象征性的表达形式和电视语言引发的视觉联想，但是为了转移人们对经过"阉割"后的素材的注意力，电视特效就要玩弄一些"伪造场景"、同步配音剪辑等技巧。最后他说，当然我们都明白，报纸也是在利用类似的方式来"歪曲反映"事实真相，但是又用这种现场报道、直播的这种表演来体现编辑的意向性。在我看来，托夫勒说的这一点在电视里更为普遍，与其说电视是在为某种政治观点服务，不如说它是在极力地娱乐观众。我觉得托夫勒对媒介的反思也是非常深刻的，尤其是在他亲身参与到媒介实践的过程中，对媒介技术的影响有了进一步的认识，值得我们思考和借鉴。限于时间，今天就讲到这里，谢谢大家！

整理：赵红云、王修楠、张天墨

第二十五讲
追忆金庸先生：报人的"变"与"不变"[1]

◎ 张圭阳

　　香港大学博士，以"报人、报业与社会发展"为研究方向。20 世纪 80 年代初担任金庸私人助理，后再度加盟《明报》出任副总编辑兼社评主笔。在金庸的大力支持下，2000 年得以完成香港报业史上第一部断代史《金庸与报业》。

　　大家好，今天我们讲金庸先生。他老人家去世后，不管是在内地、港澳台还是海外华人社区，都举办了不同规模的悼念活动，大家纷纷惋惜说，江湖走了一位大侠。在座的没有看过金庸小说的同学请举手？大家真的都看过？我在浙江大学问班上的同学，有一半没有看过金庸的武侠小说。他们说："老师，我们没有那么老！"所以，说看过金庸的同学，我觉得可能你也有一把年纪了！

　　金庸先生去世后，内地媒体很关注，有的甚至出了五六版的纪念专刊，我觉得这是一个很值得研究的现象。他除了是武侠小说作家外，有多少人知道他还是一个报社的老板呢？知道他还是经营好几份报纸的报人呢？我曾经问过很多朋友这个问题，他们大都不知道金庸也是一个报人。

　　不光是民间纪念金庸，他去世第三天，国务院港澳办发唁电慰问金庸的家人，我来念一下：

　　　　查良镛先生亲属：
　　　　闻悉查良镛先生仙逝，谨致哀悼。
　　　　查先生一生情系中华，爱国爱港。以铁肩担道义，以妙手著文章，开创新派武侠小说先河，享誉海内外华人社会。查先生支持国家改革开放，拥护"一国两制"方针，热忱参与香港特别行政区基本法起草，为香港特别行政区政治体制设计、保

1　演讲时间：2018 年 11 月 15 日。

持香港长期繁荣稳定，贡献了政治智慧。

哲人其萎，侠风长在。

望节哀珍重。

国务院港澳事务办公室

2018 年 11 月 2 日

为什么我要一字一句地念出来？因为这是国家对金庸先生的肯定。他在香港回归的过程中为国家做出了重大的贡献。这说明金庸不仅是一名武侠小说家，一个媒体人，而且还是一位彪炳史册的政治人物。我来讲一个亲身经历的故事，说明国家对他的评价是恰如其分的。

1980 年，英国和中国政府就香港的前途问题展开了正式谈判。谈判前，英国不断就香港问题提出自己的解决方案。香港包括香港岛、九龙和新界。英国认为，香港岛是永久割让给英国的。英国提出很多方案，比如不归还香港岛给中国，归还九龙半岛和新界，或者中英签署 50 年条约，将九龙和新界继续租给英国等。最后，各种方案看来都不可行的时候，英国又抛出一个叫"三脚凳"的方案。

"三脚凳"指一个椅子有三个脚。英国借此提出香港回归不仅牵扯到英国和中国，还包括香港居民，所以香港居民应该有发言权，所以中英正式谈判的时候，应该加入香港，变成三方会谈。当时我是《明报》的采访部主任。中午，港英政府新闻处的处长要请我吃午饭。港英政府对香港新闻界的管制很厉害的。虽然没有红头文件，可是管得很细致的。很多香港年轻人不知道这个事情，以为港英年代新闻界很自由，现在则没有新闻自由。这是胡说，他们不晓得当时的真实情况。

同一天，港英政府的二把手，港督下面的一个督政司司长，等于现在的政务司司长，请《明报》社长吴婉莹吃饭。吴婉莹后来是立法会议员，代表香港的民主党派。同一天下午，大概 4 点钟左右，港督请金庸去港督府吃英国的下午茶。《明报》每天七八点的时候有一个编前会。大家讨论时，我才得知这些事。我说原新闻处处长找我去吃午饭讲"三脚凳"这件事。《明报》社长吴婉莹也说，督政司司长也是谈这个事情。金庸说港督找他也是谈这个事情。这其实是港英政府为了推销"三脚凳"，同一天，向《明报》的采访主任、社长和董事长推销这个方案。一开始，《明报》觉得"三脚凳"方案让香港居民参与讨论是一件好事。一两天后，中央驻香港的办事机构——当时还叫新华社驻香港分社——派人跟金庸聊这件事，说这是英国人的阴谋，他把香港拉进来，等于间接在香港建立一个第三势力。当金庸明白这个事情之后，《明报》的社评立马不再推销"三脚凳"方案,而是从国家利益出发,站在中华民族的立场,提出收回香港是必然的,而且一定是中国跟英国两国政府谈判的事情。金庸的社评一出来以后,香港的社会基本上就安定下来了,没有再讨论"三脚凳"。香港回归之前,金庸先生在这个事情上展现了绝对的民族主义和爱国主义的立场。他具有这样的特点,站在民族大义的角度去考虑问题的,他老人家是这样的。

要是你问我,金庸先生走了你什么感觉?我第一感觉是我喜欢他的笑容。他是一个国字形脸的、不怒而威的人。他不讲话的时候很吓人、很威严,很多员工见了他都十分害怕。但我第一次见到金庸,觉得他是一个笑起来很灿烂的、像小朋友一样很可爱的人,有些像他小说里的老顽童周伯通。我举一个具体的例子。20世纪80年代,《明报》的一些年轻记者、编辑在食堂搞了一个盛大的派对。为了搞活气氛,我们就一人一票选《明报》小姐。金庸负责给冠军颁奖。大家纷纷要求金庸表演节目。在员工的心中,金庸就是大侠,大家要求他表演一套降龙十八掌。金庸说:"可以,不过现在《明报》小姐在这里,那我就拿出这'降龙十八摸'。"他还说要关灯,把那位小姐吓得"哇"一声就跑掉了。他不是真想用"降龙十八摸",只是玩得非常开心罢了。这位夺冠的《明报》小姐是现在香港浸会大学新闻系的系主任。如果你们去浸会大学进修可以去问问她这个典故。由此可见,金庸是个很好玩、很会玩、很愿意玩的人。

1993年,金庸正式离开《明报》,不担任董事局主席的职务,董事局发布了一个公开声明,我来给大家念其中一段:

"……查先生1959年创办《明报》,凭其学问修养、道德勇气和从事新闻工作的经验,以'有容乃大,无欲则刚'为信条,创造出文人办报、办期刊、办出版社而成功之历史。"

作为媒体人,我们看到这样的官方文章,明白这是对事情的盖棺定论。但是,我们仍然要用证据去讲话。上文的大意是赞赏金庸先生的知识修养,认为他一直是"有容乃大,无欲则刚",感觉这个是金庸先生办报的初心对不对?但是,如果大家真的是这么想的话,那么就距事实有很大的距离。

我们让事实来说话。首先来看《明报》创刊之初的情况。这是1959年5月20日《明报》第一期报纸的内容(如图所示)。要找到这份报纸很不容易。因为这份报纸距离现在有40年了,要找到它很困难,图书馆没有,大学也没有,我花了很长时间才找到一份。当时我还跟金庸说,我很努力去找,去伦敦,去纽约,去所有著名的收藏新闻纸的博物馆去找,都没有找到,后来金庸先生说,我要是找到了就给我10万块钱。结果有一

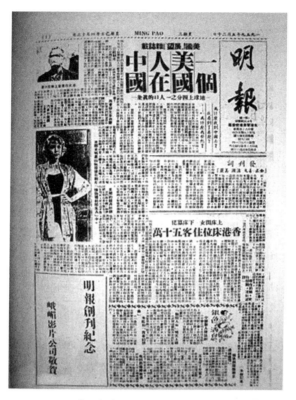

《明报》第一期报纸版面

天我真的找到了！第一期《明报》有一张照片，任何人看到这个都会流鼻血的。这是一个好莱坞的女明星，穿着游泳衣。这个怎么会流鼻血呢？我问当时的老人家，他们说 20 世纪 50 年代香港社会还是非常保守的，如果那时候一些女孩子穿着游泳衣在浅水湾游泳，就是很轰动的新闻。第一期的头条是《大公报》的著名记者潘思敏先生替他写的，替他翻译的。当时《明报》和《大公报》关系很好。这是因为金庸先生以前在《大公报》工作，所以大家十分熟悉彼此的文章。故此，两份报纸的关系非常友好。那时候《明报》没有汽车，记者外出采访新闻的时候都坐《大公报》的汽车去。第一期报纸就四个版面，基本上没有新闻，全是副刊，所以跟之前提到的"有容乃大，无欲则刚"有很大的落差。

　　《明报》为什么会这样做呢？因为金庸那时候还很穷。那时候他租了一个大概 20 多平方米的小房子，生活很艰苦。他的第一个妻子是浙江的大家闺秀，看到金庸家的状况后就不干了，把金庸丢下跑回浙江去了。那个时候，金庸不想再当穷小子，他最

　第二十五讲　追忆金庸先生：报人的"变"
与"不变"

大的动力就是赚钱。实际上，20世纪50年代香港的很多"同人报纸"都是出于报人赚钱的目的而出现的。同人报纸制作简单，两三个人裁剪其他报纸的内容后，拼接到一张版面上就可以印刷出版了。卖一张就赚一张的钱，很容易赚钱。如果报纸能销售到1万份以上，报人就赚钱，比打工赚钱要好很多。当时金庸的目的就是赚钱，他铆足了劲拼命赚钱，其中一个办法是借助他笔下的武侠世界。《明报》副刊中刊登了很多金庸的武侠小说，甚至金庸还曾将《书剑恩仇录》的主角搬到20世纪60年代的上海，记录他们大闹上海的故事。金庸将武侠小说写到这样一个地步！下面是《明报》创刊第一年的消息。

> "本报武侠小说之艰众所共知，而本报读者之十之六七为武侠小说爱好者，数月来本报销数激增，为酬答读者诸君爱护雅意，得以重金礼聘三位名家撰写武侠新作，本报待陆续推出。"

看到没有？《明报》主要是想借助武侠小说把一批读者好好地维系起来。然后他还说：

> "此三篇小说均经金庸先生亲自审阅，评为佳构，实非泛泛者可比。本报武侠小说水准甚高，若非名家名作得以刊载，读者诸君若需连阅三日即能……"

这句话中表明金庸的用意很明确，他想利用个人的魅力把《明报》变成整个武侠世界的中心点。后来一名叫"明日如镜"的读者投诉，抱怨《明报》刊登过多的武侠小说，几乎占据了所有副刊的一半。《明报》因武侠小说而知名于时，但是读者读完七八篇武侠小说之后，看张无忌、令狐冲等人物都看糊涂了。20世纪50年代香港报人大都认为副刊是用来维系读者的，抢读者要靠新闻。金庸的报刊经营思想也是如此。抢新闻就是抢眼球。读者购买报纸时，会看首页新闻。看完新闻再顺带翻看副刊。那时候电视价格高昂，一般人都买不起。他们最多听听广播。大部分人买一份报纸从早上看到晚上，这是一种普遍的娱乐消遣方式，占据了他们大部分时间。对金庸而言，他需要依靠新闻报道来争取读者。

回到这张报纸上来。一篇文章的内容表面上说"日本皇太子的妻子美容的秘密"，实际上是在讲日本太子妃来香港购物，明显的文不对题。文章作者采访曾给太子妃理发的理发师，理发师根本没有谈到日本太子妃，只是谈当时美容趋势。用现在的话讲，这篇文章是典型的标题党。由此看出，标题党并非互联网时代的产物，很早以前就有这个现象了。报纸上甚至出现了半裸的图像。在当时，港英政府不管中文报刊，中文报纸再乱七八糟对他们来说也无所谓。所以《明报》为了吸引读者注意，开始慢慢刊登煽情的新闻报道，比如文章标题"年轻的女士们请注意""色狼深夜闯深闺，拳打脚踢要作案，女郎深吼得天独厚，高音喝退色狼"。这些内容让人感觉《明报》完全是小报的作风，算不上是知识分子的报刊，跟上文提到的董事会的声明完全是两码事。《明报》这样做的目的就是为了赚钱。以这个新闻标题"今年凶杀奇案：美艳少妇"为例，读者看完后会开玩笑说只要是少妇一定是美艳的，不需要在意少妇实际的长相。由此看来，当时《明报》倾其全力去经营，以期达到收支平衡。

金庸创建《明报》的启动金是 8 万，这其中多少是金庸自己的，有多少是他妻子的？1960 年，金庸遇到了他的第三个股东。第三股东是谁呢？是"国家队"。《明报》创刊投入的启动资本很快就用完了。为此，金庸通过《大公报》广告科的葛主任筹到 1500 元。当时 1500 元是很多的钱。后来，我们才知道第三股东是新华社。其实这是新华社表示对《明报》友好的一个姿态。1961 年，《明报》跟香港左派的关系处于决裂状态，新华社退股。金庸退还给新华社 2 万块的股费。也就是说，金庸用一年的时间就归还了约为 13 倍的股费。

1962 年，《明报》还是一个小报，发行量大约六七千左右，不到一万，处于几乎要垮台的边缘。1962 年，深圳放松海关的港口，很多内地人来到香港生活。当时，很多香港报纸都在报道这件事。可是，金庸囿于和香港左派的紧张关系，说不要报道。然而，报社的年轻人说一定要报道这件事，如果不报道此事他们就罢工，不再采访新闻。金庸无奈之下妥协，让报道一点点。于是，《明报》就报道了一点点。事后发现，《明报》销量上涨了几百份，然后他就加多一点点，又多几百份，后来就越报越多。最后结果是《明报》的销售量一直在上涨，达到了两万份。20 世纪 60 年代香港报纸达到两万份以上的销售额就算是一份中型报刊。

当时，"宁要裤子，不要核子"是很著名的论争。《明报》跟香港的左派发生了很大的争议，大概有六七份左派报纸来攻击《明报》，攻击金庸，特别是《大公报》攻击得很厉害，在 1964 年 10 月到 12 月发表了很多文章炮轰金庸，说《明报》是妖言妖术、主笔坠落。写文章的人士曾是金庸的上司、《大公报》著名记者陈凡。陈凡写过很多著名的新闻报道，最有名的是 1944 年国民党从桂林撤退，沿路上死了很多人，不是被日本人打死的，是你踩我我踩你，酿成十几万人死亡的惨案。陈凡的古诗写得非常好。抗日战争中，他写了这首诗："湘漓呜咽接黄河，长袖斜眉自舞歌。后主风流传遍日，江南隙地已无多。"

他是说撤退情况很惨，此时蒋介石和陈立夫的侄女谈恋爱，把宋美龄气得去美国看病了。抗日战争的时候蒋介石还在爱来爱去。蒋介石好像李后主一样风流。陈凡是爱国人士，但他那个时候攻击金庸，抨击得很厉害。这是香港报业史上一个很精彩的"过节"，从这个过程中你们可以学习到怎么讨论问题。金庸为此发表了 27 篇文章驳斥他们的观点。最后，当时的外交部长陈毅说，金庸还是爱国的。这一句话平息了《明报》和香港左派报纸的论战。

论战的文章写得非常精彩。金庸在最后一篇文章说：圣诞节已经到了，我祝你们，圣诞节快乐，Merry Christmas。这部分借用了 007 电影主角邦德（James Bond）的"Merry Christmas！"的经典台词。这说明金庸把写电影的技巧都放在社评中。这个就是后来我们大家感觉《明报》是知识分子的报章，就是从这来的。

1962 年，《明报》副刊开了名为"自由谈"的栏目点，大概几百字的小方块。为什么叫自由谈？因为那时候看《明报》的很多是老人家。上海有个很老的报纸叫《申报》，其副刊叫"自由谈"。当时，《申报》在国民党管制之下没有自由可言，所以《明报》很多老先生就说我们搞一个"自由谈"，在香港自由地谈话。"自由谈"的想法是，香港是很自由的地方，赛马、电影、吸烟、跳舞无所不谈。当时，很多知识分子离开内地来到香港。这些知识分子们思念故乡。他们中文水平很高，文笔很好，写了很多思乡的故事。他们记录自己家乡的故事，非常的感人。他们在"自由谈"中讨论中国的明天和国家大事，没有人讨论跳舞、赛马，于是"自由谈"从一个轻松休闲的模块转变为政论主题的副刊。"自由谈"把当时香港的知识分子聚在一起，再加它是《明报》的副刊，当时《明报》副刊的总编是胡菊人，他很推崇儒家思想。很多人认为金庸支持儒家思想的。可是各位看他的武侠小说，知道金庸是不喜欢儒家的，觉得过于迂腐，比如郭靖，你们觉得呢？

（学生回答）郭靖把国家看得非常重，他重视家国大义，最后襄阳城破后以身殉国。但是，黄蓉与郭靖的思想差别很大。黄蓉和其他的侠客根本不会像郭靖一样以身殉国。武林人士没有很强的国家意识。

你说得没错。如果金庸来做选择，他不会是郭靖，他更可能是令狐冲和韦小宝等角色。唯一真正推崇儒家思想的是胡菊人。当我们观察报刊、报业集团和个人的时候，我们会发现他给公众外界的印象，不是一个人的感觉，而是一个团队的特点。胡菊人也知道团结海内外的知识分子需要借助儒家思想，因为这是大家都接受的思想体系。1966 年，《明报》副刊创刊刚好遇到国内的"文化大革命"，主张打倒孔家店。当时，《明报》的想法是把孔家店接过来，海内外的华人归心，天下归心。旗子举起来了，所以慢慢地《明报》变成知识分子报章的名片，越来越突出了，从小报、中型报慢慢转型过来。由此可见，金庸是一个很有远见的人，是一个很聪明的人。

金庸知道跟着时势来改变，他没有既定的立场。非要说金庸的既定立场，那就是爱国家、爱民族、爱中华文化。1971年之前，香港媒体右派势力强大，报刊年份以中华民国历法计算，中立的报刊很少，左派报章数量虽多但是没有强大的力量。所以，当时香港报纸把大陆称为中共，把台湾称为"中华民国"。这是当时的政治现实。联合国接纳北京取代台北之后，《明报》的社评谈道："因为本报一向称之为中共，因为联合国正式接纳其为会员，我们以后就改称为中国政府。"现在来看，当时金庸做出这个决定需要很大的勇气。当时北京政府初入联合国，金庸便提出不再称呼其为中共，而改成中国政府。金庸的做法立马受到右派报纸的攻击。《香港时报》等报刊说金庸是墙头草，东风吹来西风倒，说他哪个强就靠哪边，把金庸轰击得体无完肤，前天还说"中华民国"，今天突然就把中共叫成中国政府。右派如此，香港左派报纸是不是支持金庸呢？并没有。香港左派报纸也攻击金庸，说当时咱们强不起来，你就瞧不起咱们，北京政府进了联合国你就走过来，咱们才不理你。所以，金庸在当时既受到右派攻击，又受到左派攻击，那个时候金庸的言行给人墙头草的感觉。

1986年，香港掀起是否要修建大亚湾核电厂的争议。虽然现在已经运行得很好，但是当时引起很大的争议。一开始，香港民众认为核电厂建在50公里之外的地方，距离很远，对此无异议。但同年7月，苏联的切尔诺贝利核电站爆炸。为什么记得这么清楚？因为那天晚上我在无线电台做编辑值大夜班，当时编辑部只有我一个人，我所在的国际新闻部有传真机传递信息。一般的电台有路透社、法新社、美联社或者合众社，但还有第五个新华社。一般我们有五台传真机，晚上就有这样的"交响乐"陪伴你。那个时候路透社出来新闻就是"叮"响一声，很重要的就"叮叮"响两声，更重要就"叮叮叮"响三声，一般而言响三声的情况都不多。那天晚上12点多，忽然听见法新社"叮叮叮叮"响个不停。哇，什么事情，我马上冲过去看，报道说芬兰、瑞典、冰岛都出现不明来历的核辐射层，并且指数很高。法新社有时候会错，所以我就不会理睬。过了一会儿路透社也是"叮叮叮叮"响个不停，美联社、合众社也是这样。我那时候真的很恐慌，因为没有人知道为什么德国、法国、英国，甚至整个欧洲都有很高的核辐射量。我当时第一个反应是核战争爆发，第二个念头是要不要打电话给老婆，告别一下。一整晚我都怕有意外发生，后来才知道是切尔诺贝利核电站爆炸。

事情发生几天后，香港舆论就沸腾了。民众纷纷反对修建大亚湾核电站，原因是核电站距离香港不到50公里，太近了，非常的危险！很多团体强烈反对修建，要求中央政府改变修建核电站的决定。当时社会上有三种意见：第一种是左派意见，认为国家既然决定修建，大家就不要添乱了；第二种意见是坚决不能修建核电站；第三种意见以金庸为首，认为核电站可以修建，但是把它搬远一些。金庸写社论不是乱写，写作之前他会打电话给朋友详细地了解这件事，特别是北京是什么立场。这一点他很像《大公报》的主笔张季鸾。其实，金庸很敬佩张季鸾。经过一番了解，他得知这件事有转圜的余地，并不一定建立在大亚湾。于是金庸首先牵头写社评，并希望所有的副刊作家一起来写专栏文章反对在大亚湾建核电厂，将其建立在别的地方。他在短短几个月内写了很多篇社评。我们可以从他的标题中学习到很多东西，比如《香港就成了死港》《要计算"政治安全系数"》《"不必须"与"必须不"》，这些标题非常生动。《明报》愿与核电考察团打赌，金庸是很好胜的人，动不动就跟人打赌。到最后，中央政府决定还是建在大亚湾，广东省与香港方面签了约。金庸很有骨气，他马上说，签约了我们就放下了。很多人放不下，还要搞运动。金庸说，国家有国家的考虑，站在国家立场，国家定了就是定了。所以他很明确，在这个问题上，他告诉大家决定了就不要再纠缠下去，放下来，因为马上就会有新的问题。他相信大家放下之后再讨论新的问题，这就是金庸的风格。

那个时候香港还有一家报纸叫《中报》，和《明报》竞争，专门找金庸打骂战。因为他觉得金庸是地位很高的报人，他和金庸吵架。我问金庸为什么从来不睬《中报》报人，他来骂你，你为什么不骂回去？金庸表示自己才没有那么傻，骂回去等于承认《中报》报界的定位。其实这个也是报业竞争当中的策略问题，也体现了金庸克己理性的特点。

20世纪80年代中期，金庸参加了基本法起草小组，制定香港的发展蓝图。一开始，很多人不接受这个方案。在整个过程当中，《明报》有一些主持编报的工作人员，看着金庸的喜好，在新闻采访上面添加金庸喜欢的政治论点，将其放在头版头条，同时把反对金庸的声音放到内版，版面也很小。几个月后，有几个大学生在报社门口焚烧报纸，以表示自己的不满。90年代中期，我在写博士论文。访问金庸时，问他这件事。他对这件事印象深刻。他告诉我，当年这个人是什么学院的、叫什么名字、现在在哪里工作、这样的人可不可靠……哇！把我吓得浑身是汗！我就想老人家好厉害，这件事过了10多年还记得这样清清楚楚。

我曾经问过他，拿了这么多荣誉，博士、院士、英国政府勋章，为什么要这么大岁数大老远的去剑桥念一个博士？因为当时金庸在浙江大学当过文学院院长，他没有正式的博士学历，浙大一些老教授瞧不起他，说他没有资格当院长，说金庸的博士不是自己念的，是人家给的荣誉学位。他一听，就说我去念一个博士给你看！金庸就是这样的人，听起来好像很孩子气，赌气决定去读博士。在这一点上，他不像一个政治家，甚至不像一个成熟的人。

火烧《明报》对金庸来说是很痛心的一件事。《明报》的目标读者是大学生，知识分子应该是金庸的粉丝，然而本该是粉丝的读者烧他的报纸，这让他很痛心。金庸很聪明，知道事情发生的前因后果后，就让编辑部负责人靠边，强调新闻报道过去怎么处理，现在还怎么处理。当时很多媒体采访他，问他是不是公器私用这类问题。后来我去采访他的时候，才搞清楚了他的真实想法。他说，报纸是老板的私器，不是社会上的公器，你不要搞错！报纸是老板给钱办的，你不高兴就不要买我的报纸！我有强迫你买我的报纸吗？

采访见报后引起很大的轰动。这个想法跟当时香港大多数知识分子的想法不同。因为香港受到西方的影响很大，所以香港传媒更偏向西方的想法，认为报纸是社会的公器，而不是老板的私器，尽管你是报社老板，但是你也不能公器私用，不能将报纸作为私人的东西来用。但是，金庸嘴很硬、好胜心强，当时他对火烧《明报》的事情非常生气，我想他应该没有这个意思。那时他热衷于起草基本法的工作，全身心投入其中。金庸每次打开《明报》，看到的都是他的报道就感觉很开心，没有想到这种方式对报纸所产生的影响。

实际上，从金庸的办报活动中，我们可以看到他的真实想法。他认为，新闻不可能是他的私器，他的私器是副刊。《明报》是私人经营、私人股份的公司，但是大众对报纸有一定期望。虽然报社老板说，这是我花钱办的报纸，你爱看不看，但是实际操作中还是把新闻放到重要位置。工作中，像我这种采访记者和编辑很少收到他的指令，可是从事副刊的人经常收到他的命令。副刊的编辑主任经常收到他的条子，我们开玩笑说这个条子是金庸的武侠秘籍。金庸给他们制定了副刊的编辑方针，所谓"五字箴言"：短、趣、近、物、图，即短小精悍、新奇有趣、时效性强、言之有物和巧用图片。

金庸知道员工把他看成大侠，情愿领着低工资跟着他，都很高兴能够为大侠打工，他非常明白这个道理。那个时候我年轻，不理解为什么员工的工资这么低。当时《明报》应该算是香港的中文报刊中工资最低的报纸。实际上，除了《明报》，《华侨日报》的员工工资也很低。我也问过《华侨日报》的老板岑才生，他回复说："张先生，我为什么要涨他们工资？我发工资给员工，但是他们根本不来领工资的。"我对此非常纳闷，他说，那个年代几乎每位媒体员工都有第二职业，比如说拉广告。一个报纸封面的彩色广告大概 1 万元到 2 万元，拿到一个广告就得到 20% 的回扣费用，即 2000 元。当时记者的工资是每月 600 元。员工拿到一份广告就得到 2000 元的回扣，随便拉两三个广告就月收入六七千元。这种情况下，员工根本不稀罕报社发的每月 600 元的工资。

再举一个社团新闻记者的例子。20 世纪 80 年代香港经济刚刚起飞，很多老板愿意在报纸上宣传自己的经营业绩。曾经在一个午餐会上，台下《华侨日报》《工商日报》等报社的记者给上台讲话的老板不停地拍照。大老板说，够了，够了，拜托不要再拍了。为什么？因为拍一张照片老板要给摄像师 50 元，随便拍几张就三四百元，大老板舍不得给那么多钱，就让记者赶紧停下。

除此之外，当时香港有一个记者组织叫"香港记者联谊会"。联谊会每年只做一件事情，即年底的时候召集员工在会所中打麻将。打完麻将后会所把一年的利润给会员分成。除此之外，香港记者联谊会也负责公关工作。它的客户多为大银行、大企业和大老板。联谊会不需要替客户发公关稿，它负责的事情是不让客户的负面新闻见报。这样的公关工作是最厉害的！做公关不是让老板消息见报，而是让老板的消息不见报。香港记者联谊会是一个很大的专业团体。廉政公署（ICAC）成立时，第一位专员是一个长期在港工作的英国人，广东话非常流利。ICAC 成立后，香港记者联谊会去找这个爵士说："那我们怎么办？"这个英国人回答："你们散了吧。"他们马上就散伙了，廉政公署也不追究以前的事情。你看英国人是很有政治头脑的。

我搜集了一些金庸给《明报》副刊写的指令条。这种方式很像是大侠传授绝活给他的徒弟。金庸很会用这种手段，让他的员工死心塌地为他服务。尽管工资很低，但是员工只要为金庸工作就很开心了。所以从近距离的观察，我觉得金庸不仅是个大侠，他还是个很精明的生意人。我曾经访问过他的第二个股东兼总经理沈宝，我就夸他："沈先生好厉害，你什么时候买印刷的白报纸？"大家知道那个时候香港的白报纸都是北欧进口的，国产的不行。因为那个时候是以美元来计算的。要是进货的时机不对，会亏很多，时机对了会赚很多。沈先生告诉我，这个不是他的主意，什么时候进货，进多少，什么价钱，都是金庸先生的意见。好厉害！不要以为他只是一个文人，他的另外一面是很会做生意的人。

1991 年我离开《明报》，因为我跟金庸对海湾战争有不同看法，他说不会打仗，我说肯定会打。他写社评说不会打，我在专栏中说一定会打。香港有很多电视台访问我，为什么你公开和老板说不同的意见，后来果然就打了。因为我已经准备好了，很快就出了号外，但他毫不介意，还公开奖励我，说干得好，好样的，还摆了庆功宴。可是在海湾战争开打之前，他真的不睬我，在报社看看我就走开了。可一旦事情发生，他马上就转变过来了。

我问过他，中国报业历史上这么多人，你最崇拜哪一个？他毫不犹豫地就说是《大公报》的总编张季鸾。张先生有个最著名的搭档是《大公报》的总经理胡政之。2009年是胡政之逝世60周年，有个朋友找我，问可不可以找金庸先生写一篇关于胡政之的文章，金庸马上答应了，他很敬佩这两位老人家。张季鸾作为一个报人，不仅论政，也参政。他有他的风骨，那个时候国民党强迫不了他。金庸先生也论政、参政。文人办报没有什么特殊的作用，只是文笔很厉害，以言论报效国家，论政而不参政，这是我们传统意义上的文人办报的标准。香港对于最后一个报人有很多说法，从前《申报》被说是文人办报，现在《苹果日报》的老板也标榜自己是文人办报，但金庸先生非常明确地告诉我，张季鸾才是最后一个办报的文人。他特别崇拜张季鸾提出的《大公报》"四不主义"，金庸曾经在1964年的一篇社论中写道："报纸的责任在于良心，遇到对的就说对，遇到错的就说错，如果和某一个政党有了固定的关联甚至是经济上的联系，那么绝对不可能有什么公正的见解，不做东摇西摆的墙头草。"

他是新闻学中可贵的不党不盲学者，但他的文章经常被人说有阶级性，所以现实很讽刺，他想做的和别人所批评的不同。我问他这个问题时，他的回答很精彩："我的立场就像一只筷子，筷子是直的，就像我从来没有改变过我的立场，改变的是桌面上的食物。"圆盘上的食物经常转来转去，筷子伸出去可能夹到鱼、肉、蔬菜，他说这其实不关他的，是局面改变了，所以你们以为他改变了，其实他并没有改变自己的立场。我觉得这个形容绝了。很多朋友都说，金庸先生真是厉害，真像他武侠小说里的周伯通、韦小宝，所有主角的"狡辩"都深得真传。

我们感觉金庸先生好像一直改来改去，其实不是，他改来改去都是表面上的改变：副刊、新闻、社论立场。但就像我今天演讲的标题，他也有不变的方面，仔细看他几十年来的办报经历，你会发现他的基本立场没有改变，就是爱国家、爱民族、爱中华文化。他经常对我说："张先生，我发现我们这一代人是在抗日战争中成长起来的。"他年轻的时候逃难到重庆去求学，日军空袭投弹，在他面前炸开一个坑，他骑着自行车掉到坑里去。一个人有这样的经历,怎么会忘记民族的耻辱呢？所以说金庸是爱国的、爱民族的，这是自然而然的事情，他是在战争年代成长起来的，受过很多的苦，我们一定要从这个角度来理解他。

金庸实际上遵循儒家。我刚刚也讲了，他至少不反对，但也不鼓吹，他的社评也引述孔子、孟子等经典。为了辩论，用前人的观点来支撑他的论点，而不是真正的喜欢，要说真正的喜欢，我觉得他喜欢的是道家。中国文化的根源是儒、道、佛。很多研究文化的学者会说，中国人是儒表道里，表面上是儒家，内心里其实是道家。我猜想金庸也是这样，内心应该是道家，他非常喜欢缥缈自由的生活，自由主义就是他核心的理念。他反战，他在重庆碰到炸弹，就是其中的原因。他认为不应该有战争，战争是丑陋的，是不管什么情况都应该避免的。所以一到很敏感的话题，如海峡两岸问题怎么办，蒋经国接见他、邓小平接见他，他讲的都是和平，就是大家都努力把人民生活搞好、把经济搞好就行了，他就是这个立场。向往自由是他的核心思想。《野马》是他办《明报》之前想办的一份杂志，他本来没有想过要办《明报》，因为他的武侠小说有一定的销量，所以他一开始想办的是《野马》，他想办每10天出版1本的杂志，把他的小说装订成1万字的小册子。为什么叫《野马》呢？他说就是很自由的意思，他非常向往自由，就像野马一样。现在金庸先生走了，我们应该高兴，因为他终于脱离了他的肉体，他要去的地方很自由，我们也很高兴。

最后我还想说一点，以前研究金庸，主要是把他看作一名文学家。但我们做新闻学、媒介文化研究的，应该开辟一些新的视角。比如说金庸的媒体管理经验是怎样的？在不同的政治光谱上，他是怎样经营报业的，还有他的副刊是怎样经营的、怎么管理的，他的文人办报是怎么一回事。其实金庸不只是文人办报，我给他的一个定义是儒商办报，金庸是浙江人，浙江近代出了什么人？儒商，浙江最厉害的就是这点，但是这方面的讨论很少，所以诸位要是有兴趣，可以对此进行探讨，到底儒商办报的空间有多大、有什么现实的意义？儒商办报的空间很大，可以大有作为。从文化传播的角度去看，金庸的江湖和当代的中国有什么关系，为什么当代中国华人社会这么喜欢他的江湖，他的江湖代表着什么？是否有移情的作用？金庸的作品有很多外文版本，英文、日文等，可是外国人无法完全理解金庸的意思，除非有中国文化很深的积淀，才能明白什么叫江湖。为什么在江湖里，我们这么喜欢令狐冲，你看他的每一个主角，最后都是披头散发弄扁舟，不在庙堂上去伺候，他认为这才是最好最光荣的出路。武侠小说里的移情作用，我们都可以做文化研究。在演讲前，陈昌凤老师也说过了，我的这本书《金庸与报业》有很多不同的版本、不同的名称，台北的这个版本是最好最完整的，香港版本因为出版得比较匆忙，所以会有一些勘误。我就讲到这里，谢谢各位。

整理：叶倩、史凯迪、朱思垒、王洋

终篇

从跨到转：新全球化时代传播研究的理论再造与路径重构[1]

史安斌

清华大学新闻与传播学院副院长、长聘教授、博士生导师，清华—伊斯雷尔·爱泼斯坦对外传播研究中心执行主任，清华大学苏世民书院双聘教授。现任中国新闻史学会秘书长兼常务理事，中国人权研究会常务理事，联合国教科文组织新闻教育与文明对话专家委员会委员。先后获教育部21世纪优秀人才(2009)，北京市宣传文化系统"四个一批"人才（2014），中宣部、中组部全国文化名家暨"四个一批"人才（2017）等荣誉称号。主要著作有《危机传播与新闻发布》(专著)、《中国媒体走向全球》(英文)、《全球新闻的流动与反向流动》(英文)、《全球传播与新闻教育的未来》(主编)、《人类传播理论》(译著)等以及中英文论文百余篇。2003年以来作为主讲教授参与国务院新闻办主办的全国新闻发言人和全球传播高级研讨班，培训了中央和地方各级外宣干部、政府新闻发言人和国际新闻记者近万人。应邀担任中央电视台英语频道（CGTN）的新闻评论员，在《纽约时报》、《华盛顿邮报》、《新闻周刊》、半岛电视台等多家中外媒体上接受采访或发表评论。

一、关于"新全球化时代"

今天的讲座我想从三个关键词切入："新全球化时代""跨文化传播""转文化传播"。

首先谈谈如何理解"新全球化时代"以及在此背景下当前宣传思想文化工作面临的新挑战。1848 年，马克思和恩格斯在《共产党宣言》中写道："过去那种地方的和民族的自给自足和闭关自守状态，被各民族的各方面的相互往来和各方面的相互依赖所代替了……物质的生产是如此，精神的生产也是如此。各民族的精神产品变成了公共

1　演讲时间：2018 年 9 月 13 日，演讲稿由本人提供。

的财产……民族的片面性和局限性日益成为不可能，于是由许多民族的和地方的文学形成了一种世界的文学。"进入 21 世纪的今天，经典马克思主义理论家所预言的"世界文学"演变成为"全球性的媒体文化"（global media culture）。"世界市场"的开辟所导致的经济全球化促进了"全球媒体市场"的建立，使跨越民族和国家边界的"全球传播"成为现实。

党的十九大报告明确提出，中国特色社会主义建设进入了"新时代"。对于外宣战线工作者而言，要从国内和国际两个层面准确理解这一论断对于加强和改进国际传播能力建设工作的意义。一方面，要依据"新时代"我国社会主要矛盾发生变化的思路来理解宣传思想文化工作中基本矛盾出现的变化。另一方面，要准确把握"新时代"国际政治经济格局的重构与转型，尤其是中国领航"新全球化"进程中所承担的责任和义务。

党的十九大报告指出，当前我国社会主要矛盾已转化为人民日益增长的美好生活需要和不平衡不充分的发展之间的矛盾。这是我们党针对新时期社会情势所提出的一个重大政治论断，对于把握我国发展新的历史方位、明确面临的主要问题和任务，意义重大。根据这个基本判断，我认为，当前我国宣传思想文化工作中存在的基本矛盾是，国内外民众对大力提升中国国家形象和全球文化领导力的美好期盼与当前我国宣传思想文化战线在传播内容、方式和手段上不平衡、不充分发展现状之间的矛盾。我们要运用全球化、全民化、全媒化的思路，为解决这个基本矛盾，继续加强和改进国际传播能力建设，有效提升中国国家形象和文化软实力做出有益的探索。

近年来，随着"媒体走出去"工程加快推进，我们基本建立起了"1＋6＋N"（即一家旗舰媒体 ＋ 六家央媒 ＋ 其他部门）的立体化"大外宣"格局。旗舰媒体 CGTN 问世不到半年便跃升为 Facebook 上的第一大媒体账号，同时被南非一家调研机构评为最"公正"（neutral）的国际媒体。《新华社》《人民日报》《中国国际广播电台》《中国日报》等中央外宣媒体以"人类命运共同体"理念为指导，借力"一带一路""金砖国家"等跨国机制，积极开展媒体外交和合作传播，推动建立更加公平、公正和均衡的全球信息传播新秩序。中国网等媒体主动适应传播变局，适时转变话语方式，推出了短视频新闻评论栏目"中国三分钟"，获得了广泛赞誉。由澎湃新闻网推出的"第六声"借助"外脑""外口"发声，成为地方外宣创新的品牌平台。

但是，我们仍应清醒地看到，改革开放 40 年来，我们秉承"以经济建设为中心""不争论""韬光养晦"的总体思路，取得了举世公认的发展成就，然而，与之不相称的是，国际舆论对于中国"唱衰""崩溃"论调仍占上风。除却"冷战思维"，这种"认知落差"

的出现也是我国"硬实力"和"软实力"之间存在不平衡不充分的发展所致。2009年以来推进的加强媒体国际传播能力建设的工程有效地缓解了这一基本矛盾,尤其是党的十八大以来的5年,中国的国际形象相较于之前已有了一定改观,但也应看到,当前全球新闻舆论场"美英垄断,西强东弱"的基本格局依然没有变,国际主流媒体对于中国根深蒂固的误解和偏见依然没有变,正确认识和把握这两个"没有变"以及前述我国宣传思想文化工作基本矛盾的变化,这是未来中国更好实施对外传播战略目标和开展相关理论研究的根本前提。

2016年以来,西方国家发生的一系列"黑天鹅"事件标志着当今世界进入"后西方""后秩序"的时代,以"启蒙""现代性"为核心的"欧洲文化想象"(European cultural imaginary)和1945年以来建立起来的"美国秩序"(Pax Americana)正一步步逼近内爆和崩塌的边缘。20世纪80年代迄今由美国等西方国家主导的经济/文化全球化遭遇到了前所未有的挑战,"逆全球化"(de-globalization)的思潮席卷全球,以特朗普为代表的一批西方政治人物纷纷放弃了"全球领导者"的角色,世界进入了一个充满高度复杂性和不确定性的历史节点。

正是在这样的国际背景下,习近平总书记在党的十九大报告中豪情满怀地宣告中国特色社会主义建设进入了"新时代",绘制了分两个阶段建设社会主义现代化强国的宏伟蓝图,引发了全球媒体和舆论的高度关注。他同时也强调,在这一进程中,"中国将继续发挥负责任大国作用,积极参与全球治理体系改革和建设,不断贡献中国智慧和力量"。毋庸置疑,中国将在构建全球新秩序新格局的进程中发挥举足轻重的作用,世界期待中国方案,希望听到中国声音。

在当前"逆全球化"浪潮的挑战面前,随着"一带一路"倡议的全面实施,可以预期世界将进入由中国引领的"新全球化"(neo-globalization)时代。历史上的全球化浪潮大致可以被分为三波。第一波是发端于19世纪末期到20世纪早期的"英式全球化"(Anglobalization),以直接的军事征服和政治、经济、文化殖民为主要特征,旨在扩大帝国版图,强调实地的"在场效应"。在这一波全球化浪潮中,英国建立起"日不落帝国",并成为全球秩序的制定者和仲裁者。第二次世界大战后,"美式全球化"(Americanization)兴起。与"英式全球化"不同的是,美国并不强求"在场效应",而是更看重文化和价值观的隐形植入。虽然二者在全球化的侧重点和实施手段上有所差异,但两者的要旨基本相同,都体现了"强权即公理""赢家通吃"等"现实政治"的法则。然而,无论"英式"还是"美式"全球化,实质上都是在"化全球",即一方面鼓吹文化多元论,另一方面以市场经济和西式自由民主的模式,把世界各国打造成与英美同模复刻出来的政治、经济、社会和文化"副本"。这一西方中心的"化全球"所隐含的要旨和意图，在美国副总统彭斯 2018 年 10 月 4 日发表的"新冷战演说"中再度得到了巧妙的"包装"和清晰的"体认"："美国人民别无所求，中国人民理应得到更多。"

2013 年以来，中国领导人提出并逐步丰富完善了"一带一路"的构想，这一方案继承了古代中国陆地与海上丝绸之路的历史遗产，也融汇了毛泽东时代以"我们的朋友遍天下"为核心理念的革命文化传统，并使之成为中国引领"新全球化"的思想基础。与前述两种模式不同，"新全球化"与中国古代的丝绸之路类似，更倚重以"天下"为核心理念的"观念政治""怀柔远人"的道义感召力和商贸、文化领域的互通互联，最终实现的是人类不同群体和文化的共生共荣。具体来说，"新全球化"秉持的是中华文化"和""仁""天下""大同世界"等传统理念，旨在发展以"团结协作、共生共荣"为核心的新型国际关系，推动建立起更加公平合理的国际新秩序。同样道理，媒介和文化领域的"新全球化"模式也是以"对话、合作、调适"为其基本理念，而不是西方强势媒体所奉行的"对抗、征服、垄断"。

需要强调指出的是，由中国引领的"新全球化"不是一些西方学者鼓吹的"中式全球化"，我们要在对外传播的理论和实践创新中规避这种带有欧美中心主义的话语陷阱。历史上出现的"英式全球化""美式全球化"虽然在形式上有所区别，前者建立的是有形的、在地的"日不落帝国"，后者通过输出文化和价值观建立起了隐形的、代理人模式的"后帝国"，但其本质仍然是西方中心的"一元论"，"全球化"实质上是"化全球"，把全世界变成英国或美国。现在之所以出现"逆全球化"，就是因为"用西方模式化全球"此路不通，无论在发达国家还是发展中国家都走不通。从这个意义上讲，"新全球化"不是"中式全球化"，不是像西方媒体有意歪曲的那样，中国要通过推进"一带一路"把全世界变成中国。我们的哲学基础是"和而不同"，通过"一带一路"倡议推进的"新全球化"是实现真正意义上的"全球联通"。

二、关于"跨文化传播"

我们来讨论第二个关键词"跨文化传播"。其对应的英文名称为"intercultural communication"，更为准确的翻译是"文化间传播"。它以传播学为核心，整合了语言学、社会学、心理学、人类学等跨学科的理论架构和实践成果，并在"二战"后蓬勃兴起的"美式全球化"的进程中得以成熟和普及。按照西方传播学界普遍认可的界定，

从跨到转：新全球化时代传播研究的理论再造与路径重构

广义的"跨文化传播"具体包括以下几个领域：（1）探讨不同文化模式和特征的"比较文化研究"（cross-cultural studies）；（2）以探讨人际和组织传播为核心的狭义的"文化间传播"（intercultural communication）；（3）以探讨国际关系和大众传媒为核心的"国际传播"（international communication）；（4）以探讨不同文化背景下传播与社会互动关系的"发展传播"（development communication）。

作为一门探讨不同文化间传播与交往过程的学科，跨文化传播旨在解决建立和巩固以"美国治下的世界和平"（Pax Americana）为主题的世界政治经济秩序的过程中所遭遇的社会和文化挑战，其"问题意识"紧扣于其理论建构和实践落地的各个步骤当中。紧随美式全球化的步伐，跨文化传播理论被广泛用于指导回应这一过程中出现的一系列问题和挑战。无论是"马歇尔计划"（Marshall Plan）、"和平队"（the Peace Corps），还是面向第三世界的"现代化"和"发展传播"，跨文化传播学者都积极参与到文化、传播与政治经济秩序互动的现实改造工程当中，并基于对其实践的阐释、归纳和评估，留下了《传统社会的消逝》（*The Passing of Traditional Society*）、《无声的语言》（*The Silent Language*）、《超越文化》（*Beyond Culture*）、《创新扩散》（*The Diffusion of Innovation*）等诸多学术经典，成为传播学研究的必读书目。

熟悉跨文化传播发展史的人都知道，这门学科是紧紧跟随"美式全球化"的步伐发展起来的，都是在及时回应这一过程中出现的一系列问题和挑战。无论是"马歇尔计划"，还是"和平队"，还有第三世界发展传播，跨文化传播的学者都是积极参与，留下了我前面提到的那些学术经典，在世界各个大学的传播学课堂，这些经典都是必读书目。那么，今天的中国传播学界又面临非常相似的历史机遇。习近平总书记在哲学社会科学座谈会上提出要打造"标识性的概念"，这就意味着我们要为国际传播学界贡献新的概念和话语体系，留下中国版的《超越文化》《创新扩散》。国内学界有人提出要建立"一带一路学"，我认为这个观点不太符合学术的发展规律。"一带一路"是中国领导人提出的伟大构想，而学术界要做的是通过踏踏实实的"扎根研究"（grounded study）去解决这个过程中碰到的问题和挑战，打造出像"文化维度""文化接近性""文化折扣""共生文化""身份协商"等能够被国际学术界接受和认可的具有标识性的概念和理论体系。

显然，跨文化传播从学科创立之初就不可避免地打上了"欧美中心主义"和英国社会学家安东尼·史密斯（Anthony D. Smith）所说的"方法论民族主义"（methodological nationalism）的烙印，从而导致其在理论和实践上存在着重大局限。在 2016 年以来全球政治经济格局发生重大变化后，这些局限性日趋凸显，具体表现在以下三个方面：

首先，在现实政治层面拒绝对社会主义、非基督教宗教文明以及原住民文化等另类文化形式的认可和接纳；其次，将资本主义结构性危机、阶级冲突包装为"文明的冲突"，从而将变革矛头从结构性生产关系的改造，转移到文化认同和身份政治层面；再次，尽管跨文化传播学中的批判取向指出了文化帝国主义在世界体系中的蔓延和宰制逻辑，但是对这一过程单向度的把握，实际上遮蔽了作为反抗力量的被支配方的能动性，以及在文化和意识形态层面复杂的转化过程。

在中国语境下，与上述带有鲜明西方中心论色彩的"跨文化传播"理论和实践相对应的有多个不同的知识范畴，包括跨文化沟通、跨文化交际、跨文化交流、跨文化对话、跨文化研究等。这反映了我国学界对该学科的定位还没有达成共识。尽管该学科在我国的定位始终不够清晰，自20世纪70年代末被引入我国学界以来，其本身却发展出了一条独特的学术演进脉络：最初是以语言学为基础的"跨文化交际"或"跨文化沟通"；后续则由比较文学和文化研究学者参与进来，将其拓展为"跨文化交流""跨文化对话"或"跨文化研究"，而真正由传播学者主导的"跨文化传播学"尚处于起步阶段。

随着数字传播技术和平台经济模式的普及，新的信息传播形式不断涌现。它们在不同的地区和文化群体之间形塑着新的生产关系和意识形态再生产范式的同时，其内部也出现了权力结构不断重组的趋势。另一方面，传播学进入中国学术界只有短短40年时间，仍属于值得深耕、大有可为的新兴学科。有鉴于此，跨文化传播学将凭借媒介文化全球化之东风，有望成为今后一个时期传播学研究的立论基础。跨文化传播学未来的发展方向也应该立足于建立和巩固传播学的核心地位，对文化传播的内部矛盾及其如何解决它们展开历史化深描，即回归其"传播学本位"。

从更为宏大的历史机遇来看，在"一带一路"倡议引领的新全球化时代到来之际，跨文化传播的学科建设面临着新的挑战和机遇。首先，"一带一路"倡议的提出是对2016年以来世界进入"后西方、后秩序、后真相"格局的回应，或者更为准确地说，世界进入了"新全球化时代"。一般认为，此前有19世纪末到20世纪初的英式全球化，它所对应的是"帝国传播"的概念。第二波是"二战"后的美式全球化，它带来的是跨文化传播（intercultural communication）这门学科的建立和普及。现在是全球化的第三个阶段。前面讲过了，无论是英式还是美式全球化，都是在"化全球"，要把全世界变得与英国和美国一样。跨文化传播的核心是西方中心的"现代化"话语体系，像前面列举那些基本的学科经典都是在宣扬这一套话语体系。那么当下的这个"新全球化时代"与前两波全球化浪潮不同，它不是要把全世界变得像中国一样，而是要以"人

从跨到转：新全球化时代传播研究的理论再造与路径重构

类命运共同体"为核心理念，以"赋权"或"赋能"（enpowerment）的方式带动世界各国共同发展，促进文明的平等交流与互鉴，因此原来的跨文化传播也要转型升级为"转文化传播"（transcultural communication）。

三、关于"转文化传播"

这也是今天要讨论的第三个关键词：转文化传播。我将采用比较的视角，也就是今天讲座的题目中所强调的"从跨到转"的思路。先简要介绍一下目前西方学界在"转文化传播"方面的理论建构。与跨文化传播理论的"美国中心"倾向不同的是，"转文化传播"理论的阐释者主要来自于美国以外的地区或具有多元族裔背景，其中包括德国文化人类学者霍斯特·雷曼（Horst Reimann）、古巴文化人类学者费尔南多·奥尔蒂斯（Fernando Ortiz）、加籍华裔传播学者赵月枝、德国媒介研究学者安德烈·赫普（Andreas Hepp）、美籍黎巴嫩裔传播学者马尔文·克雷迪（Marwan Kraidy）等。他们当中绝大多数都有在第三世界国家生活的经历，长期致力于批判理论和文化研究。以我国学界最为熟悉的赵月枝教授为例，她的学术著述聚焦于破除传播学界固有的欧美中心主义偏见，并发展出了一套完整的"转文化传播政治经济学"（transcultural political economy）的理论框架。

通过比较克雷迪与赵月枝的"转文化传播"知识框架，可以进一步深入理解这一议题。在马克思主义文论家詹明信（Fredric Jameson）的经典著作《后现代主义：晚期资本主义的文化逻辑》的启迪之下，传播学者克雷迪富于创见性地将"杂糅"（hybridity）指认为全球化时代的文化逻辑。他援引后殖民主义理论家爱德华·萨伊德（Edward Said）首创的跨文化主体"再接合"（rejoin）的分析方法，对"文化帝国主义"（cultural imperialism）与"文化多元主义"（cultural pluralism）这两个先后于20世纪60年代到21世纪初在媒介传播研究领域"各领风骚数十年"的主流理论进行了比对和辨析的基础上，提出了"批判的转文化主义"（critical transculturalism）的理论架构。这套理论架构不同于自由市场原教旨主义和基于民族国家的国际传播和跨文化传播的思路，需要基于跨地域和跨文化的"文本间性"（intertextuality）、"语境间性"（inter-contextuality）和实践主体，以及流动性互动传播网络，对文化杂糅现象展开基于"合成视角"（synthetic view）的分析，从而勾勒出"转文化传播"的理论框架。

那么，跨文化传播与转文化传播之间有什么区别和联系呢？刚才讲过了，跨文化传播是西方中心的学科体系，它强调的文化的异质性，以"民族国家"为基本的单位，所谓"跨"就是跨越时间和空间的限制，进行两种甚至多种文化之间的接触。但从实际效果来看，是强势文化对弱势文化的征服和吸纳。从媒介的角度而言，它所依赖的是单向传递的报纸、广播、电视和早期互联网等介质。但是，在"新全球化时代"，移动社交媒体的普及让"用户生产内容"（UGC）超越了"专业生产内容"（PGC）的模式，再进化到以抖音为代表的"专业辅助用户生产内容"（PUGC）的模式。正是从这个意义上我们能够谈论"赋权"或"赋能"，原本被动接受信息的草根受众成为资讯和观点生产与传播的主体，原本处于新闻舆论场边缘的"西方以外的国家和地区"（the rest）成为全球传播不可忽视的一极。这种新型传播生态所导致的一种异质性的"文化杂糅"或者说"第三文化"成为全球媒介文化的主流，所以"跨"的概念已经不足以概括当下全球文化的复杂性，在两种或多种文化的交流和对话中产生了文化的转型和变异，这就是"转"。大家熟悉的 YouTube 上最火视频《江南 Style》，还有 2017 年走红的《中国有嘻哈》，这些俯拾皆是的例子都是文化杂糅的例子。在转文化传播的时代，我们很难用单一的国家或地区文化作为"标签"来指认某种单个的文化现象，这需要学术界用一种全新的视角来重新审视"新全球化时代"媒介文化传播当中"我中有你，你中有我"的新趋势。

"一带一路"倡议中很重要的一点是文明的交流与互鉴。这与英式或美式全球化是完全不同的思路。传播学界长期批判的"媒介文化帝国主义"就是指英式或美式全球化当中根深蒂固的"单向输出"模式，所以它没有解决亨廷顿所担忧的"文明的冲突"。而"一带一路"倡议引领的"新全球化"推动文化的双向与多向互动交融，移动社交媒体又使这一互动的过程变得更加便利和顺畅。"一带一路"倡议除了铺路架桥，还有像"中巴光纤电缆""中非信息高速路"这样的通信工程，在全球传播上的意义上就是要打通信息传播的最后一公里，让过去没有机会发声的边缘群体能够参与到真正意义上的全球传播过程中，构建公正、平等的全球传播新秩序。还有正在一边规划一边推进中的更为宏伟的"金砖电缆"（BRICS Cable）工程，就是通过连接金砖国家的重要节点城市——俄罗斯的符拉迪沃斯托克、中国的汕头、印度的金奈、南非的开普敦、巴西的福塔莱萨等，最后达到美国的迈阿密。这个工程如果能够完成，将与现有的跨大西洋电缆和跨太平洋电缆一道构成全球传播"圆环"，实现真正意义上的"全球联通"。

建立全球传播新秩序的目标过去学界也提出过，《一个世界，多种声音》是传播学专业学生的必读文献，但根本做不到，因为"媒介就是美国的"。今天条件成熟了，中国已经崛起成为全球传播的重要力量。2009 年起实施的"加强媒体国际传播能力建设"

工程让中国媒体"走向全球",我和两位英国学者今年刚刚出版一本同名论文集《中国媒体走向全球》(*China's Media Go Global*)来评析这一现象。全球 20 大互联网公司中,美国 11 家,中国 9 家,有人戏称是"狼牙"(FAANG)对"蝙蝠"(BATJ)两大联盟的双峰并峙。中国 2018 年第一季度首次超越北美成为第一大电影市场,等等。可以说,以中国为代表"他国崛起"为构建"去西方中心"的转文化传播奠定了牢固的实践基础。

从学界来看,这种"去西方化"的努力一直在进行,大家熟悉的经典是英国学者詹姆斯·卡伦(James Curran)和韩裔学者朴明金(Ming-jin Park)合编的《去西方化的媒介研究》(*De-westernizing Media Studies*),还有一本是中国台湾学者汪琪教授主编的《去西方化的传播研究》(*De-westernizing Communication Studies*),但是这两本著作最大的问题是聚焦于个人化的身份政治,没有从根本上质疑和解构"西方中心"的政治经济体系。跨文化传播领域内也有类似的尝试,如非洲裔学者阿桑蒂(Molefi Kete Asante)提的"非洲中心",日裔学者三池贤孝(Yoshitaka Miike)提出的"亚洲中心"等范式。但是这些范式基本上属于"螺蛳壳里做道场"的格局,跳不出西方中心的二元对立的思维定式,只能是对原有的西方中心范式的一点"修修补补"。

因此,从理论和学术的意义上看,"一带一路"是一个转文化传播的产物,超越了"欧洲中心"或"非洲/亚洲中心"的二元对立。"一带一路"体现了"新全球化"的赋权视野,有望建立一种新型的文化传播范式。在跨文化传播的范式下,以美国为代表的西方文化是主导方式,所以才有"好莱坞化""麦当劳化""迪士尼化",最理想的状况是"全球本土化"(glocalization),核心还是美式价值观。迪士尼乐园到了中国还是叫"上海迪士尼"。而在"转文化传播"的范式下,正如"丝绸之路"的理念所体现的那样,不同文明和文化之间是平等对话和交融的关系。最近在国内大火的抖音,到了海外叫 Tik Tok,短短一年半时间便在全球聚集起 5 亿用户,还深入了到美国、日本这样的国际传播"腹地";支付宝,到了泰国叫 Ascend,到了印度叫 paytm,既有中国互联网文化的基因,又与当地文化做了深度的融合,转化为符合当地文化的新形式。"一带一路"的实践用现有的西方中心的跨文化传播理论框架无法解释清楚,所以需要中国学界构建新的理论路径,"转文化传播"就是在"一带一路"倡议背景下的重建概念和理论体系的尝试。

最后我再简要谈一下方法论的重构。从"跨文化传播"到"转文化传播"不仅是概念的更新迭代,也需要我们对西方中心的学术规范进行反思和内省。目前我国的跨文化研究有两种取向:以历史研究为核心的批判取向和以现状调研为主的实证取向。这方面文学和语言学的研究者做了非常扎实的工作。传播学者要想占有一席之地,必须有自己的研究方法。不可否认，近年来我们引进的这一套西方传播学研究的学术规范实际上也包含了对西方文化和社会范式的认可。对跨文化传播研究者来说，这种"鸡同鸭讲"和"比较苹果与橘子"的错位感会更加强烈。从我个人从事研究的体验来说，中国人往往不习惯这种事先周密设计和计划的使用特定技术或设备（例如，录音）的调查、问卷或访谈，这往往会加深研究者和研究对象之间的疏离感。实际上，一些随意的、自然而然的、未经技术处理的言论或场景往往会更具有学术意义上的真实性和权威性。因此，根据中国和一带一路沿线国家的实际情况改造现有的研究方法也是未来学科建设的重要任务之一。

后记

      1845 年，德国作家罗伯特·普卢兹（Robert Eduard Prutz）出版了《德国新闻史》一书。他首次使用了"新闻学"（journalismus）一词，用于区分对"书籍""报纸"和"期刊"所进行的工具性的媒介研究。他也强调，新闻学研究不应聚焦于单个记者（journalist）的单个文本，而是应当把"新闻学"视为一种"社会领域"。因此，华裔学者潘忠党教授提出将"journalism"译为"新闻的社会实践"。虽然这个译法并未被汉语学术圈广泛采纳，但它至少提醒我们注意以下事实：新闻学以及后来兴起的大众传播学，应当始终把其研究对象置于全球政治、经济、社会与文化的宏大背景之下进行审视与考量。

      "新闻与传播前沿讲座"是 2002 年清华大学新闻与传播学院建院不久后，自 2003 年秋季学期起按照"素质教育"的理念设计的一门"通识课程"，体现了在世情、国情、民情的宏观视野下重新认识和发掘新闻传播规律的需求；既是响应习近平总书记关于推动哲学社会科学"时代化中国化大众化"的战略部署，也符合"新闻学"一词在西文传统中的本义和宏旨。

      经过十多年的努力，这门课程已经成为我院研究生专业课程中的一个颇有影响力的"品牌"。创院院长范敬宜教授为学院制定的办学理念中强调"面向主流、培养高手、素质为本，实践为用"，现任院长柳斌杰教授进一步提出把握全球化的发展大势，发展中国特色新闻传播学，为这门课程的总体设计指明了方向。一方面，这门课程是以传授多学科和跨学科的前沿理念和知识为重点；另一方面，这门课又要体现中国崛起和全球政治、社会、文化变局之间的互动关系和前沿走势。要达到这个目标，需要借助于清华大学这个具有强大吸引力和辐射力的平台，发挥其多学科和跨学科的优势及其对海内外政界、学界、业界的"聚合"效应，让这门课真正体现理论与实践之间的相互融汇，历史积淀和前沿变化之间的相互呼应，使之成为清华大学贯彻"古今融汇、中西贯通、学术并重、与时俱进"的教学理念的一个典范。

      为体现对这门课的重视程度，范院长和柳院长多次亲上讲台，为新闻传播学子传经送宝。学院历任领导熊澄宇、尹鸿、李彬、崔保国、史安斌等教授先后担任课程的主持人，聘请新闻宣传部门的主管领导、海内外学界业界中的领军人物和骨干精英来担任主讲人。为了充分体现课程的"前沿性",还邀请了部分具有新锐思想的青年学人走上讲坛。

2006 年,时任学院副院长的李彬教授主持编纂了《清华新闻传播学前沿讲座录》,以"中国社会与大众传播"为主题,收录了 16 篇演讲记录稿。该书出版后赢得了良好的社会反响,形成了"前沿讲座录"的品牌效应。自 2008 年至今,这门课程一直由李彬和史安斌两位教授共同主持,形成了较为固定的课程架构、脉络和嘉宾阵容。2012 年出版了本书的续编,将主题扩展为"全球传播背景下的中国媒体与社会变局",篇幅扩大到 24 篇。2016 年以"发展中国特色新闻传播学"为主题,循例从 2012—2015 年积累的演讲记录稿中精选 27 篇以飨读者。

本书承续前三编的宗旨和体例,以"新时代·新媒体·新使命"为主题,收录了2016—2018 年间的演讲记录稿 27 篇。开篇选用的是李彬教授所做的题为"弹在时代绷得最紧的弦上"的演讲,从解读中央领导人有关新闻舆论工作和哲学社会科学建设的重要指示入手,纵论古今,旁征博引,对如何构建中国特色新闻传播学这一主题进行了鞭辟入里的回应和分析,对新时代的莘莘学子如何找准"真问题"、探究"大学问"绘制出了清晰的路线图。终篇是本课程另一位主持人史安斌教授题为"从跨到转:新全球化时代传播研究的理论再造和路径重构"的演讲,以近年来全球政治经济格局的演变、西方新闻传播与社会文化理论的演化和我国对外传播实践的演进为切入点,对范院长、柳院长和李彬教授从不同角度提出的新闻传播学的本土化时代化问题做了进一步的阐发和开掘。

其余 25 讲按照演讲者所聚焦的主题被分为"新闻与责任""传播与社会""中国与世界""理论与范式""技术与实务"五个部分。这种人为的划分是为了编辑和阅读上的便利,这些主题和相对应的演讲稿之间是彼此呼应和相互交融的。由于演讲者的知识/学术背景和话语体系具有鲜明的多样性,读者在仔细品味每一位演讲者的精彩言论的同时,也不妨将他们对同一问题的回应加以对照。例如,对于"新闻传播学的时代化中国化大众化"这个命题,我们可以在本书中找到来自不同话语体系的回应:马克思主义、主旋律、传统国学、革命历史、民族主义、自由主义、专业主义、文化相对主义、技术决定论、功能主义、管理主义、后殖民主义,等等。相信这样的对照阅读会激发读者的深入思考,以期准确把握这些"前沿讲座"的弦外之音。

本书收录的演讲稿的记录和整理工作由 2016—2018 年在本院选修此课程的百余名硕士生和博士生共同完成,并经先后担任本课程助教的博士生盛阳(已于 2019 年夏获

后记

得博士学位)、王沛楠、张耀钟等分头组织协调和校对，最后由主编对全书进行校读和定稿。其中部分记录稿经过了演讲者本人的审定，还有不少记录稿未经本人审定，但也由演讲者授权主编进行了文字上的处理。记录稿中出现的错误和疏漏概由主编负责，恳请方家不吝指正。由于近年来出版要求的一些变更，与编者长期合作的清华大学出版社文化与传播工作室主任纪海虹女士在后期书稿的编校过程中给予了大力支持，并对文字进行了精心的润色，特致谢忱。

史安斌
2021 年 8 月于清华园

【本书系教育部哲学社会科学重大攻关项目"新时代中华文化走出去策略研究"（项目批准号 18JZD012）的部分成果】